2019

中国金融发展报告

CHINA FINANCIAL DEVELOPMENT REPORT 2019

产业升级与区域金融湖北省协同创新中心重点资助项目
中南财经政法大学金融学院一流学科建设项目
教育部哲学社会科学系列发展报告

主编 朱新蓉 陈红

中国金融出版社

责任编辑：王　君
责任校对：李俊英
责任印制：张也男

图书在版编目（CIP）数据

2019 中国金融发展报告 / 朱新蓉，陈红主编 . —北京：中国金融出版社，2020.12
（教育部哲学社会科学系列发展报告）
ISBN 978 - 7 - 5220 - 0770 - 0

Ⅰ. ①2… Ⅱ. ①朱…②陈… Ⅲ. ①金融业—经济发展—研究报告—中国—2019
Ⅳ. ①F832

中国版本图书馆 CIP 数据核字（2020）第 153985 号

2019 中国金融发展报告
2019 ZHONGGUO JINRONG FAZHAN BAOGAO

出版
发行　中国金融出版社
社址　北京市丰台区益泽路 2 号
市场开发部　（010）66024766，63805472，63439533（传真）
网上书店　http://www.chinafph.com
　　　　　（010）66024766，63372837（传真）
读者服务部　（010）66070833，62568380
邮编　100071
经销　新华书店
印刷　北京七彩京通数码快印有限公司
尺寸　185 毫米 × 260 毫米
印张　19.25
字数　460 千
版次　2020 年 12 月第 1 版
印次　2020 年 12 月第 1 次印刷
定价　58.00 元
ISBN 978 - 7 - 5220 - 0770 - 0
如出现印装错误本社负责调换　联系电话（010）63263947
编辑部邮箱：jiaocaiyibu@126.com

前 言

世界格局不确定性增大　中国金融转型提质加速

2018年，全球金融市场震荡加剧，风险偏好显著下行。以比特币为代表的高投机性资产、以新兴市场为主的全球外汇市场、以美股为代表的高估值资产交替出现急跌。同时，世界经济还表现出国际贸易增速放缓、国际直接投资活动低迷、全球债务水平持续提高和金融市场出现动荡等特征。2018年全球经济增长势头减弱的一个重要原因是，主要经济体增加关税，尤其是美国，以及其他国家实施的报复性关税。国际贸易保护主义论调越来越盛，贸易政策面临的不确定性上升。在主要发达经济体中，只有美国经济增速表现出上升趋势，欧元区和日本等其他经济体均出现增速回落现象。亚洲新兴经济体仍然保持了世界上最高的增长率，除印度等极少数国家之外，其他主要亚洲新兴经济体均有一定程度的经济增速回落。

综合来看，世界经济下行风险加大，一是美国政府保护主义的消极影响继续加大，对中美贸易乃至全球贸易的负面影响将急剧上升，国际贸易对世界经济的拉动作用进一步减弱；二是美联储持续加息或推动美国货币政策步入紧缩区间，对全球流动性的影响将发生质的变化；三是新兴经济体大面积爆发金融风险的可能性上升，随着货币贬值和资本外流向发展中国家扩散，新兴国家的金融市场大面积发生问题的可能性不容忽视。

随着世界政治经济格局发生深度调整变化，外部不确定性增加，中国经济金融体系面临的外部环境日趋复杂。即便如此，在世界主要经济体中，中国经济仍然保持了较高增长水平，而且随着防范化解重大风险、精准脱贫、污染防治三大攻坚战的展开，经济增长质量持续改进，供给侧结构性改革在复杂多变的环境中持续向前推进，中国金融体系弹性增强，金融运行总体稳定。但是中国经济金融体系中多年累积的周期性、体制机制性矛盾和风险逐渐浮出水面，经济运行中结构性矛盾仍较突出。可以预期的是，中国经济在由高速增长向高质量增长的转型与结构调整过程中，中国宏观经济金融政策的前瞻性、灵活性进一步提升，协调性、有效性进一步增强，中国金融改革的深度、广度将会进一步拓展；总体来看，我国经济金融风险可控，不会发生系统性风险。

金融宏观调控延续稳健。2018年紧紧围绕服务实体经济、防控金融风险、深化金融改革三项任务，创新和完善金融宏观调控，保持经济平稳运行。

面对世界经济增长减速和金融市场剧烈波动的外部环境，以及中国在新旧动能转换阶段长期积累的风险隐患暴露增多，小微企业、民营企业融资难问题较为突出，经济面临下行压力的内部环境，2018年人民银行主要围绕以下六个方面开展工作：第一，实施稳健货币政策，加强逆周期调节；第二，积极落实货币信贷政策，提升服务实体经济能力；第三，更好地服务小微企业、民营企业等重点领域和薄弱环节；第四，以结构性去杠杆为基本思路，防范化解重大金融风险；第五，坚定市场化方向，完善汇率与利率形成机制；第六，推进金融供给侧结构性改革，健全中国特色现代金融体系。

从金融宏观调控的最终目标来看：经济增长保持平稳；需求结构继续优化；物价水平基本保持稳定；就业形势保持稳定；国际收支基本实现自主平衡；结构性去杠杆取得初步成效；银行业稳健性增强；证券业稳健性下降；金融市场制度建设获得新突破。从金融状况来看：货币市场利率下行；银行贷款利率下行；国债收益率曲线总体下移；人民币汇率总体稳定；贷款增长较快；广义货币供应量趋稳；社会融资规模存量增速放缓。

2018年，我国宏观金融调控还存在着一些挑战，主要包括：经济下行压力加大；家庭部门债务风险增加；"量价并行"的货币政策亟待协调；金融供给侧结构性改革需要向纵深推进。

针对这些挑战，本报告提出的应对建议有：继续推进供给侧结构性改革，促进经济高质量发展；重视并多措并举应对家庭债务风险；加速协调"量价并行"的货币政策；纵深推进金融供给侧结构性改革。

金融机构运行平稳。2018年，各金融机构在国家的号召和各部委的部署下，积极探索了新的发展模式，努力适应新的监管政策要求，更加规范自身运营模式，强化自身风险意识；同时，随着数字金融的全面渗透与金融科技的深度发展、深度应用，各金融机构更为熟练、高效地解决行业痛点，更好地发挥了服务实体经济的功能，推动了普惠金融工作的深入发展。

具体来看，银行和保险业金融机构中，我国银行业盈利能力稳步提高，资产负债规模保持稳健，信贷资产质量保持平稳，风险压力相对平稳。政策性银行持续在打好三大攻坚战、实施乡村振兴战略、服务中小微企业、"一带一路"建设等领域发挥着重要作用；商业银行业绩有所回升，大力发展金融科技；民营银行经营总体稳健，资产规模分化严重；农村金融机构在实施普惠金融，支持实体经济发展，服务"三农"、小微企业等方面发挥着重要作用；融资租赁行业、典当行业和小额贷款公司继续增长，但均明显受到强监管影响；消费类金融公司在国家多项政策的支持下保持着良好的发展势态；保

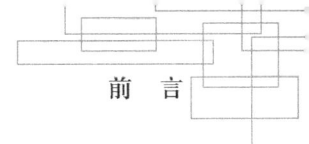

险机构数量和规模稳定增长,改革创新持续深入,偿付能力基本充足;保险资产管理机构持续发展,业务能力有所提高;保险中介机构发展平稳,专业水平有待提高。

证券业金融机构中,我国证券业砥砺前行,在不断规范的监管环境下寻求创新发展。受市场行情震荡影响,证券公司经营业绩有所回落,行业集中度进一步提升,自营业务成最大收入来源,从业结构优化,创新试点加强;基金业规模稳定增长,但因股市低迷业绩亏损,在监管趋严、资管新规落地的大环境下,基金业机遇与挑战并存,创新发展与规范经营并举;信托业秉持严控风险的底线思维,主动收缩规模,在不断优化资金来源结构的同时资金信托余额流向实体经济的比例不断提高;期货业在严控风险的前提下平稳发展,风险管理子公司的不断发展将推动期货行业创新发展。

新金融业态中,金融业务去机构化的态势更加明显,在国家及各地政府的积极引导下,新金融业态逐渐调整到更加规范的发展道路上来。互联网金融行业在不断创新发展、整顿自身,朝着多样化、合规化方向迈进;金融小镇得益于逐渐成熟的政策引导,迈上高质量发展道路;绿色金融得到了更广泛的关注与重视,发行总量继续上升;供应链金融与区块链相结合的价值和前景日益凸显,并在政策指导下朝着合规化发展。

2018年,我国金融机构在发展过程中也暴露出许多问题,主要包括:资本越发成为商业银行发展的硬约束;中小型银行风险问题逐步暴露;保险公司持续发展动力缺乏,盈利能力亟待提高;粗放式发展难以为继,券商资管面临新的挑战与竞争;资管新规重塑信托业务,行业面临转型压力;P2P行业风险积聚影响金融稳定,亟须整改;金融科技发展过程中的风险积聚不容忽视。

针对这些问题,本报告提出的应对建议有:从改善外部环境和提升内部能力两方面缓解资本压力;加强中小银行风险防控能力与内部治理;转变保险公司发展模式和盈利模式;证券公司挖掘自身比较优势,跨业务链对接资金端和资产端;深化结构转型,信托公司谋求高质量发展;P2P行业与监管平台协调行动,化解风险积聚,谨防风险再次爆发;金融监管与时俱进,效率的提升和风险的防范并举。

金融市场健康发展。2018年金融市场产品种类不断丰富,市场制度不断完善,金融市场对于资管行业、银行、公募、保险等发布一系列金融监管政策,保证金融市场的稳定发展,但各子市场及不同子市场之间存在的矛盾或问题也日益显现。货币市场运行整体平稳,市场利率有所上行后趋于稳定。股票市场沪深两市持续下跌,整体估值大幅回撤,成交额和筹资额同比减少,新三板全年容量一路走低;债券市场整体发行规模继续保持增长,现券交易量增加,债券收益率曲线下移。人民币汇率总体稳定、弹性增强,外汇市场交易主体进一步扩展,跨境人民币业务快速增长,收支基本平衡。保险市场发展稳中向好,保险市场改革开放持续深化,保险资金运用配置更趋优化,投资收益稳步增长,服务经济社会发展能力持续增强,保险科技应用日益广泛,互联网保险业务保持快速发展。黄金需求增长、产量下滑，黄金价格弱势震荡并小幅收高、黄金交易规模保持增长。期货交易量小幅下降且成交额有所上升，期权市场规模持续增长，利率衍生品交易活跃度明显上升。

2018年，我国金融市场发展过程中存在一些问题，主要包括：股票市场持续低迷、股权质押风险累积，新三板挂牌企业数首度下滑、做市商制度亟须优化，并购市场业绩承诺到期、需警惕商誉减值风险，去杠杆背景下千亿元债券违约、信用风险陆续释放，地方政府隐性债务增速较快、地方债市场风险逐步暴露，保险市场供给侧结构性失衡问题突出。

针对这些问题，本报告提出的应对建议有：加快建设多层次资本市场、积极化解股权质押风险，完善新三板市场交易制度、提高新三板市场流动性，健全并购重组法律法规、增强并购交易透明度，以市场化原则完善债券违约处置、防范信用风险升级，有效防范地方债务风险、优化地方债投资者结构，继续推进供给侧结构性改革、推动保险业高质量发展。

金融国际化稳步推进。2018年全球经济继续增长，增长趋势放缓。国际金融市场波动性有所加大。全球各国货币政策持续分化。美联储2018年加息四次，联邦基准利率调至2.25%~2.50%，并持续推进缩表计划。新兴市场经济体货币政策也出现分化。2018年中国经济运行总体平稳，为中国金融国际化奠定了良好的经济基础。人民币对美元汇率双向波动，在全球货币中表现相对稳健。2018年中国国际收支格局呈现双顺差。中国经常账户保持基本平衡，非储备性质的金融账户延续顺差。中国经常账户顺差491亿美元，非储备性质的金融账户顺差1306亿美元。人民币国际化指数触底反弹，人民币国际化指数（RII）创新高。2018年人民币在贸易计价结算、金融计价交易、国际储备等领域使用触底回升，在全球货币体系中的地位逐步巩固。历经一轮波动周期，人民币国际化企稳提速，人民币国际化指数（RII）2018年底为2.95，较2017年初回升了95.8%，实现强势反弹，环球同业银行金融电讯协会（SWIFT）官方数据显示，人民币位列全球第五大支付货币。2018年以来中美贸易摩擦的逐步升级，成为影响中国与世界经济最大的不确定性因素。2018年3月8日，特朗普宣布对钢铁和铝制品分别加征25%和10%的关税，中美贸易摩擦揭开序幕。中美贸易摩擦暴露了美国的战略意图，美国的目标不仅是减少经常账户逆差，其真实目的是以贸易摩擦的名义，遏制中国经济崛起和产业升级，尤其是对中国高科技领域的战略围堵。

2018年，中国金融国际化面临多方面的挑战，主要包括：中美贸易摩擦是当前经济与金融的最大不确定因素；中国金融市场的国际化程度有待加强；美联储加息，包括中国在内的新兴市场国家面临资本外流的风险；逆全球化背景下中国"走出去"战略有待调整；人民币国际化、资本账户自由化与汇率浮动短期可能面临取舍。

针对这些挑战，本报告提出的应对建议有：中国在逆全球化背景下需要保护中国企业的海外权益，维护中国海外资产的安全；做好预案提前防范美国的"长臂管辖"；在企业并购协议中增加风险防范条款；创新合作模式，激发国内外研发力量的活力；完善我国现行的外资国家安全审查制度；适时调整中国对外投资"走出去"战略，尤其是涉及对美国直接投资。构建双维度的跨境资本流动管理宏观体系，提高防范风险能力，宏观审慎政策将防范跨境资本流动风险纳入监管框架。构筑以负面清单为核心的跨境资本流动管理微观基础，加强微观基础管理能力建设，构建多元化与分散化的宏微观相互配合的跨境资本流动管理体制。逐步扩大汇率波动幅度，发挥市场供求和央行指导在汇率决定中的作用，扩大汇率波动幅度，增加货币政策独立性。扩大金融市场开放，发挥直接投资推动作用。加强国际协调合作，捍卫多边主义原则，维护现存国际秩序；理性应对外部经济冲击与挑战，坚持国际合作分散国际压力；中国可承担相应的责任，推动全球经济包容性发展。

金融监管愈趋精准。2018年我国各金融机构全力化解突出风险，维护金融体系稳定，不断深化改革扩大开放，扎实做好机构改革组织实施，各项工作迈出坚实步伐，取得积极成效。银行监管紧紧围绕"服务实体经济、防控金融风险、深化金融改革"三大任务，防范化解金融风险，守住不发生系统性金融风险底线；深化改革，推进银行业高质量发展；扩大银行业对外开放，打造开放型经济体；加强监管引领，打通货币政策传导机制，提高金融服务实体经济水平，实现了服务能力和治理水平的显著提升。证券监管牢牢把握市场化、法治化和国际化的改革方向，把防范化解金融风险放到突出位置，从严监管，形成良好市场生态；开展专项现场检查，推动证券市场健康发展；加强诚信监管，促进资本市场健康发展；夯实基础制度，降低市场风险，有力维护了资本市场运行秩序，有效保护了投资者合法权益，为新时代资本市场的健康发展提供了强有力保障。保险监管秉持"稳中求进"的总基调，加强保险资金运用管理，促进保险资金运用稳健发展和发挥服务实体经济的作用；完善保险资产负债管理监管规则，提高偿付能力监管效能；加强保险公司股权监管，规范股东行为和董事会、监事会运作，提升保险机构公司治理有效性；强化保险产品监管，防范保险产品风险；规范保险中介市场经营秩序，完善保险中介监管制度；加快落实保险业对外开放举措，激发外资参与中国保险业发展的活力。涉外金融监管深化合格机构投资者外汇管理改革，推进资本市场双向开放；深化外汇管理体制改革，防范跨境资金流动风险；便利境外承包工程外汇收支，支持优质企业"走出去"；服务实体经济，深入推进"放管服"改革；修订相关制度，完善贸易信贷、对外金融资产负债统计；严厉打击地下钱庄，维护外汇市场秩序，持续深化外汇管理改革，积极防范跨境资本流动风险，维护国家经济金融安全。

2018年我国金融监管依然存在一些问题，主要包括：在银行监管方面，银行业违规现象屡禁不止，合规意识亟须增强；银行业主要业务偏离本源，资金"脱实向虚"；银行业一些机构股权关系不透明、不规范，公司治理存在不足；外部监管和内部审计不能实现联动，监管有效性不足。在证券监管方面，证券领域针对违法违规行为的处罚滞后期长，犯罪成本低；证券监管法律法规不完善，不利于遏制违法违规行为；证券监管整体效率偏低，不利于证券市场健康发展。在保险监管方面，保险公司流动性风险监管规则不完善，监管工具不能充分发挥识别和预警作用；关联交易监管制度不健全，监管的穿透性不足；互联网保险消费者权益保护机制滞后，容易造成风险的累积。在涉外金融监管方面，境外投资管理模式尚待完善；跨境资金流动管理难度日益增大；直接投资存量权益登记制度存在不足之处。此外，2018年金融监管还面临一些新问题，包括金融科技监管须妥善处理金融稳定问题；地方金融资产管理公司监管配套不足；地方金融监管有待加强。

针对这些问题，本报告提出的应对建议有：在银行监管方面，加大风险管控执行力度，提高银行合规经营意识；完善内部资源配置，与监管机构形成合力，回归本源；改善上市银行公司治理，优化银行内部治理结构；加强外部监管—内部审计联动，提升监管质效。在证券监管方面，创新监管理念，完善证券监管机制；提高违法成本，加大处罚力度；提升立法水平，完善证券监管法律体系；提高证券监管的信息化水平和监管人员素质，提升监管效率。在保险监管方面，优化保险公司流动性风险监管规则，引入新的量化监管指标和多维度风险监测分析工具；持续强化关联交易监管，规范保险公司的交易行为；对互联网保险实施深度监管，建立以权利保护为导向的监管机制。在涉外金融监管方面，协调对外投资"放""管""服"三者间的关系；构建跨境融资"两位一体"的监管框架；提升存量权益登记制度的有效性。此外，针对金融监管出现的新问题，积极培育服务创新，构建面向数字时代的金融生态系统；明确地方资产管理公司基本定位，完善监管框架；多措并举加强地方金融监管。

编者

2020 年 6 月

目 录

第一章 金融宏观调控延续稳健 ······ 1
一、2018 年全球经济及货币政策环境 ······ 2
（一）经济增长放缓 ······ 2
（二）金融市场大幅下跌 ······ 3
（三）货币政策转向 ······ 4
二、2018 年中国金融宏观调控的实施与效果 ······ 7
（一）货币政策操作 ······ 7
（二）金融状况改善 ······ 13
（三）金融宏观调控的效果 ······ 20
三、2018 年中国金融宏观调控的特色 ······ 28
（一）实施稳健货币政策，加强逆周期调节 ······ 28
（二）积极落实货币信贷政策，提升服务实体经济能力 ······ 29
（三）更好地服务小微企业、民营企业等重点领域和薄弱环节 ······ 30
（四）以结构性去杠杆为基本思路，防范化解重大金融风险 ······ 31
（五）坚定市场化方向，完善汇率与利率形成机制 ······ 31
（六）推进金融供给侧结构性改革，健全中国特色现代金融体系 ······ 33
四、中国金融宏观调控面临的挑战及应对 ······ 34
（一）中国金融宏观调控面临的挑战 ······ 34
（二）中国金融宏观调控的应对 ······ 38

第二章 金融机构运行平稳 ······ 41
一、银行业金融机构 ······ 42
（一）政策性银行及国家开发银行持续发挥稳增长、调结构、
惠民生的重要作用 ······ 42
（二）商业银行整体业绩回升，大力发展金融科技 ······ 45
（三）民营银行经营总体稳健，资产规模分化更加严重 ······ 55
（四）农村金融机构发展迅速，资产质量呈现向好态势 ······ 56
（五）租赁行业稳步发展，市场潜力较大 ······ 58

（六）典当行业运行平稳，业务量、资金利用率提升空间大 …………… 61
　　（七）小额贷款公司业务扩张受限 …………………………………………… 62
　　（八）消费类金融公司发展迅速，行业风险凸显 ………………………… 63
二、保险业金融机构 ……………………………………………………………………… 65
　　（一）保险机构数量和规模稳定增长 ……………………………………… 65
　　（二）保险公司改革创新持续深入，偿付能力基本充足 ……………… 66
　　（三）保险资产管理机构持续发展，业务能力有所提高 ……………… 68
　　（四）保险中介机构发展平稳，专业水平有待提高 …………………… 69
三、证券业金融机构 ……………………………………………………………………… 70
　　（一）证券公司 ……………………………………………………………………… 70
　　（二）基金公司 ……………………………………………………………………… 75
　　（三）信托公司 ……………………………………………………………………… 81
　　（四）期货公司 ……………………………………………………………………… 83
四、新金融业态 …………………………………………………………………………… 86
　　（一）互联网金融监管更加严格，规范化发展势在必行 ……………… 86
　　（二）金融小镇在逐渐成熟的政策引导下，朝着高质量发展 ………… 94
　　（三）绿色金融发行总量继续上升 …………………………………………… 97
　　（四）供应链金融与区块链相结合的价值和前景日益凸显 …………… 98
五、金融机构发展存在的问题 ………………………………………………………… 99
　　（一）资本越发成为商业银行发展的硬约束 ……………………………… 99
　　（二）中小型银行风险问题逐步暴露 ……………………………………… 100
　　（三）保险公司持续发展动力缺乏，盈利能力亟待提高 …………… 102
　　（四）粗放式发展难以为继，券商资管面临新的挑战与竞争 ……… 104
　　（五）资管新规重塑信托业务，行业面临转型压力 ………………… 105
　　（六）P2P行业风险积聚影响金融稳定，亟须整改 …………………… 107
　　（七）金融科技发展过程中的风险积聚不容忽视 …………………… 108
六、金融机构发展的对策建议 ………………………………………………………… 109
　　（一）从改善外部环境和提升内部能力两方面缓解资本压力 ……… 109
　　（二）加强中小银行风险防控能力与内部治理 ………………………… 110
　　（三）转变保险公司发展模式和盈利模式 ……………………………… 112
　　（四）证券公司挖掘自身比较优势，跨业务链对接资金端和资产端 … 113
　　（五）深化结构转型，信托公司谋求高质量发展 …………………… 115
　　（六）P2P行业与监管平台协调行动，化解风险积聚，谨防风险再次爆发 … 116
　　（七）金融科技监管与时俱进，提升效率和风险防范并举 ………… 117

第三章　金融市场健康发展 ……………………………………………………………… 119
一、金融市场运行分析 ………………………………………………………………… 119

    (一) 货币市场 ······ 119
    (二) 资本市场 ······ 127
    (三) 外汇市场 ······ 139
    (四) 保险市场 ······ 140
    (五) 黄金市场 ······ 154
    (六) 衍生产品市场 ······ 159
  二、金融市场存在的问题 ······ 163
    (一) A股市场持续低迷,股权质押风险累积 ······ 163
    (二) 新三板挂牌企业数首度下滑,做市商制度亟须优化 ······ 168
    (三) 并购市场业绩承诺到期,需警惕商誉减值风险 ······ 171
    (四) 去杠杆背景下千亿元债券违约,信用风险陆续释放 ······ 174
    (五) 地方政府隐性债务增速较快,地方债市场风险逐步暴露 ······ 176
    (六) 保险市场供给侧结构性失衡问题突出 ······ 178
  三、对策建议 ······ 181
    (一) 加快建设多层次资本市场,积极化解股权质押风险 ······ 181
    (二) 完善新三板市场交易制度,提高新三板市场的流动性 ······ 182
    (三) 健全并购重组法律法规,增强并购交易透明度 ······ 184
    (四) 以市场化原则完善债券违约处置,防范信用风险升级 ······ 184
    (五) 有效防范地方债务风险,优化地方债投资者结构 ······ 185
    (六) 继续推进供给侧结构性改革,推动保险业高质量发展 ······ 186

第四章 金融国际化稳步推进 ······ 189
  一、2018年中国金融国际化发展现状 ······ 191
    (一) 国际收支格局延续双顺差 ······ 191
    (二) 人民币国际化程度创历史新高 ······ 197
    (三) 人民币对美元汇率走势平稳且双向波动明显,外汇市场运行平稳 ······ 201
    (四) 中美贸易摩擦形势严峻 ······ 205
    (五) 资本账户开放稳步推进,国际投资头寸规模稳定 ······ 207
    (六) 比特币价格剧烈波动,引发加密货币市场的动荡 ······ 211
  二、2018年中国金融国际化面临的挑战 ······ 212
    (一) 中美贸易摩擦是中国经济与金融的最大不确定因素 ······ 212
    (二) 中国金融市场的国际化程度有待加强 ······ 213
    (三) 美联储加息,包括中国在内的新兴市场国家面临资本外流的风险 ······ 214
    (四) 逆全球化背景下中国"走出去"战略有待调整 ······ 215
    (五) 人民币国际化、资本账户自由化与汇率浮动短期可能面临取舍 ······ 216
  三、2018年中国金融国际化发展的对策 ······ 216
    (一) 调整中国对外投资"走出去"战略,维护中国海外资产的安全 ······ 216

（二）构建双维度的跨境资本流动管理宏观体系，提高防范风险能力 ………… 218
　　（三）构筑以负面清单为核心的跨境资本流动管理微观基础 …………………… 220
　　（四）逐步扩大汇率波动幅度，发挥市场供求和央行指导
　　　　　在汇率决定中的作用 …………………………………………………………… 221
　　（五）扩大金融市场开放，发挥直接投资推动作用 ……………………………… 223
　　（六）加强国际协调合作，捍卫多边主义原则，维护现存国际秩序 ………… 223

第五章　金融监管愈趋精准 ………………………………………………………………… 225
　一、2018 年金融监管的措施与成效 ……………………………………………………… 225
　　（一）银行监管的措施和成效 ……………………………………………………… 225
　　（二）证券监管的措施与成效 ……………………………………………………… 232
　　（三）保险监管的措施与成效 ……………………………………………………… 241
　　（四）涉外金融监管的措施与成效 ………………………………………………… 245
　二、2018 年我国金融监管面临的挑战 …………………………………………………… 252
　　（一）银行监管存在的问题 ………………………………………………………… 252
　　（二）证券监管中存在的问题 ……………………………………………………… 253
　　（三）保险监管存在的主要问题 …………………………………………………… 255
　　（四）涉外金融监管中存在的问题 ………………………………………………… 258
　　（五）金融监管中的其他问题 ……………………………………………………… 261
　三、我国金融监管的对策 …………………………………………………………………… 263
　　（一）银行监管的对策建议 ………………………………………………………… 263
　　（二）证券监管的对策建议 ………………………………………………………… 265
　　（三）保险监管的对策建议 ………………………………………………………… 268
　　（四）涉外金融监管对策建议 ……………………………………………………… 270
　　（五）其他金融监管问题的对策建议 ……………………………………………… 272

附录　2018 年中国金融大事件 …………………………………………………………… 276

参考文献 ……………………………………………………………………………………… 292

第一章　金融宏观调控延续稳健

全球经济经历 2017 年强劲增长之后，2018 年开始放缓，并且放缓程度超出了预期。2018 年末，世界贸易增长大幅走弱，金融市场也出现了大跌。对此，美联储以及其他主要中央银行暂停了渐进的紧缩货币政策，金融市场迅速反弹，并且得到了随后出现的经济活动趋稳信号的支撑。面对世界经济增长减速及金融市场剧烈波动的外部环境，中国经济虽然保持了较强韧性，但在新旧动能转换阶段，长期积累的风险隐患暴露增多，小微企业、民营企业融资难问题较为突出，经济面临下行压力。

面对稳中有变、变中有忧的内外部形势，中国人民银行实施了稳健的货币政策。前瞻性地采取了定向降准、中期借贷便利（MLF）操作、定向中期借贷便利（TMLF）等一系列逆周期调节措施，激励引导金融机构加大对实体经济尤其是对小微企业和民营企业的支持力度，着力缓解资本、流动性和利率等方面的约束，疏通货币政策传导。适时调整和完善宏观审慎政策，创设央行票据互换（CBS）工具，为银行发行永续债补充资本提供流动性支持，充分发挥宏观审慎评估（MPA）的逆周期调节和结构引导作用，保持金融体系的稳定性。同时，继续深入推进利率市场化改革和人民币汇率形成机制改革，完善市场化的利率形成、调控和传导机制，适时调整外汇风险准备金率，重启人民币汇率中间价报价"逆周期因子"，有效稳定市场预期。

以上政策调节，为供给侧结构性改革和高质量发展创造了适宜的货币金融条件。2018 年，银行体系流动性合理充裕，贷款同比大幅多增，广义货币（M_2）和社会融资规模存量增速与名义国内生产总值（GDP）增速基本匹配，宏观杠杆率保持稳定。M_2 增速保持在 8% 以上；人民币贷款全年新增 16.2 万亿元，同比多增 2.6 万亿元；年末社会融资规模存量同比增长 9.8%。截至 2018 年 12 月末，企业贷款加权平均利率已连续四个月下降，累计下降 0.25 个百分点，其中，微型企业贷款利率已连续五个月下降，累计下降 0.39 个百分点。年末，中国外汇交易中心（CFETS）人民币汇率指数为 93.28，人民币汇率预期总体稳定。国民经济继续运行在合理区间，2018 年 GDP 同比增长 6.6%，消费对经济增长的拉动作用增强，居民消费价格指数（CPI）同比上涨 2.1%。

当前中国经济保持平稳发展的有利因素较多，中国仍处于并将长期处于重要战略机遇期，三大攻坚战开局良好，供给侧结构性改革深入推进，改革开放力度加大，经济发展潜力较大，宏观政策的效果正在逐步显现。但全球经济下行压力加大，我国家庭部门债务风险增加，"量价并行"的货币政策亟待协调，金融供给侧结构性改革等也给我国金融宏观调控带来了不小的挑战。

未来，中国的金融宏观调控要紧紧围绕服务实体经济、防控金融风险、深化金融改革三项任务不断创新和完善。短期内，重点要继续推进供给侧结构性改革，促进经济高质量发展，重视并多措并举应对家庭债务风险，加速协调"量价并行"的货币政策，纵深推进金融供给侧结构性改革等，助力推进稳增长、促改革、调结构、惠民生、防风险、保稳定工作。

一、2018年全球经济及货币政策环境

（一）经济增长放缓

2018年，全球经济总体表现良好，按照购买力平价计算的增长率达到了3.7%，虽然低于年初的预测以及2017年的3.9%。在持续非常宽松的金融条件中，2017年全球经济增长异常强劲，相当数量国家的增长达到了潜在水平之上。用常规指标衡量，一些经济体比在前一个经济扩张期更具动能。实际上，一些发达经济体的失业率降到了几十年来的低点，有助于巩固私人消费的复苏。很多国家的财政政策转向扩张，同时受高于平均水平商业信心的刺激，固定资产投资最终也加速了，特别是在一些发达经济体。于是，全球贸易和制造业产出从2016年的低点强烈反弹。

但是，进入2018年后，一些经济放缓的迹象随之出现，并且超出了人们的预期。新增出口订单持续减少，世界贸易增长在年底前突然停滞不前，资本品投资不及预期，特别是欧洲和亚洲新兴经济体。制造业采购经理人指数（PMIs）走低，2019年初在一些经济体中甚至还出现了收缩。消费也放缓了，但总体上看还是非常稳健的，从而支撑了服务业。第二季度，一些发达经济体出现了经济活动趋稳的信号。

回顾2018年，主要经济体和地区增长放缓的时机和程度不尽相同。美国的增长不但没有下降，反而上升了，从2017年的2.2%上升到2018年的2.9%，只是到了年底，经济稍微走弱，不过大体也与预测一致。这主要归功于强劲的减税驱动的顺周期财政扩张。2018年各季度国内生产总值（GDP）环比折年率增速分别为2.5%、3.5%、2.9%和1.1%，其中第二季度创2014年第四季度以来最快增速。美国供应管理协会（ISM）制造业PMI全年保持高位，连续34个月高于荣枯线，但12月意外放缓至54.10；密歇根消费者信心指数2018年保持在较高水平，第四季度以来略有波动。6月、7月CPI一度到达2.9%的高位，后逐渐下降至11月、12月的2.2%、1.9%；剔除波动性较高的能源、食品后，同期核心通货膨胀温和上涨，自3月上涨2.1%后始终保持略高于2%的水平，11月、12月均为2.2%。劳动力市场趋紧，全年失业率低位下行，至第三季度曾低至近50年最低的3.7%，12月微升至3.9%。

欧元区、日本和英国经济放缓的程度要高于美国。欧元区2018年的增长降至1.8%，大概低于年初预测0.5个百分点，不过仍高于潜在增长率。世界贸易和出口下滑是其主要因素，但很多单个国家层面的因素也影响到了内部需求。第一至第四季度欧元区GDP同比分别增长2.4%、2.2%、1.6%和1.2%，增速持续放缓；其中德国第三季度GDP环比收缩0.2%，为2015年以来首次出现负增长。欧元区消费者信心由年初的较为乐观水平持续下滑；制造业PMI全年亦呈走低态势，第四季度降至52以内。欧元区通货膨胀水平总体较为温和，核心CPI同比涨幅全年在1.0%左右；失业率保持低位，10月、11月、12月失业率分别为8.0%、7.9%和7.9%。不断下滑的出口以及自然灾害将日本的增长压低至0.8%的水平，这还是在强于预期的投资做了部分抵消后的结果。受自然灾害等因素影响，第三季度GDP环比折年率为-2.5%，继第一季度萎缩1.3%后再度为负值并创2014年第二季度以来最大跌幅。劳动力市场接近充分就业，但受制于企业涨薪动力不足、通货膨胀预期低迷等因素，预计未来通货膨胀仍将处于低位。英国经济持续低速增长，仍面临脱欧带来的不确定性。第一季度GDP仅增长1.3%，为六年来最低水平；此后有所反弹但仍处较低水平。同时，通货膨胀水平持续超过英格兰银行通货膨胀目标，11月和12月CPI同比分别增长2.3%、2.1%。英国内部对现有脱欧协议存在较大分歧，能否有序脱欧面临较大的不确定性。

受出口大幅下跌以及投资增长较低的影响，除中国以外的新兴经济体增长令人失望。由于美元扭转跌势并在2018年初开始升值，新兴经济体的金融条件不断收紧，这一变化进而导致制造业活动和贸易走弱。那些最为脆弱的新兴经济体遭遇了金融条件的急剧紧缩的局面，这些经济体通常面临着较大规模经常账户逆差和对外资高度依赖等问题。巴西经济增长动能有所复苏，2018年第三季度GDP增长1.3%，比第二季度加快0.4个百分点。由于石油等大宗商品价格回升，俄罗斯经济逐步企稳，第二、第三季度GDP同比分别增长1.9%、1.5%，通货膨胀在得到控制后近期略有反弹。印度经济增长较快，第二季度GDP同比增长8.2%，第三季度略有放缓至7.1%，通货膨胀压力略有下降。南非经济第三季度略有起色，但失业率仍居高不下。土耳其和阿根廷遭遇了货币危机以及剧烈的产出收缩，不过对其他新兴经济体的溢出效应有限。

（二）金融市场大幅下跌

由于全球贸易增长减速以及经济下行风险增加，股票市场和债券市场在2018年经历了剧烈波动。2018年末，美国道琼斯工业平均指数较2018年第三季度末下跌11.83%，较上年末下跌5.63%。日本日经225指数、德国法兰克福DAX指数、欧元区STOXX50指数、英国富时100指数分别较2018年第三季度末下跌17.02%、13.78%、11.70%、10.41%，较上年末下跌12.08%、18.26%、14.34%、12.48%。新兴市场经济体中，巴西BOVESPA指数较2018年第三季度末上涨10.77%，全年上涨15.03%；阿根廷BUSEMERVAL指数与印度SENSEX指数分别较2018年第三季度末下跌9.47%、

0.44%，全年上涨 0.75%、5.91%；墨西哥 MXX 指数、土耳其 BIST30 指数、俄罗斯 RTS 指数分别较 2018 年第三季度末下跌 15.89%、7.75%、10.56%，全年下跌 15.63%、19.54%、7.65%。

2018 年末，美国 10 年期国债收益率收于 2.691%，较 2018 年第三季度末下降 36.5 个基点，较上年末上升 28 个基点。德国 10 年期国债收益率较 2018 年第三季度末下降 22.8 个基点，较上年末下降 17.8 个基点；日本较 2018 年第三季度末下降 12.4 个基点，全年下降 4.8 个基点；英国较 2018 年第三季度末下降 30.5 个基点，全年上升 8.1 个基点。新兴市场经济体方面，巴西 10 年期国债收益率较 2018 年第三季度末下降 236.5 个基点，全年下降 100 个基点；土耳其较 2018 年第三季度末下降 148.0 个基点，全年上升 440 个基点；阿根廷 9 年期国债收益率较 2018 年第三季度末上升 227.5 个基点，全年上升 562.1 个基点；俄罗斯、墨西哥较 2018 年第三季度末分别上升 16 个、71 个基点，较上年末分别上升 114 个、93 个基点。

导致市场大跌的原因可能有以下几个，一是基于股票收益的证据显示，由于不确定性的实质性上升，公司的盈利预期下降了；二是货币政策的未来走势以及较高的公司债务产生了影响。在欧元区，增长前景的恶化更加明显，于是对本已非常脆弱的银行部门产生了负面影响，银行的市净率进一步下降，反映了市场不断增加的对银行健康的担忧。

由于受美国连续三次加息的影响，全球外汇市场也出现了剧烈波动的局面。美元指数上涨，欧元、英镑对美元贬值，部分新兴经济体货币币值大幅走低后反弹。2018 年末，美元指数收于 96.17，较上年末上涨 4.40%。欧元收于 1.1469 美元/欧元，较上年末贬值 4.39%。英镑收于 1.2757 美元/英镑，较上年末贬值 5.59%。日元收于 109.56 日元/美元，较上年末升值 2.84%。新兴市场经济体方面，阿根廷比索、土耳其里拉、巴西雷亚尔、印度卢比对美元较 2018 年第三季度末分别升值 9.73%、14.51%、4.31% 与 4.23%，较上年末分别贬值 50.57%、28.34%、14.65% 与 8.24%；俄罗斯卢布对美元较 2018 年第三季度末贬值 5.89%，全年贬值 17.25%；墨西哥比索对美元较 2018 年第三季度末贬值 4.75%，全年小幅升值 0.04%。

（三）货币政策转向

针对不断恶化的经济增长前景和更加紧缩的金融状况，主要发达经济体的中央银行均暂停了原计划的货币政策正常化，开始或意图开始转向宽松的货币政策立场（如图 1-1 所示）。

美联储全年四次加息各 25 个基点，自 2015 年底正式启动加息以来已加息 9 次，联邦基金利率由年初的 1.25%~1.50% 上调至 2.25%~2.50%，同时持续推进 2017 年 10 月启动的缩表计划。在 2018 年 12 月 19 日议息会议上，美联储将 2019 年末和 2020 年末联邦基金利率的预期中位数分别从 3.1% 和 3.4% 下调至 2.9% 和 3.1%，将 2019 年预期加息次数由三次下调至两次,维持 2020 年加息一次的预期不变。2019 年 1 月 30 日,美联储维持联邦基金利率在 2.25%~2.50% 不变,但删去渐进式加息表述,表示在决定未来利率调整时将保持耐心,同时可根据经济和金融发展形势调整资产负债表正常化进程。这些信号明显表明该轮货币政策紧缩周期接近了终点,这要早于此前的预期。

欧洲央行 2018 年维持主要再融资操作利率、边际贷款便利利率及存款便利利率在 0、0.25%、-0.40% 不变,并宣布保持当前利率水平不变至少至 2019 年夏天。同时维持每月购买 300 亿欧元资产规模至 2018 年 9 月末,10 月至 12 月每月资产购买规模削减为 150 亿欧元,并在 2018 年底结束资产购买,但仍维持资产到期再投资即维持资产负债表规模不变,直至欧洲央行首次加息以后。日本银行继续实施收益率曲线管理下的量化和质化宽松货币政策(QQE),以实现 2% 的通货膨胀目标。全年维持部分超额准备金利率在 -0.1% 不变,同时继续维持各类资产购买规模不变。在 7 月 31 日议息会议引入政策利率前瞻性指引,表示将在一段时间内维持目前极低的利率水平。英格兰银行 2018 年上半年维持基准利率与资产购买规模不变,8 月 2 日议息会议上调基准利率 25 个基点至 0.75%,此后继续维持基准利率与资产购买规模不变。加拿大银行 2018 年三次上调隔夜利率目标至 1.75%,并表示会随着时间的推移逐步将政策利率提升至中性区间,以实现通货膨胀目标。

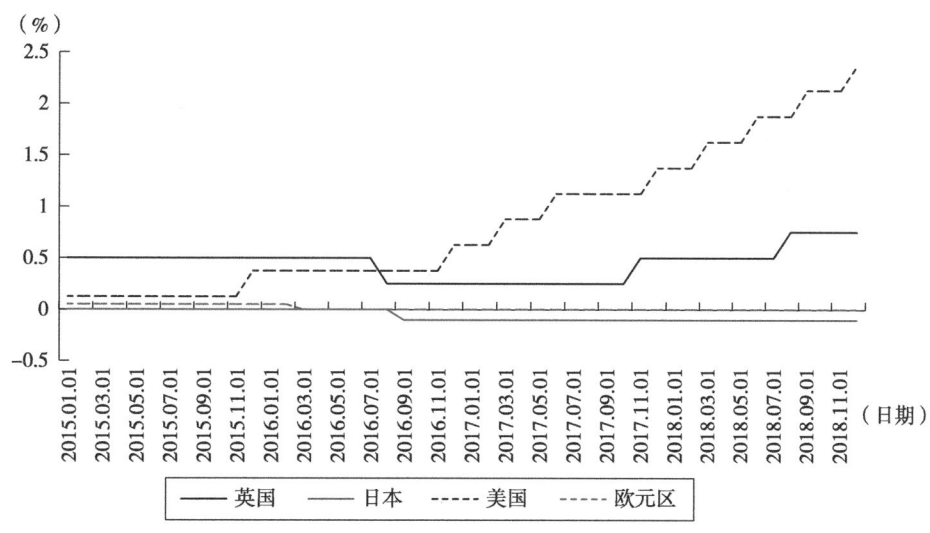

图 1-1　主要发达经济体政策利率

(资料来源:国际清算银行)

新兴市场经济体货币政策分化,但面对全球金融环境收紧及本币贬值压力,多家央行选择加息或偏中性的货币政策立场(如图 1-2 所示)。为应对汇率剧烈贬值与资本外流,土耳其央行于 2018 年 6 月和 9 月三次加息,将基准利率由 8.00% 上调至 24.00%;阿根廷央行于 2018 年 4 月、5 月和 8 月五次加息,将基准利率由 27.25% 上调至

60.00%。9月末,阿根廷央行宣布调整货币政策框架,维持基础货币零增长,政策利率取每日市场招标利率均值。俄罗斯央行第一季度两次下调关键利率共50个基点至7.25%,但由于通货膨胀回归目标4%的速度快于预期,又于9月、12月两次上调关键利率至7.75%,并表示将考虑进一步提高关键利率的必要性。由于石油价格上涨和本币贬值导致通货膨胀压力加大,为应对墨西哥比索汇率贬值、资本外流和国内通货膨胀压力等问题,墨西哥央行全年四次上调隔夜银行间利率目标共100个基点至8.25%。为降低经常账户赤字,印度尼西亚央行全年六次上调7天逆回购利率共175个基点至6.00%。韩国央行仍保持宽松的货币政策立场,但为了遏制家庭债务的快速增长,于11月30日上调基准利率25个基点至1.75%。由于通货膨胀处于较低水平,为提振经济,巴西央行第一季度两次下调基准利率共50个基点至6.50%。印度央行2018年第二季度两次上调基准利率共50个基点至6.50%,此后于2019年2月下调基准利率25个基点至6.25%。

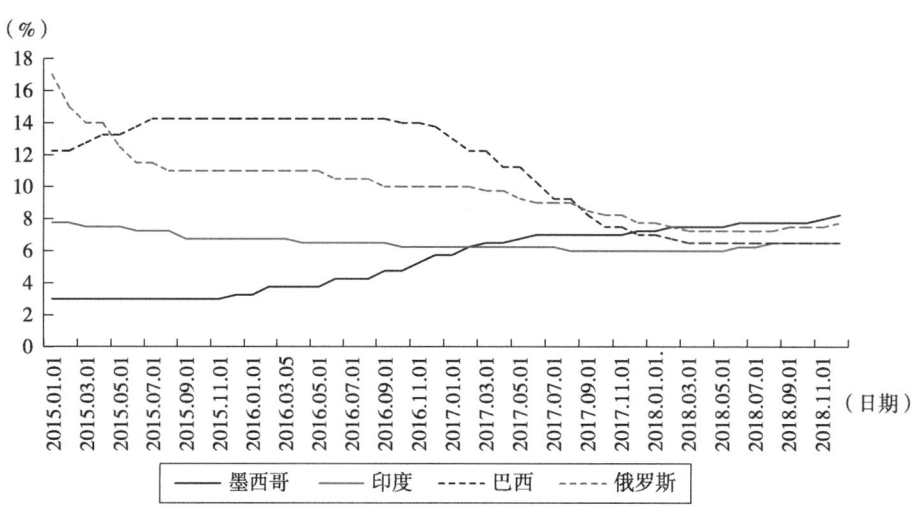

图1-2　部分新兴市场经济体政策利率

(资料来源:国际清算银行)

大多数经济体较低的通货膨胀便利了货币政策的宽松立场,由于石油价格从2018年年中至2019年初一直处于下跌中,发达经济体和新兴市场经济体的总体通货膨胀下降到了核心通货膨胀水平。发达经济体的核心通货膨胀持续保持在或低于通货膨胀目标水平。

伴随着货币政策的宽松,金融市场在2019年初反弹了,股票市场收复了前期的下跌。在预期政策利率较低的背景下,主要经济体的收益率曲线继续变得更加平坦。投资级公司债信用利差不断收窄,接近于危机前的基准水平,特别是在美国。2018年底之后,高收益债券信用利差再次降低到危机前的平均水平。随着刚开始短暂的贬值之后,美元又表现出了强势,接近了2017年初的水平。在新兴经济体中,外币利差下降到了2018年中期的水平,并且资本流入开始恢复了。

二、2018年中国金融宏观调控的实施与效果

（一）货币政策操作

2018年，中国人民银行前瞻性地采取了一系列逆周期调节措施，做到松紧适度，保持流动性合理充裕，保持货币信贷和社会融资规模合理增长，促进经济金融良性循环，为供给侧结构性改革和高质量发展营造了适宜的货币金融条件。

1. 灵活开展公开市场操作

公开市场操作以7天期逆回购为主搭配不同期限品种灵活开展公开市场操作，及时对冲税收、节日现金投放、季末监管考核等因素对流动性的冲击，弥补短期流动性缺口，将银行体系流动性总量保持在合理充裕水平。同时，针对金融体系结构性去杠杆过程中，市场流动性内生波动阶段性加大的实际情况，适当增厚关键时点的流动性缓冲垫，维护金融市场平稳运行。在此基础上，通过《公开市场业务交易公告》传递流动性形势变化等相关信息，提高货币政策操作的透明度，有效引导市场预期，增强操作效果。

2018年，中国人民银行累计开展逆回购操作10.84万亿元，其中7天期操作7.1万亿元，14天期操作2.6万亿元，28天期操作9 100亿元，63天期操作2 300亿元。年末，公开市场逆回购操作余额为8 400亿元。

公开市场操作有效引导了货币市场利率中枢下行。货币市场基准性的DR007中枢从年初的2.9%左右下降至2.6%左右，第四季度以来至2019年春节前保持平稳。2018年第一季度，央行公开市场7天期逆回购操作利率在美联储加息后上行5个基点，其他操作品种利率相应上行；第二季度以来，美联储继续加息三次，中国人民银行保持公开市场操作利率稳定，巩固货币市场利率下行逐步传导至债券市场和信贷市场的效果，为稳定实体经济融资需求、降低民营小微企业融资成本创造适宜的货币金融环境，也有利于稳定市场对经济前景的预期。

2. 适时开展中期借贷便利和常备借贷便利操作

适时开展中期借贷便利操作，弥补银行体系中长期流动性缺口，中期借贷便利成为央行基础货币供给的重要渠道。2018年，中国人民银行累计开展中期借贷便利操作49 510亿元，均为1年期。各季度分别开展中期借贷便利操作12 235亿元、11 865亿元、16 640亿元、8 770亿元，期末余额为49 315亿元，比年初增加4 100亿元。第二季度中期借贷便利利率上行5个基点，此后保持稳定，2018年最后一期操作1年期利率为3.30%。4月和10月，部分金融机构使用降准释放的资金置换中期借贷便利共13 515亿元。

在春节期间和月末、季末等货币市场利率易发生波动的时点，及时开展常备借贷便利操作，满足中小金融机构短期流动性需求。2018年，中国人民银行累计开展常备借贷便利操作共4 385亿元，各季度分别开展常备借贷便利操作1 069亿元、1 425亿元、519亿元、1 372亿元，期末余额为928亿元。探索发挥常备借贷便利利率作为利率走廊上限的作用，

促进货币市场平稳运行。根据执行货币政策需要,第一季度上调常备借贷便利利率5个基点,此后保持稳定,目前隔夜、7天、1个月利率分别为3.40%、3.55%、3.90%。

3. 降低金融机构存款准备金率

2018年四次下调金融机构存款准备金率,加强对小微企业、民营企业等实体经济的信贷支持力度。1月,普惠金融定向降准全面实施,释放资金约4 500亿元。普惠金融定向降准是将原有定向降准政策拓展和优化为统一对普惠金融领域贷款达到一定标准的金融机构执行较低的存款准备金率。4月和10月,中国人民银行两次下调大型商业银行、股份制商业银行、城市商业银行、非县域农村商业银行和外资银行人民币存款准备金率各1个百分点,并置换部分中期借贷便利,净释放资金约1.15万亿元。7月,中国人民银行下调大型商业银行、股份制商业银行、城市商业银行、非县域农村商业银行和外资银行人民币存款准备金率0.5个百分点。其中,五家国有商业银行和十二家股份制商业银行释放资金约5 000亿元,用于支持市场化、法治化"债转股",其他金融机构释放资金约2 000亿元。这些降准措施能够增加银行体系资金稳定性,优化流动性结构,增加金融机构支持小微企业、民营企业和市场化、法治化"债转股"等重点领域和薄弱环节的资金来源,推动实体经济健康发展。

2019年1月下调金融机构存款准备金率,调整普惠金融定向降准考核标准,完成普惠金融定向降准动态考核。一是下调金融机构存款准备金率1个百分点,分两次实施,并对金融机构2019年第一季度到期的中期借贷便利不再续做,释放长期资金约3 000多亿元。二是自2019年起将普惠金融定向降准小型和微型企业贷款考核标准由"单户授信小于500万元"调整为"单户授信小于1 000万元",有利于扩大普惠金融定向降准优惠政策的覆盖面,使更多的小微企业受益。三是完成2018年度普惠金融定向降准动态考核,在政策激励下,与上年相比,更多金融机构达到普惠金融定向降准标准,净释放长期资金约2 500亿元。这次降准置换中期借贷便利,加上普惠金融定向降准动态考核和1月开展的2 575亿元定向中期借贷便利操作,共释放长期资金约8 000亿元。

4. 改善宏观审慎政策框架

2018年宏观审慎政策框架在以下方面得到有力完善。第一,加强宏观审慎管理,充分发挥宏观审慎评估(MPA)的逆周期调节作用。调整MPA政策参数,扩大金融机构广义信贷增长空间,支持符合条件的表外资产回表,引导金融机构加大对实体经济的支持力度。同时,发挥好MPA的结构引导作用,增设专项指标,考察金融机构支持民营、小微企业融资和债转股工作的情况。

第二,适时调整外汇风险准备金率。2018年第二季度以来,受贸易摩擦和国际汇市变化等因素影响,外汇市场出现了一些顺周期波动的迹象。为防范宏观金融风险,促进金融机构稳健经营,加强宏观审慎管理,中国人民银行决定自8月6日起,将远期售汇业务的外汇风险准备金率从0调整为20%。

第三，出台资管新规和行业细则。为贯彻落实党的十九大精神和全国金融工作会议要求，有效防范化解金融风险，中国人民银行会同有关部门制定出台《关于规范金融机构资产管理业务的指导意见》（以下简称《资管新规》）。2018年3月28日，中央全面深化改革委员会第一次会议审议通过了《资管新规》。经国务院同意，4月27日，人民银行、银保监会、证监会、外汇局联合发布《关于规范金融机构资产管理业务的指导意见》（银发〔2018〕106号），按照产品类型统一监管标准，核心在于弥补监管短板、治理市场乱象、防范系统性风险。7月20日，为指导金融机构更好地贯彻落实《资管新规》，确保在中美经贸摩擦等外部冲击因素增多、社会融资规模增速下降的形势下平稳有序实施《资管新规》，中国人民银行发布《关于进一步明确规范金融机构资产管理业务指导意见有关事项的通知》（银办发〔2018〕129号，以下简称《通知》），进一步明确过渡期内的具体操作性问题，向社会传达了支持实体经济融资的积极信号。《通知》发布后，资管产品发行有所加快，机构因观望而暂停的投资得以恢复，市场信心得到提振。同时，中国人民银行与金融监管部门加强沟通协调，推动出台配套细则。2018年9月以来，银行理财、银行理财子公司、证券私募资管等行业细则发布实施，在《资管新规》的总体框架下，进一步明确各行业资管业务监管要求，推动资管业务回归本源，引导资管资金以合法、规范形式进入实体经济和金融市场。

5. 支持扩大小微、民营企业等重点领域和薄弱环节信贷投放

2018年，中国人民银行在解决小微、民营企业"融资难"问题以及向薄弱环节增加信贷投放中，不仅积极运用已有的再贷款、补充抵押贷款等工具向金融机构提供流动性，还创设了定向中期借贷便利（TMLF）、央行票据互换工具（CBS），推出了民营企业债券融资支持工具，并同时扩大了央行再融资担保品范围，有效推动金融机构增加向小微、民营企业等重点领域和薄弱环节的信贷投放。

第一，积极运用再贷款、再贴现和抵押补充贷款等工具。2018年以来，中国人民银行增加支农支小再贷款和再贴现额度共4 000亿元，下调支小再贷款利率0.5个百分点，引导金融机构增加小微企业和民营企业信贷投放，降低企业融资成本。年末，全国再贷款再贴现余额合计8 332亿元，比年初增加3 009亿元。其中支农再贷款余额为2 870亿元（含扶贫再贷款1 822亿元），支小再贷款余额为2 172亿元，再贴现余额为3 290亿元。2018年，对政策性银行和开发性银行发放抵押补充贷款共6 919亿元，年末余额为33 795亿元。

第二，创设定向中期借贷便利（TMLF）。2018年12月，中国人民银行创设定向中期借贷便利（TMLF），为金融机构提供长期稳定资金来源，定向支持其扩大对小微企业、民营企业信贷投放。中国人民银行于2019年1月23日开展了第一季度定向中期借贷便利操作，操作利率比中期借贷便利低15个基点，操作数量为2 575亿元，与金融机构支持小微、民营企业的力度挂钩，有利于撬动银行信贷支持实体经济薄弱环节。

第三，创设央行票据互换工具（CBS），推动永续债发行。中国人民银行会同相关部门加快推进银行发行永续债补充资本，明确将永续债到期日设置为银行存续期并允许计入其他一级资本。2019年1月25日，首单永续债顺利发行，认购倍数超过2倍，票面利率处于此前市场预测发行利率区间的下限。为提高银行永续债（含无固定期限资本债券）的流动性，支持银行发行永续债补充资本，中国人民银行于2019年1月创设央行票据互换工具（CBS），公开市场业务一级交易商可以使用持有的合格银行发行的永续债从人民银行换入央行票据。2月20日，中国人民银行开展了首次央行票据互换（CBS）操作，费率为0.25%，操作量为15亿元，期限1年。CBS操作可以增加持有银行永续债的金融机构的优质抵押品，提高银行永续债的市场流动性，增强市场认购银行永续债的意愿，从而支持银行发行永续债补充资本，为加大金融对实体经济的支持力度创造有利条件，也有利于完善货币政策传导机制，防范和化解金融风险，缓解小微和民营企业融资难问题。由于央行票据互换操作为"以券换券"，不涉及基础货币吞吐，对银行体系流动性的影响是中性的，不是量化宽松。

第四，推出民营企业债券融资支持工具。由中国人民银行运用再贷款提供部分初始资金，专业机构进行市场化运作，通过出售信用风险缓释工具、担保增信等多种方式，重点支持暂时遇到困难，但有市场、有前景、技术有竞争力的民营企业债券融资。同时，积极支持商业银行、保险公司以及债券信用增进公司等机构，在加强风险识别和风险控制的基础上，运用信用风险缓释工具等多种手段，支持民营企业债券融资。充分发挥地方政府在改善营商环境、督导民营企业规范经营中的作用。支持金融机构发行小微企业金融债券和贷款资产支持证券，拓宽支小资金来源。开展民营和小微企业金融服务实地督导，强化政策落地传导。按市场化、法治化原则稳定暂遇困难的民营企业融资。此外，人民银行会同相关部门研究民营企业股权融资支持工具方案，坚持市场化、法治化原则，按照公开透明的程序，对出现资金困难的民营企业提供阶段性的股权融资支持。

第五，适当扩大央行担保品范围。将不低于AA级的小微、绿色和"三农"金融债，AA+、AA级公司信用类债券，以及优质的小微企业贷款、民营企业贷款和绿色贷款、主体评级不低于AA级的银行永续债纳入央行合格担保品范围。在全国范围推进信贷资产质押和央行内部评级工作。

6. 发挥窗口指导和信贷政策的结构引导作用

中国人民银行全面贯彻落实党中央、国务院决策部署，将加强信贷政策结构性调整与推进供给侧结构性改革有机结合，做好持续推进经济结构优化、产业结构升级、能源结构转型、民生领域普惠等金融服务，引导金融资源配置到经济社会发展重点领域、重要区域和薄弱环节，满足实体经济领域有效融资需求。一是深入开展金融精准扶贫。落实金融助推脱贫攻坚、金融支持深度贫困地区脱贫攻坚等政策，引导金融资源向深度贫困地区倾斜，优化运用扶贫再贷款发放贷款定价机制，推动金融扶贫和产业扶贫融合发展，提升金融扶贫精准度和有效性。二是做好农村金融服务。深化涉农金融机构改革，建立健全农村金融体系。引导金融机构围绕乡村振兴战略要求，强化产品和服务创新。稳妥推进"两权"抵押贷款试点。三是促进完善地方政府性债务框架，引导银行业金融机构落实政策要求，审慎合规向地方政府融资，保障必要在建项目融资需求，规范支持基础设施建设。四是做好京津冀协同发展、"一带一路"建设、长江经济带发展、西部大开发、海洋经济发展等国家战略的金融支持，推动区域经济协调发展。五是鼓励银行业金融机构优化对高质量制造业和科技创新领域的金融服务，加强对制造业关键领域和转型升级的资金支持。深化推进投贷联动和科技金融结合试点，优化对重点领域科创企业的金融服务。六是把稳就业放在更加突出位置，加大创业担保贷款政策实施力度，提高创业担保贷款申请额度，更好发挥创业带动就业作用。研究金融支持退役军人创业就业措施，持续做好助学、农民工、民族地区等薄弱环节和弱势群体金融服务。七是建立完善绿色金融政策体系，大力发展绿色信贷。八是完善资产证券化市场运行机制，统筹推进资产证券化。

7. 深化利率市场化改革

继续深入推进利率市场化改革，推动利率"两轨合一轨"。一是提高中央银行市场化利率调控能力，疏通货币政策传导。完善利率走廊机制，提高央行对市场利率的调控和传导效率。二是不断健全市场利率定价自律机制。进一步扩宽自律机制成员范围，目前自律机制成员已扩大至 2 051 家，包括 15 家核心成员、1 182 家基础成员和 854 家观察成员。三是加快推动大额存单发展。在维护市场秩序的情况下，扩大大额存单发行主体范围，发挥大额存单在推动利率市场化改革方面的积极作用，"开好正门"。四是促进同业存单市场规范发展。明确自 2019 年第一季度起将资产规模 5 000 亿元以下金融机构发行的同业存单纳入 MPA 同业负债占比指标进行考核。总体看，利率市场化改革进一步深化并取得积极成效，金融机构的自主定价和风险管理能力有所提升，利率走廊初步建立，市场化利率形成机制不断健全，中央银行的利率调控和传导能力逐步增强。

8. 完善人民币汇率市场化形成机制

保持人民币汇率弹性，稳定市场预期。2018 年以来，面对错综复杂的外部环境，中国人民银行坚持"以我为主"，适当兼顾国际因素，在多目标中把握好综合平衡。第一季度，在美元走弱、跨境资本流动和外汇供求基本平衡的背景下，人民银行发挥市场供求在汇率形成中的决定性作用，逐步推动前期逆周期调控政策回归中性。第二季度以后，受美元指数走强和贸易摩擦影响，人民币汇率有所贬值。人民银行继续稳步深化汇率市场化改革，保持人民币汇率弹性，发挥汇率调节宏观经济和国际收支"自动稳定器"的作用。同时，根据形势变化，采取宏观审慎政策等一系列有针对性措施，包括加强与市场沟通、提高远期售汇风险准备金率、重启中间价报价"逆周期因子"等，并创新和丰富调控工具箱，着力引导和稳定市场预期。这些措施释放了积极信号，取得了积极效果，我国跨境资本流动、汇率预期和外汇市场运行基本平稳，人民币汇率在合理均衡水平上保持了基本稳定。

2018年，人民币对美元汇率中间价最高为6.2764元，最低为6.9670元，243个交易日中104个交易日升值、139个交易日贬值，最大单日升值幅度为0.71%（492点），最大单日贬值幅度为0.89%（605点）。人民币对其他国际主要货币汇率走势分化。2018年末，人民币对欧元、英镑、日元汇率中间价分别为1欧元兑7.8473元人民币、1英镑兑8.6762元人民币、100日元兑6.1887元人民币，分别较2017年末贬值0.57%、升值1.19%和贬值6.47%。自2005年人民币汇率形成机制改革以来至2018年末，人民币对欧元汇率累计升值27.61%，对日元汇率累计升值18.05%。2018年，银行间外汇市场人民币直接交易成交活跃，流动性明显提升，降低了微观经济主体的汇兑成本，促进了双边贸易和投资。

2018年末，在中国人民银行与境外货币当局签署的双边本币互换协议下，境外货币当局动用人民币余额为327.86亿元，中国人民银行动用外币余额折合4.71亿美元，对促进双边贸易投资发挥了积极作用。

在香港发行中央银行票据，丰富香港高信用等级人民币金融产品，完善香港人民币收益率曲线。2018年9月20日，中国人民银行与香港特别行政区金融管理局签署了《关于使用债务工具中央结算系统发行中国人民银行票据的合作备忘录》。11月7日，中国人民银行通过香港金融管理局债务工具中央结算系统（CMU）债券投标平台，招标发行200亿元人民币中央银行票据，其中3个月和1年期品种各100亿元，中标利率分别为3.79%和4.20%。2019年2月13日，中国人民银行再次通过香港金融管理局CMU平台，招标发行200亿元人民币中央银行票据，其中3个月和1年期品种各100亿元，中标利率分别为2.45%和2.80%。此次发行吸引了离岸市场众多投资者踊跃认购，涵盖银行、基金、证券、中央银行、国际金融组织等多类机构。全场投标总量超过1 200亿元，两期央行票据认购倍数均超过6倍。香港人民币央行票据发行符合市场需求，既丰富了香港市场高信用等级人民币投资产品系列和人民币流动性管理工具，也有利于完善香港人民币债券收益率曲线，有助于推动人民币国际化。

9. 推进金融机构改革

全面落实开发性、政策性金融机构改革方案。中国人民银行会同改革工作小组成员单位有序推动建立健全董事会和完善治理结构、划分业务范围等改革举措，国家开发银行（以下简称国开行）新一届董事会、中国进出口银行董事会已成立并有效运转，中国农业发展银行董事会正在组建过程中。继续推动国家开发银行、中国进出口银行和中国农业发展银行强化职能定位，加强风险防控，更好地服务国家战略，发挥开发性、政策性金融机构作用。

10. 加速外汇管理体制改革

首先，提升外汇管理服务实体经济水平。一是深化依法行政和"放管服"改革，持续开展简政放权和法规清理，提高外汇管理公共服务质量和效率。二是推进贸易投资自由化便利化，支持贸易新业态发展，便利跨境电子商务综合试验区和市场采购贸易跨境收付。三是支持区域开放创新与特殊区域建设。

其次，深化重点领域改革。一是取消合格境外机构投资者（QFII/RQFII）资金汇出、锁定期限制，允许开展外汇套期保值管理汇率风险，有序扩大资本市场和外汇市场对外开放。二是扩大合格境内机构投资者（QDII）额度，建立公开透明的额度分配机制。三是支持外汇市场发展产品和优化服务，延长银行间外汇市场人民币对坚戈区域交易时间。

最后，切实维护外汇市场秩序。一是完善管理，打击转口贸易、内保外贷等领域的虚假、欺骗性交易。二是保持对地下钱庄违法犯罪活动及其交易对手的高压打击态势，严厉打击网络炒汇违法犯罪活动，联合多部门合力打击外汇违法违规行为。

（二）金融状况改善

通常来讲，货币政策通过影响金融状况作用于最终目标。金融状况是指广义上的融资条件，反映了（贷款人）对风险的评估和定价，以及（借款人）融资的难易程度和成本。货币政策的有效性很大程度上取决于其对金融状况的影响力度。2018年中国人民银行的货币政策意图为稳中趋宽，营造了较为宽松的金融状况，促进了稳增长、调结构、促改革等目标的实现，进而有力推动了高质量发展。

1. 货币市场利率下行

我国货币政策工具篮子中既包括数量型的（比如出款准备金率要求等）也包括价格型的（比如逆回购利率、MLF利率等），并且通常同时在使用，因此，货币政策的立场无法通过某一工具的变动来反映。但无论什么工具，均是通过影响银行间货币市场流动性发挥作用的。我国货币市场上的利率已充分市场化，无论央行通过哪一种货币政策工具增加（减少）了货币市场上的流动性，利率就会走低（走高）。所以，货币市场利率走势能够很好地反映货币政策的意图。

2018年总体来看，我国货币市场利率呈现下行趋势（如图1-3、图1-4所示），表明了货币政策的宽松立场。12月同业拆借加权平均利率为2.57%，比上年同期低34个基点；质押式回购加权平均利率为2.68%，比上年同期低43个基点。银行业存款类金融机构间利率债质押式回购加权平均利率为2.43%，比上年同期下降31个基点。上海银行间同业拆放利率（Shibor）整体有所下行。2018年末，隔夜和1周Shibor分别为2.55%和2.90%，分别较上年末下降29个和5个基点；3个月和1年期Shibor分别为3.35%和3.52%，分别较上年末下降157个和124个基点。

银行间回购、拆借交易较快增长，中资大中型银行仍是资金的主要净融出方。2018年，银行间市场债券回购累计成交722.7万亿元，日均成交2.9万亿元，同比增长16.8%，比上年高14.3个百分点；同业拆借累计成交139.3万亿元，日均成交5 528亿元，同比增长75.7%，上年为同比下降17.7%。从期限结构看，回购和拆借隔夜品种的成交量分别占其总量的81.6%和90.1%，占比分别较上年上升1.1个和4.0个百分点。交易所债券回购累计成交231.1万亿元，同比下降11.2%。从融资主体结构看，主要呈现以下特点：一是中资大中型银行是资金的融出方，全年经回购和拆借净融出资金301.5万亿元，同比增长26.4%。二是证券业和保险业机构下半年融入资金明显增加，第三、第四季度分别净融入29.7万亿元和27.8万亿元，分别占全年净融入金额的30.7%和28.7%。三是其他金融机构及产品净融入资金保持高速增长，全年净融入137.3万亿元，同比增长49.3%。

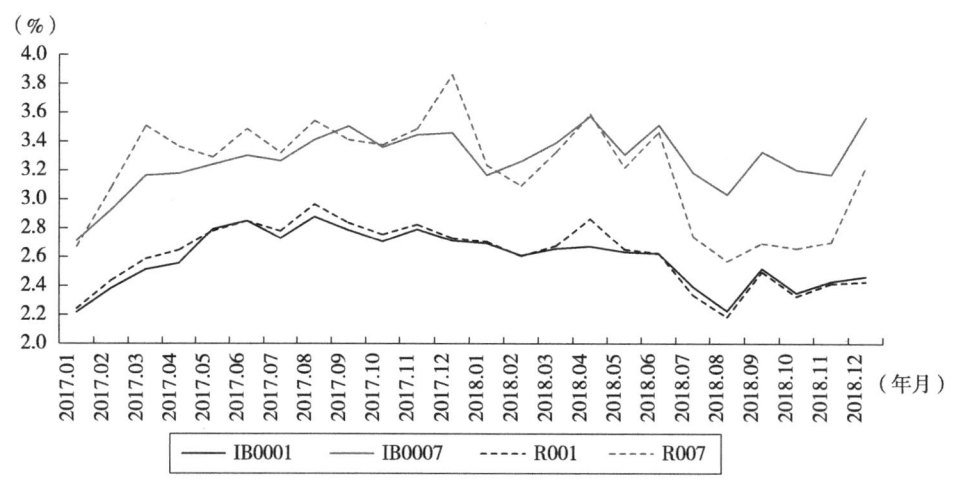

图1-3 货币市场利率月走势（2017—2018年）

（注：IB0001和IB0007分别表示当月银行间同业拆借隔夜和7天期加权平均利率；R001和R007分别表示当月质押式回购隔夜和7天期加权平均利率）

（资料来源：中国外汇交易中心暨全国银行间同业拆借中心）

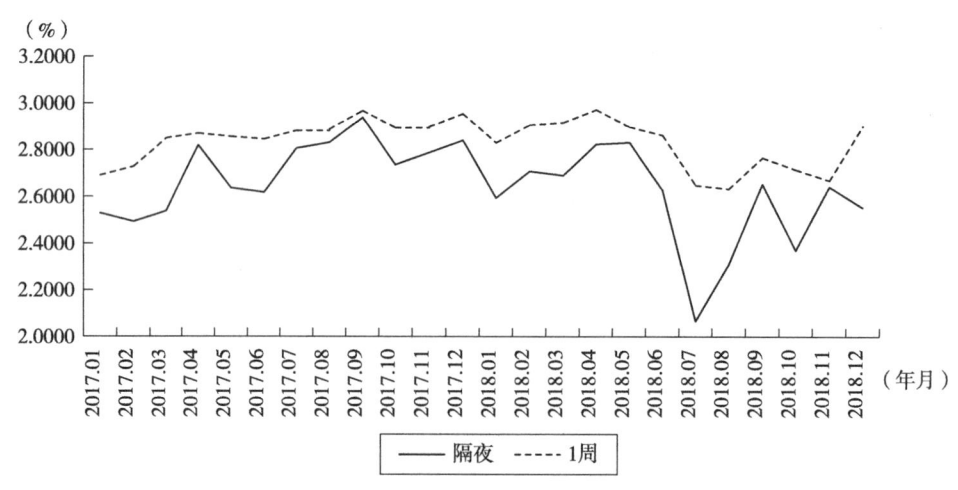

图1-4 Shibor月走势（2017—2018年）

（注：本图数据为当月最后一个交易日数据）

（数据来源：中国外汇交易中心暨全国银行间同业拆借中心）

2. 银行贷款利率下行

企业贷款和小微企业贷款利率分别连续4个月和5个月下降。12月，非金融企业及其他部门贷款加权平均利率为5.63%，同比下降0.11个百分点，比9月下降0.31个百分点。其中，一般贷款加权平均利率为5.91%，比9月下降0.28个百分点；票据融资加权平均利率为3.84%，比9月下降0.38个百分点。个人住房贷款利率基本稳定，12月加权平均利率为5.75%，比9月微升0.03个百分点。前期出台的支持民营、小微企业的政策效果逐步显现，企业贷款加权平均利率已连续4个月下降，累计下降0.25个百分点，其中，微型企业贷款利率已连续5个月下降，累计下降0.39个百分点。总体看，包括银行贷款、债券、表外融资等在内的全社会综合融资成本较上年末有所下降。

执行上浮利率的贷款占比下降，执行基准和下浮利率的贷款占比上升（如表1-1所示）。8月以来，一般贷款中执行上浮利率的贷款占比持续下降，12月为65.26%，比7月下降11.07个百分点；执行下浮利率的贷款占比持续上升，12月为16.27%，比7月上升6.68个百分点；执行基准利率的贷款占比也从9月开始持续上升。

表1-1　　　　　2018年金融机构人民币贷款各利率区间占比　　　　　单位：%

月份	下浮	基准	上浮					
			小计	(1, 1.1]	(1.1, 1.3]	(1.3, 1.5]	(1.5, 2.0]	2以上
1月	11.89	20.31	67.8	16.45	19.67	12.32	12.11	7.26
2月	12.5	18.83	68.67	15.98	18.66	12.88	12.65	8.5
3月	9.61	16.04	74.35	15.86	21.29	14	14.53	8.68
4月	10.38	15.15	74.47	15.77	21.12	14.13	14.72	8.73
5月	9.03	14.36	76.61	16.6	20.85	14.39	15.65	9.12
6月	9.93	14.83	75.24	15.19	21.36	14.1	16.32	8.27
7月	9.59	14.08	76.33	14.96	21.08	14.07	16.63	9.59
8月	11.87	13.33	74.81	13.2	20.53	14.23	16.31	10.55
9月	12.6	13.64	73.76	12.79	21.26	13.87	16.06	9.78
10月	12.91	14.4	72.69	12.15	19.73	13.22	16.49	11.1
11月	14.92	14.87	70.21	12.39	19.71	13.12	15.28	9.7
12月	16.27	18.47	65.26	13.59	17.81	11.52	13.89	8.45

数据来源：中国人民银行。

3. 国债收益率曲线总体下移

国债收益率曲线总体下移并呈陡峭化趋势（如图1-5所示）。2018年，国债各期限品种收益率整体下行。年末，1年期、3年期、5年期、7年期和10年期收益率分别为2.60%、2.87%、2.97%、3.16%和3.23%，较年初分别下行119个、91个、88个、74个和65个基点；1年期和10年期国债利差为63个基点，较年初扩大54个基点。债券市场债券指数小幅上行。2018年末，中债综合净价指数为101.92，比上年末上涨

4.03%；中债综合全价指数为118.80点，上涨4.79%。交易所上证国债指数为169.88点，上涨5.61%。

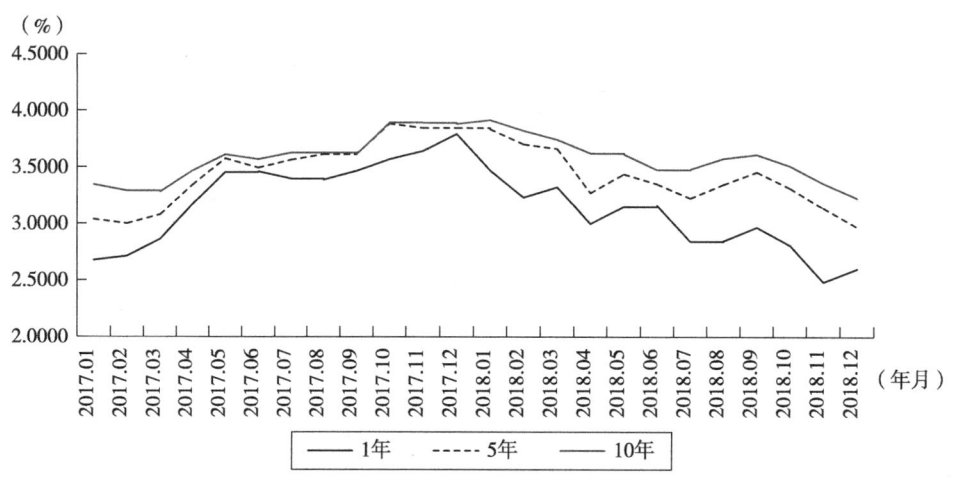

图 1-5 中国国债收益率

（数据来源：中央国债登记结算有限责任公司）

债券发行利率明显回落。12月发行的10年期国债发行利率为3.25%，比上年同期发行的同期限国债利率低57个基点；国开行发行的7年期金融债利率为3.60%，比上年同期发行的同期限金融债利率下降134个基点；主体评级AAA的企业发行的一年期短期融资券（债券评级A-1）平均利率为4.02%，比上年同期低149个基点；5年期中期票据平均发行利率为5.11%，比上年同期低112个基点。Shibor对债券产品定价继续发挥重要的基准作用。2018年，发行以Shibor为基准定价的浮动利率债券及同业存单34只，总量为115.5亿元；发行固定利率企业债286只，总量为2 418.38亿元，全部参照Shibor定价；发行参照Shibor定价的固定利率短期融资券3 561.1亿元，占固定利率短期融资券发行总量的74.5%。

银行间债券市场现券交易活跃。2018年，银行间债券市场现券交易150.7万亿元，日均成交5 982亿元，同比增长46%。从交易主体看，中资中小型银行和证券业机构是主要净卖出方，净卖出现券9.1万亿元；其他金融机构及产品是主要净买入方，净买入现券8.7万亿元。从交易品种看，银行间债券市场政府债券现券交易累计成交23.5万亿元，占银行间市场现券交易的15.6%；金融债券和公司信用类债券现券交易分别累计成交109.3万亿元和17.9万亿元，占比为72.5%和11.9%。交易所债券现券成交6.4万亿元，同比增长15.3%。

4. 股票市场指数下跌

2018年末，上证综合指数收于2 494点，比上年下跌24.6%；深证成分指数收于7 240点，比上年下跌34.4%；创业板指数收于1 251点，比上年下跌28.6%。2018年末,沪市 A 股加权平均市盈率从上年的 18.2 倍降至 12.5 倍,深市 A 股加权平均市盈率从上年末的 36.5 倍降至 20.2 倍。

股票市场成交量下降。2018 年,沪、深股市累计成交 90.2 万亿元,日均成交 3 711 亿元,同比减少 19.5%;创业板累计成交 15.9 万亿元,同比下降 4%。年末沪、深股市流通市值为 35.4 万亿元,同比减少 21.3%;创业板流通市值为 2.5 万亿元,同比减少 19.5%。

5. 人民币汇率总体稳定

人民币对一篮子货币汇率基本稳定,对美元双边汇率弹性进一步增强,汇率预期总体平稳(如图 1-6、图 1-7 所示)。2018 年末,CFETS 人民币汇率指数报 93.28,较上年末下跌 1.7%;参考 SDR 货币篮子的人民币汇率指数报 93.14,较上年末下跌 3.0%。根据国际清算银行的计算,2018 年人民币名义有效汇率升值 1.17%,实际有效汇率升值 0.94%;2005 年人民币汇率形成机制改革以来至 2018 年末,人民币名义有效汇率升值 35.54%,实际有效汇率升值 44.37%。2018 年末,人民币对美元汇率中间价为 6.8632 元,比上年末贬值 4.8%。2005 年人民币汇率形成机制改革以来至 2018 年末,人民币对美元汇率中间价累计升值 20.59%。2018 年人民币对美元汇率中间价年化波动率为 4.2%,较 2017 年明显提升,调节宏观经济和国际收支"自动稳定器"的作用增强。

跨境人民币业务快速增长,收支基本平衡。2018 年,跨境人民币收付金额合计 15.85 万亿元,同比增长 46%,其中实收 8 万亿元,实付 7.85 万亿元。经常项目下跨境人民币收付金额合计 5.11 万亿元,同比增长 18%,其中,货物贸易收付金额 3.66 万亿元,服务贸易及其他经常项下收付金额 1.45 万亿元;资本项目下人民币收付金额合计 10.74 万亿元,同比增长 65%。

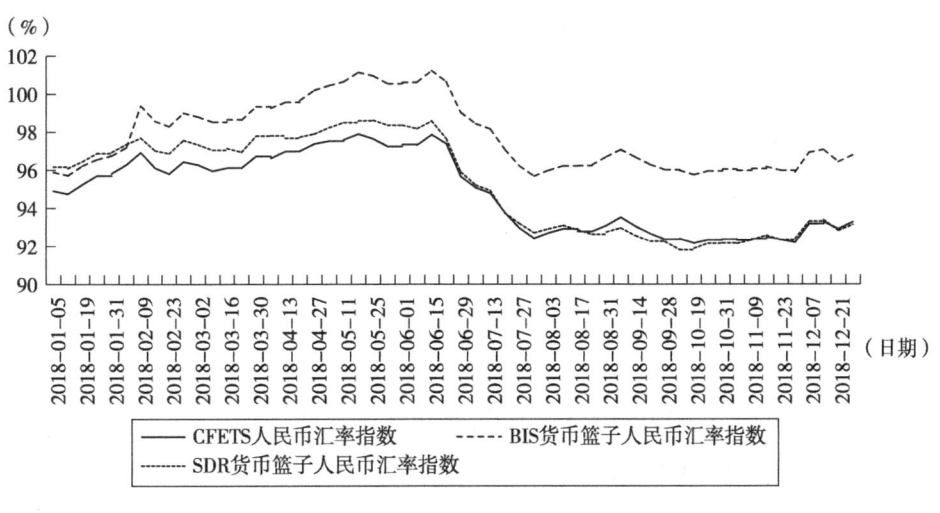

图 1-6 2018 年人民币汇率指数走势

(数据来源:中国外汇交易中心暨全国银行间同业拆借中心)

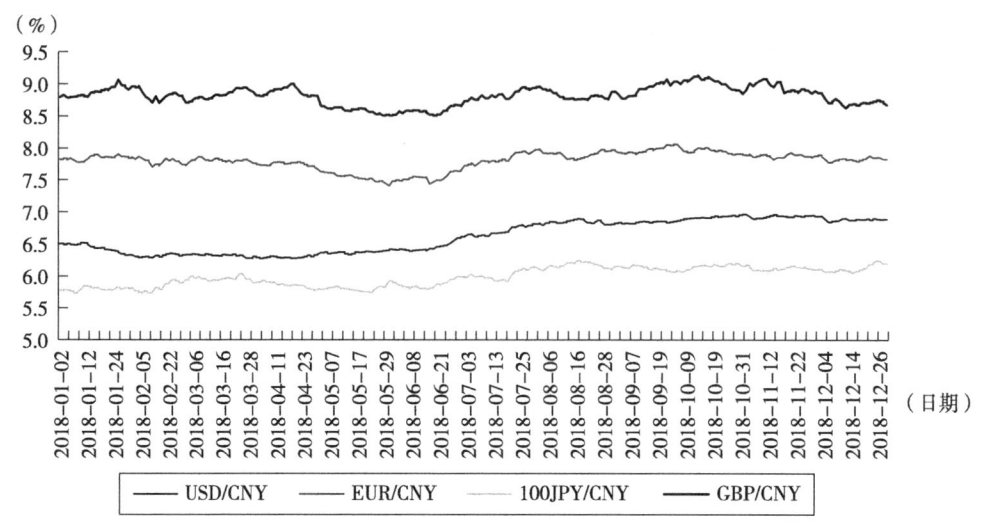

图 1-7 2018 年人民币兑主要货币汇率走势

(数据来源：中国外汇交易中心暨全国银行间同业拆借中心)

6. 贷款增长较快

2018 年末，金融机构本外币贷款余额为 141.8 万亿元，同比增长 12.9%，比年初增加 16.2 万亿元，同比多增 2.6 万亿元。人民币贷款余额为 136.3 万亿元，同比增长 13.5%，比年初增加 16.2 万亿元，同比多增 2.6 万亿元，多增量是上年的 3 倍，在一定程度上弥补了表外融资的减少（如表 1-2 所示）。2018 年第四季度以来，中国人民银行进一步强化逆周期调节，着力缓解资本、流动性、利率等信贷供给的制约因素，引导商业银行加大对实体经济的信贷支持力度，取得了较好的政策效果。

在信贷总量不断增加的同时，信贷结构继续优化，小微企业贷款增长较快。2018 年以来，中国人民银行引导金融机构加大对普惠口径小微企业的贷款支持力度，效果逐步显现。2018 年末单户授信 1 000 万元以下的普惠小微贷款全年新增 1.23 万亿元，是上年的 2.3 倍，年末余额增速为 15.2%，同比提高 8.2 个百分点。从人民币贷款部门分布看，住户贷款增速趋稳，2018 年末为 18.2%，与 9 月末持平，较上年末低 3.2 个百分点。其中，个人住房贷款增速回落至 17.8%，较上年末低 4.4 个百分点，2018 年增量为 3.9 万亿元，同比少增 818 亿元，增量占比为 24.1%，较上年低 5.3 个百分点。个人住房贷款之外的其他住户贷款比年初增加 3.5 万亿元，同比多增 3 117 亿元。非金融企业及机关团体贷款比年初增加 8.3 万亿元，同比多增 1.6 万亿元。从人民币贷款期限看，中长期贷款增量比重回落。2018 年末，中长期贷款比年初增加 10.5 万亿元，同比少增 1.2 万亿元，增量占比为 65.0%，比上年同期低 21.2 个百分点。

表1-2　　　　　　　　　　　2018年人民币贷款情况

贷款类型	年末余额（亿元）	同比增速（%）	当年新增额（亿元）	同比多增额（亿元）
人民币各项贷款	1 362 967	13.50	161 705	26 427
住户贷款	478 843	18.20	73 641	2 299
非金融企业及机关团体贷款	868 289	10.50	83 082	16 010
非银行业金融机构贷款	10 760	69.20	4 401	7 584
境外贷款	5 075	14.80	581	534

数据来源：中国人民银行。

7. 广义货币供应量趋稳

2018年末，（如图1-8所示）广义货币供应量 M_2 余额为182.7万亿元，同比增长8.1%，与上年末持平，与名义GDP增速大体相当。狭义货币供应量 M_1 余额为55.2万亿元，同比增长1.5%。流通中货币 M_0 余额为7.3万亿元，同比增长3.6%。2018年现金净投放2 563亿元，同比多投放221亿元。2018年以来 M_2 增速总体趋稳、保持在8%以上，与名义GDP增长率基本匹配，宏观杠杆率保持稳定。2019年1月末， M_2 余额为186.6万亿元，同比增长8.4%，增速比上月末高0.3个百分点。

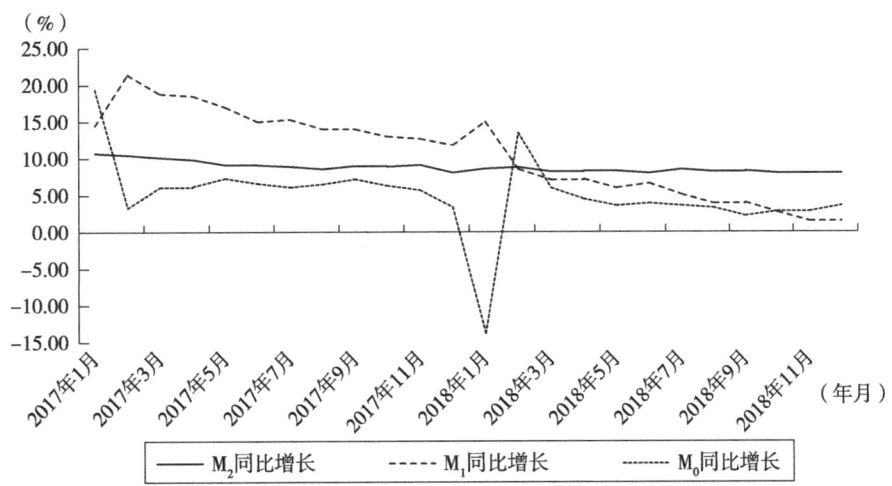

图1-8　货币供应量增长情况

（数据来源：中国人民银行）

8. 社会融资规模存量增速放缓

2018年末社会融资规模存量为200.75万亿元，同比增长9.8%（如图1-9所示）。全年增量为19.26万亿元，比上年少3.14万亿元，主要是表外融资大幅下降。债券发行规模同比多增。2018年累计发行各类债券43.1万亿元，同比多发行3万亿元，增长7.5%，主要是非金融企业债务融资工具和同业存单发行增加较多。年末国内各类债券余额为86万亿元，同比增长15.1%。股票市场筹资额同比减少。2018年境内各类企业和金融机构在境内外股票市场上通过发行、增发、配股、权证行权等方式累计筹资6 827亿元,同比下降41.9%;其中A股筹资5 530亿元,同比下降44.9%。

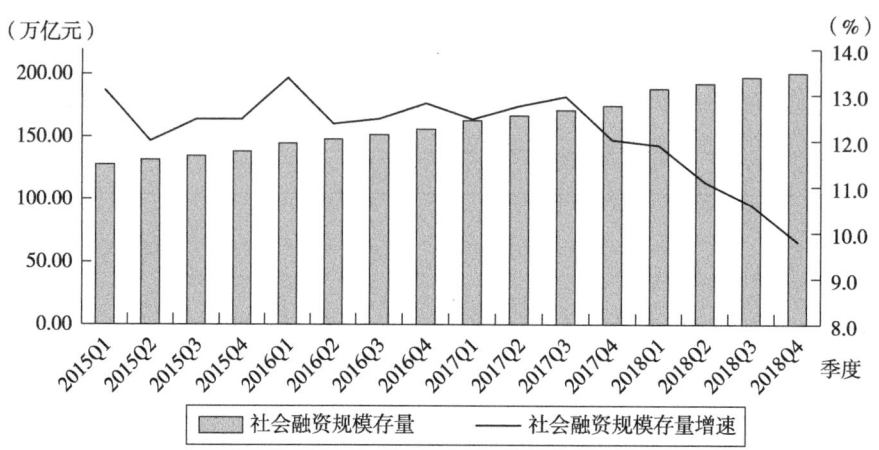

图 1-9 社会融资规模存量及其增速

(数据来源:中国人民银行)

2018年社会融资规模增量有以下特点:一是对实体经济发放的人民币贷款同比多增。2018年金融机构对实体经济发放的人民币贷款增加15.67万亿元,比上年多增1.83万亿元,占同期社会融资规模增量的81.4%。二是委托贷款、信托贷款和未贴现的银行承兑汇票同比显著减少。2018年上述表外三项融资减少2.93万亿元,比上年多减6.5万亿元。三是企业债券融资显著增加,股票融资同比少增。2018年企业债券净融资为2.48万亿元,比上年多2.03万亿元;非金融企业境内股票融资3 606亿元,比上年少5 153亿元。四是地方政府专项债券同比少增。2018年地方政府专项债券融资1.79万亿元,比上年少2 110亿元。五是存款类金融机构资产支持证券和贷款核销同比均有所多增。2018年其他融资中,存款类金融机构资产支持证券融资5 940亿元,比上年多3 963亿元;贷款核销1.02万亿元,比上年多2 565亿元。2019年1月末,社会融资规模存量为205.08万亿元,同比增长10.4%。从结构上看,1月末对实体经济发放的人民币贷款余额占同期社会融资规模存量的67.4%,同比上升1.9个百分点。

(三)金融宏观调控的效果

2018年,中国经济运行总体平稳,经济结构继续优化。服务业保持平稳较快增长,消费对经济增长的贡献上升,国际收支基本平衡,物价平稳和就业形势保持稳定。宏观杠杆率下降,防范化解金融风险取得积极进展,金融体系总体稳定。金融市场制度建设获得新突破。

1. 经济增长保持平稳

国家统计局初步核算,2018年我国GDP为90.03万亿元,按可比价格计算,同比增长6.6%(如图1-10所示),各季度增速分别为6.8%、6.7%、6.5%和6.4%,保持了较为平稳的增长态势。分产业看,第一产业增加值为 6.47 万亿元,同比增长 3.5%;第二产业增加值为 36.60 万亿元,同比增长 5.8%;第三产业增加值为 46.96 万亿元,同比增长 7.6%。从产业增加值占 GDP 比重看,第一产业为 7.2%,比上年下降 0.4 个百分点;第二产业为 40.7%,比上年提高 0.2 个百分点;第三产业为 52.2%,比上年提高 0.3 个百分点。

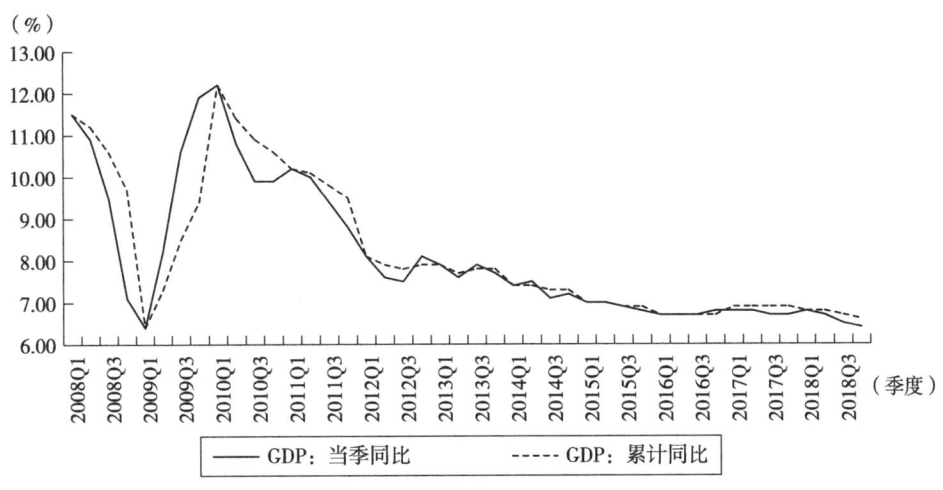

图 1-10　中国 GDP 增长率

(数据来源:国家统计局)

农业生产形势稳定。2018 年全国粮食总产量为 65 789 万吨,比上年下降 0.6%,仍是历史高产年,连续 4 年保持在 65 000 万吨以上。猪牛羊禽肉产量为 8 517 万吨,比上年略降 0.3%。

工业生产总体平稳,结构持续优化。2018 年全国规模以上工业增加值比上年实际增长 6.2%,增速缓中趋稳。高技术制造业、战略性新兴产业和装备制造业增加值分别比上年增长 11.7%、8.9% 和 8.1%,增速分别比规模以上工业快 5.5 个、2.7 个和 1.9 个百分点。2018 年全国规模以上工业企业利润同比增长 10.3%;主营业务收入利润率为 6.49%,比上年提高 0.03 个百分点。2018 年第四季度中国人民银行 5 000 户工业企业调查显示,企业经营景气指数为 57.9%,比上季度上升 1 个百分点,比上年同期下降 1.9 个百分点。企业盈利能力有所下降。企业盈利指数为 58.7%,比上季度回落 0.2 个百分点,比上年同期回落 2.8 个百分点。

服务业保持平稳较快增长。2018 年,服务业增加值同比增长 7.6%,比上年回落 0.3 个百分点。其中,信息传输、软件和信息技术服务业,增长 30.7%,增速比上年高 8.9 个百分点;租赁和商务服务业增长 8.9%,增速比上年回落 0.9 个百分点。

2. 需求结构继续优化

消费对经济增长贡献上升,网上零售增势强劲(如图 1-11 所示)。2018 年,社会消费品零售总额为38万亿元，比上年增长9.0%，最终消费支出对经济增长的贡献率为76.2%。乡村消费品零售额同比增长10.1%，比城镇高1.3个百分点。网上零售增势强劲，全年网上零售额为9万亿元，比上年增长23.9%。居民收入平稳增长，对消费形成一定支撑。2018年居民人均可支配收入为28 228元，比上年名义增长8.7%，扣除价格因素实际增长6.5%，快于人均GDP增速。收入分配结构持续改善，农村居民收入增速持续高于城镇。城乡居民人均收入倍差2.69，比上年缩小0.02。中国人民银行2018年第四季度城镇储户问卷调查显示，倾向于"更多消费"的居民占28.6%，比上年同期高2.4个百分点。

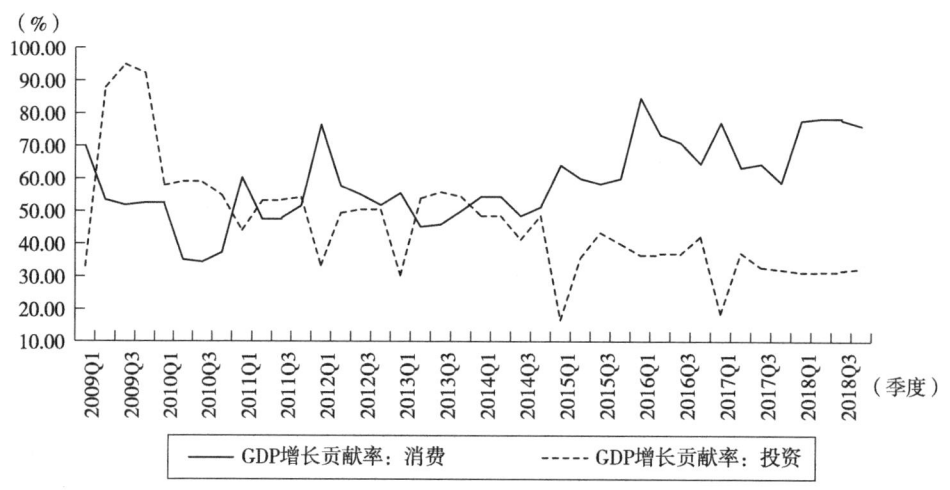

图 1-11　消费与投资对经济增长的贡献率

（数据来源：国家统计局）

制造业投资和民间投资增势明显，基建投资缓中趋稳。2018年，全国固定资产投资（不含农户）为63.6万亿元，同比增长5.9%，增速比上年回落1.3个百分点。制造业投资增长9.5%，比上年高4.7个百分点，增速明显加快；房地产开发投资增长9.5%，比上年高2.5个百分点，增速总体稳定；基础设施投资增速自10月以来有所回升，全年增长3.8%，比上年低15.2个百分点。民间投资增势较好，国有企业投资增长乏力。2018年民间投资同比增长8.7%，比上年高2.7个百分点；而国有及国有控股单位投资同比增长1.9%，比上年低8.2个百分点。

3. 物价水平基本保持稳定

GDP平减指数涨幅回落。2018年GDP平减指数（按当年价格计算的GDP与按固定价格计算的GDP的比率）同比上涨2.9%，比上年回落0.4个百分点，其中各季度涨幅分别为3.0%、2.8%、2.8%、1.6%。

居民消费价格温和上涨，工业生产价格涨幅回落（如图1-12所示）。2018年，CPI同比上涨2.1%，涨幅比上年扩大0.5个百分点，其中各季度涨幅分别为2.2%、1.8%、

2.3%和2.2%。食品价格涨幅由负转正，非食品价格温和上涨。食品价格上涨1.8%，上年为同比下降1.4%；非食品价格上涨2.2%，涨幅比上年回落0.1个百分点。消费品价格涨幅明显扩大，服务价格涨幅有所回落。消费品价格上涨1.9%，涨幅比上年提高1.2个百分点；服务价格上涨2.5%，涨幅比上年回落0.5个百分点。2018年，PPI同比上涨3.5%，涨幅比上年回落2.8个百分点，其中各季度涨幅分别为3.7%、4.1%、4.1%和2.3%。其中，生活资料价格涨幅相对稳定，生产资料价格涨幅明显下降。生活资料价格同比上涨0.5%，涨幅比上年回落0.2个百分点；生产资料价格同比上涨4.6%，涨幅比上年回落3.7个百分点。工业生产者购进价格同比上涨4.1%，涨幅比上年回落4.0个百分点，其中各季度涨幅分别为4.4%、4.4%、4.7%和3.0%。企业商品价格（CGPI）同比上涨3.0%，比上年回落3.8个百分点。农业生产资料价格同比上涨3.1%，涨幅比上年扩大2.5个百分点；农产品生产价格同比下降0.9%，降幅比上年缩小2.6个百分点。

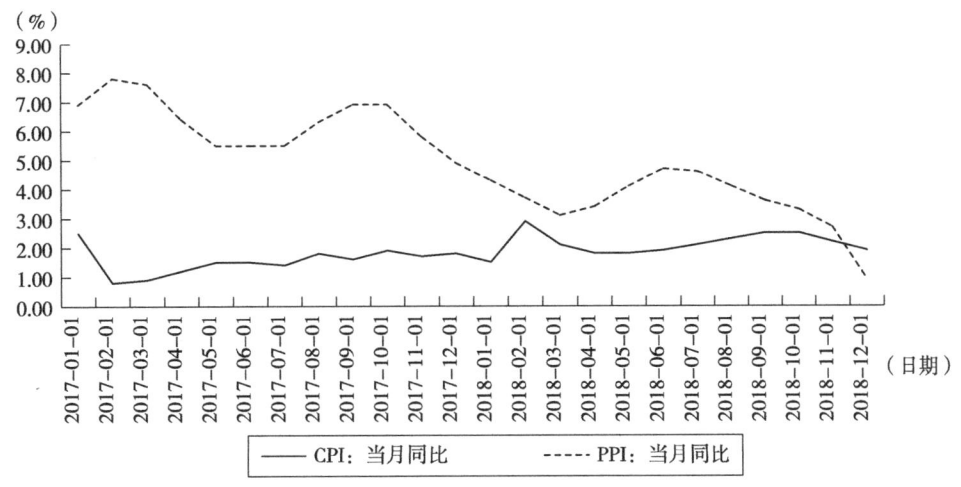

图 1-12 物价走势

（数据来源：国家统计局）

4. 就业形势保持稳定

2018年，城镇新增就业1 361万人，比上年多增10万人，各月全国城镇调查失业率保持在4.8%~5.1%。全国居民人均可支配收入28 228元，扣除价格因素实际同比增长6.5%，与经济增长基本同步。其中，城镇居民人均可支配收入39 251元，实际增长5.6%；农村居民人均可支配收入14 617元，实际增长6.6%。城乡居民人均收入倍差2.69，比上年缩小0.02。

5. 国际收支基本实现自主平衡

进出口较快增长，贸易顺差有所收窄。按人民币计价，2018年进出口总额为30.5万亿元，比上年增长9.7%。其中，出口16.4万亿元，增长7.1%；进口14.1万亿元，增长12.9%。进出口相抵，顺差为2.3万亿元，比上年收窄18.3%。贸易结构进一步优化。一般贸易进出口比重提升，占进出口总额的 57.8%，比上年提高 1.4 个百分点。机电产品出口增长 7.9%，占出口总额的 58.8%，为出口主力。民营企业进出口增长 12.9%，占进出口总额的 39.7%。

外商直接投资延续向高端产业聚集的态势。2018 年全国新设立外商投资企业 60 533 家，同比增长 69.8%；实际使用外资 8 856 亿元人民币，同比增长 0.9%。制造业实际使用外资同比增长 20.1%，占比为 30.6%，较上年提高 4.8 个百分点；其中，高技术制造业实际使用外资同比增长 35.1%。对外投资行业结构持续优化。2018 年全行业对外直接投资 1 298.3 亿美元，同比增长 4.2%。对外投资主要流向租赁和商务服务业、制造业、批发和零售业、采矿业，占比分别为 37%、15.6%、8.8% 和 7.7%。房地产业、体育和娱乐业对外投资没有新增项目，非理性投资继续得到有效遏制。

国际收支呈现"双顺差"。初步统计，2018 年，我国经常账户顺差为 491 亿美元；非储备性质的金融账户顺差为 602 亿美元。2018 年末，外汇储备余额为 30 727 亿美元。外债规模继续保持增长。2018 年 9 月末，全口径（含本外币）外债余额为 19 132 亿美元，较 6 月末增加 427 亿美元。其中，短期外债余额为 12 073 亿美元，占外债余额的 63%。

6. 结构性去杠杆取得初步成效

2018 年以来，我国宏观杠杆率进一步下降，结构性去杠杆取得初步成效（如图 1 – 13 所示）。截至 2018 年末，我国总杠杆率水平降至 249.4%，延续了 2017 年末以来波动下降的趋势。非金融企业部门杠杆率下降明显，自 2018 年第一季度 157.8% 的峰值波动下降至 2018 年末的 152%，成为推动我国宏观杠杆率下降的主要因素。政府法定债务风险已得到有效控制，2018 年末为 37.1%。但我国各部门杠杆率仍存在结构性问题，相关风险值得关注。

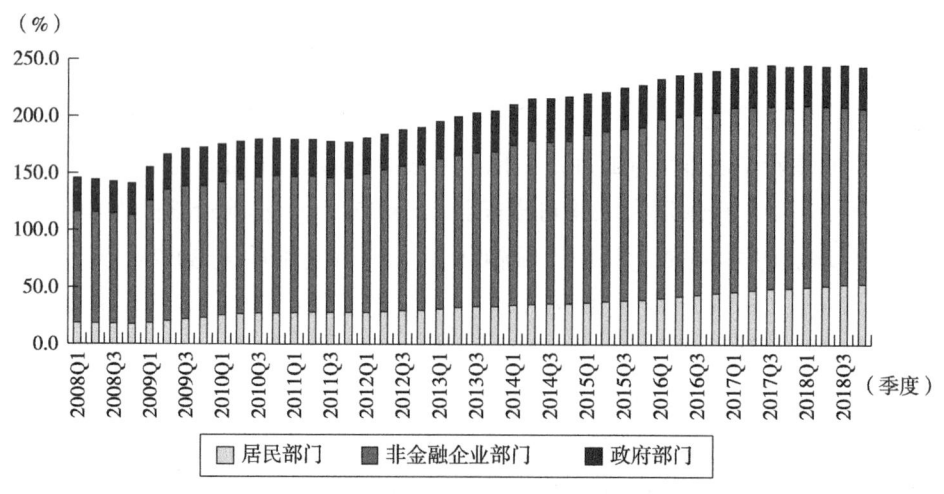

图 1 – 13 中国宏观杠杆率

[数据来源：国家资产负债表研究中心（CNBS）]

7. 银行业稳健性增强

商业银行风险抵补能力较强。截至 2018 年末，商业银行贷款损失准备余额 3.77 万亿元，同比增加 6 789 亿元；拨备覆盖率为 186.31%，同比上升 4.89 个百分点；贷款拨备率为 3.41%，同比上升 0.25 个百分点。资本充足水平稳中有升。截至 2018 年末，商业银行核心一级资本充足率为 11.03%，同比上升 0.28 个百分点；一级资本充足率为 11.58%，同比上升 0.24 个百分点；资本充足率为 14.20%，同比上升 0.55 个百分点，资本较为充足。核心一级资本净额占资本净额的比重为 77.73%，资本质量处于较高水平。

利润增长速度有所放缓，非利息收入占比上升。2018 年，银行业金融机构实现净利润 2.28 万亿元，同比增长 3.82%，增速下降 2.3 个百分点。截至 2018 年末，银行业金融机构资产利润率为 0.88%，同比下降 0.03 个百分点，资本利润率为 11.09%，同比下降 0.81 个百分点，银行业金融机构盈利能力整体较上年有所下降。截至 2018 年末，银行业金融机构净息差为 2.07%，同比上升 0.07 个百分点；非利息收入占比 24.89%，同比上升 0.65 个百分点。

流动性整体合理充裕。截至 2018 年末，商业银行流动性比例为 55.31%，流动性缺口率为 0.61%，资产规模在 2 000 亿元以上的商业银行流动性覆盖率为 138.01%，净稳定资金比例为 121.45%。表外业务规模增速回落。截至 2018 年末，银行业金融机构表外业务余额为 338.42 万亿元（含托管资产表外部分），同比增长 12.02%，增速较上年下降 7.15 个百分点。表外资产规模相当于表内总资产规模的 126.16%（分母为法人口径资产），较上年末上升 6.47 个百分点。其中，担保类为 20.66 万亿元，承诺类为 24.46 万亿元，金融资产服务类为 188.8 万亿元。

8. 证券业稳健性下降

截至 2018 年末，全国共有证券公司 131 家，和上年末持平，其中上市证券公司 32 家，较上年增加 3 家。证券公司资产总额为 6.26 万亿元，同比增长 1.95%。净资产总额为 1.89 万亿元，同比增长 2.16%，净资本总额为 1.57 万亿元，同比下降 0.63%，增速由正转负。

证券公司盈利状况恶化。2018 年全行业实现营业收入 2 662.87 亿元，同比下降 14.47%，各项业务收入全面下滑。其中，代理买卖证券业务净收入（含席位租赁）为 623.42 亿元，同比减少 24.06%；证券承销与保荐业务净收入为 258.46 亿元，同比减少 32.73%；财务顾问业务净收入为 111.50 亿元，同比减少 11.06%；投资咨询业务净收入为 31.52 亿元，同比减少 7.18%；资产管理业务净收入为 275 亿元，同比减少 11.35%；证券投资收益（含公允价值变动）为 800.27 亿元，同比减少 7.05%；利息净收入为 214.85 亿元，同比减少 38.28%。全行业实现净利润 666.20 亿元，同比下降 41.04%。

股票质押融资风险持续上升。近年上市公司股东股票质押融资规模快速攀升，风险不断积聚。截至2018年末，A股上市公司股票质押规模达6 354亿股，约为2014年末存量的3倍。2018年A股市场大幅下行，股票质押融资爆仓风险上升，影响投资者信心，一度成为影响股票市场平稳运行的重要因素之一。

总体来看，证券公司在股票质押回购等融资类和境外业务方面存在资本约束弱、合规风控不足等问题，加剧风险积累和风险暴露。部分证券公司在开展融资类业务过程中风险管控不足，对融资人资信状况、还款来源评估不够充分，甚至将质押股票作为唯一还款来源，忽视A股市场股价波动大、部分上市公司控股股东利用股票质押套现等客观事实，股票质押率偏高，风险敞口较大。个别证券公司境外并购和衍生品投资业务暴露重大风险，导致巨额亏损，大幅拖累公司业绩，反映出证券公司境外业务风控合规存在短板。

9. 金融市场制度建设获得新突破

（1）债券市场相关制度建设不断完善

一是中国人民银行发布公告〔2018〕第3号，规范银行业金融机构发行资本补充债券的行为。二是进一步完善绿色金融债券存续期监督管理，提升信息披露透明度。三是补充完善证券公司短期融资券的发行条件，简化证券公司申请发行短期融资券需提交的文件材料。四是逐步统一银行间债券市场和交易所债券市场评级业务资质，加强对信用评级机构监管和监管信息共享。五是发布《全国银行间债券市场境外机构债券发行管理暂定办法》，完善境外机构在银行间债券市场发行债券的制度安排，促进相关制度规则与国际接轨，进一步提高中国债券市场的国际化水平。六是在银行间债券市场正式推出三方回购交易，市场参与者可以更加便利地开展回购业务，降低结算失败等风险。七是明确可开展柜台业务的地方政府债券类型，进一步丰富柜台业务债券品种。八是明确由证监会依法对银行间债券市场、交易所债券市场违法行为开展统一的执法工作，强化监管执法，加强协同配合。

（2）加强证券期货业监管制度建设

上市公司治理体系进一步完善。一是证监会发布修订后的《上市公司治理准则》，加强对控股股东、实际控制人及其关联方的约束，更加注重中小投资者保护，推动机构投资者参与公司治理，对控制权稳定、独立董事履职、信息披露等问题做了具体要求。二是证监会、财政部、国资委联合发布《关于支持上市公司回购股份的意见》，支持各类上市公司回购股份用于实施股权激励及员工持股计划，鼓励运用多种市场工具为股份回购提供融资支持，简化实施回购的程序。三是国资委、财政部、证监会联合发布《上市公司国有股权监督管理办法》，统一国有股东转让上市公司股份的制度规范，建立国有资产分级监管体系。

证券期货经营机构监管规则进一步健全。一是证监会发布《证券期货经营机构私募资产管理业务管理办法》，统一各类证券期货经营机构私募资管业务监管规则，消除监管套利，重点完善加强风险防控、规制关联交易、防范利益输送、压实经营机构主体责任等方面的制度体系。二是证监会、人民银行联合发布《关于进一步规范货币市场基金互联网销售、赎回相关服务的指导意见》，要求货币市场基金互联网销售过程中严格落实持牌经营、严禁挪用基金销售结算资金，对"T＋0赎回提现"业务明确限额管理、严禁违规垫支等限制性要求。

资本市场对外开放水平进一步提升。一是进一步放宽证券期货经营机构外资持股限制和业务范围。证监会修订《外商投资证券公司管理办法》，允许外资控股合资证券公司，并逐步放开合资证券公司业务范围；发布《外商投资期货公司管理办法》，明确期货公司的境外股东要求，规范外商间接持股行为。发展改革委、商务部发布《外商投资准入特别管理措施（负面清单）（2018年版）》，将证券公司、基金管理公司、期货公司的外资股比放宽至51%，并于2021年取消上述领域外资股比限制。二是证监会发布《关于上海证券交易所与伦敦证券交易所互联互通存托凭证业务的监管规定（试行）》，宣布推出沪伦通存托凭证（GDR），明确GDR发行审核制度、跨境转换制度安排及境内上市公司境外发行GDR的监管安排，对参与GDR跨境转换的境外券商和存托人作出规定。三是进一步放开符合规定的外国人开立A股证券账户的权限，允许在境内工作的外国自然人投资者和在境外工作的境内上市公司外籍员工开立A股证券账户参与交易。四是原油期货、铁矿石期货、PTA期货等期货品种相继对境外投资者开放。

创新企业境内发行股票或存托凭证试点工作稳步推进。国务院办公厅发布《国务院办公厅转发证监会〈关于开展创新企业境内发行股票或存托凭证试点若干意见的通知〉》，宣布开展创新企业境内发行股票或存托凭证（CDR）试点工作。证监会发布《存托凭证发行与交易管理办法（试行）》，并修改《首次公开发行股票并上市管理办法》《首次公开发行股票并在创业板上市管理办法》中有关上市条件的部分规定，为试点工作明确监管制度安排。

（3）完善保险市场基础性制度建设

加强保险业风险防控。一是规范保险公司股东行为。保险监管部门发布《保险公司股权管理办法》，重点明确保险公司股东准入、股权结构、资本真实性、穿透监管等方面的规定。二是强化保险公司资产负债匹配管理。保险监管部门发布资产负债管理监管规则，从定性与定量评估两方面，评估保险公司资产负债管理能力。三是加强保险资金运用监管。保险监管部门发布《保险资金运用管理办法》，进一步规范投资管理人受托管理保险资金的行为，强化境外投资监管，进一步明确保险资金运用信息披露要求等。

加强和改进保险服务，促进保险资金支持实体经济。银保监会发布《关于切实加强和改进保险服务的通知》，严格规范保险销售行为，改进保险理赔，加强互联网保险管理。银保监会发布《关于保险资产管理公司设立专项产品有关事项的通知》，允许保险资金设立专项产品参与化解上市公司股票质押流动性风险，加大保险资金投资优质上市公司力度,发挥保险资金长期稳健投资优势,并明确该产品不纳入保险公司权益类资产投资比例的计算。

推动保险业改革开放。一是启动个人税延养老险试点。银保监会先后发布《关于开展个人税收递延型商业养老保险试点的通知》《个人税收递延型商业养老保险业务管理暂行办法》、个人税延养老险的资金运用管理办法、产品开发设计指引及产品示范条款等,有序推进试点政策落地。二是进一步扩大保险业对外开放。放开外资保险经纪公司经营范围,与中资保险经纪公司一致。允许境外投资者来华经营保险代理和公估业务。

三、2018年中国金融宏观调控的特色

2018年中国金融宏观调控坚持稳中求进工作总基调,统筹稳增长、促改革、调结构、惠民生、防风险、稳妥应对中美经贸摩擦,着力稳就业、稳金融、稳外贸、稳外资、稳投资、稳预期。紧紧围绕服务实体经济、防控金融风险、深化金融改革三项任务,创新和完善金融宏观调控,保持经济平稳运行。坚持实施稳健的货币政策,强化逆周期调节,把握好宏观调控的度,在多目标中实现综合平衡。进一步加强政策协调,疏通货币政策传导,创新货币政策工具和机制,引导金融支持实体经济。在实施稳健货币政策、增强微观主体活力和发挥好资本市场功能三者之间,形成三角形支撑框架,促进国民经济整体良性循环。总体来看,2018年金融宏观调控有以下特色。

(一)实施稳健货币政策,加强逆周期调节

2018年以来,中国人民银行坚持稳中求进工作总基调,认真履行国务院金融稳定发展委员会办公室职责,实施稳健中性的货币政策,主动作为、创新操作、精准发力,坚持金融服务实体经济的根本要求,前瞻性预调微调,强化逆周期调节,激励引导金融机构加大对实体经济,尤其是对民营和小微企业的支持力度。这些措施并没有简单地"大水漫灌",而是在稳增长的同时平衡好总量和结构之间的关系,创新货币政策工具,发挥政策合力,从供需两端共同夯实疏通货币政策传导的微观基础。货币供应量、社会融资规模总体平稳增长,与名义GDP增速基本匹配,货币政策较好地把握了支持实体经济和兼顾内外部均衡之间的平衡。2018年末,M_2增速为8.1%,与上年持平,社会融资规模增速为9.8%。全年新增贷款16.2万亿元,同比多增2.6万亿元,普惠小微贷款大幅多增。金融风险防控成效显现,宏观杠杆率保持稳定。

货币政策保持稳健中性,并不意味着货币信贷维持不变,而是根据形势发展变化,主动动态优化,适度熨平经济的周期波动,在上行期防止经济过热和通货膨胀,在下行期对抗经济衰退和通货紧缩。2018年人民银行通过四次降准和增量开展中期借贷便利(MLF)操作等措施提供中长期流动性6万亿元,基本传导到了实体经济。利率中枢总体稳中有降,银行间7天期质押式回购利率(DR007)从2017年末的2.9%左右下降到目前的2.6%左右,10年期国债收益率和非金融企业债务融资工具加权平均发行利率分

别较2017年末下降约0.65个和1个百分点，金融机构贷款利率较年内高点也有所回落。充分发挥宏观审慎评估（MPA）的逆周期调节作用，多次召集金融机构和人民银行分支行座谈，鼓励金融机构加大对实体经济的支持力度。2018年，新增人民币贷款16.17万亿元，同比多增2.64万亿元，多增额是2017年的3倍，在一定程度上弥补了表外业务、影子银行收缩的影响，金融对实体经济的支持力度保持稳固。

推动经济高质量发展，稳健的货币政策要松紧适度，既要防止货币条件过紧引发风险，也要防止大水漫灌加剧扭曲和继续累积风险，其核心是服务好实体经济。同时，要在稳增长的同时注重平衡好调结构、促改革、防风险等方面的关系，发挥先行引导支持作用，为供给侧结构性改革和高质量发展营造良好的货币金融环境。协调好本外币政策，处理好内部均衡和外部均衡之间的平衡。强化正向激励机制，促进金融结构调整优化，提高金融结构的适应性，在服务经济结构转型升级的同时增强金融体系的韧性。健全货币政策和宏观审慎政策双支柱调控框架，守住不发生系统性金融风险的底线。在发挥稳健货币政策作用的同时，还要加强政策统筹协调，强化激励相容机制。要继续推进供给侧结构性改革，补短板、稳预期，改善营商环境，提振企业家和市场信心，保持经济平稳可持续增长。

（二）积极落实货币信贷政策，提升服务实体经济能力

2018年，人民银行坚持"回归本源、优化结构、强化监管、市场导向"总体原则，以服务高质量发展为中心，以促进供给侧结构性改革为主线，全面贯彻落实货币信贷政策的指导意见，发挥货币信贷政策促进经济结构调整的作用，做好金融支持供给侧结构性改革各项工作，不断增强金融服务实体经济的能力。

积极运用多种货币信贷政策工具，推动债券市场品种创新。2018年10月，人民银行为贯彻落实党中央、国务院支持民营经济发展的重要指示精神，经国务院批准，按照法治化、市场化原则，人民银行引导设立民营企业债券融资支持工具，稳定和促进民营企业债券融资。民营企业债券融资支持工具由人民银行运用再贷款提供部分初始资金，由专业机构进行市场化运作，通过出售信用风险缓释工具、担保增信等多种方式，重点支持暂时遇到困难，但有市场、有前景、技术有竞争力的民营企业债券融资。同时，人民银行积极支持商业银行、保险公司以及债券信用增进公司等机构，运用信用风险缓释工具等多种手段来支持民营企业债券融资，引导金融机构加强风险识别和风险控制。

强化货币信贷政策传导，提升执行效率。一是引导金融更加聚焦服务实体经济这一金融宗旨。认真贯彻金融服务实体经济的要求，完善调控方式，创新调控办法，改进政策框架，畅通信贷政策的传导机制和渠道。引导银行业金融机构充分认识信贷政策的重要作用，提高执行信贷政策的主动性和自觉性，创新金融产品，改进金融服务，防范金融风险，切实提升服务实体经济的效率和水平。二是更加突出对实体经济重点领域和薄弱环节的支持。贯彻落实新发展理念，服务供给侧结构性改革主线，按照高质量发展要

求,坚持正确的金融改革发展方向,优化金融资源配置,聚焦地方经济发展重点,防止脱实向虚。三是确保信贷政策各项要求落实落地。各级监督管理机构要因地制宜,采取有效措施改进信贷政策传导机制,切实加强对银行业金融机构的监督指导,建立健全辖区内银行业金融机构信贷政策传导落实的监督和约束机制。银行业金融机构要制定具体落实措施,完善信贷管理办法,增强差别化定价能力,改进内部激励和考核约束机制,提高信贷政策执行力,确保货币信贷政策落实落地。

(三)更好地服务小微企业、民营企业等重点领域和薄弱环节

2018年,人民银行充分认识到深化小微企业、民营企业金融服务的重要性和艰巨性,准确把握深化小微企业、民营企业金融服务的正确方向和重点任务,推动金融回归本源、服务实体经济,在保持总量适度的同时,运用和创新结构性货币政策工具,出台信贷、债权、股权"三支箭",着力疏通货币政策传导机制,引导金融机构继续做好重点领域和薄弱环节的金融服务。2018年,人民银行出台了较多的结构性支持措施,包括:四次定向降准,完善普惠金融定向降准优惠政策的考核口径,扩大MLF等工具担保品范围,在宏观审慎评估(MPA)中增设小微企业、民营企业融资专项指标,三次增加再贷款和再贴现额度共4 000亿元,下调支小再贷款利率0.5个百分点,创设中期借贷便利(TMLF)工具,以优惠利率向其提供长期稳定资金来源。针对民营企业小微企业经营困难增多、融资问题加剧,及时出台债券、信贷融资支持政策。按照"几家抬"工作思路,牵头制定23条具体措施,创新推出民营企业债券融资支持工具。引导金融机构下沉金融服务中心、转变金融服务理念、回归本源,专注于小微企业、民营企业等实体经济的金融服务,把做好小微企业、民营企业金融服务作为服务实体经济、防范化解金融风险的重要抓手,抓好抓实抓出成效。

积极做好其他领域和薄弱环节金融支持工作。积极推进市场化、法治化债转股。落实国家脱贫攻坚战的部署,加大金融精准扶贫力度。全面做好乡村振兴金融服务,稳妥推进"两权"抵押贷款试点。持续优化扶贫再贷款管理,鼓励和支持金融机构加大扶贫领域信贷投放。加大产业扶贫、基础设施建设等扶贫领域重点工作的落实力度,加强金融扶贫领域风险防范,统筹做好金融支持脱贫攻坚与乡村振兴金融服务,推动金融扶贫可持续,不断改善农村金融服务。继续做好"两权"抵押贷款试点衔接工作。做好支持制造业高质量发展、去化过剩产能等重点领域的金融服务,加大对养老、教育、健康等新消费领域,以及创业创新、科技、文化、海洋经济、战略性新兴产业等国民经济重点领域的金融支持力度。持续研究金融支持退役军人、高校毕业生、妇女等重点人群创业就业的政策措施,进一步做好助学、农民工、民族地区等薄弱环节和弱势群体金融服务。统筹做好京津冀协同发展、"一带一路"倡议、粤港澳大湾区、长江经济带、军民融合等国家重大战略金融服务。

（四）以结构性去杠杆为基本思路，防范化解重大金融风险

2018 年，中国人民银行稳中求进、突出主线、守住底线、把握好度。深化金融供给侧结构性改革，适当运用结构性货币政策工具，发挥好"精准滴灌"作用，基于市场化原则提高对民营企业、小微企业等国民经济重点领域和薄弱环节的支持，有保有压、稳妥高效地推进结构性去杠杆。结构性去杠杆过程中，货币政策过松或过紧都有可能偏离维护金融稳定、促进经济持续健康发展的初衷，因此稳健的货币政策讲求松紧适度，有助于找好债务存量和增量、杠杆总量和结构的平衡点。2018 年，人民银行坚持稳健的货币政策，适时适度实施逆周期调节，根据经济增长和价格形势变化及时预调微调，在推动高质量发展中防范化解风险，坚决打好三大攻坚战。加强政策协调，平衡总量指标和结构指标，疏通货币政策传导机制，创新货币政策工具，进一步降低实体经济尤其是小微企业融资成本，提高金融服务实体经济的能力和意愿。保持货币供给相对宽裕，不搞"大水漫灌"，避免过多的流动性投放，广义货币 M_2 和社会融资规模增速要与国内生产总值名义增速相匹配。

2018 年，人民银行针对宏观经济金融运行中的不确定不稳定因素，及时采取有力措施，主动加强定向调控，区间调控，充分发挥货币政策的逆周期调节和宏观审慎评估（MPA）的结构性引导作用，四次下调金融机构存款准备金率，综合运用再贷款、再贴现、抵押补充贷款和差别化存款准备金率等结构性货币政策工具，三次增加再贷款、再贴现额度，保持对小微企业、民营企业等实体经济的支持力度，有效引导市场预期，维护外汇市场平稳运行，这是稳中求进工作总基调的具体体现。

防范化解重大金融风险赢得良好开局。人民银行把打好防范化解重大风险攻坚战作为 2018 年工作的重中之重，在国务院金融稳定发展委员会的牵头抓总下，充分发挥金融委办公室作用，推动落实防范化解重大金融风险攻坚战的思路和举措，有序推进结构性去杠杆，注重在稳增长的基础上防风险，更好支持实体经济发展，防范金融市场异常波动风险，精准有效处置重点领域风险，进一步补齐监管制度短板，强化金融机构防范风险的主体责任，加快弥补金融监管制度短板，出台资管新规、系统重要性金融机构监管指导意见等，深化互联网金融风险专项整治。经过多措并举、集中治理，宏观杠杆率趋于稳定，金融结构适应性显著提高，激进冒险行为和各种金融乱象被有效遏制，系统性风险得到有效防控，金融服务实体经济能力明显增强，金融运行整体稳健，金融风险总体可控，守住了不发生系统性金融风险的底线，为打好防范化解重大金融风险赢得了良好开局。

总的来说，对于结构性去杠杆而言，保持经济金融稳定既是目的也是前提，而结构性去杠杆是打好防范化解金融风险攻坚战的基本思路。

（五）坚定市场化方向，完善汇率与利率形成机制

党的十九大提出要深化汇率市场化改革，汇率市场化改革也是形成全面开发新格局

的重要组成部分。一个有广度和深度、稳健高效、公平规范的外汇市场,有利于形成合理均衡汇率水平。2018年以来,人民币汇率市场化水平和弹性不断增强,跨境资本流动和外汇供求基本平衡,汇率预期稳定,人民币汇率以市场供求为基础双向浮动,参考一篮子货币汇率变化,在市场力量推动下有升有贬,双向浮动。为增强我国宏观经济韧性,推动货币政策框架转型,促进经济结构调整,人民银行根据市场情况灵活应对,坚持"以我为主",并适当兼顾国际因素,在多目标中把握好综合平衡,同时进一步完善外汇市场管理体制,以适应外汇市场发展和促进外汇市场健康有序运行。

稳定市场预期同时保持人民币汇率弹性。第一季度,人民银行发挥市场供求在汇率形成中的决定性作用,逐步调节货币政策回归中性,跨境资本流动和外汇供求基本平衡。第二季度以后,为应对国际因素导致的人民币贬值,人民银行稳步推进汇率市场化改革,维持人民币币值稳定,发挥汇率调节宏观经济和国际收支"自动稳定器"的作用。同时,综合考虑国内国际因素,采取宏观审慎政策等一系列有针对性措施,并不断丰富汇率调控工具箱,着力引导和稳定市场预期,使得我国跨境资本流动、汇率预期和外汇市场运行基本平稳,人民币汇率在合理均衡水平上保持了基本稳定。在香港特别行政区发行中央银行票据,丰富香港特别行政区高信用等级人民币金融产品,完善香港特别行政区人民币收益率曲线。2018年9月20日,中国人民银行与香港特别行政区金融管理局签署了《关于使用债务工具中央结算系统发行中国人民银行票据的合作备忘录》。11月7日,中国人民银行通过香港金融管理局债务工具中央结算系统(CMU)债券投标平台,招标发行200亿元人民币中央银行票据,其中3个月和1年期品种各100亿元,中标利率分别为3.79%和4.20%。香港特别行政区人民币央行票据发行符合市场需求,既丰富了香港特别行政区市场高信用等级人民币投资产品系列和人民币流动性管理工具,也有利于完善香港特别行政区人民币债券收益率曲线,有助于推动人民币国际化。

2018年以来,为支持国债做市,提高国债二级市场流动性,人民银行配合财政部先后开展11次国债做市支持操作,操作额为191.6亿元。国债做市支持机制是指财政部在全国银行间债券市场运用随买、随卖等工具,支持银行间债券市场做市商对新近发行的关键期限国债做市的市场行为。从2017年6月启动国债做市支持机制以来,财政部按月在全国银行间债券市场开展国债做市支持操作,对明显供大于求的国债品种,从做市商手中适量买回(随买),对明显供小于求的国债品种,向做市商提供适量国债以供流通(随卖),支持做市商做市,提升国债二级市场活跃度,国债收益率曲线进一步完善。

债券市场是金融市场的基础市场、核心市场、基准市场,债券市场形成的以国债收益率曲线为代表的基准价格指标不仅对债券市场本身,而且对整个金融体系均起到基准作用。国际货币基金组织认为,国债市场是金融市场的"核心",这一核心地位体现在以下几个方面:一是担当利率基准,是其他金融工具的定价基础。二是对冲市场风险,平衡期限错配。三是调剂资金头寸,便利流动资产管理。提供融资工具,便于投机套利和资产负债管理，发挥"避风港湾"作用，本国国债拥有"近期货币"政策定位和"最优抵押工具"市场定位，在市场动荡及危机时期起到"避风港湾"的作用。

（六）推进金融供给侧结构性改革，健全中国特色现代金融体系

2018年，人民银行正确把握金融本质，深化金融供给侧结构性改革，平衡好稳增长和防风险的关系，精准有效地处置重点领域风险，深化金融改革开放，增强金融服务实体经济能力。

深化金融供给侧结构性改革必须贯彻落实新发展理念，强化金融服务功能，找准金融服务重点，以服务实体经济、服务人民生活为本。人民银行在以下六个方面动作进展较快。其一，加大金融服务实体经济力度。一是服务经济新旧动能转化，为我国先进制造业和现代服务业深度融合提供金融服务支持。二是服务民营企业。有效缓解民营企业融资难融资贵的问题。三是服务乡村振兴战略，积极服务"三农"，助力农村精准脱贫。四是服务社会公共领域，积极支持养老服务产业，以及教育、医疗等行业发展。其二，助力金融体系结构优化。积极加强金融业供给侧结构性改革，着力优化金融体系结构。一是优化融资结构，持续提升直接融资比重，降低社会融资成本。二是优化金融机构结构，在金融机构中增加非银行金融机构数量占比，在银行机构中增加中小型银行机构、民营银行、外资机构数量占比。三是优化金融市场结构，股票市场要积极扩大机构投资者、境外投资者、长期资金投资者占比，认真落实好设立科创板并试点注册制，切实保护好中小投资者权益，债券市场要积极扩大境外机构发行占比，扩大境外投资者和国内个人投资者占比。四是优化产品结构，金融产品创新要切实适应发展更多依靠创新、创造、创意的经济发展大趋势，平衡好风险收益。其三，加强金融风险防范。一是发展应对金融风险。二是通过加强预防应对金融风险。三是通过底线思维应对金融风险。其四，推动金融制度良性变迁。金融制度是经济社会发展中重要的基础性制度，央行发力完善金融制度良性变迁机制，积极夯实资本市场基础性制度建设。其五，促进金融双向开放。一是加大金融业双向开放力度。进一步扩大银行业、保险业、证券业在内的多领域金融业对内对外开放，加速国内金融监管，补齐制度短板，保障监管能力适应对外开放进程。二是提高国际竞争力。三是培育具有国际影响力的金融市场。其六，加强金融科技建设。主动适应"互联网＋"、大数据、人工智能等信息技术为金融业带来的深刻变革。一是积极提升金融科技水平，进一步提升服务实体经济效率，有效降低实体经济金融服务成本。二是以积极发展金融科技为契机，驱动金融产品、服务渠道、盈利模式等创新，持续培育金融新业态，增强金融综合实力。

健全具有高度适应性、竞争力、普惠性的现代金融体系。2018年，人民银行积极优化融资结构和金融机构体系、市场体系、产品体系，为实体经济发展提供更高质量、更有效率的金融服务。持续深化大型商业银行和其他大型金融企业改革，完善公司治理，规范股东大会、董事会、监事会与管理层关系，完善经营授权制度，形成有效的决策、

执行、制衡机制，提高经营管理水平和风险控制能力。继续推动农业银行"三农金融事业部"深化管理体制和运行机制改革，采取有效措施进一步激发县级农业银行"三农金融事业部"活力，不断提高服务县域经济的能力和水平。推动全面落实开发性金融机构、政策性银行改革方案，抓紧做好健全治理结构、业务范围划分等后续工作，通过深化改革加快建立符合中国特色、能更好地为当前经济发展服务、可持续运营的开发性和政策性金融机构及其政策环境。

四、中国金融宏观调控面临的挑战及应对

（一）中国金融宏观调控面临的挑战

进入2019年，我国经济发展面临的国际环境和国内条件都在发生深刻而复杂的变化，经济下行压力加大，经济内生增长动力有待进一步增强。结构性去杠杆、影子银行的治理等虽然取得很大成效，但部分领域的金融风险不降反升。"量价并行"的货币政策亟待协调，金融供给侧结构性改革需要向纵深推进等。这些都为中国金融宏观调控的有效实施带来了挑战。

1. 经济下行压力加大

导致我国经济下行压力加大的既有外部因素，也有内部因素。从外部因素看，首先，全球经济增长势头乏力，政策应对空间有限。当前全球经济虽然维持了增长态势，但微观数据显示未来经济增长预期在下降，投资者悲观情绪上升。一旦全球经济转入衰退，各国政策应对空间有限。货币政策方面，美联储已于2019年三次下调联邦基金利率，欧洲央行、日本银行将基准利率维持在接近0的水平，未来降息空间不足；财政政策方面，多数发达经济体财政赤字与政府债务保持高位，限制了财政政策的扩张。

其次，中美贸易摩擦带来的不确定性加大。贸易保护措施违反世界贸易组织规则，损害多边贸易体制，严重干扰全球产业链和供应链，损害市场信心，将对全球经济复苏带来严峻挑战，对经济全球化形成重大威胁。近期，已有企业因中美贸易摩擦带来的不确定性缩减投资计划、调整供应链布局，导致一些国家面临外部需求放缓的冲击。同时，全球金融市场受中美贸易摩擦影响显著，一度随贸易局势的变化而出现大幅震荡。解决中美贸易摩擦的谈判持久而艰难，一旦摩擦再度升级，必然导致全球潜在增长率下降、通货膨胀水平上升，损害经济中各部门的利益，加剧金融市场波动。

再次，部分主要经济体脆弱性持续增加。2008年国际金融危机后长期宽松的金融环境导致主要经济体企业债务累积、经济整体脆弱性上升，一些国家的投资级别债券和杠杆贷款借款人信用水平开始恶化。美国顺周期的财政政策导致公共债务上升，欧元区意大利等国主权债务风险凸显，一些新兴市场经济体（如阿根廷和土耳其）正在经历艰难的宏观经济调整过程。一旦金融环境突然收紧，上述脆弱性将可能转化为风险，加剧偿债及再融资风险，引发全球风险偏好迅速转向。

最后，多种不确定性交织，可能放大潜在的脆弱性。金融科技迅猛发展，在提高金融服务便利性的同时，也带来了新的风险，对传统金融体系和金融监管构成挑战。英国脱欧前景仍不明朗，一旦触发"硬脱欧"，将对欧元、英镑汇率产生较大影响，进而对全球金融市场形成冲击。地缘政治冲突时有发生，可能进一步加剧外部环境复杂性，增加全球经济不确定性。

从内部因素看，导致经济增长放缓的长期因素始终存在：人口老龄化以及劳动生产率增长放缓、资源配置效率降低、创新能力不足、环境资源增强等。就短期来看则主要是房地产等传统支柱产业进入调整期，大部分新业态和新动能在量级上仍弱于传统支柱行业。具体来看，2018年，全国商品房销售面积与销售额增速持续放缓，房地产贷款增速继续平稳回落。2018年全国商品房销售面积为17.17亿平方米，同比增长1.3%，增速较上年下降6.4个百分点。商品房销售额为15万亿元，同比增长12.2%，增速较上年下降1.5个百分点。其中，商品住宅销售面积和销售额分别占商品房销售面积和销售额的86.2%和84.3%。2018年末，全国主要金融机构（含外资）房地产贷款余额为38.7万亿元，同比增长20%，增速较上年末回落0.9个百分点。房地产贷款余额占各项贷款余额的28.4%。其中，个人住房贷款余额为25.8万亿元，同比增长17.8%，增速较上年末回落4.4个百分点；住房开发贷款余额为7.33万亿元，同比增长31.9%，增速较上年末提高5.2个百分点；地产开发贷款余额为1.38万亿元，同比增长3.9%，较上年末提高11.8个百分点。

高质量发展的新动能虽然发展很快，但要对经济增长起到支撑和带动作用还需假以时日。比如，工业机器人是先进制造业的关键支撑装备，在支撑智能制造、提升生产效率等方面发挥着重要作用。大力发展工业机器人产业，是构建以智能制造为根本特征的新型制造体系的重要抓手，对于打造中国制造新优势，推动工业转型升级，加快制造强国建设具有重要意义。我国工业机器人制造业发展虽然很快，但仍面临诸多挑战。一是核心技术创新能力有待增强，关键零部件中高精度减速器、伺服电机和控制器等主要依赖进口。减速器、伺服电机、控制器是工业机器人的核心组成部分，三者占到工业机器人成本的60%~70%。二是龙头企业正在崛起，但"小、散、弱"问题仍没有得到根本性改变。我国涉及工业机器人生产的企业众多，大批传统机械制造企业也在转向工业机器人的生产，产业集中度有待提升。三是专业人才供需矛盾较为突出。制造人才缺乏导致工业机器人三大核心零部件的瓶颈难以突破，应用人才短缺导致工业机器人操作、维修和应用面临制约，装机量增长受限，系统集成人才不足导致工业机器人产业改造升级受阻，发展较为迟缓。四是工业机器人标准认证体系框架已初步形成，但还有待进一步健全。

2. 家庭部门债务风险增加

2018年我国结构性去杠杆取得明显成效，非金融企业部门杠杆率下降，但家庭部门的杠杆率上升了，风险累计增加，脆弱性上升。我国家庭部门杠杆率处于国际平均水平，但增速仍高于其他主要经济体。根据中国人民银行工作人员的测算，2018年末，我国家庭部门杠杆率为60.4%。从国际同比看，我国家庭部门杠杆率与国际平均水平一致，低于发达经济体平均水平，但在新兴市场经济体中处于较高水平。从变动情况看，我国家庭部门杠杆率增幅仍处于较高区间。与上年相比，2018年我国家庭部门杠杆率上升3.4个百分点，而同期美国和澳大利亚家庭部门杠杆率分别下降1.5个和0.7个百分点，日本、英国等经济体家庭部门杠杆率虽有不同程度上升，但增幅均小于中国。

我国家庭部门债务收入比保持高速增长，低收入家庭债务负担较重。债务收入比（家庭部门债务余额/可支配收入）是以可支配收入衡量的家庭部门债务水平。2018年，我国家庭部门可支配收入54.4万亿元，同比增长8.7%，较同期家庭部门债务增速低7.5个百分点。家庭部门债务收入比为99.9%，同比上升6.5个百分点。其中，房贷收入比（个人住房贷款余额/可支配收入）为47.4%，较上年上升3.7个百分点。收入水平影响居民偿债能力，个别低收入家庭的偿债状况尤其值得关注。根据北京大学开展的2016年中国家庭追踪调查，低收入家庭的债务负担整体重于高收入家庭：有负债家庭中，年收入低于6万元的平均债务收入比为285.9%，而年收入高于36万元的平均债务收入比为89.0%。此外，年收入低于6万元的有负债家庭中，有0.8%的家庭债务超过50万元，意味着这部分家庭在收入水平不变的情况下，需要用近10年的全部收入偿还债务。低收入家庭金融资产有限，消费支出刚性，很可能因为意外支出需求导致财务状况恶化。

东南沿海地区家庭部门债务风险相对较高。从区域划分看，各省份家庭部门债务分布不均衡。2018年，家庭部门杠杆率超过全国水平的省份（直辖市）有：浙江（83.7%）、上海（83.3%）、北京（72.4%）、广东（70.6%）、甘肃（70.1%）、重庆（68.6%）、福建（65.8%）和江西（63.1%），其中，杠杆率水平最高的浙江和最低的山西之间相差50个百分点。上述地区中，浙江、上海、北京、广东、福建和重庆的债务收入比也超过全国水平，居民债务负担较重。2015—2018年，除新疆外，全国各省份（自治区、直辖市）家庭部门贷款与本地区生产总值的比例呈整体上升趋势。其中，海南、上海、天津、浙江和广东增速较快，四年分别上升26.4个、21.5个、21.4个、20.8个和18.4个百分点。综合家庭部门贷款与生产总值比例的水平和增速，浙江、上海和广东不仅家庭部门贷款与生产总值的比例处于全国较高水平，而且贷款积累较快：3个省市加总的贷款余额和近四年贷款增幅占全国的比例均超过1/4。

3. "量价并行"的货币政策亟待协调

长期以来，人民银行主要实施的是数量型货币政策，即通过调节基础货币或银行体系的流动性，进而影响贷款数量或货币供应量来对最终目标发挥作用。实施这一类型货币政策的前提是，中央银行对贷款数量或货币供应量有高度的控制能力。随着金融创新、金融脱媒和影子银行的发展，货币乘数的管控愈加困难，货币流通速度难以界定。同时，M_2与社会融资增速的缺口近年来不断拉大，中国人民银行公布的数据显示，2018年广义货币供应量（M_2）余额182.7万亿元，比上年末增长8.1%，社会融资规模存量为200.75万亿元，同比增长9.8%。多重因素共同作用致使数量型货币政策逐渐失效。从货币供给的角度看，随着金融脱媒和影子银行的不断发展，大量资金由表内转向表外，导致人民银行很难控制实际的货币派生情况。从货币需求的角度看，目前的货币流通速度难以界定，货币的需求也变得不稳定。因此，数量型调控容易出现货币供给与需求的不匹配，货币数量的相关指标也在逐渐失效，导致实际的货币数量也难以准确衡量。

我国经过20多年的利率市场化改革，存贷款利率限制已经取消，银行同业业务也获得很大发展，在这一背景下，银行负债端和资产端利率在很大程度上已与市场利率接轨。而货币基金、表外理财等的发展，使银行表内存款面临不断流失，也倒逼银行利率市场化。因此利率传导机制逐渐完善，价格型调控手段逐渐发挥作用。

货币政策目标有所转变。人民银行货币政策转向价格型的根本原因是来自货币政策目标的转变，即由稳增长和防通货膨胀的"总量问题"，逐渐转向去杠杆和防风险的"结构问题"。数量型政策可以通过调控货币数量来解决总量问题，但无法解决结构问题。因此，价格型货币政策逐渐取代数量型，尤其是宏观审慎政策框架确立之后，双支柱的调控体系对于防范系统风险，降低杠杆率起到了重要作用。

近年来，中国人民银行在从数量型货币政策转向价格型货币政策方面已做了大量工作，基本确立了"利率走廊"的价格型货币政策操作模式，利率市场化加速推进，价格型货币政策的效力也在不断增强。但我们也应该看到，从一种类型的货币政策转向另一种类型，并非一蹴而就的，为了保证货币政策的效果，在过渡期间"量价并行"的货币政策是一种必然选择，所以对两种类型货币政策的协调也是过渡期间央行面临的一项挑战。

4. 金融供给侧结构性改革需要向纵深推进

除却当下实体经济本身的积弊，金融业的内部失衡也加剧了经济运行中的结构性矛盾。金融对实体经济天然地存在"疏远化"的倾向。美联储前主席格林斯潘为货币政策向国会作证时首次提出这一概念：由于金融创新不断深化，货币当局使用传统手段（控制利率、控制货币供应）来对实体经济进行调控，其传导机制越来越不畅通，以至于货币政策效果日趋弱化。

金融对实体经济的"疏远化"并非初露端倪，货币的产生本就催生了价值和使用价值的分离，又由于货币供应与货币需求常常并不对应，进而导致了通货膨胀或通货紧缩发生的可能。金融的作用本是提高资源的配置效率，使得资源可以跨主体（在赤字单位和盈余单位之间调节余缺）、跨空间（储蓄从此地区向彼地区转移）地有条件转移。而当货币交易自身开始成为目的，一批以经营货币为业的专门机构和人群应运而生。与此同时，当我们用存款/贷款的方式、用发行债券的方式、用发行股票的方式更为有效地展开资源配置的时候，诸如信用风险、市场风险、利率风险、操作风险等新的风险也就产生了。而当仅依托于原生金融产品价格波动的金融衍生品问世，金融进一步虚拟化的过程便完成了。

在2008年国际金融危机前后的十余年间，从金融基础产品到各类复杂的金融衍生品的创造及由此带来的不断攀升的杠杆率，是金融对实体经济疏远化最大的诱因；金融的助力，使得大宗商品价格与其价值的背离越发严重，导致商品价格急剧波动，代表了金融向实体经济的渗透；市场中介机构出于逐利的考虑，由市场的配角晋为主角，在其运作下，并不完全依托于资源供求的炒作得以产生；金融业内部的激励机制，也导致了其管理人员对利益的过分追逐，加剧了金融与实体经济的背离。

当前，我国经济结构由工业化向服务化转变，这个过程中金融业扮演了举足轻重的角色，其在国民经济中的占比不断攀升。与此同时，我国的金融业也存在着严重的要素价格扭曲现象，这既加剧了资金在金融业内部的"空转"套利，又对国民经济其他部门产生了挤出效应，降低了资源配置机制的效率。这些现象，不仅是由当前的经济政治环境所导致的，更深层的缘由则是金融业发展到一定阶段时，对实体经济的背离，如不加以遏制，将给我国经济增长带来巨大的无谓损失。

（二）中国金融宏观调控的应对

1. 继续推进供给侧结构性改革，促进经济高质量发展

第一，着力补短板。随着供给侧结构性改革的深入推进，金融资源在补短板方面应持续发力，继续把小微和"三农"领域作为信贷政策扶持和支持的重点。一方面，金融机构应通过互联网等多种手段、创新多种业务模式和产品为小微企业提供资金支持，把握国家大力发展普惠金融和鼓励"双创"的机遇；另一方面，商业银行应加大对小微领域投放的力度。

第二，加大产业升级和转型力度。政府要做到简政放权、放管结合、优化服务，促进资源要素投入结构更加合理，推动市场化的兼并重组，以大并大，以大吞小；降低并购重组的制度交易成本和时间成本，简化相关法律流程与环节；发挥金融体系尤其是资本市场的融资、定价和监管职能；实施过渡期保护，为并购重组赢得时间；让大而不倒的"僵尸企业"倒下去，同时建立配套的社会安全网络和退出机制，妥善处理人和债的问题，防止发生次生社会危机。推进经济增长动力平稳转换，兼顾稳增长和调结构的双重目标，发挥投资的关键作用，强调有效益、有效率的投资，要学习更多地依靠改革、转型和创新来提升全要素增长率，培育新的增长点，形成新的增长动力。推进产业向中高端水平迈进，核心是提升产业价值链、产品附加值，使新的消费增长点成为发展"服务型经济"的突破口，为经济提质增效升级提供更持久、更强劲的动力。

第三，改善供给结构。要处理好政府和市场的关系，市场在资源配置中起决定性作用和更好发挥政府的作用，是推进供给侧结构性改革的重大原则。我们既要遵循市场规律、善用市场机制解决问题，又要让政府勇担责任、干好自己该干的事。资源配置的过程中，要重视市场的决定性作用，政府的作用是在尊重市场规律的前提下进行引导、规划与规范。要推动战略性新兴产业的发展，精准分析，把握产业发展的突破点和重点，做好切实可行的规划；加大政策扶持力度，将资源投入基础扎实、有条件实现突破的企业和项目，扶植重点企业和项目。

第四，培育新增长点，推动传统产业提高核心竞争力和产品附加值。要加快培育和发展新业态、新模式、新技术、新产品，在中高端消费、创新引领、绿色低碳、共享经济、现代供应链、人力资本服务等领域培育新增长点。另外，要立足生产和生活消费升级的需要，推动传统产业提高核心竞争力和产品附加值，向质量提升、绿色低碳、服务优化、品牌高端等方面发展。

2. 重视并多措并举应对家庭债务风险

坚持从宏观审慎视角防范家庭部门债务风险，多措并举应对部分地区家庭部门债务增速过快和部分低收入家庭债务负担过重问题。一是继续严格遵循"房子是用来住的，不是用来炒的"政策定位，完善"因城施策"差别化住房信贷政策，抑制投机性购房。同时，加大对住房租赁市场的金融支持和规范，促进形成"租售并举"的住房制度。二是在鼓励金融机构创新消费金融业务模式和拓展服务领域的同时，督促机构坚持对消费行为真实性的审查、提高对消费信贷产品的风险管理能力。三是继续发挥普惠金融政策引导和激励作用，使金融服务惠及更多群众。加强金融知识普及，持续开展风险提示和宣传教育，引导树立正确的财务观念，避免低收入家庭过度负债。四是积极运用大数据分析，加快建立全覆盖的个人征信体系，为金融机构和金融管理部门决策提供可靠的数据基础。五是结合居民资产和收入情况，开展分区域、分层次的居民债务风险监测分析，全面反映家庭部门债务水平。

3. 加速协调"量价并行"的货币政策

在经济运行结构性问题突出的背景下，协调"量价并行"的货币政策主要就是在继续关注信贷量、货币供应量以及社会融资规模的前提下，致力于价格型货币政策的完善。保持银行体系流动性合理充裕，促进货币信贷和社会融资规模合理增长的同时，更加注重利率渠道传导的通畅和高效。第一，进一步完善市场化的利率形成机制，畅通利率传导，维持 DR007 与 R007 利差，倒逼表外去杠杆。一方面，人民银行盯住 DR007 作为货币市场基准利率，公开市场操作更加精细化，保证 DR007 维持稳定，精准调控银行资金成本，确保不发生系统性金融风险。另一方面，维持 R007 相对高利率，倒逼非银、表外业务去杠杆。

第二，完善"双支柱"调控框架，稳定市场防范风险。货币政策与宏观审慎政策的框架还需要进一步完善，一方面，推进利率市场化改革，完善货币市场利率的期限结构，疏通利率的传导路径；另一方面，完善 MPA 考核框架，逐步把同业存单和更多的金融创新活动纳入考核范围；最后，加强货币政策和宏观审慎政策的联动和协调，合理引导市场预期，完善调控机制。

第三，灵活运用多种货币政策工具组合。完善及巩固有效的利率走廊机制，货币政策传导的利率渠道日趋重要。利率渠道包括从短期利率到中长期利率的传导，从货币市场向债券市场、信贷市场的传导。人民银行可运用回购利率和常备借贷便利（SLF）利率稳定短期利率，利用再贷款、MLF、抵押补充贷款（PSL）等工具调节中长期流动性，并通过完善收益率曲线和利率衍生品市场来疏通利率传导机制。

4. 纵深推进金融供给侧结构性改革

围绕建设现代化经济的产业体系、市场体系、区域发展体系、绿色发展体系等提供精准金融服务，构建风险投资、银行信贷、债券市场、股票市场等全方位、多层次金融支持服务体系。以金融体系结构调整优化为重点，优化融资结构和金融机构体系、市场体系、产品体系。构建多层次、广覆盖、有差异的银行体系，坚持以市场需求为导向，积极开发个性化、差异化、定制化金融产品，改善小微企业和"三农"金融服务。完善资本市场基础性制度，把好市场入口和市场出口两道关，加强对交易的全程监管。支持技术创新，推动制造业高质量发展。

第二章　金融机构运行平稳

　　2018年，各金融机构在国家的号召和各部委的部署下，积极探索了新的发展模式，努力适应新的监管政策要求，更加规范自身运营模式，强化自身风险意识，同时，随着数字金融的全面渗透与金融科技的深度发展、深度应用，更为熟练、高效地解决行业痛点，更好地发挥了服务实体经济的功能，推动了普惠金融工作的深入发展。本章通过金融机构的发展总体情况、金融机构发展存在的问题以及金融机构发展的对策建议三大部分内容，较为全面地回顾了2018年金融机构发展现状。按照主体不同，本章将金融机构分为银行和保险业金融机构、证券业金融机构以及新金融业态三大板块。其中，银行和保险业金融机构主要包括政策性银行、商业银行、民营银行、农村金融机构、租赁行业、典当行业、小额贷款公司、消费类金融公司和保险公司；证券业金融机构主要包括证券公司、基金公司、信托公司和期货公司；新金融业态主要介绍近年来出现的具有金融功能或金融特征的新型业态或组织等的发展现状，包括互联网金融、金融小镇、绿色金融和供应链金融。

　　具体来看，银行和保险业金融机构中，2018年，我国银行业盈利能力稳步提高，资产负债规模保持稳健，信贷资产质量保持平稳，风险压力相对平稳。政策性银行持续在打好三大攻坚战、实施乡村振兴战略、服务中小微企业、"一带一路"建设等领域发挥着重要作用；商业银行业绩有所回升，大力发展金融科技；民营银行经营总体稳健，资产规模分化严重；农村金融机构在实施普惠金融、支持实体经济发展、服务"三农"、服务小微企业等方面发挥着重要作用；融资租赁行业、典当行业和小额贷款公司继续增长，但均明显受到强监管影响；消费类金融公司在国家多项政策的支持下保持着良好的发展势态；保险机构数量和规模稳定增长，改革创新持续深入，偿付能力基本充足；保险资产管理机构持续发展，业务能力有所提高；保险中介机构发展平稳，专业水平有待提高。

　　证券业金融机构中，2018年，我国证券业砥砺前行，在不断规范的监管环境下寻求创新发展。受市场行情震荡影响，证券公司经营业绩有所回落，行业集中度进一步提升，自营业务成为最大收入来源，从业结构优化，创新试点加强；基金业规模稳定增长，但因股市低迷、业绩亏损，在监管趋严、资管新规落地的大环境下，基金业机遇与挑战并存，创新发展与规范经营并举；信托业秉持严控风险的底线思维，主动收缩规模，不断优化资金来源结构的同时资金信托余额流向实体经济的比例不断提高；期货业在严控风险的前提下平稳发展，风险管理子公司的不断发展将推动期货行业创新发展。

新金融业态中，2018 年，金融业务去机构化的态势更加明显，在国家及各地政府的积极引导下，新金融业态逐渐调整到更加规范的发展道路上来。互联网金融行业在不断创新发展、整顿自身，朝着多样化、合规化方向迈进；金融小镇得益于逐渐成熟的政策引导，迈上高质量发展道路；绿色金融得到了更广泛的关注与重视，发行总量继续上升；供应链金融与区块链相结合的价值和前景日益凸显，并在政策指导下朝着合规化发展。

然而，在 2018 年，我国金融机构在发展过程中也暴露出许多问题。一是资本越发成为商业银行发展的硬约束；二是中小型银行风险问题逐步暴露；三是保险公司持续发展动力缺乏，盈利能力亟待提高；四是粗放式发展难以为继，券商资管面临新的挑战与竞争；五是资管新规重塑信托业务，行业面临转型压力；六是 P2P 行业风险积聚影响金融稳定，亟须整改；七是金融科技发展过程中的风险积聚不容忽视。对此，我们提出以下几点相关建议。一是从改善外部环境和提升内部能力两方面缓解资本压力；二是加强中小银行风险防控能力与内部治理；三是转变保险公司发展模式和盈利模式；四是证券公司挖掘自身比较优势，跨业务链对接资金端和资产端；五是深化结构转型，信托公司谋求高质量发展；六是 P2P 行业与监管平台协调行动，化解风险积聚，谨防风险再次爆发；七是金融监管与时俱进，效率的提升和风险的防范并举。

一、银行业金融机构

2018 年，我国银行业盈利能力稳步提高，资产负债规模保持稳健，信贷资产质量保持平稳，风险压力相对平稳。政策性银行持续在打好三大攻坚战、实施乡村振兴战略、服务中小微企业、"一带一路"建设等领域发挥着重要作用；商业银行业绩有所回升，大力发展金融科技；民营银行经营总体稳健，资产规模分化严重；农村金融机构在实施普惠金融、支持实体经济发展、服务"三农"、服务小微企业等方面发挥着重要作用；融资租赁行业、典当行业和小额贷款公司继续增长，但均明显受到强监管影响；消费类金融公司在国家多项政策的支持下保持着良好的发展势态。

（一）政策性银行及国家开发银行持续发挥稳增长、调结构、惠民生的重要作用

2018 年，中国经济运行总体平稳，但下行压力加大。国家开发银行、中国进出口银行和中国农业发展银行坚持其开发性、政策性职能，积极发挥逆周期调节作用，继续促进我国经济持续健康发展和社会大局的稳定。

（1）积极发挥作用，促进自身发展

一是中国农业发展银行（以下简称农发行）扎实推进自身高质量发展，积极履行其

在促进农业经济发展上的职能。截至2018年12月31日,农发行全年累放贷款1.8万亿元,创历史新高。年末贷款余额为5.14万亿元,增长9.7%。年末资产总额为6.9万亿元,同比增长10.42%。实现净利润181亿元,增长5.7%。年末不良贷款率为0.80%,拨备覆盖率、拨贷比大大高于监管要求。全年累计发放精准扶贫贷款3 893亿元,贷款余额为1.35万亿元。易地扶贫搬迁惠及贫困人口768万人,累计带动381.6万贫困人口增收。

二是中国进出口银行(以下简称进出口银行)依托国家信用支持,积极发挥在稳增长、调结构、支持外贸发展、实施"走出去"战略等方面的重要作用,加大对重点领域和薄弱环节的支持力度,促进经济社会持续健康发展。截至2018年12月31日,全行本外币贷款余额为33 752亿元,同比增长17.32%。资产总额为41 937亿元,同比增长15.19%。

三是国家开发银行(以下简称国开行)立足开发性金融机构定位,坚持新发展理念,扎实服务供给侧结构性改革,助力中国经济高质量发展。各项工作取得新进展、新成效。截至2018年末,国开行资产总额为16.2万亿元,贷款余额为11.68万亿元,实现净利润1 121亿元,资本充足率为11.81%,不良贷款率为0.92%,连续14个年末保持在1%以内。

(2)加大实体经济支持力度,坚持新发展理念

一是农发行大力支持农业发展,继续推进农业供给侧结构性改革。首先,农发行进一步加大对农业现代化的支持力度。截至2018年12月31日,农业科技创新贷款余额为56.43亿元,较年初增加0.34亿元,增幅为0.61%。其次,坚持让利于农。农发行继续发挥政策性银行优惠支农效应,贷款利率较基准利率下浮28个基点,贷款平均利率低于同业123个基点,切实缓解贫困地区"融资贵"问题。最后,农发行支持贫困地区粮棉油收储、农业产业化经营和特色产业发展,助推藏区实施青稞扶贫,积极支持扶贫车间,创新推广产业扶贫贷款风险补偿基金"吕梁模式"。

二是国开行继续加大实体经济支持力度,支持基础建设补短板。首先,国开行全方位支持民营企业发展,2018年11月设立1 000亿元民营企业专项贷款,首月即实现专项贷款发放87亿元,截至2018年12月31日,本行对民营企业投贷余额合计6 371亿元。其次,国开行聚焦培育产业发展新动能,围绕新一代信息技术、高端装备、生物医药等重点领域,引导各类社会资金共同推动优势和战略产业快速发展,全年发放科技贷款467亿元。最后,截至2018年12月31日,国开行铁路行业贷款余额为8 080亿元,公路行业贷款余额为1.79万亿元,城市轨道交通行业贷款余额为5 021亿元,水利行业贷款余额为4 310亿元,电力行业贷款为1 618亿元,其中向清洁能源项目发放中长期贷款769亿元,约占行业总投资的39%。

三是进出口银行政策性职能作用持续增强,全力服务实体经济和国家战略。首先,进出口银行积极支持外贸发展,聚焦外贸全产业链,支持中西部地区承接加工贸易梯度

转移和加快对外开放、自贸区等开放平台和服务贸易。大力支持先进制造业发展，继续破除无效产能，贷款余额同比增长24%。其次，积极发展面向小微、"三农"、扶贫等薄弱环节的普惠金融，安排专项贷款，贷款余额同比增长15%；创新绿色信贷品种，加大对节能环保、新能源等行业贷款投放，贷款余额同比增长76%。

（3）认真落实国务院决策部署，继续推进"一带一路"建设

一是国开行积极服务国家战略，加大对国家"一带一路"建设的支持力度。国开行稳步推进国际合作业务，全力落实牵头负责的首届"一带一路"国际合作高峰论坛成果，务实推进"一带一路"2 500亿元等值人民币专项贷款。聚焦聚力做好"一带一路"的开发性金融服务，创新投融资模式。加大对重点地区、重点领域和重点项目的融资支持力度。全年累计发放"一带一路"相关贷款185亿美元，支持沿线国家基础设施互联互通、产能合作、金融合作、境外产业园区建设和中小企业发展等，有效促进项目所在国民生改善和可持续发展。

二是进出口银行继续发挥政策性金融机构独特优势，切实推动"一带一路"建设项目落地实施并发挥积极的作用。为支持"一带一路"业务发展和落实"稳外贸稳外资"工作，进出口银行不断提高金融市场报价能力，推出了人民币兑俄罗斯卢布及南非兰特的报价服务，首次为分行客户办理了美元兑马来西亚林吉特的外汇交易，以及港元兑人民币的货币掉期交易，满足了客户对于"一带一路"沿线国家货币的汇率避险需求。

（4）助力打好三大攻坚战，推动高质量发展

一是农发行认真贯彻落实党中央、国务院决策部署，不断加大金融支农力度，坚决打好三大攻坚战。首先，2018年农发行累计投放精准扶贫贷款3 893亿元、贷款余额13 466亿元，精准扶贫贷款投放额和余额继续保持金融同业首位，贷款利率较基准利率下浮28个基点，切实缓解贫困地区"融资贵"问题。其次，农发行贯彻落实党的十九大精神，认真打好防范化解金融风险的攻坚战。2018年面对复杂严峻的经济金融形势，农发行推进全面风险管理体系建设，提升信贷综合统筹管理能力和信贷关键风控环节专业化水平，不断夯实风险管理基础，扎实有效开展风险管理各项重点工作，风险防控水平显著提升，不良贷款率0.8%。最后，农发行支持生态环境建设，积极推进绿色发展，着力解决突出环境问题，加大生态系统保护力度，全年投放生态环境建设贷款50.8亿元，年末贷款余额181.7亿元。2018年11月19日，农发行首次发行5亿欧元3年期浮息绿色债券，致力发展绿色信贷，吸引境内外资金支持农业可持续发展。

二是国开行贯彻落实中央决策部署，助力打赢三大攻坚战。首先，2018年国开行坚持"融制、融资、融智"的"三融"扶贫策略，全年发放精准扶贫贷款2 668亿元。按照"易地扶贫搬迁到省、基础设施到县、产业发展到村（户）、教育资助到户（人）"的"四到"思路方法，全年向贫困地区发放农村基础设施精准扶贫贷款618亿元，发放交通、水利等重大基础设施精准扶贫贷款1 340亿元。多措并举推进定点扶贫，全年向

对口的 4 个定点扶贫县发放精准扶贫贷款 12 亿元，帮助 4 个县累计脱贫 29 万人。其次，国开行认真贯彻落实中央关于打赢防范化解重大风险攻坚战决策部署，积极应对形势复杂变化，全面加强风险管控各项工作，严守风险底线。截至 2018 年 12 月 31 日，国开行全部风险偏好指标均控制在年度目标范围内，不良贷款额 1 072 亿元，不良贷款率 0.92%，连续 14 个年末保持在 1% 以内。最后，国开行践行绿色发展理念，助力打好污染防治攻坚战，发行绿色信贷资产证券化产品 31 亿元，开展新能源汽车补贴应收账款保理业务，发放新能源保理融资 44 亿元。绿色贷款余额超过 1.9 万亿元，位居国内银行业首位。创新方式发行绿色债券，累计发行 250 亿元人民币绿色金融债券和 5 亿美元、10 亿欧元国际绿色债券，既引导资金支持生态环保，又推动绿色债券在中国的发展。

三是进出口银行精准发力，打好三大攻坚战。首先，2018 年，进出口银行把握精准扶贫、精准脱贫方略，紧扣对口甘肃省岷县和重庆市云阳县的发展规划，精准落实"两不愁三保障"，将扶贫领域作风专项治理工作贯穿始终，助力两县扎实打好脱贫攻坚战。截至 2018 年末，进出口银行对两县累计发放贷款 37 839 万元，以"政银保+小微企业"模式，对当地担保公司完成授信 5 亿元。对贫困人口进行就业培训达 4 000 人，为两县引进企业 3 家，购买和销售贫困县农产品 147.74 万元。2018 年岷县超预期退出贫困人口 2.4 万人，贫困发生率由年初的 17.09% 下降到年末的 11.4%；2018 年 8 月，云阳县高质量通过国家验收，实现脱贫摘帽。其次，进出口银行把主动防范化解系统性金融风险放在重要的位置，坚守不发生系统性风险的底线，着力打好防范化解风险攻坚战。持续推进风控体制建设，制定风险防控攻坚战三年规划，重塑风险管理和资产保全的专责机构，设立重点区域风险巡回、风险化解督导机制。此外，进出口银行还积极贯彻落实国家节能减排政策，引进国际金融机构优惠贷款，稳步推进以节能减排与新能源贷款为主要内容的绿色信贷业务。进出口银行不断加大对绿色信贷项目的有效投入，积极支持污染防治、资源节约与循环利用等领域的绿色企业和项目，助推制造业在环境保护和节能减排方面转型发展。截至 2018 年末，进出口银行绿色信贷业务余额已突破 2 000 亿元，所支持项目合计减少标准煤使用量 4 146.26 万吨，二氧化碳减排当量 7 200.55 万吨，减排二氧化硫 14.61 万吨，减排氮氧化物 4.04 万吨，节水 628.67 万吨，产生了显著的环境保护和社会效应。

(二) 商业银行整体业绩回升，大力发展金融科技

2018 年，我国商业银行银行呈现出经营更加稳健、风险管理水平持续提升、资产质量不断提高、对实体经济的支持力度进一步增大等特点。去杠杆和监管趋严的背景下，各大银行加大了不良资产处置力度。四次定向降准后市场利率总体呈下行趋势。"一委一行两会[①]+地方金融监督管理局"的新型金融监管框架构建，银行业运行稳健。

[①] "一委一行两会"：国务院金融稳定发展委员会、中国人民银行、中国银保监会、中国证监会。

（1）银行规模增速稳定在较低的水平，整体业绩有所回升

一是银行业规模持续增长，贷款占比稳步上升。截至2018年末，银行业境内总资产261.4万亿元，同比增长6.4%。其中，各项贷款140.6万亿元，同比增长12.6%，债券投资45.2万亿元，同比增长14.1%。贷款和债券投资占总资产的比重分别较上年末上升3个和1.2个百分点。银行业境内总负债239.9万亿元，同比增长6%。其中，各项存款164.2万亿元，同比增长6.7%。商业银行总负债为193.49万亿元，同比增长6.28%，较2017年下降1.7个百分点，增速连续两年下滑（见表2-1、图2-1）。

表2-1　　　　　　　　　　2018年银行业金融机构资产负债表

机构名称	项目名称	第一季度	第二季度	第三季度	第四季度
银行业金融机构合计	总资产（亿元）	2 560 195	2 601 907	2 643 365	2 682 401
	上年同期增长比（%）	7.36	7.00	6.96	6.27
	总负债（亿元）	2 360 129	2 397 883	2 432 738	2 465 777
	上年同期增长比（%）	7.08	6.62	6.58	5.89
商业银行合计	总资产（亿元）	2 000 039	2 030 645	2 065 380	2 099 638
	上年同期增长比（%）	6.63	6.76	6.95	6.70
	占银行业金融机构比例（%）	78.12	78.04	78.13	78.27
	总负债（亿元）	1 848 838	1 876 582	1 906 070	1 934 876
	上年同期增长比（%）	6.28	6.32	6.54	6.28
	占银行业金融机构比例（%）	78.34	78.26	78.35	78.47
大型商业银行	总资产（亿元）	951 282	962 984	984 460	983 534
	上年同期增长比（%）	6.18	5.77	6.92	5.97
	占银行业金融机构比例（%）	37.16	37.01	37.24	36.67
	总负债（亿元）	877 429	887 925	906 755	903 780
	上年同期增长比（%）	6.09	5.44	6.68	5.63
	占银行业金融机构比例（%）	37.18	37.03	37.27	36.65
股份制商业银行	总资产（亿元）	451 965	459 238	458 345	470 202
	上年同期增长比（%）	2.98	4.47	3.95	4.58
	占银行业金融机构比例（%）	17.65	17.65	17.34	17.53
	总负债（亿元）	420 659	427 522	425 565	435 938
	上年同期增长比（%）	2.42	3.97	3.42	4.03
	占银行业金融机构比例（%）	17.82	17.83	17.49	17.68
城市商业银行	总资产（亿元）	315 846	323 285	330 917	343 459
	上年同期增长比（%）	7.94	8.74	8.35	8.27
	占银行业金融机构比例（%）	12.34	12.42	12.52	12.80
	总负债（亿元）	293 106	299 812	306 787	318 254
	上年同期增长比（%）	7.13	7.91	7.58	7.76
	占银行业金融机构比例（%）	12.42	12.50	12.61	12.91

续表

机构名称	项目名称	第一季度	第二季度	第三季度	第四季度
农村金融机构	总资产（亿元）	336 462	337 044	341 077	345 788
	上年同期增长比（%）	7.17	5.85	5.39	5.36
	占银行业金融机构比例（%）	13.14	12.95	12.90	12.89
	总负债（亿元）	311 167	311 420	314 659	318 830
	上年同期增长比（%）	6.77	5.49	4.97.	4.89
	占银行业金融机构比例（%）	13.18	12.99	12.93	12.93
其他类金融机构	总资产（亿元）	504 640	519 356	528 565	539 418
	上年同期增长比（%）	13.85	11.48	9.95	7.70
	占银行业金融机构比例（%）	19.71	19.96	20.00	20.11
	总负债（亿元）	457 768	471 206	478 972	488 975
	上年同期增长比（%）	14.11	11.48	9.80	7.53
	占银行业金融机构比例（%）	19.40	19.65	19.69	19.83

资料来源：中国银保监会. 银行业监管统计指标季度情况表（2018）[EB/OL]. [2019-02-25]. http://www.cbirc.gov.cn/cn/view/pages/ItemDetail.html?docId=179202&itemId=954&generaltype=0。

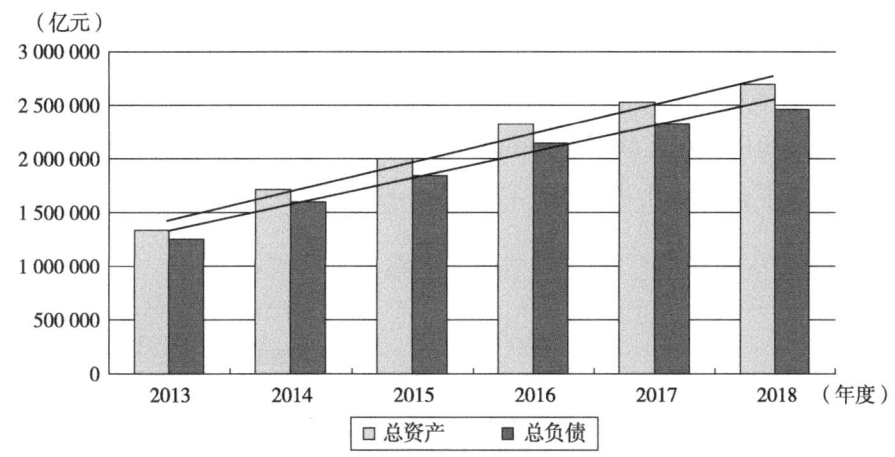

图 2-1　2013—2018 年银行业总资产总负债情况

（资料来源：中国银保监会. 银行业监管统计指标季度情况表（2018）[EB/OL]. [2019-02-25]. http://www.cbrc.gov.cn/cn/doc/9106/910601/C990691733D644B39582DEFA3EF1EF69.html）

其中，资产、负债规模增长速度较快的依然是城市商业银行和其他类金融机构（政策性银行及国家开发银行、民营银行、外资银行、非银行金融机构和邮政储蓄银行），但与 2017 年相比，增长速度放慢；股份制商业银行资产、负债规模的增长速度远低于总体水平。就总体资产实力而言，五大国有商业银行在银行业金融机构中依然占据最为突出的位置，总资产规模及总负债规模在银行业金融机构中的占比分别达到了 35.6% 和 35.51%；股份制商业银行占比分别达到了 17.8% 和 17.98%；城市商业银行占比分别达到了 12.85% 和 13.41%；农村金融机构占比分别达到了 13.35% 和 12.97%。

二是银行业盈利能力稳中有升，资产投放回归信贷业务。2018 年商业银行累计实现净利润 18 302 亿元，同比增长 4.7%，低于 2018 年前三季度的 5.9% 及 2017 年全年的 6.0%，其主要原因是银行加大了拨备计提力度，令减值拨备增加（见表 2-2）。

表 2-2　　　　　　　　　　2018 年商业银行效益性指标

项目名称	第一季度	第二季度	第三季度	第四季度
本年累计净利润（亿元）	5 222	10 322	15 118	18 302
资产利润率（%）	1.05	1.03	1.00	0.90
资本利润率（%）	14.00	13.70	13.15	11.73
净息差（%）	2.08	2.12	2.15	2.18
非利息收入占比（%）	24.48	23.92	22.94	22.11
成本收入比（%）	27.34	27.42	28.02	30.84

资料来源：中国银保监会. 商业银行主要监管指标情况表（法人）（2018 年）[EB/OL]. [2019-02-25]. http://www.cbirc.gov.cn/cn/view/pages/ItemDetail.html?docId=179202&itemId=954&generaltype=0.

2018 年，经济下行的压力依然存在，商业银行多措并举，持续推进经营转型，加强金融产品创新通过积极布局互联网金融、大力拓展中间业务利润空间等战略，控制经营成本，使得盈利水平有所回升（见图 2-2、图 2-3）。

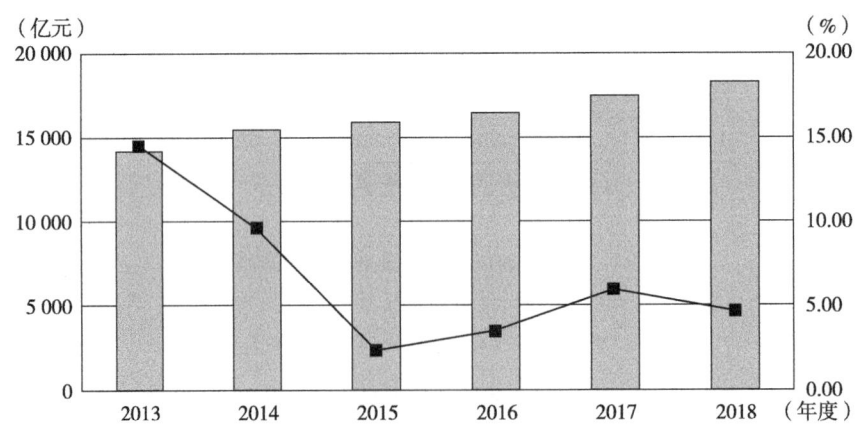

图 2-2　2013—2018 年商业银行净利润及同比增长率情况

（资料来源：中国银保监会. 银行业监管统计指标季度情况表（2018）[EB/OL]. [2019-02-25]. http://www.cbirc.gov.cn/cn/view/pages/ItemDetail.html?docId=179202&itemId=954&generaltype=0）

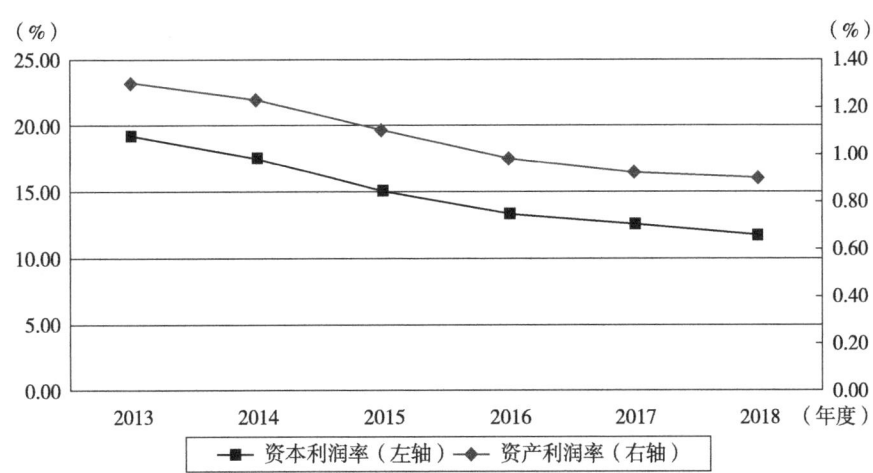

图 2-3　2011—2017 年商业银行资本利润率与资产利润率走势

（资料来源：中国银保监会. 银行业监管统计指标季度情况表（2018）[EB/OL]. [2019-02-25]. http://www.cbirc.gov.cn/cn/view/pages/ItemDetail.html?docId=179202&itemId=954&generaltype=0）

息差收入仍然是我国商业银行收入结构中最重要的组成部分，占整体营业收入水平的 70% 以上，是商业银行最主要的盈利来源。2018 年商业银行资产生息结构优化，在宽松的负债和高收益资产匮乏的格局下，投资类资产虽略有放缓，但依然保持较高增速，且 2018 年信贷更多地投向零售领域的信贷消费和公共领域的基建投资，更趋多元化。大型商业银行平均净息差 2.17%，较上年增长 9 个基点，而中小型银行息差扩幅更大，主要由于其同业负债占比较高，因而更受惠于央行释放流动性带来的成本下降（见图 2-4）。

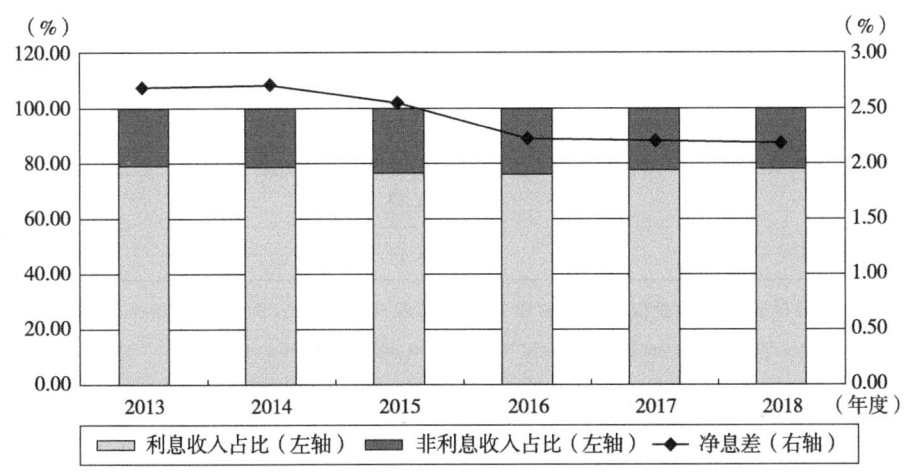

图 2-4　2011—2017 年商业银行净息差，利息与非利息收入分别占比情况

（资料来源：中国银保监会. 银行业监管统计指标季度情况表（2018）[EB/OL]. [2019-02-25]. http://www.cbirc.gov.cn/cn/view/pages/ItemDetail.html?docId=179202&itemId=954&generaltype=0）

三是银行风险抵御能力增强。主要表现在以下两个方面。

第一是银行信贷质量基本稳定。商业银行不良贷款余额 2 万亿元,不良贷款率 1.89%;关注类贷款余额 3.4 万亿元,关注类贷款率 3.16%;逾期 90 天以上贷款与不良贷款比例为 92.8%,较 2017 年末下降 6.9 个百分点。拨备覆盖率为 186.31%,同比提升 4.89 个百分点,风险抵补能力明显增强。2018 年,商业银行累计核销不良贷款 9 880 亿元,较 2017 年多核销 2 590 亿元,从而腾出更多空间服务民营企业和小微企业(见表 2-3)。

表 2-3　　　　　　　　　　　2018 年商业银行风险指标

项目名称	第一季度	第二季度	第三季度	第四季度
正常类贷款(亿元)	962 827	996 363	1 030 003	1 050 169
关注类贷款(亿元)	34 709	34 241	35 321	34 555
不良类贷款余额(亿元)	17 742	19 571	20 322	20 254
其中:次级贷款(亿元)	7 195	8 352	8 395	8 010
可疑贷款(亿元)	7 883	8 514	9 032	9 101
损失贷款(亿元)	2 664	2 706	2 895	3 143
正常贷款占比(%)	94.83	94.88	94.87	95.04
关注贷款占比(%)	3.42	3.26	3.25	3.13
不良贷款率(%)	1.75	1.86	1.87	1.83
其中:次级贷款率(%)	0.71	0.80	0.77	0.72
可疑贷款率(%)	0.78	0.81	0.83	0.82
损失贷款率(%)	0.26	0.26	0.27	0.28
贷款损失准备(亿元)	33 937	34 973	36 727	37 734
拨备覆盖率(%)	191.28	178.7	180.73	186.31
贷款拨备率(%)	3.34	3.33	3.38	3.16
累计外汇敞口头寸比例(%)	3.22	3.14	2.95	3.41

资料来源:中国银保监会.商业银行主要监管指标情况表(法人)[EB/OL].[2019-02-25].http://www.cbirc.gov.cn/cn/view/pages/ItemDetail.html?docId=179203&itemId=954&generaltype=0。

其中,商业银行贷款损失准备余额 3.7 万亿元,较 2017 年末增加 6 762 亿元。拨备覆盖率和贷款拨备率分别为 185.5% 和 3.5%,较 2017 年末分别上升 5.1 个和 0.24 个百分点,在已经调整贷款损失准备监管要求的情况下,两项指标仍保持上升态势。总体上看,目前流动性总体稳健,同业负债继续收缩。商业银行人民币超额备付率为 2.64%、存贷款比例为 74.3%,均在合理区间,优质流动性资产占比明显高于国际平均水平。同业负债同比下降 9.1%，部分中小机构过度依赖短期批发性融资问题有所缓解（见图 2-5）。

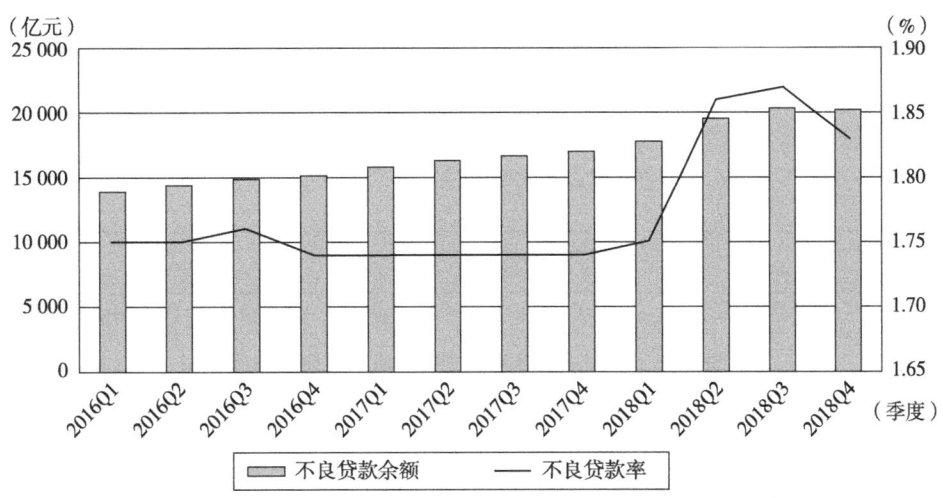

图 2-5 近年商业银行不良贷款余额及不良贷款率

（资料来源：中国银保监会．银行业监管统计指标季度情况表（2018）［EB/OL］．［2019-02-25］. http：//www.cbirc.gov.cn/cn/view/pages/ItemDetail.html?docId=179202&itemId=954&generaltype=0）

第二是流动性总体稳健。年内四次定向降准，定向置换 MLF，支持小微企业、债转股、民营企业等，并通过公开市场、MLF 等操作维持了银行间市场流动性持续宽松。2018 年第四季度末，商业银行流动性比例为 55.31%，较上季末上升 2.37 个百分点；人民币超额备付金率 2.64%，较上季末上升 0.75 个百分点；存贷款比例（人民币境内口径）为 74.34%，较上季末上升 0.79 个百分点。人民币超额备付率 2.64%、存贷款比例 74.3%，均在合理区间。同业负债同比下降 9.1%，部分中小机构过度依赖短期批发性融资问题有所缓解（见表 2-4、图 2-6、图 2-7）。

表 2-4　　　　　　　　　　商业银行流动性指标　　　　　　　　　　单位：%

项目名称	第一季度	第二季度	第三季度	第四季度
流动性比例	51.39	52.42	52.94	55.31
存贷比	71.18	72.30	73.55	74.34
人民币超额备付金率	1.51	2.19	1.89	2.02
流动性覆盖率	125.32	131.26	127.77	138.01

资料来源：中国银保监会．商业银行主要监管指标情况表（法人）［EB/OL］．［2019-02-25］. http：//www.cbirc.gov.cn/cn/view/pages/ItemDetail.html?docId=179203&itemId=954&generaltype=0。

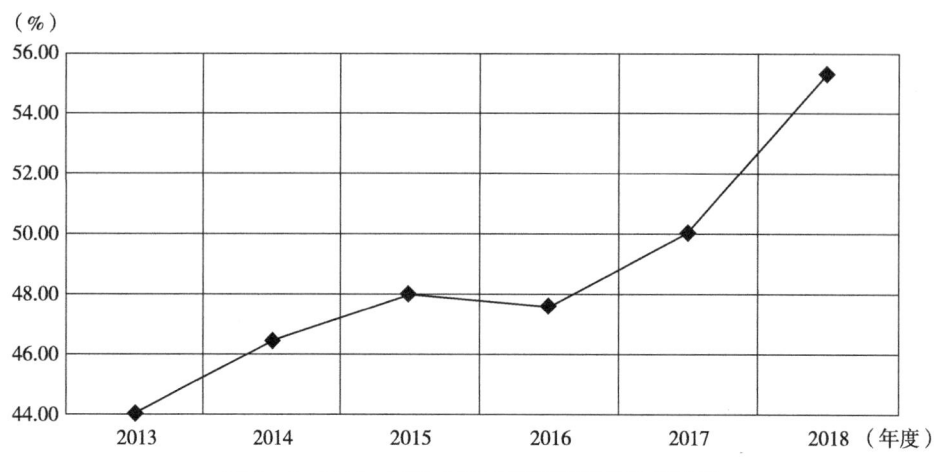

图 2-6 2013—2018 年商业银行流动性比例情况

（资料来源：中国银保监会. 商业银行主要监管指标情况表（法人）[EB/OL]. [2019-02-25]. http：//www.cbirc.gov.cn/cn/view/pages/ItemDetail.html?docId=179203&itemId=954&generaltype=0）

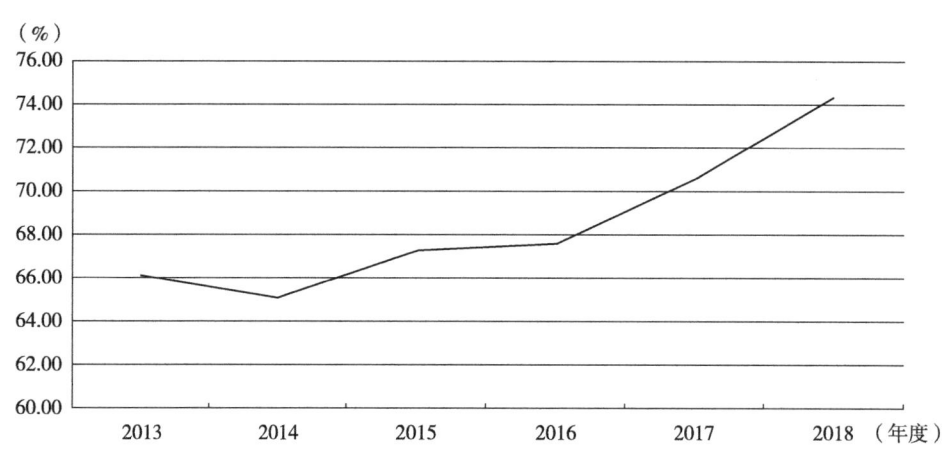

图 2-7 2011—2018 年商业银行存贷款比情况

（资料来源：中国银保监会. 商业银行主要监管指标情况表（法人）[EB/OL]. [2019-02-25]. http：//www.cbirc.gov.cn/cn/view/pages/ItemDetail.html?docId=179203&itemId=954&generaltype=0）

（2）"强监管"延续，资管新规出台

2018 年全年，银行业"强监管"系列举措持续发力，整治市场乱象和互联网金融风险，规范金融市场秩序，把防范化解金融风险作为三大攻坚战的首要战役，扎实推进整治市场乱象各项工作，严厉整治各类违法违规行为，严守不发生系统性金融风险底线。随着国内外经济环境的变化，监管政策也适时进行了调整，最为明显的就是资管新规的逐步落实。资管新规对国内的资管市场进行统一监管，整治监管套利、过度加杠杆、期限错配等现象，防止系统性金融风险的产生。资管新规明确规定资管业务是表外业务，公募产品和开放式的私募产品不得进行份额分级，规定了不同性质的资管产品所能够采取的杠杆比例上限，禁止各类资管产品的多层嵌套，即资管新规限制了杠杆的使用范围、降低了杠杆比例,并且不允许杠杆之上再套杠杆。并且资管新规规定银行理财要回归资管业务本源,逐步有序打破刚性兑付,不能承诺保本保收益。2017年底银行理财产品余额为30万亿元,其中保本理财的余额7.37万亿元、占比达24.95%[①]。因此资管新规使得银行特别是中小银行面临巨大的保留和吸收存款压力。资管新规对商业银行带来了表内业务和表外业务架构的调整压力,部分具有通道、嵌套和融资属性的理财业务需回归表内。资管新规鼓励银行回归传统存贷业务,提高存款占比和贷款占比,减少对主动负债、非传统信贷资产的依赖。加上2018年7月1日实施的《商业银行流动性风险管理办法》中流动性匹配率的要求,对同业业务依赖性较大的股份制银行和城商行需要完善其表内主动负债和同业资产配置的结构,尤其需要在负债端多寻找以存款为主的中长期负债,减少对同业拆入、同业存单、应付债券的依赖程度。

(3) 银行加大力度支持与服务实体经济

2018年10月进行了全年第四次定向降准,释放7 500亿元资金用于优化流动性结构,扩充了金融机构支持小微企业、民营企业和创新型企业的资金来源,加大了对小微企业的支持力度,有助于缓解小微企业融资难、融资贵的问题。2018年金融机构对实体经济发放的本外币贷款为15.25万亿元,其中,对实体经济发放的人民币贷款增加15.67万亿元,比上年多增1.83万亿元,占同期社会融资规模增量的81.4%,为实体经济提供较多资金。截至2018年末,全国全口径小微企业贷款余额33.49万亿元,占各项贷款余额的23.81%。其中,普惠型小微企业贷款余额9.36万亿元,较年初增长21.79%,较各项贷款增速高9.2个百分点,有贷款余额的户数为1 723.23万户,比年初增加455.07万户(见图2-8)。

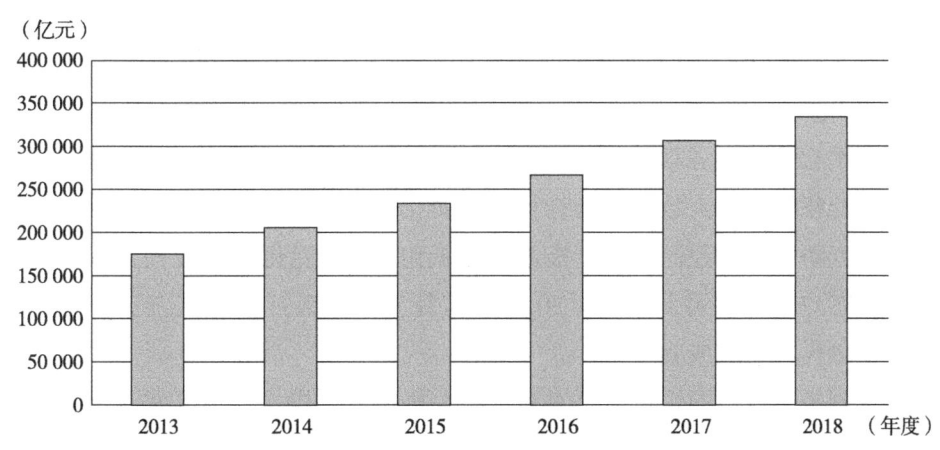

图2-8 2013—2018年银行业金融机构用于小微企业的贷款情况

(资料来源:中国银保监会.2018年银行业金融机构用于小微企业的贷款情况[EB/OL].[2019-02-25]. http://www.cbirc.gov.cn/cn/view/pages/ItemDetail.html? docId=179201&itemId=954&generaltype=0)

① 资料来源:《中国银行业理财市场年度报告(2017)》。

(4) 银行资本工具创新政策陆续出台

2018年，日趋严格的内外部监管环境和复杂的国际监管形势对我国大型银行提出了新的资本补充需求，多种因素的叠加导致我国银行业面临较大的资本补充压力。2017年开始的"三三四十"① 专项治理行动揭开了银行业严监管风暴及金融去杠杆的序幕。2018年，随着我国金融监管体制的逐步完善，各种市场乱象及监管套利行为得到进一步遏制。同时资管新规的落地结束了银行业通过同业、理财等业务无序扩张的时代，表外业务将加速"回表"，非标业务回归标准化，资产质量也将更加透明和真实，但也对银行资本的承接能力提出严峻挑战并加速资本消耗。同时，2018年是2013年发布的《新资本管理办法》的资本达标过渡期的最后一年，银行面对巨大的资本补充压力。对此，2018年监管部门在鼓励银行多渠道补充资本方面陆续出台了一系列的措施。2018年2月27日，中国人民银行发布公告，就银行业金融机构发行资本补充债券有关事宜进行相应规范；3月21日，银监会、中国人民银行、证监会、保监会和外汇局联合发布《关于进一步支持商业银行资本工具创新的意见》，强调支持银行补充资本工具创新；12月25日，国务院金融稳定发展委员会办公室召开专题会议，研究多渠道支持商业银行补充资本有关问题，推动尽快启动永续债发行。

(5) 深度融合金融科技，数字化赋能重塑业界生态

商业银行深度融合金融科技，充分运用互联网、大数据、人工智能、区块链、物联网等技术，推进数字化转型升级加速，实现"服务智能化、业务场景化、渠道一体化、融合深度化"。银行利用大数据、金融科技等手段建立起强大的风险监控检测体系，利用大数据技术构建模型，对风险进行实时监控。通过建立科技公司等形式积极布局大数据、移动互联网、人工智能、区块链、云计算等技术创新信贷业务、风控系统、理财产品等。

其中，六大行通过科技创新的不断突破领航银行业数字化转型的进程。如工商银行e-ICBC 3.0战略以发展开放银行为重点推进方向，截至2018年12月31日，工商银行通过API开放平台已将业务切入超过1 700个互联网场景。2018年最新跻身"六大行"序列的邮储银行积极运用大数据、云计算、移动互联网等技术全面开展"三农"金融服务优化、产品创新和风险控制，稳步推进"无纸化""智能化"作业模式，不断提升客户尤其是农村客户的贷款可获得性。2018年5月，建设银行宣布其全资金融科技子公司——建信金融科技正式成立。

对于股份制银行，招商银行近年来持续加大科技资源投入，2018年全年信息科技投入65.02亿元，同比增长35.17%，是招商银行当年营业收入的2.78%，同比提高0.46个百分点。全行累计申报金融科技创新项目931个，其中304个项目已投产上线。2018年5月15日，中国民生银行发起成立的科技公司——民生科技有限公司，主要服务于

---

① "三三四十"：三违反、三套利、四不当、银行业存在的十个方面问题。

民生银行集团、各子公司和业务伙伴，推动民生"科技金融银行"建设，同时提供科技能力输出，为中小金融机构、民营企业和小微企业提供金融科技转型所需的解决方案和专业科技产品。平安银行则实行"科技引领、零售突破、对公做精"策略方针，2018年同时在零售条线和对公业务条线中推行科技派驻模式，在"口袋财务"APP、"FB远程柜面""智慧管理"等项目继续试点敏捷开发模式，使产品迭代速度、交付质量和客户体验等各个方面都取得了显著提升。

（三）民营银行经营总体稳健，资产规模分化更加严重

截至2018年12月31日，银保监会共审批筹建17家民营银行。民营银行经营发展总体较为稳健，风险水平基本可控，服务实体经济持续发力，普惠金融创新实践逐步深入。

一是从2018年民营银行经营业绩来看，民营银行营收净利普遍增长，但民营银行之间的增速差距在拉大。其中，微众银行、网商银行等以互联网银行为战略定位的民营银行，利用自身的丰富线上线下场景和庞大的互联网用户群，经营业绩较好，而部分非互联网背景的民营银行由于业务尚未完全展开，业务发展和客户拓展相对滞后，经营模式分化态势已经形成。

二是整体来看，民营银行仍处于快速增长阶段。截至2018年末，微众银行资产规模为2 200亿元，网商银行为958亿元，其他民营银行的资产规模均在400亿元以下。民营银行净息差为3.49%，首次跌破4%。2018年民营银行资产规模增速非常可观，其中振兴银行同比增长368.91%，三湘银行同比增长329.15%。华瑞银行是唯一一家资产规模负增长的民营银行。从盈利情况来看，已经公布业绩的民营银行净利润均实现正增长，四川新网银行、威海蓝海银行、辽宁振兴银行均实现扭亏为盈（见表2-5）。

表2-5　　　　　　　　　　民营银行主要指标　　　　　　　　　　单位：%

项目名称	第一季度	第二季度	第三季度	第四季度
不良贷款率	0.57	0.57	0.48	0.53
拨备覆盖率	669.30	696.46	797.92	671.84
流动性比例	78.73	80.62	79.54	82.86

资料来源：中国银保监会.2018年商业银行主要指标分机构类情况表（季度）[EB/OL].[2019-02-25].http://www.cbirc.gov.cn/cn/view/pages/ItemDetail.html?docId=179202&itemId=954&generaltype=0。

三是在金融科技的冲击下，民营银行纷纷积极加入互联网金融。微众银行和网商银行分别依托腾讯和阿里巴巴庞大的数据网，利用强大的分析技术进行快速精准授信和放款。除此之外，苏宁银行运用区块链技术大力发展供应链金融，该行先后参与建设了BCLC区块链信用证联盟、上线区块链福费廷业务，自主研发"区块链+物联网"动产质押融资系统——货E融。主打"公存公贷"的天津金城银行在2018年4月公开宣布打造"互联网化公司银行"。天津金城银行将聚焦前沿金融科技，将云计算、大数据、人工智能、区块链等创新技术运用于实际业务场景，搭建"互联网+金融"开放平台，

助力金城打造"互联网化公司银行",实现"互联网+"战略,践行普惠金融。

(四)农村金融机构发展迅速,资产质量呈现向好态势

(1)农村金融机构增长迅速,保持良好发展势头

一是农村金融机构规模稳步提高。首先,农村机构数量不断增加。2018年,农商行1 427家,同比增加165家,占农合机构法人数量63%,农村合作银行和农村信用社分别由2017年的33家、965家减少到2018年的30家、812家。随着农商行的迅速发展,农村合作银行和农信社法人数量的减少,以农商行为主体的农村金融机构体系已经形成。其次,农村金融机构资产增加。截至2018年底,农村金融机构资产总额达到34.58万亿元,同比增长5.36%,占全国银行业资产的12.89%,总负债31.88万亿元,同比增长4.89%,占银行业金融机构12.93%。

二是去杠杆政策增加了实体经济资金面的紧张程度,尤其是进一步加剧了抗风险能力较差的小微企业的融资困境。而银行的涉农贷款中又有很大部分是针对"三农"和小微企业的贷款。去杠杆政策虽在一定程度上缓解了中国企业部门的高负债压力,但对银行表外融资或"影子银行"的强势破除,使得农小微企业融资困难。2018年,全国银行业金融机构涉农贷款投放持续增长,但增速放缓。截至2018年末,本外币涉农贷款余额为32.68万亿元,同比增长5.6%,增速比上年末低4.1个百分点,全年增加2.23万亿元,同比少增8 543亿元;农村(县及县以下)贷款余额为26.64万亿元,同比增长6%,增速比上年末低3.3个百分点,全年增加1.94万亿元,同比少增6 027亿元;农户贷款余额为9.23万亿元,同比增长13.9%,增速比上年末低0.5个百分点;农业贷款余额为3.94万亿元,同比增长1.8%,增速比上年末低3.9个百分点,全年增加880亿元,同比少增1 307亿元(见表2-6)。

表2-6 2018年农村金融机构总资产规模

项目	1月	2月	3月	4月	5月	6月
总资产(万亿元)	33.22	33.57	33.65	33.44	33.39	33.70
比上年同期增长率(%)	7.7	7.7	7.2	6.6	6.2	5.8
占银行业金融机构比率(%)	13.4	13.5	13.5	13.4	13.4	13.3
项目	7月	8月	9月	10月	11月	12月
总资产(万亿元)	33.81	33.94	34.11	34.27	34.62	34.58
比上年同期增长率(%)	5.7	5.4	5.4	5.3	4.5	5.3
占银行业金融机构比率(%)	13.3	13.3	13.3	13.3	13.3	13.2

资料来源:中国银保监会. 2018年总资产总负债(月度)[EB/OL]. [2019-02-25]. http://www.cbirc.gov.cn/cn/view/pages/ItemDetail.html?docId=172748&itemId=954&generaltype=0。

三是盈利保持较快增长。首先,净息差保持较高水平。由于农合机构深耕地方经济,重点服务当地风险较大的"三农"和小微企业,按照风险收益匹配原则,整体净息差保持较高水平。在各类商业银行中,民营银行净息差最高,达到4.34%,农商银行的净息差水

平排第二位，为 3.02%。其次，净利润保持较快增长。2018 年全国商业银行净利润同比增速为 4.72%，大部分农商银行净利润增长较快，高于全国银行业平均水平，甚至有几家农商行出现两位数的高速增长，其中常熟农商银行净利润增速最高，达到 17.53%。

（2）资产质量呈现向好态势

由于 2018 年上半年信用风险持续释放以及不良资产认定趋严等因素导致农村金融机构不良贷款余额和不良率增加明显，下半年随着农商行逐步提高风险管理水平和丰富风控手段，不断加大不良资产处置力度，不良贷款快速增加的态势得到一定遏制，资产质量得到有效控制和优化。2018 年末农商银行不良贷款率虽然较上年同期增加 0.80 个百分点，达到 3.96%，但比 2018 年 6 月最高点 4.29% 下降了 0.33 个百分点。除江阴农商行外，其他大型农商行和上市农商行不良率均优于全国商业银行 1.83% 的平均水平，其中北京农商银行不良贷款率最低，为 0.36%，农商行资产质量稳定趋好的格局逐步形成。同时，农商行拨备水平也有提高趋势，从 2018 年 6 月最低点 122.25% 上升到年底的 132.54%，提高 10.29 个百分点，风险抵御能力逐步增强（见表 2-7、图 2-9）。

表 2-7　农村商业银行 2018 年监管指标　　　　　　　　　　　　单位：亿元，%

监管指标	第一季度	第二季度	第三季度	第四季度
不良贷款余额	3 905	5 380	5 534	5 354
不良贷款率	3.26	4.29	4.23	3.96
资产利润率	1.20	1.00	0.98	0.84
拨备覆盖率	158.94	122.25	125.60	132.54
资本充足率	13.39	12.77	13.01	13.20
流动性比率	52.93	54.16	54.54	58.77
净息差	2.85	2.90	2.95	3.02

资料来源：中国银保监会. 商业银行主要指标分机构类情况表［EB/OL］.［2019-02-25］. http://www.cbirc.gov.cn/cn/view/pages/ItemDetail.html?docId=179203&itemId=954&generaltype=0。

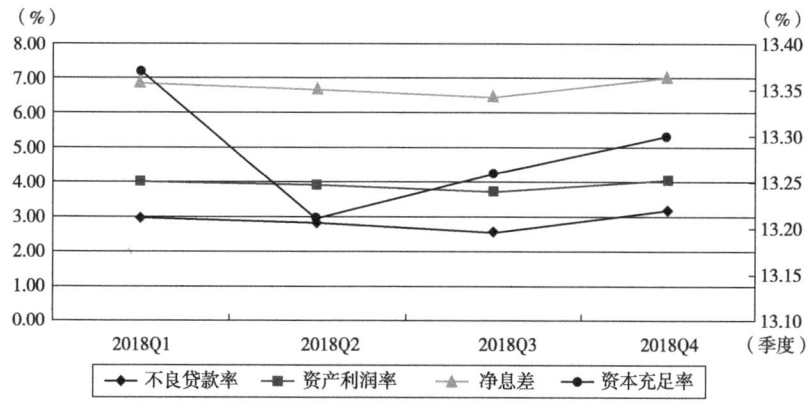

图 2-9　农村商业银行 2018 年监管指标

（资料来源：中国银保监会. 商业银行主要指标分机构类情况表［EB/OL］.［2019-02-25］. http://www.cbirc.gov.cn/cn/view/pages/ItemDetail.html?docId=179203&itemId=954&generaltype=0）

(3) 响应政策号召，积极提高金融服务的质量

一是助推乡村振兴战略的实施。2018年，农村金融机构根据乡村振兴战略部署，优化金融资源配置，提供多样化的金融产品和个性化的金融服务，有效增加了农村金融供给。创新探索多种模式，为绿色农业、田园综合体、水利建设、环境整治等项目提供资金支持。农业保险"扩面、提标、增品"取得阶段性成效。截至2018年末，农村金融机构涉农贷款余额为9.6万亿元，发放农户小额信用贷款8 595亿元，同比增长7.3%，普惠型涉农贷款余额约占银行业全部普惠型涉农贷款余额的70%以上。农村金融机构扶贫小额信贷余额为1 660亿元，同比增长18.7%，总体实现了总量增长、结构优化的目标，为建设农业强、农村美、农民富的美丽乡村作出了重要的贡献。

二是积极提高小微企业服务水平。2018年农村金融机构积极做好小微企业融资服务，通过制订独立的信贷计划，完善绩效考核方案，推行内部资金转移价格优惠措施，安排专项激励费用，细化尽职免责办法，激发基层员工做好小微企业融资服务的积极性，助力小微企业更好更快地发展。截至2018年末，农商银行小微企业贷款余额为69 619亿元，占全国银行业金融机构的21%，全年累计增长9 648亿元，增速达到16.1%。

三是在实施金融扶贫和普惠金融方面，优化扶贫再贷款管理，完善扶贫小额信贷管理政策，支持贫困地区通过"绿色通道"发行上市，创新推出扶贫票据和扶贫公司债券。金融机构积极开发扶贫信贷、保险产品。截至2018年末，全国扶贫再贷款余额为1 822亿元，同比增长12.7%。精准扶贫贷款余额为42 461亿元，同比增长12.5%。扶贫票据累计发行26期，共计276.5亿元。大力推动金融基础设施建设和数字普惠金融服务。信用信息体系建设日趋完备，为261万户小微企业、1.84亿户农户建立信用档案。农村地区总体上实现了人人有银行结算账户，乡乡有ATM，村村有POS机。创新结合金融科技，自身搭建平台，打造"互联网+"农业链条金融服务。数字化产品和服务不断丰富，满足不同涉农群体差异化的贷款需要，有效降低了金融服务门槛和成本。

(五) 租赁行业稳步发展，市场潜力较大

近年来，我国正在积极促进融资租赁行业的发展，监管政策逐步完善，税收优惠政策正在进步。2018年，在外部经济形势复杂多变、国内经济发展方式转变的关键时期，融资租赁业整体上仍然保持了稳健发展的势头，多家融资租赁公司营业收入稳步增长，盈利处于较好水平，并植根于产业，在自身的特色业务领域实现了规模的有序扩展。

(1) 行业持续增长，但增速减缓

首先，从全国融资租赁的企业数量来看，截至2018年底，全国融资租赁企业（不含单一项目公司、分公司、SPV公司和收购海外的公司）总数约为11 777家，较上年底的9 676家增加了2 101家，增长21.7%，注册资金约合32 763亿元，融资租赁合同余额约为66 500亿元人民币，分别比上年同期增长1.33%、9.38%。其中金融租赁从69

家增加到 70 家。2018 年，天津、陕西、沈阳、广东等地自贸区继续审批内资企业开展融资租赁业务试点。截至 2018 年 12 月底，全国内资融资租赁企业总数为 397 家，较上年底的 280 家增加了 117 家，增长 41.8%。天津、广东、上海、辽宁、陕西等地外资租赁企业继续增加。截至 2018 年 12 月底，全国共 11 311 家，较上年底的 9 327 家，增加了 1 984 家，增长 21.3%。总体来看，2018 年全国融资租赁业虽实现增长，但受行业监管体制和会计准则即将发生重大变化等因素影响，企业数量、注册资金和业务总量的增速都明显减缓（见表 2-8）。

表 2-8　　　　　　2017 年底和 2018 年底全国融资租赁企业数量及变动情况

项目	2018 年底（家）	2017 年底（家）	同比增加（家）	增幅（%）
金融租赁	69	69	0	0
内资租赁	397	280	117	41.8
外资租赁	11 311	9 327	1 984	21.3
总计	11 777	9 676	2 101	21.7

资料来源：中国租赁联盟、联合租赁研发中心、天津滨海融资租赁研究院：《2018 年中国融资租赁业发展报告》。

其次，从业务总量上来看，截至 2018 年底，全国融资租赁合同余额约为 66 500 亿元人民币，比 2017 年底的 60 800 亿元增加约 5 700 亿元，增长 9.38%。其中金融租赁[①]约为 25 000 亿元，增加 2 200 亿元，增长 9.65%；内资租赁[②]约为 20 800 亿元，增加 2 000 亿元，增长 10.64%；外资租赁[③]约合 20 700 亿元，增加 1 500 亿元，增长 7.81%（见表 2-9）。

表 2-9　　　　　　2018 年全国融资租赁业务发展规模

项目	2018 年底（亿元）	2017 年底（亿元）	增加（亿元）	同比增长（%）
金融租赁	25 000	22 800	2 200	9.65
内资租赁	20 800	18 800	2 000	10.64
外资租赁	20 700	19 200	1 500	7.81
总计	66 500	60 800	5 700	9.38

资料来源：中国租赁联盟、联合租赁研发中心、天津滨海融资租赁研究院：《2018 年中国融资租赁业发展报告》。

最后，从融资租赁企业的注册资金看，截至 2018 年 12 月底，行业注册资金统一以 1∶6.9 的平均汇率折合成人民币计算，约合 32 763 亿元，较上年底的 32 331 亿元增加 432 亿元，增长 1.33%。其中金融租赁为 2 262 亿元，较上年底的 1 974 亿元增加了 288

[①] 金融租赁：由出租人根据承租人的请求，按双方的事先合同约定，向承租人指定的出卖人，购买承租人指定的固定资产，在出租人拥有该固定资产所有权的前提下，以承租人支付所有租金为条件，将一个时期的该固定资产的占有、使用和收益权让渡给承租人。
[②] 内资租赁：由中国境内企业或自然人依法设立以经营融资租赁业务为主的工商企业开展的融资租赁。
[③] 外资租赁：外商投资企业从事的租赁业务。

亿元，增长 14.59%；内资租赁为 2 117 亿元，较上年底的 2 057 亿元增加了 60 亿元，增长 2.92%；外资租赁约为 28 383 亿元，较上年底的 28 300 亿元增加了 83 亿元，增长 0.29%（见表 2-10）。

表 2-10　　　　　　2017 年底及 2018 年底融资租赁注册资金及变动情况

项目	2018 年底（亿元）	2017 年底（亿元）	增加（亿元）	同比增长（%）
金融租赁	2 262	1 974	288	14.59
内资租赁	2 117	2 057	60	2.92
外资租赁	28 383	28 300	83	0.29
总计	32 762	32 331	431	1.33

资料来源：中国租赁联盟、联合租赁研发中心、天津滨海融资租赁研究院：《2018 年中国融资租赁业发展报告》。

(2) 监管趋严，行业门槛提高

在 2018 年监管趋严的大背景下，2018 年 5 月，商务部发布《关于融资租赁公司、商业保理公司和典当行管理职责调整有关事宜的通知》，正式将制定融资租赁公司、商业保理公司经营和监管规则等职责划给银保监会。从政策导向来看，租赁行业从双轨制监管逐渐转变为统一监管，融资租赁公司的监管政策制定交由银保监会负责。同时，由于内资和外资融资租赁公司数量众多，预计具体监管实施交由各地方金融监管局。新监管体系下，融资租赁行业监管趋严，行业门槛将大幅提升，有利于行业规范健康发展。在政策趋严背景下，上市租赁公司在银行授信和发债等方面有更强的竞争优势，在资产端需求提升时资金端供给相对充足，带动资产端增速表现明显优于行业平均。

(3) 租赁资产证券化（ABS）产品发行增速放缓，兑付风险提升

由于 2018 年经济去杠杆政策的影响，租赁 ABS 产品增速放缓。2018 年租赁公司共发 138 笔 ABS 产品，发行总额为 1 581.48 亿元，增速仅为 8.8%，与 2017 年相比增速放缓。Wind 数据分析称，对于不少中小租赁公司而言，由于缺少优质资产，ABS 市场遭阻。其中，金融租赁公司只落地一单 ABS 项目，同比下降 95%；融资租赁企业 ABS 产品继续保持稳步增长，同比增速 6.6%，规模达 1 188 亿元，稳居企业 ABS 第四大类基础资产，占比 13%。同时租赁 ABS 产品也出现了一些新的风险事件，庆汇租赁 ABS 产品利息违约成为租赁 ABS 产品第一单实质违约案例，随着存续规模越来越大，后续兑付风险值得关注（见表 2-11）。

表 2-11　　　　　　2016—2018 年融资租赁 ABS 产品发行规模情况

发行规模	2016 年	2017 年	2018 年
发行数量（只）	121	103	138
发行金额（亿元）	1 202.60	1 462.92	1 581.48
发行金额同比增长（%）	109.05	21.33	8.80

资料来源：零壹租赁智库，http：//www.01leasing.com/dashiji/17107.htm。

（4）做精特色业务，提升细分市场竞争力

随着行业逐渐向成熟阶段发展，融资租赁行业的竞争也更加激烈，加之行业监管政策趋严，融资租赁企业面临优胜劣汰的新格局，融资租赁公司需要坚守扎根产业的路线，在细分市场领域作出特色，才能在激烈的市场竞争中具备一定竞争力。从目前已在公开市场发行债券的租赁企业来看，租赁业务新增投放量减少，租赁公司的融资成本也在上升。但融资租赁公司的经营情况尚处于较好水平，多家公司均选择了切入细分市场领域，聚焦某一特定产业开展专业化、特色化业务。如远东租赁，其2018年积极布局产业运营业务，重点聚焦于医疗健康、教育、建设三大产业板块。平安租赁、环球医疗等在2018年则将业务的重心放在大健康医疗领域。海通恒信则发力于交通物流业务，其下设的商用车租赁、乘用车租赁和现代物流三个板块业务。

（六）典当行业运行平稳，业务量、资金利用率提升空间大

从行业总体运行情况来看。一是资产总额持平，负债水平略有上升。截至2018年12月底，全国共有典当企业8 483家，分支机构950家，注册资本1 722.2亿元，从业人员4.9万人。全国共有典当企业8 657家，相比上年同期增长173家；注册资本1 758.3亿元，相比上年同期增长36.1亿元；从业人员4.2万人，相比去年同期减少0.7万人。典当行业企业资产总额为1 668.2亿元，与上年同期持平；负债合计123.2亿元，同比下降3.0%；所有者权益合计1 548.6亿元，资产负债率7.2%。二是典当总额下降。2018年1—12月，全行业实现典当总额2 863.3亿元，与上年同期相比减少36.5亿元，降幅为1.3%。从典当类型来看，2018年1—12月动产典当总额为930.7亿元，同比下降2.1%；房地产典当总额总额为1 518.1亿元，较上年同期基本持平；财产权利典当总额为414.4亿元，同比降低4.3%。三是典当余额较上年有所上升。截至2018年12月底，典当余额为985.8亿元，与上年同期相比增加22.1亿元，同比上升2.3%。典当行业余额占行业全部资产总额的59.1%。说明行业的业务量、资金利用率都有进一步提升空间（见表2-12）。

表2-12　　　　　2016—2018年典当公司规模变化比较

比较项目	2016年	2017年	2018年	2017年较2016年增加数量	2017年较2016年增长率（%）
公司数量（家）	8 280	8 483	8 657	174	2.05
典当余额（亿元）	957.3	963.7	985.8	22.1	2.29

资料来源：全国典当行业监督管理信息系统，http：//pawn.cbrc.gov.cn/pawn_monitor/。

从总体盈利情况来看，一是营业收入水平稳定。2018年1—12月，全行业营业收入为96.2亿元，同比增长5.5%。其中，主营业务收入（利息及综合服务费收入）为83.2亿元，同比增长4.5%。二是总体盈利能力有所增加。2018年1—12月，全行业实现营业利润19.3亿元，同比增长为13.5%。净利润为13.5亿元，同比上升29.8%；上缴税金6.7亿元，同比下降4.4%。较2017年同期相比，行业亏损面与亏损额均有所下降。其中出现亏损（营业利润为负）的企业有2 797家，亏损面为32.3%，比上年同期下降

4.2个百分点；所有亏损企业的累计亏损额共8.5亿元，同比下降18.3%（见图2-10）。

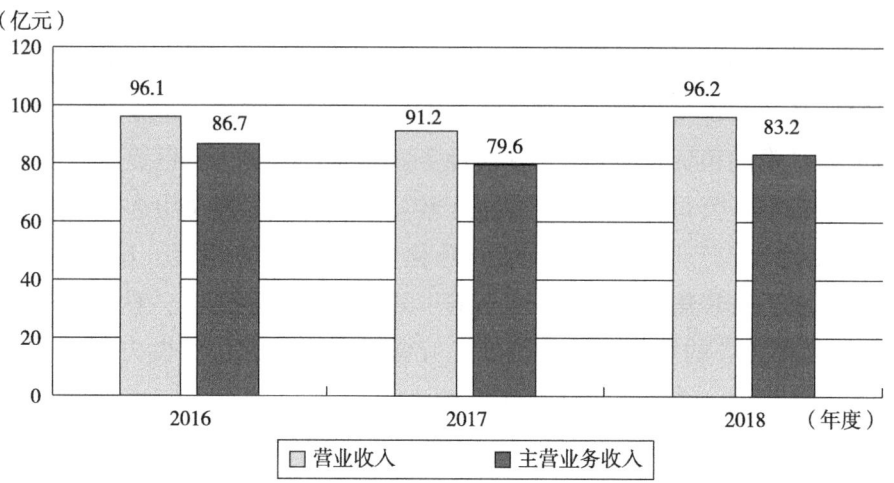

图2-10　2016—2018年中国典当行业收入情况

(资料来源：全国典当行业监督管理信息系统)

从行业风险控制角度来看，2018年典当行业贷款逾期率上升，绝当①率与上年持平。2017年行业逾期贷款余额127.7亿元，贷款逾期率为13.3%，与上年上升0.5个百分点；绝当金额32.8亿元，绝当率1.1%，与上年持平，企业经营风险整体处于较低水平。

（七）小额贷款公司业务扩张受限

（1）行业规模萎缩趋势日趋明显

截至2018年末，全国共有小额贷款公司（以下简称小贷公司）8 133家，较2017年减少418家，降幅达4.89%。贷款余额为9 550亿元，全年减少190亿元，较2017年减少249亿元，下降了2.54%。小贷公司数量自2015年始进入下降通道，从业人员数量也持续减少。而贷款余额除2017年保持增长外，其他3年都呈下降态势。2018年末，小贷公司、从业人员、贷款余额"三降"幅度最为突出。2018年末小贷公司数量减少418家，人员流失13 149人，同比降幅分别为5%和13%（见表2-13）。

表2-13　2017—2018年小额贷款公司发展规模

公司规模	2017年	2018年	2018年较2017年增长额	2018年较2017年增长幅度（%）
机构数量（家）	8 551	8 133	-418	-4.89
从业人员（人）	103 988	90 839	-13 149	-12.64
实收资本（亿元）	8 270.33	8 363.20	92.87	1.12
贷款余额（亿元）	9 799.49	9 550.44	-249.05	-2.54

资料来源：中国人民银行.2018年小额贷款公司统计数据报告[EB/OL].[2019-02-25]. http://www.pbc.gov.cn/goutongjiaoliu/113456/113469/3752847/index.html.

---

① 绝当：当户未在前次典当或续当期限及转当期限届满5日内赎当或与典当行达成续当一致的。

(2) 强监管导致业务扩张受限

2018 年,受到金融去杠杆、强监管的影响,小贷公司的经营环境面临着较大挑战。小贷公司风险事件频发,主要是由于行业中许多小贷公司都不具备运营资格,大多是非法违规运营。受到 2017 年现金贷、小贷监管新规影响,2018 年小额贷款行业出现萎缩。监管部门暂停了实体小贷公司和网络小贷公司新设审批,已获批筹建的则暂停开业,同时对小贷业务进行追溯排查。在强监管的集中清理整顿中,大量小贷公司停业整顿。山西、河南、四川等多地监管部门均取消了数十家小贷公司的业务经营资格。如 2018 年 6 月,四川省金融工作局通报对 71 家小额贷款公司予以处罚。其中,25 家因涉及不良资产过高等问题被勒令停业整顿,46 家被取消业务资格。截至 2018 年末,四川省小贷公司数量从 2015 年的 352 家降至 293 家。同时,强监管限制了小额贷款公司业务扩张。监管新规要求以信贷资产转让、资产证券化等名义融入的资金应与表内融资合并计算,使得小贷公司融资杠杆受限、业务萎缩。

(八) 消费类金融公司发展迅速,行业风险凸显

(1) 多项政策释放出利好推动消费金融快速发展

国家统计局统计数据显示,2018 年 1—12 月,社会消费品零售总额为 380 987 亿元,比上年增长 9.0%。全国居民人均可支配收入为 28 228 元,比上年名义增长 8.7%,扣除价格因素,实际增长 6.5%。全国居民人均消费支出为 19 853 元,比上年名义增长 8.4%,扣除价格因素,实际增长 6.2%。从核算角度看,2018 年前三季度最终消费支出对经济增长的贡献率是 78%,比上年同期提高了 14 个百分点,消费已成为经济增长的驱动力。目前国家大力支持消费升级,强调消费对经济的拉动,为消费金融公司带来了新的机遇。消费金融公司凭借审核快、授信灵活等特点满足了消费者的即时与潜在需求。从整体上看,消费金融公司未来有较强发展可能性。

2018 年政府工作报告中提到了"积极扩大消费和促进有效投资"。2018 年 8 月,银保监会官网发布了《关于进一步做好信贷工作提升服务实体经济质效的通知》,提出要积极发展消费金融,增强消费对经济的拉动作用,适应多样化多层次消费需求,提供和改进差异化金融产品与服务。在政策影响下,2018 年多家消费金融公司计划发起设立。在获批开业的 22 家持牌消费金融公司基础上,又新增了厦门金美信消费金融有限责任公司。截至目前,国内共有 23 家已获批开业的持牌消费金融公司。另外,行业拟发起设立 3 家消费金融公司,并有 1 家获批筹建。

(2) 发展重心放于金融科技,行业风险得到控制

2017 年我国消费金融行业暴露出了巨大的风险。2018 年的消费金融市场,在经过"现金贷"监管洗礼后平台利率、不良率有了明显的下降。从 2018 年初开始,多数平台将发展的重心放在了金融科技上,行业整体风控水平有了极大的提升。

第一是自从 2017 年 12 月"现金贷"监管下发开始,现金贷平台开始大规模转型。

其中包括智融集团、掌众金服、浅橙科技、我来贷等曾经的现金贷公司开始纷纷转型金融科技公司,将"to C"① 业务转向"to B"② 赋能,服务传统金融机构。现金贷平台积累了大量用户的金融数据,通过挖掘这些数据的特征,可以帮助传统金融机构在风险可控的情况下进行用户的二次筛选,从而提高传统金融机构的用户覆盖率。

第二是消费金融企业目前正在运用互联网技术,创新金融服务手段、提升金融行业资源配置效率;并利用"互联网+"等技术手段,优化金融服务渠道、创新手段,通过手机、APP、网上直销、电子商务平台等渠道,构建线下网点和线上补充的业务网络体系。2018年消费金融公司的布局主要集中于商业银行无法涉及的细分领域,范围涵盖大众消费、婚庆、家政、养老、健康消费、信息消费、旅游休闲消费、教育文化体育消费等消费热点领域(见表2-14)。

表2-14 消费类金融公司领域政策历程

时间	政策
2009年	我国政府正式宣布启动消费金融试点工作,在北京、天津、上海和成都启动试点审批程序。
2010年	北银消费金融公司、中银消费金融公司、四川锦程消费金融公司和捷信消费金融公司等首批4家试点消费金融公司获批成立。
2013年9月	银监会扩大消费金融试点城市至16个,新增沈阳、南京、杭州、合肥、泉州、武汉、广州、重庆、西安、青岛,原则上"一地一家"。
2013年11月	银监会修订并重新发布《消费金融公司试点管理办法》,允许民间资本介入,放开营业地址只能是注册地的限制,主要出资人的最低持股从50%降低到30%,增加吸收股东存款业务。
2015年6月	国务院常务会议决定放开市场准入,试点扩大至全国,审批权下放至省级部门,鼓励符合条件的民间资本、国内外银行业机构和互联网企业发起设立消费金融公司,"成熟一家,批准一家"。
2016年3月	李克强总理在《政府工作报告》中指出,要在全国开展消费金融公司试点,鼓励金融机构创新消费信贷产品。
2016年3月24日	人民银行、银监会联合印发《关于加大对新消费领域金融支持的指导意见》,明确了养老家政健康消费、信息和网络小贷、绿色消费、旅游休闲消费、教育文化体育消费和农村消费六大新消费领域的金融支持措施。
2016年12月27日	人民银行发布《关于向社会公开征求〈关于修改《汽车贷款管理办法》的决定〉意见的公告》,指出可灵活调整最低首付,不再强制担保,这或将促进汽车消费金融的发展。
2017年4月	银监会出台《关于银行业风险防控工作的指导意见》,明确提出要推进网络借贷平台风险专项整治,做好校园网贷、"现金贷"清理整顿,有利于消除行业发展中的不利因素,促进行业进一步健康发展。
2017年11月	人民银行联合银监会下发《关于规范整治"现金贷"业务的通知》,规范消费金融公司经营行为,要求从事"现金贷"业务的机构必须全部纳入准入管理,未依法取得经营放贷业务资质,任何组织和个人不得经营放贷业务,并在利率、场景、用途等方面提出监管要求。

---

① "to C":即"to Customer",直接面向终端客户,直接为消费者提供产品或服务。
② "to B":即"to Business",面向企业,为企业提供服务。

续表

时间	政策
2018年4月27日	经国务院同意,中国人民银行、中国银行保险监督管理委员会、中国证券监督管理委员会、国家外汇管理局印发的《关于规范金融机构资产管理业务的指导意见》正式落地,对资产管理机构的资金杠杆、产品嵌套等方面加强约束,间接约束了消费金融平台的资金来源、资金杠杆等。

资料来源:中国银保监会、国务院、中国人民银行等官方网站。

二、保险业金融机构

2018年,我国保险业在竞争加剧、监管趋严等复杂多变的外部环境与转型回归的内部要求下,稳中向好,同时积极谋变。总的来看,保险机构数量和规模稳定增长;保险公司改革创新持续深入,偿付能力基本充足;保险资产管理机构持续发展,业务能力有所提高;保险中介机构发展平稳,专业水平有待提高。

(一)保险机构数量和规模稳定增长

根据中国银行保险监督管理委员会(以下简称银保监会)公布的数据,截至2018年底,全国共有各类已开业保险机构228家,其中保险集团和控股公司12家,财产险公司88家,人身险公司90家,再保险公司11家,村镇保险互助社3家,保险资产管理公司24家。不同业务类型、多种组织形式的市场主体日趋丰富,专业化分工与合作的现代保险市场体系初步奠定。

从保险机构资本国别属性看,中资保险机构171家,比上年增加9家;外资保险机构57家,与上年持平。中资机构方面,保险集团和控股公司12家;财产险公司66家,较2017年同期增加3家,分别为太平科技保险、黄河财险和融盛财险;人身险公司62家,新增了三峡人寿、北京人寿、瑞华健康、海保人寿、国富人寿、国宝人寿6家;再保险公司5家;资产管理公司23家;村镇保险互助社3家。外资机构方面,财产险公司22家,人身险公司28家,再保险公司6家,资产管理公司1家(见表2-15)。

表2-15　　　　　　　　　2018年保险机构数量一览表　　　　　　　　单位:家

序号	项目	数量		
		小计	中资	外资
1	保险公司	201	145	56
1.1	其中:保险集团和控股公司	12	12	0
1.2	财产险公司	88	66	22
1.3	人身险公司	90	62	28
1.4	再保险公司	11	5	6
2	村镇保险互助社	3	3	0
3	保险资产管理公司	24	23	1

资料来源:中国银保监会网站,http://xzxk.circ.gov.cn/f/circ/guide/index?pageid=resultInfo。

中国保险机构资产规模继续保持稳定增长。截至2018年12月底，保险行业总资产为183 308.92亿元，较年初增长9.45%，月度资产变动情况见图2-11。其中，财产险公司总资产为23 484.85亿元，较年初下降5.92%；人身险公司总资产为146 087.48亿元，较年初增长10.55%；再保险公司总资产为3 649.79亿元，较年初增长15.87%；保险资产管理公司总资产为557.34亿元，较年初增长13.41%。保险行业净资产为20 154.41亿元，较年初增长6.95%。财产险公司总资产下降主要是由于2018年财产险承保亏损13.59亿元，承保利润率同比下降0.13%，一举改变连续8年承保盈利的态势。此外，2018年财产险公司股本增加了250.74亿元，但资本公积和未分配利润分别减少144.06亿元和410.71亿元，从而导致其资产规模较年初有所减少。

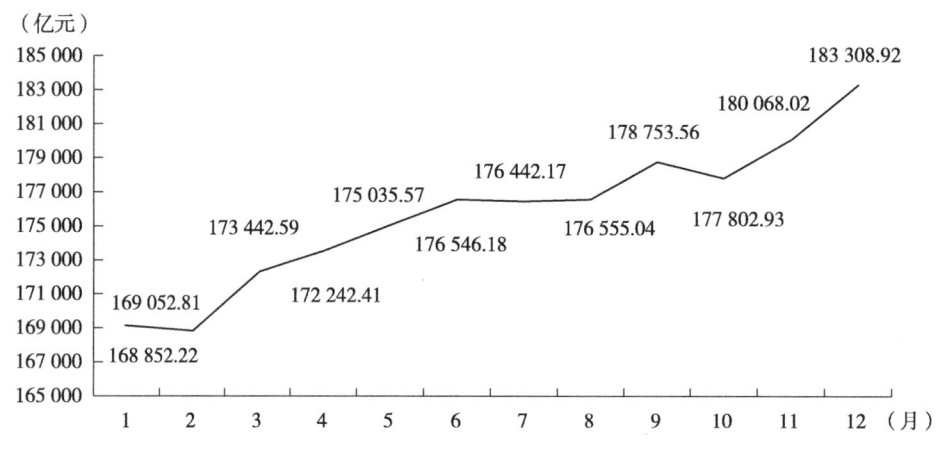

图2-11　2018年保险业月度总资产变动情况

(资料来源：中国银保监会. 2018年保险业经营情况表[EB/OL]. [2019-02-25]. http://bxjg.circ.gov.cn/web/site0/tab5201/info4132169.htm)

（二）保险公司改革创新持续深入，偿付能力基本充足

一是专业化、新业态保险公司发展步伐加快。专业化保险公司方面，2018年1月，国内首家专业科技保险公司——太平科技保险股份有限公司获准开业，其业务聚焦于科技企业及其相关产业链，为其提供具有针对性的风险保障服务，以科技企业贷款保证保险业务和互联网平台业务为业务重点，以保险促进科技创新、科技产业发展和国家科技创新战略，为服务实体经济、防控金融风险、深化金融改革作出贡献。此外，已成立的专业健康保险公司、专业信用保险公司、自保公司及相互保险社也发展迅速。2018年，复兴联合健康保费增速高达781.62%，在人身险公司中排名首位，汇友互助、粤电自保、众惠相互、中远海自保以及阳光信用的原保费收入同比增速均超过100%。新业态保险公司方面，得益于"保险+科技"双基因驱动，安心财险、众安财险、泰康在线及易安财险这4家专业互联网财险公司继续保持高速发展态势，其原保费增速均超过50%，分别同比增长92.61%、88.39%、78.16%和53.05%，远高于财产保险公司

11.52%的平均保费增速。专业化、新业态保险公司的发展既丰富了市场主体、打破了同质竞争，又有助于优化业务结构、创新产品服务、满足多样化保险需求。

二是大型保险公司实力不断提升。2018年，在全球保险业上市公司市值50强中，中国有7家保险公司（集团）上榜，分别为中国平安、中国人寿、中国太保、人保财险、新华保险、人保集团及中国太平。其中，中国平安市值最高，达到10 590亿元；中国人寿表现次之，为5 331亿元；中国太保市值为2 404亿元。从行业利润贡献上看，人身险方面，平安人寿、泰康人寿、太保寿险、中国人寿、新华保险及太平人寿"老六家"公司2018年合计实现净利润1 296.19亿元，同比增长22.77%，在人身险公司净利润中占比89.57%；财产险方面，中国人保、平安财险以及太保财险三家公司净利润达328.84亿元，超过全行业合计净利润，占比达到104%。在行业发展承压的情况下，大型险企的经营实力和稳健性进一步凸显。国有大型险企的机构改革也继续深入。2018年，中国太平保险集团、中国人寿集团、中国人保集团等均进行了机构调整，为跻身国际创新型金融保险集团前列做准备。其中，中国人保集团在集团总部完成机构改革和"三定"工作（定部门职责、定内设机构、定人员编制），并在系统内继续推行。2018年11月，中国人保集团正式登陆A股市场，成为国内第5家A+H股的金融保险企业，这对深化改革、推动旗下3家保险公司向高质量发展转型，实现创新驱动发展、数字化、一体化和国际化四大战略意义重大。

三是保险公司偿付能力保持充足稳定的同时存在隐忧。2018年末，保险公司整体偿付能力充足，有数据资料的178家保险公司的平均综合偿付能力充足率为231%，较上年有所提升，这意味着保险公司风险管理能力稳步提升，抵御风险的基础不断夯实。其中，财产险公司综合偿付能力充足率为274%，较上年上升4个百分点，其综合偿付能力充足率、核心偿付能力充足率的中位数分别为291%和287.5%，整体资本较为充足。人身险公司的平均综合偿付能力充足率为235%，尽管较上年下降10个百分点，但仍处于正常水平。但从分布角度看，保险公司间的分化加大。财产险公司中46家机构综合偿付能力充足率下降，占比56%；人身险公司中55家机构综合偿付能力充足率下降，占比67%。这主要是受公司业务发展以及资本市场波动的双重影响，部分保险公司利润不容乐观，从而导致实际资本下降，无法形成内生的偿付能力；另外，随着2017年之后"严监管"时代的到来，股东变更及增资扩股都更为困难和复杂，很难从外部为资本"输血"，以至于有超五成的保险公司综合偿付能力充足率出现了一定程度的下滑。

根据2017年10月修订完成的最新《保险公司偿付能力管理规定（征求意见稿）》，偿付能力达标必须同时满足：核心偿付能力充足率不低于50%、综合偿付能力充足率不低于100%和风险综合评级不低于B级3个条件，长安责任是唯一一家偿付能力不达标的财产险公司。长安责任的核心偿付能力和综合偿付能力均为-152.6%，远低于达标线;风险综合评级为 D 级,3 项要求均不达标。因提供网贷履约险而"踩雷"P2P 爆亏是导致长安责任保险偿付能力大幅下滑的主要原因。另外,有 4 家财险公司的综合偿付能力介于 100% 至 150% 之间,分别为渤海财险、安华农业、中煤财产、国泰财产。人身险公司方面,2018 年有 4 家寿险公司偿付能力"亮红灯",分别是吉祥人寿、珠江人寿、百年人寿、中法人寿。其中,吉祥人寿、珠江人寿、百年人寿都是由于风险综合评级低于 B,而中法人寿则是由于偿付能力不足、风险评级过低不达标(见表 2-16)。规模扩张太快,资本补充不足是导致其偿付能力不足的主要原因。

表 2-16　　　　　　　　2018 年偿付能力不达标保险公司情况

保险公司	综合偿付能力充足率（%）	较上年变动百分点	核心偿付能力充足率（%）	较上年变动百分点	风险综合评级
吉祥人寿	183	61	174	64	D
珠江人寿	104	-29	89	6	C
百年人寿	101	-28	88	-30	C
中法人寿	-7 738	-3 702	-7 738	-3 702	D
长安责任	-153	-337	-153	-257	D

资料来源:中国银保监会及各保险公司年报数据。

(三) 保险资产管理机构持续发展,业务能力有所提高

一是机构逐步壮大。2018 年,保险资产管理市场主体主要包括 33 家保险专业资管机构,由 24 家综合性保险资产管理公司、6 家专业性保险资产管理机构、3 家养老保险资产管理机构组成。此外,还有 202 家保险公司设立的保险资产管理中心或保险资产管理部门,32 家保险资产管理专业平台和 159 家由公募基金、证券公司、证券资管和境外管理人组成的业外管理人。截至 2018 年底,保险专业资管机构管理总资产规模 15.56 万亿元,较上年增长 10.02%。

二是资金来源渐趋多样。保险专业资管机构正积极加强受托管理第三方资金,但保险资金仍是其最重要的资金来源。2018 年,保险资管机构的资金来源规模及占比为:管理系统内保险资金占比 77.14%;管理第三方保险资金占比 6.39%;管理银行资金占比 3.53%;管理养老金及企业年金占比 6.60%;管理其他资金占比 6.34%。各类资金增速方面,保险行业管理的银行资金同比下降 39.58%,管理的养老金及企业年金同比增长 32%,管理的其他资金同比增长 67.88%。

三是资产配置类型渐趋多元。保险资管机构可以开展受托专户业务、资管产品业务、财务顾问业务、公募基金业务,以及通过下设机构开展私募股权基金业务。2018 年,专户业务较 2017 年增长 10.17%,是最主要的业务模式;组合类产品中,另类资产(债权投资计划、股权投资计划、资管支持计划等)的配置比重有所增加。2018 年,

保险资产管理公司注册债权投资计划和股权投资计划共213项，合计注册规模4 547.26亿元。其中，基础设施债权投资计划121项，注册规模2 940.86亿元；不动产债权投资计划89项，注册规模1 245.40亿元；股权投资计划3项，注册规模361.00亿元。截至2018年12月底，保险资产管理公司累计发起设立各类债权、股权投资计划1 056项，合计备案（注册）规模25 301.40亿元。

四是业务收入及利润有所下降，但运行良好。2018年，保险资产管理机构营业收入总额为176.4亿元，同比下降17.3%；净利润总额为70.4亿元，同比下降28.2%。年利润下降的主要原因是：受内外部环境影响，非标资产业务增长不及预期、权益资产收益不佳导致管理费收入大幅下降。但2018年净资产收益率仍然高达16.0%，整体运行状况良好。

（四）保险中介机构发展平稳，专业水平有待提高

一是保险中介机构发展平稳。随着我国保险业改革开放力度不断加大，大量资本通过新设、并购、参股等方式投资保险中介机构。机构数量上，截至2018年底，全国共有保险中介集团公司5家，全国性保险代理公司240家，区域性保险代理公司1 550家，保险经纪公司499家，已备案保险公估公司353家，个人保险代理人871万人，保险兼业代理机构3.2万家，代理网点22万余家。其中，银行类保险兼业代理法人机构1 971家，代理网点近18万余家。部分中介机构登陆新三板，一些知名科创企业积极进军保险中介业务领域，一批商业模式稳定、经营理念成熟、专业特色显著、具有国际视野的龙头型保险中介机构已经出现。

二是保险中介机构功能作用稳定提升。保费贡献度上，截至2018年底，保险中介机构实现保费收入3.37万亿元，占全国总保费收入的87.4%。其中，实现财产险保费收入0.95万亿元，占同期全国财产险保费收入的77%；实现人身险保费收入2.4万亿元，占同期全国人身险保费收入的92.3%。分渠道来看，保险专业中介渠道实现保费收入0.49万亿元，保险兼业渠道实现保费收入1.07万亿元、营销员渠道实现保费收入1.8万亿元，分别占同期全国总保费收入的12.7%、27.7%、47%。尽管对保费贡献程度最高的依然是保险公司营销员渠道，但保险专业中介机构的发展迅速，保费收入占比较上年提升3.7个百分点，而且随着"产销分离"加速的趋势，保险专业中介机构的保费收入占比有望继续保持大幅提升的势头。总体而言，保险中介机构担当了保险业务的主渠道，实现保费收入持续增长，占全国保费比重持续提高，深化了保险产业分工，完善了保险产业链，优化了保险资源配置。同时，保险中介机构以其特有的信息优势、不断积聚的专业能力、不断积累的市场口碑，全方位活跃在保险交易的各个环节，全面发挥着保险信息沟通、保险招揽销售、风险管理、专业理赔勘查服务等功能，极大地提升了保险业经营管理效率，便利了老百姓保险消费，服务了经济社会建设。

三是保险中介机构专业水平仍有待提高。保险专业中介机构方面，尽管数量众多，

但除了头部的少数公司以外,整体专业水平不高,且与保险公司传统的营销体系存在一定竞合关系,部分机构仅复制保险公司营销员的业务模式,未发挥作为中介机构客观中立和专业建议的优势。截至2018年底,有32家保险专业中介机构已经上市,但其中31家均在新三板上市,整体资本筹措能力和市场影响力有限。保险兼业中介机构方面,销售误导、手续费违规支付等经营中的不规范行为频发。前者表现在夸大保险产品收益,混淆保险产品与其他金融产品特别是银行存款的区别,隐瞒保险合同重要内容;后者则是兼业机构从保险公司获取佣金之外的其他收入及费用。以上行为,既造成了保险财务数据的不真实、不透明,又无法适应保险业结构调整的需要,不利于保险市场的健康发展。

三、证券业金融机构

2018年,我国证券业砥砺前行,在不断规范的监管环境下寻求创新发展。受市场行情震荡影响,证券公司经营业绩有所回落,行业集中度进一步提升,自营业务成最大收入来源,从业结构优化,创新试点加强;基金业规模稳定增长,但因股市低迷业绩亏损,在监管趋严、资管新规落地的大环境下,基金业机遇与挑战并存,创新发展与规范经营并举;信托业秉持严控风险的底线思维,主动收缩规模,不断优化资金来源结构的同时资金信托余额流向实体经济的比例不断提高;期货业在严控风险的前提下平稳发展,风险管理子公司的不断发展将推动期货行业创新发展。

(一) 证券公司

(1) 整体股价下跌,经营业绩回落

一是上市证券公司股价整体下跌。2018年申银万国二级证券指数[简称证券Ⅱ(申万)][1] 累计跌幅为27.51%,年中最大跌幅为35.96%。市场震荡进一步触发了证券公司自营、股权质押等方面的风险,导致证券公司资产质量下降,加上市场对证券公司业绩的悲观预期,以沪深300为参照,自2月开始证券公司股价表现普遍弱于市场,相对收益最大达到 -11.49%[2]。2018年第四季度证券公司股价有所回升,与市场持平,主要原因是政策转向提振了市场信心,比如自10月起发行的股权质押纾困公司债券[3](见图2-12)。

二是经营业绩大幅回落。根据证券业协会统计,2018年131家证券公司共实现营业收入2 663亿元,同比下降14%,净利润为666亿元,同比下降41%(见表2-17)。2018年证券公司经营状态较2017年有明显下降,市场波动幅度较大是主要原因,各项业务都有一定程度的收缩。

---

[1] 申银万国行业分类标准按照一级行业、二级行业、三级行业的顺序进行逐级认定。
[2] 相对收益 = 证券Ⅱ(申万) - 沪深300。
[3] 交易所为纾解民营企业融资困境及股票质押风险推出的债券。

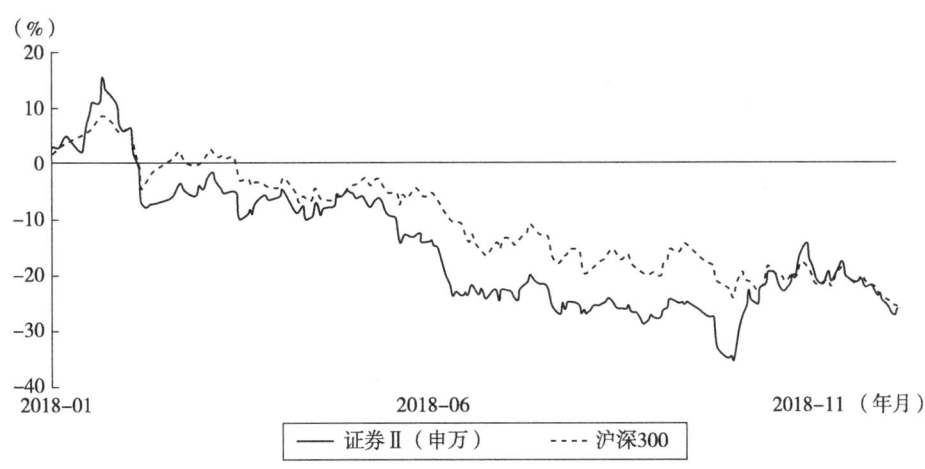

图 2-12 2018 年申万二级证券指数与沪深 300 累计涨跌幅

(资料来源：Choice 金融终端)

表 2-17 2014—2018 年证券公司整体业绩

项目	2014 年	2015 年	2016 年	2017 年	2018 年
营业收入（亿元）	2 602.84	5 751.55	3 279.94	3 113.28	2 662.87
同比增长（%）	63	121	-43	-5	-14
净利润（亿元）	965.54	2 447.63	1 234.45	1 129.95	666.20
同比增长（%）	119	153	-50	-8	-41

资料来源：根据中国证券业协会《证券公司经营数据（2014—2018）》整理得出。

（2）龙头证券公司表现好于行业，"马太效应"凸显

一是股价表现分化。龙头证券公司跌幅小于行业。在震荡下行的行情中，市场更青睐规模大、业绩稳健的行业龙头。剔除 2018 年的次新股，龙头证券公司跌幅远低于证券板块，代表性的公司有：华泰证券全年收益率为 -4.5%，中信证券为 -9.3%，H 股中金公司为 -8.5%。

二是证券公司之间业绩分化明显。2018 年营业收入前十证券公司营收总计 1 727 亿元，同比下降 13%，净利润排名前十盈利总计 481 亿元，同比下降 21%，远低于证券公司整体 41% 的下降（见表 2-18）。结构均衡、业务多元的大证券公司在下行行情中有更强的抗压性和稳定性。

表 2-18 2018 年度营收与净利润前十证券公司   单位：万元

排名	证券公司	营业收入	证券公司	净利润
1	中信证券	3 722 071	中信证券	852 700
2	海通证券	2 376 501	国泰君安	692 814

续表

排名	证券公司	营业收入	证券公司	净利润
3	国泰君安	2 271 882	海通证券	558 956
4	华泰证券	1 610 826	华泰证券	474 932
5	广发证券	1 527 037	广发证券	465 087
6	中金公司	1 291 408	招商证券	422 776
7	申万宏源	1 217 042	申万宏源	421 405
8	招商证券	1 132 161	国信证券	329 392
9	中信建投	1 090 717	中信建投	295 060
10	东方证券	1 030 349	银河证券	287 845
	合计	17 269 994	合计	4 800 967

资料来源：整理自中国证券业协会.2018年度证券公司经营业绩指标排名情况[EB/OL].[2019-02-25].https：//www.sac.net.cn/hysj/zqgsyjpm/201906/t20190618_139094.html。

三是证券公司利润集中度逐年提升，2016—2018年三年间，净利润排名前三的证券公司合计净利润占当年全部证券公司净利润的比例（CR3）从21%升至32%，前五大证券公司市场占有率升至46%，CR10由52%升至72%（见图2-13）。

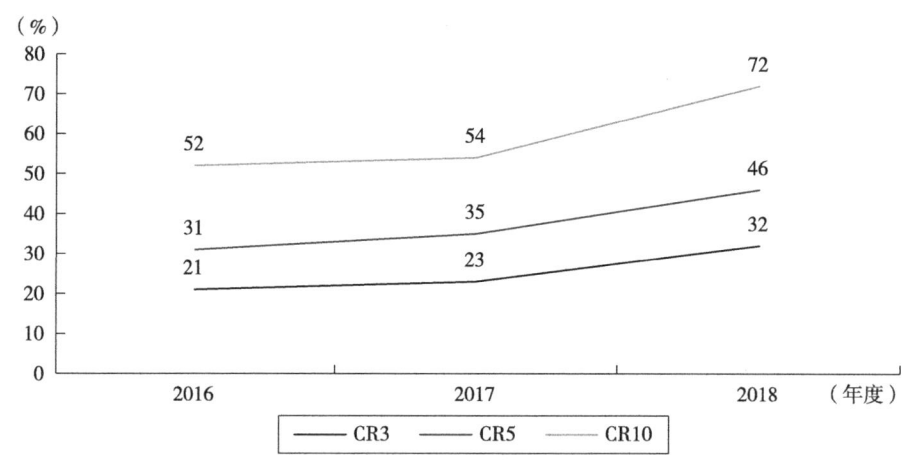

图2-13 2016—2018年证券公司净利润集中度

（资料来源：整理自中国证券业协会《证券公司经营数据（2016—2018）》，https：//www.sac.net.cn/hysj/zqgsjysj/）

(3) 核心收入全面减少，自营收益成最大收入来源

一是近三年证券公司核心业务收入出现了不同程度的下降。2018全年市场交易低迷，从净收入贡献的角度来看，证券经纪业务和投行业务是拖累整体营收水平下滑的主因，两者年同比下降幅度分别为24.06%和32.74%。融资成本上升导致利息支出增加也是主要原因之一，利息支出增加180.41亿元，增幅14.99%。资产管理业务基本持平，受影响不明显，该项业务与行情表现有一定滞后性。自营业务收入小幅减少，

主要是因为债券投资的收益弥补了权益投资的亏损。除了市场环境弱的因素外，股票质押计提坏账减值也是削弱盈利的一个重要因素。中国证券登记结算公司数据显示，2018 年初质押股数为 5 681.14 亿股，市值为 6 1501.93 亿元，到 2018 年底质押股数增加到 6 345.12 亿股，但市值缩水至 42 336.11 亿元，多家上市证券公司公告计提大额减值准备。

二是自营业务成为第一收入来源。2018 年证券公司自营业务收益占比扩大至 29%，是第一收入来源；经纪业务收入占比进一步降至 25%；投行收入和利息净收入占比下降至 14% 和 8%，资管业务收入占比稳定在 10%。随着佣金率水平下滑和证券交易规模下降，证券公司扩大资本金投入自营和信用交易类业务，证券公司的自营、利息净收入等重资产业务收入占比明显上升（见图 2 – 14）。

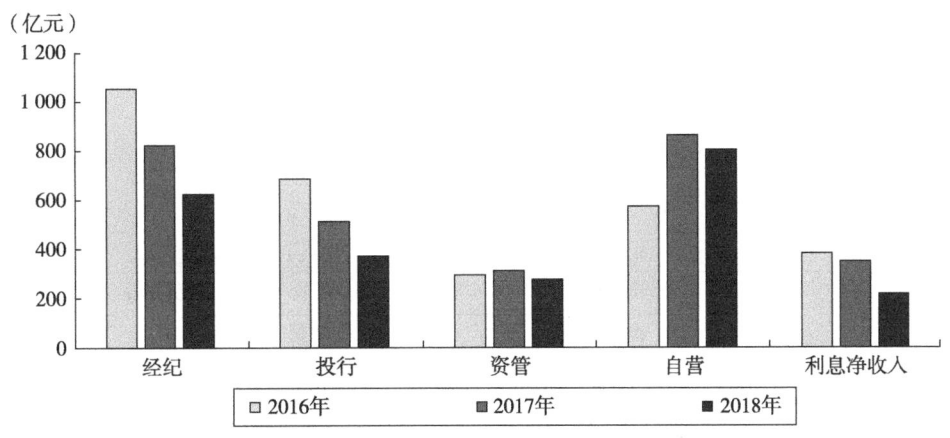

图 2 – 14　2016—2018 年证券公司各项核心业务收入

（资料来源：整理自中国证券业协会.2018 年度证券公司经营业绩指标排名情况［EB/OL］．［2019 – 02 – 25］．https：//www.sac.net.cn/hysj/zqgsyjpm/201906/t20190618_139094.html）

（4）从业人数首次下降，行业转型倒逼人员结构优化

一方面，2018 年证券行业已注册从业人员为 34.43 万人，较 2017 年减少 6 321 人，虽然降幅微弱，但这是近年来的首次减少。其中，一般从业人员为 20.53 万人，证券经纪人为 8.3 万人，证券投资咨询业务（包括投资顾问与分析师）为 5.04 万人，保荐代表人为 3 682 人，投资主办人为 2 152 人，证券经纪业务营销人员为 1 163 人。

另一方面，尽管 2018 年证券从业人员队伍结束了数年来的扩张态势，首度减少，但各类人员的增减不一，结构变化显著。证券从业人员减少主要集中在一般证券业务人员、证券经纪人两类，分别减少 4 259 人和 7 393 人，而证券投资咨询业务、保荐代表人都保持着稳定的增幅。基础性从业人员减少，高端岗位稳定增加。随着科技进步、人工智能对证券行业的渗透和冲击，证券行业的转型倒逼着从业人员结构的优化。

(5) 股权融资规模大幅下降,创新试点不断加强

一方面,2018 年,我国证券市场 A 股股权融资金融和主承销家数与 2017 年相比均出现了较大幅度的下滑。全年共有 103 家企业首次公开发行,合计募集资金 1 374.88 亿元;没有公开增发项目;上市公司共有 85 家定向增发,共募集资金 2 988.85 亿元;共 12 家上市公司实施配股,合计募集资金 188.79 亿元;共有 2 家公司完成优先股发行,合计募集资金 150 亿元。全年股权融资(包括 IPO、公开增发、融资性非公开发行股票、配股、优先股)募集资金共 5 100.66 亿元,与 2017 年全年的 10 712.82 亿元相比减少 52.39%;主承销家数共 258 家,较 2017 年的 775 家减少 66.71%(见图 2 - 15)。

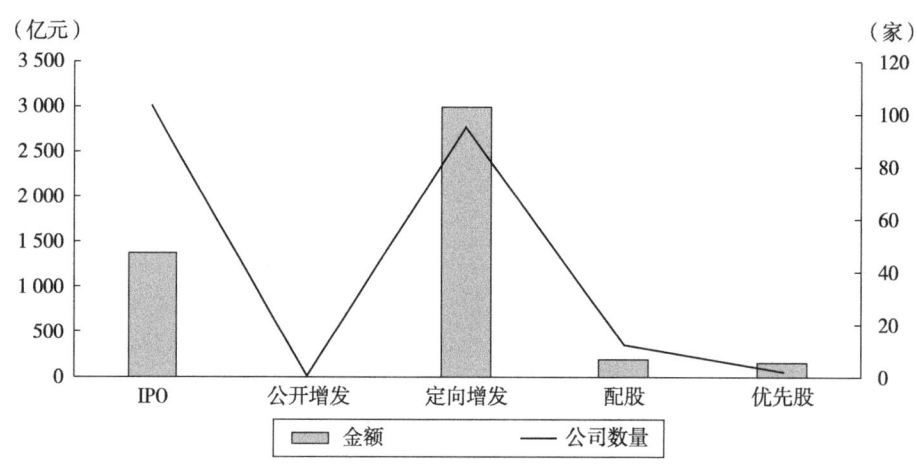

图 2 - 15 2018 年 A 股股权融资情况

(资料来源:中国证券业协会. 中国证券业发展报告(2019)[M]. 北京:中国财政经济出版社,2019)

另一方面,尽管股权融资规模面临下行的压力,但全行业积极应对,不断加强投资银行业务的创新发展。2018 年,中国证监会继续牢牢把握服务实体经济的根本方向,坚持改革开放创新的主线,不断加强创新试点,完善直接融资机制和多层次市场体系,积极支持具有自主创新能力和关键核心技术的战略新兴产业企业在境内上市融资。宁德时代、迈瑞医疗、药明康德、工业富联等一批代表性企业顺利完成 A 股 IPO,既展现了 A 股市场的活力,也显示了优质企业对 A 股市场的高度认可和强大信心。2018 年 11 月,习近平主席在中国国际进口博览会上宣布在上海证券交易所设立科创板并试点注册制,不断完善的多层次资本市场体系将有力促进我国关键核心技术创新能力提高。

(6) 债券业务回暖,实现创新发展

与股权融资相反,2018 年债券业务快速发展。根据证券业协会统计,证券公司在交易所市场承销债券总额达 56 877.71 亿元,与 2017 年相比上涨 45%。其中,从传统品种看,公司债券(仅包含公开发行债券和非公开发行公司债券,不包括可转债等股债结合产品)募集资金 21 003.34 亿元,同比增长 25%;可转债全年发行 19 只,发行规模为 787.49 亿元;可交换公司债券全年发行 67 只,发行规模为 409.7 亿元;地方政府债券

全年发行 527 只，发行规模为 25 567.99 亿元；政策性银行债券全年发行 7 只，发行规模为 240 亿元。

2018 年推出的各类创新债券品种也促进了债务业务的发展。交易所债券市场创新推出纾困公司债券，鼓励符合资质的企业发行公司债券用以纾解民营融资困境和股权质押风险。全年共发行 8 只纾困公司债券，合计募集 98 亿元。其他创新品种方面，2018 年共发行 155 只可续期公司债券①，共募集 2 246.6 亿元；共发行 34 单绿色公司债券，合计募集资金 388.89 亿元；共发行 20 单创新创业公司债券，合计募集资金 39.65 亿元；共发行 10 单"一带一路"公司债券，合计募集资金 76 亿元。

（二）基金公司

（1）公募基金规模平稳增长，但业绩不佳

一是基金规模增长速度平稳。截至 2018 年末，中国证监会公示公募基金管理机构 135 家，其中基金管理公司 120 家，包括中外合资公司 44 家和内资公司 76 家；取得公募基金管理资格的证券公司或证券公司资管子公司共 13 家，保险资管公司 2 家。公募基金共计 5 625 只，较 2017 年末增长 16.2%；公募基金资产规模 130 346.5 亿元，较 2017 年末增长 12.4%（见表 2 - 19）。

表 2 - 19   2014—2018 年公募基金规模变化趋势

基金规模	2014 年	2015 年	2016 年	2017 年	2018 年
基金数量（只）	1 897	2 722	3 867	4 841	5 626
同比增长（%）	22.23	43.49	42.06	25.19	16.22
净值（亿元）	45 353.61	83 971.83	91 593.05	115 996.86	130 346.50
同比增长（%）	51.07	85.15	9.08	26.64	12.37

资料来源：整理自中国证券投资基金业协会，http://www.amac.org.cn/researchstatistics/datastatistics/cemeteryfundindustrydata/。

二是公募基金业绩不佳。由于 2018 年股市低迷，2018 年公募基金净收益为 -1 229 亿元，上一年公募基金带来的盈利则为 5 608 亿元。从基金类型看，偏股型基金亏损严重，具体来看，2 863 只混合型基金共亏损 3 161.2 亿元，1 031 只股票型基金亏损 2 156.9 亿元。此外，QDII 基金、封闭式基金和 FOF 基金分别亏损 92.9 亿元、87.8 亿元和 4.7 亿元。相反，货币型基金全年获得 2 991.5 亿元正收益，是 2018 年盈利最多的基金类型。仅次于货币型基金的是债券型基金，2 070 只债券型基金全年取得 1 253.0 亿元的正收益。此外，保本型基金和商品型基金分别取得 14.4 亿元和 8.2 亿元的正收益。净收益最高的基金公司仍是天弘基金，净收益为 579 亿元，其后为建信基金、中银基金、工银瑞信基金等银行系基金（见表 2 - 20）。

---

① 可续期公司债是指赋予发行人以续期选择权，不规定债券到期期限的新型公司债券。

表 2-20　　2018 年基金公司收入及净收益排名前十　　单位：亿元

排名	基金公司	总收入（亿元）	排名	基金公司	净收益（亿元）
1	天弘基金	690.03	1	天弘基金	578.84
2	建信基金	229.69	2	建信基金	186.54
3	中银基金	204.08	3	中银基金	165.02
4	工银瑞信基金	172.00	4	工银瑞信基金	110.20
5	招商基金	106.45	5	兴业基金	83.79
6	博时基金	100.64	6	招商基金	77.32
7	兴业基金	98.13	7	国寿安保基金	61.04
8	平安基金	78.60	8	平安基金	60.27
9	国寿安保基金	73.62	9	博时基金	58.34
10	农银汇理基金	60.99	10	永赢基金	51.64

资料来源：Choice 金融终端。

货币型基金体量大、风险小、收益稳定，因此剔除货币基金后的规模能更准确地反映基金公司的管理能力，另外自 2017 年起监管部门要求剔除货币基金，严禁违规宣传货币基金收益率的情况下发布榜单。截至 2018 年末，易方达基金以 2766.5 亿元的非货币基金规模位居行业榜首，广发基金、中银基金分别以 2657.74 亿元和 2555.45 亿元紧随其后。同时，总规模远超竞争对手，达到万亿元级别的天弘基金在剔除货币型基金后的非货币基金规模仅 359.49 亿元，位列行业第 43 位（见表 2-21）。

表 2-21　　2018 年度基金公司规模排名　　单位：亿元

排名	基金公司	规模	排名	基金公司	非货币基金规模
1	天弘基金	13 420.65	1	易方达基金	2 766.60
2	易方达基金	6 418.44	2	广发基金	2 657.74
3	建信基金	6 326.84	3	中银基金	2 555.45
4	工银瑞信基金	6 038.66	4	华夏基金	2 495.75
5	博时基金	5 568.79	5	博时基金	2 440.33
6	南方基金	5 544.65	6	汇添富基金	2 413.71
7	汇添富基金	4 624.01	7	嘉实基金	2 168.25
8	广发基金	4 601.96	8	南方基金	2 118.97
9	华夏基金	4 341.87	9	招商基金	1 789.84
10	嘉实基金	4 160.08	10	工银瑞信基金	1 583.50

注：非货币基金规模：剔除货币基金以后的基金公司规模排名。

资料来源：Choice 金融终端。

从基金收益来源看，各基金债券利息收入盈利 2 364 亿元，是基金获利的主要方式；其次是存款收入，股票差价收入亏损最多（见图 2-16）。2018 年存款利息收入最高的基金公司为天弘基金，约为 445 亿元，排名第二的建信基金为 121 亿元，工银瑞信以

116 亿元排在第三位。股票价差收入最高的基金公司是东证资管①,在 2018 年市况不好的背景下,通过股票价差收入仍然赚了 41 亿元。根据东方证券 2018 年年报②分析,一是东证资管主动管理规模占比高达 98.50%,远超券商资管行业平均水平;二是主动管理权益类产品的平均年化回报率、绝对收益率、超额收益率均排名行业首位。

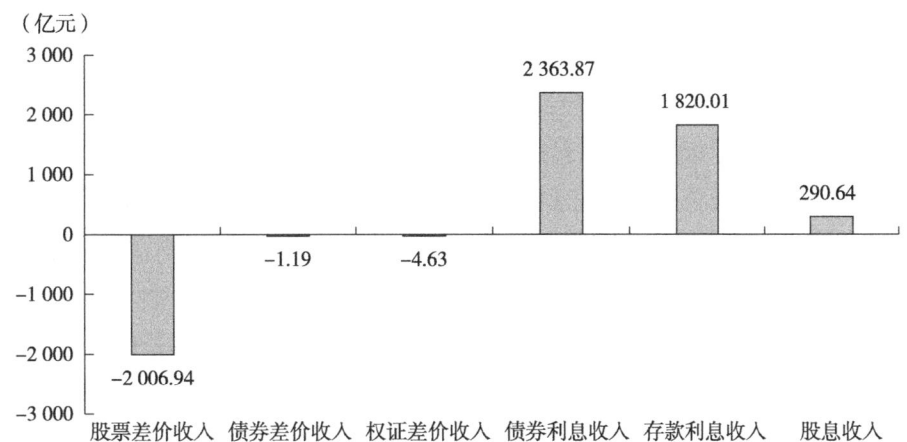

图 2-16　2018 年基金公司收入来源

(资料来源:Choice 金融终端)

费用支出方面,2018 年公募基金产品的费用合计 1 243.86 亿元,其中管理费用 609.84 亿元,托管费用 136.72 亿元,客户维护费用 127.08 元,销售服务费用 137.49 亿元,其他费用合计 17.78 亿元。2018 年收取管理费用最多的是天弘基金,累计收取 52.28 亿元管理费,天弘基金旗下管理 45 只基金,平均每只基金为公司获取 1.16 亿元的管理费用。易方达基金和工银瑞信基金紧随其后,分别获取 34.89 亿元、26 亿元管理费用。

(2) ETF 规模大增,养老基金创新发展

2018 年公募基金发展有两个显著特点。一是 ETF 规模迅速增长,虽然股市不断震荡调整,但在各路资金的追捧下,股票交易型开放式指数基金(ETF)规模大幅增加,从基金份额上看其扩张更为明显。2017 年底时,ETF 总份额为 2 282 亿份,到 2018 年的最新份额已经达到 3 729 亿份,总份额大增 63.4%。其中,非货币类 ETF 扩张明显,贡献了逾六成的份额增长,其最新份额为 2 419.53 亿份,较 2017 年底增长了 1 483.67 亿份,若按最新基金净值和份额估算,2018 年初约有 1 500 亿元资金借道该类产品入市。华安创业板 50ETF、博时黄金 ETF、广发中证 500ETF 等存量 ETF 受到资金的净申购。其中,华安创业板 50ETF 从 2017 年底的 2.88 亿份增至最新的 208 亿份,年内规模增长

---

① 上海东方证券资产管理有限公司,是东方证券的全资子公司。
② 年报来源:https://www.dfzq.com.cn/upload/png_upload/20191113/201911131573626478555.pdf。

约为 72 倍，成为 2018 年以来规模暴增的上市基金，虽然目前基金规模与排名首位的华夏上证 50ETF 仍有不小差距，但从总份额看，目前 207 亿份的总份额已经超越华夏上证 50ETF 的 200.9 亿份的总份额，从默默无闻一举成长为场内总份额最大的基金。

二是养老基金实现创新发展。2018 年 2 月，为了支持公募基金行业服务个人投资者养老投资，在养老金市场改革中更好发挥公募基金专业投资的作用，证监会就发布了《养老目标证券投资基金指引（试行）》，指导行业开发一类专门服务大众养老投资的公募基金产品。3 月，中国基金业协会发布《关于养老目标证券投资基金的基金经理注册登记有关事项的通知》，此类产品上报之路全线打通。随后，基金行业积极申报产品，首批就有 21 家公募基金公司于 4 月 11 日上报了 42 只产品。2018 年 8 月 6 日，首批养老目标基金正式亮相，华夏、南方、博时、中欧、广发、易方达、鹏华、泰达红利、万家、富国、工银瑞信、银华、嘉实、中银等 14 家基金公司拿到养老目标基金批文。两个多月后，第二批 12 只养老目标基金也顺利拿到批文。截至 12 月 28 日，已有华夏、中欧、泰达宏利等 12 家公募成立了养老目标基金，合计募集份额接近 40 亿元。

（3）私募基金总规模持续增长，但募资艰难

根据证监会发布的私募投资基金登记备案总体情况来看，截至 2018 年 12 月底，基金业协会已登记私募基金管理人 2.44 万家。已备案私募基金 7.46 万只，管理基金规模 12.78 万亿元，私募基金管理人员工总人数 24.57 万人。按基金总规模划分，管理规模在 1 亿元至 10 亿元的 5 463 家，10 亿元至 20 亿元的 801 家，20 亿元至 50 亿元的 671 家，50 亿元至 100 亿元的 274 家，100 亿元以上的 234 家。

与公募基金的总体发展状况相似，私募基金总规模保持增长。与 2017 年末相比，2018 年私募基金总规模持续增长，同比增长 15.12%，股权、创业投资基金是私募基金规模的持续扩张的主要贡献力量，增幅 25.50%。不过，股权投资机构规模上涨的背后却是募资的艰难。与 2017 年相比，2018 年募资金额下降了 28.7%；前三个季度整体下降 57%。与股权规模增长形成对比的是，2018 年 A 股市场震荡走低，证券投资的热情和收益也一路下降，1 月之后，私募证券投资基金规模逐月缩水，规模从 2017 年末的 2.29 万亿元收缩至 2.14 万亿元（见表 2-22）。

表 2-22　　　　　　　　　　2018 年私募基金规模及变化趋势

基金种类	私募管理人（家）	管理基金（只）	管理规模（亿元）	规模同比增长（%）
证券	8 989	34 440	21 421	-6.29
股权及创投	14 683	34 993	88 999	25.50
其他	776	5 209	17 362	0.75
合计	24 448	74 642	127 782	15.12

资料来源：中国证监会，私募投资基金登记备案总体情况（截至 2018 年 12 月底）[EB/OL].［2019-01-09］. http：//www.csrc.gov.cn/pub/zjhpublic/G00306226/201901/t20190109_349592.htm?keywords=基金登记备案#。

(4) 私募基金遭遇业绩寒冬,监管趋严

一是私募基金业绩惨淡。2018年在震荡下行的市场行情下,股票策略私募业绩下滑严重。格上研究中心数据显示,2018年前11月,私募基金平均收益为-9.64%,股票策略平均亏损13.81%垫底,且是唯一的平均收益低于行业平均的策略,显著拉低私募基金整体业绩。具体来看,百亿元级股票策略私募表现最为糟糕,前11个月平均亏损达到16.27%。20亿元至50亿元规模的股票策略私募整体表现相对较好,今年以来平均亏损11.71%;10亿元至20亿元规模的私募平均亏损13.32%;50亿元至100亿元规模的私募平均亏损14.61%。各策略中,程序化期货①、主观期货②、阿尔法③等策略获得正收益。从私募基金各类策略的全年业绩表现看,管理期货策略基金平均收益率最高,达7.16%;其次是债券策略基金0.68%。股票多头策略基金平均-15.65%的收益率,跌幅远超其他策略类基金(见图2-17)。

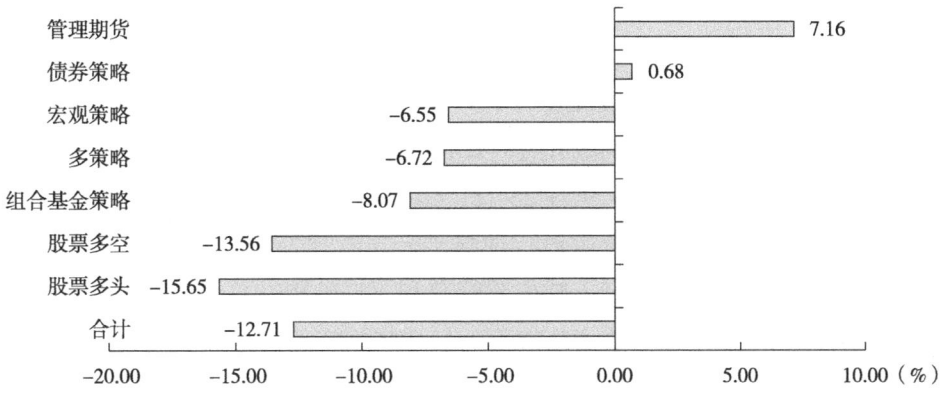

图 2-17 2018 年私募基金各类策略收益率

(资料来源:Wind)

二是基金业协会继续加强私募自律监管。2018年1月,《私募证券投资基金管理人会员信用信息报告工作规则(试行)》发布,1月12日,《私募投资基金备案须知》发布,禁止私募从事借贷活动。2018年5月正式上线信用报告功能,包含"合规性、稳定度、专业度和透明度"四大维度。私募可将信用信息报告与合作机构、投资客户实现共享,但不得用于公开宣传。同时,投资者有权向管理人索要信用报告。建立私募基金管理人等会员信用档案和信用报告制度,有利于构建行业信用积累的基础体系,是保护投资者合法权益的根本手段。此外,2018年11月发布的《私募投资基金命名指引》规定,2019年1月1日起,通过契约、合伙企业等形式募集设立的私募投资基金命名,不得使

---

① 程序化期货:期货交易者将交易策略编写为计算机程序,通过程序化交易软件进行期货交易。
② 主观期货:依据主观对客观信息的分析、判断、运算、决策,制定并执行交易计划进行期货交易。
③ 阿尔法:高于经β(贝塔系数)调整后的预期收益率的超额收益率。

用"保本""稳赢""避险"等字样,不能用"最大规模""最强""500倍"等夸大业绩,也不能借金融机构、名人的名称做征信。12月7日,《私募基金管理人登记须知》更新版发布,针对私募登记中的虚假出资、股权代持、股权架构不稳定、关联方从事冲突业务、集团化倾向五大不合规问题作出规范。另外,协会继续注销了一些不合规的私募基金管理人,比如福建东方银商投资、郑州百盛投资、上海国渭资产、华夏恒业和德赋资产。

同时,监管加大了对私募的检查力度。2018年上半年,共对453家私募机构开展了检查,发现139家私募存在涉嫌非法集资、挪用基金财产、"资金池"业务、证券类结构化基金不符合杠杆率要求等问题。2018年11月,市场监管总局、证监会开展"双随机、一公开"联合抽查,共抽查了260户私募基金管理企业。此外,第四次全国经济普查首次将私募基金行业纳入全国经济普查体系,体现出对私募基金行业的重视。对私募基金加强审查,有利于落实信义义务,推动私募行业合规生态的塑造,帮助树立市场诚信机制,促进私募优胜劣汰。

(5)资管新规落地,基金行业竞争升级

一是资管新规落地,机遇与挑战并存。2018年4月27日,《关于规范金融机构资产管理业务的指导意见》正式落地,9月28日,银保监会发布《商业银行理财业务监督管理办法》,12月2日,发布《商业银行理财子公司管理办法》。总体来看,主要内容包括统一监管标准、消除多层嵌套、减少监管套利、打破刚性兑付和规范资金池、降低期限错配、减少流动性风险等。这意味着百万亿元规模资管产品从此被统一监管,大资管时代开启,公募基金以外的资管行业也可以推出公募产品。从短期来说,公募基金将迎来理财子公司这一强劲的竞争对手,固定收益类业务可能受到较大冲击。

二是行业竞争升级。首先,外资持股比例的放宽进一步加剧了基金行业的竞争态势。2018年,基金行业的对外开放更进一步。4月,基金管理公司外资持股比例放宽至51%,且三年之后外资持股比例将不受限制。截至2018年9月末,我国已经有45家中外合资基金管理公司、14家外商独资私募证券投资基金管理人。外资持股上限放开,短期内或将加剧国内基金行业的竞争态势。长期来看,外资基金公司的成熟经验将对内资基金公司产生一定的冲击和促进,利于内资基金公司提升水平、改善结构,有利于基金行业整体优化。与此同时,外资私募进军中国的步伐加快。2018年,安中、元胜、桥水、毕盛、瀚亚、未来益财6家外资机构登记成为私募证券投资基金管理人。加上2017年拿到牌照的10家机构,已有16家外资私募进入中国。同时,外资私募在产品发行上也动作迅速。目前除毕盛、瀚亚和未来益财之外,其余13家外资私募均已备案产品,合计25只,其中20只为2018年新备案产品。2018年下半年以来,外资布局加速,10月和11月两月有7只产品备案。外资私募所发行的基金产品以股票策略为主,也包括债券、量化、多策略等。

其次，银行机构也开始正式进军私募行业。2018年8月以来，工商银行、农业银行、建设银行和中国银行先后成立私募基金子公司：工银金融资产投资有限公司、农银资本管理有限公司、建信金投基金管理（天津）有限公司、中银资产基金管理有限公司，并已完成私募股权基金管理人登记。农银资本于10月备案了首只私募基金产品：润农瑞行一号，12月备案第二只产品穗达；工银投资则于12月成立两只产品：工银投资债转股私募投资基金开元1号、2号。四大银行进军私募在业内引起轰动。银行备案登记私募管理人与债转股关系密切，政策鼓励金融资产投资公司设立附属机构，申请成为私募股权投资基金管理人，设立私募股权投资基金，面向合格投资者募集资金实施债转股。

（三）信托公司

（1）信托资产规模降中趋稳，业绩下滑

2018年4月，资管新规提出了严控风险的底线思维，就是要减少存量风险，严防增量风险。一是全年各季度信托资产规模呈下降态势，但下降幅度逐渐减小。截至2018年第四季度末，全国68家信托公司受托资产减少到22.70万亿元，年度同比增速为-13.50%。2018年四个季度的信托资产规模分别减少6 322.35亿元、13 446.17亿元、11 292.33亿元、4 379.47亿元，第四季度的规模下降幅度比第二、第三两个季度小很多。受托资产规模经过前3个季度的较大幅度调整，在第四季度进入了波动相对较小的平稳阶段（见图2-18）。二是信托业总体业绩出现下滑。2018年全年经营收入为1 140.63亿元，同比下降4.2%，利润总额为731.4亿元，同比下降11.2%（见表2-23）。

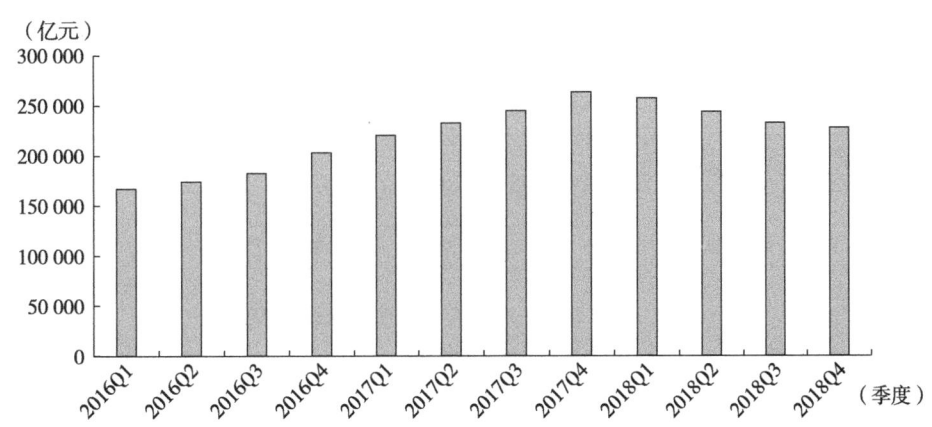

图2-18　2016—2018年各季度信托资产规模

（资料来源：整理自中国信托业协会2016—2018年各季度主要业务数据，http://www.xtxh.net/xtxh/statistics/index.htm）

表 2-23　　　　　　　　　　2014—2018 年信托业整体业绩

项目	2014 年	2015 年	2016 年	2017 年	2018 年
经营收入（亿元）	954.95	1 176.06	1 116.24	1 190.69	1 140.63
同比增长（%）	14.69	23.15	-5.09	6.67	-4.20
利润总额（亿元）	642.30	750.59	771.82	824.11	731.80
同比增长（%）	12.96	16.86	2.83	6.77	-11.20

资料来源：整理自中国信托业协会各季度主要业务数据，http：//www.xtxh.net/xtxh/statistics/index.htm。

(2) 资金来源结构优化，加强服务实体经济

一方面，2018 年，信托业在"去通道"的监管压力下加快了转型步伐，并在资金来源结构优化方面取得了一定成果。单一类资金信托占比整体呈下降趋势，而集合类资金信托和管理财产类信托占比上行趋势愈加明显。具体来看，截至 2018 年末，单一类信托占比下降至 43.33%，降幅 2.4 个百分点；集合类信托占比由 37.74% 增至 40.12%，上升幅度为 1.46 个百分点；管理财产类信托占比较为稳定（见图 2-19）。对新增信托财产的来源结构变动分析则更加清楚地显示信托业资金来源结构转型的进展，就是逐步削减以机构客户为主导的单一资金信托规模，增加集合信托和财产信托的业务比重。

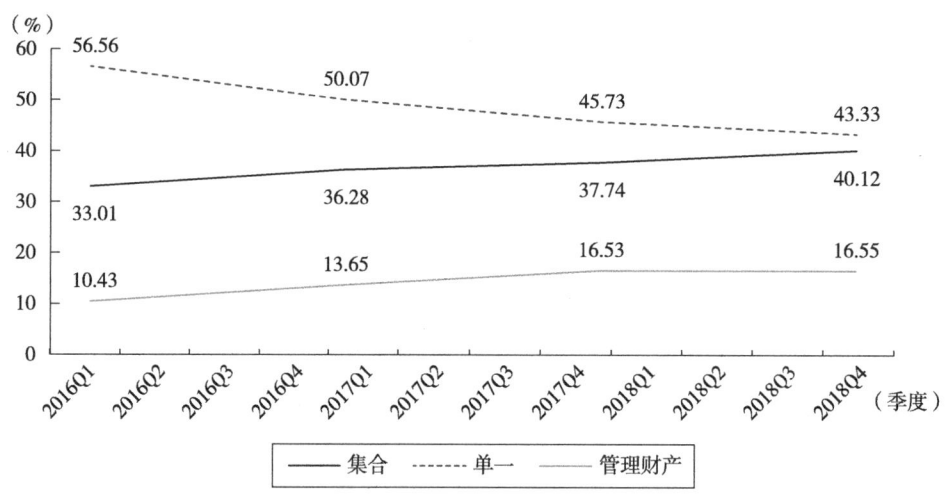

图 2-19　2016—2018 年信托资产来源结构变动

(资料来源：整理自中国信托业协会各季度主要业务数据，http：//www.xtxh.net/xtxh/statistics/index.htm)

另一方面，服务实体经济是防范系统性金融风险的根本举措，资金信托余额流向实体经济的比例不断提高。截至 2018 年第四季度末，资金信托共 189 446.68 亿元，年同比下降 13.51%。从资金信托余额在五大领域的占比来看，工商企业占比 29.90%，金融机构占比 15.99%，基础产业占比 14.59%，房地产业占比 14.18%，证券市场占比 11.59%。

具体来看,第一,工商企业继续保持其资金信托的第一大配置领域的地位,资金信托有 56 653.13 亿元流向工商企业,年同比下降 7.12%,远低于资金信托总额下降幅度,充分体现了信托业长期支持实体经济发展的坚定态度。第二,信托资金流向金融机构为 30 293.02 亿元,同比 2017 年第四季度末的 41 099.41 亿元下降 26.29%,余额占比从第三季度末的 16.14% 减少到 15.99%,仍居资金信托配置的第二大领域。第三,基础产业是资金信托配置的第三大领域,2018 年第四季度末的资金信托余额为 27 640.1 亿元,2018 年四个季度的占比都稳定在 14.40%~14.64%。2018 年第四季度末房地产信托余额的占比为 14.18%。第四,房地产信托资金余额为 26 872.74 亿元,同比 2017 年第四季度末的 22 828.32 亿元增长 17.72%。第五,受证券市场持续不景气影响,2018 年第二季度以来,证券投资类信托产品数量出现连续下滑,流向证券投资的资金信托急剧减少。截至 2018 年第四季度末的资金信托余额为 21 962.11 亿元,同比 2017 年第四季度末的 31 006.55 亿元下降 29.17%,证券信托余额在资金信托的占比从 2017 年第四季度末的 14.15% 跌至 2018 年第四季度末的 11.59%(见图 2-20)。

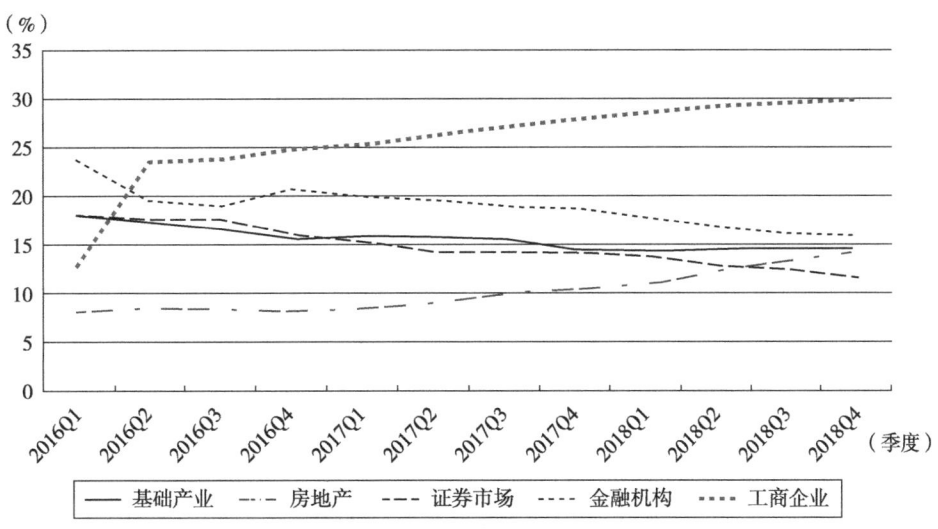

图 2-20　2016—2018 年信托资产投向结构变动

(资料来源:整理自中国信托业协会各季度主要业务数据,http://www.xtxh.net/xtxh/statistics/index.htm)

(四)期货公司

(1)期货业平稳发展,严控风险

一是期货业稳定发展。从规模来看,截至 2018 年末,期货公司共计 149 家,与 2017 年相比维持不变,营业部数量为 1 901 家。149 家期货公司均开展经纪业务;115 家期货公司具备投资咨询业务资格,比 2017 年增加 1 家;129 家期货公司具备资产管理业务资格,与 2017 年相同;79 家期货公司完成风险管理公司业务试点备案,设立 79 家风险管理子公司,与 2017 年相比增加 9 家(见表 2-24)。

表 2-24　　　　　　　　2016—2018 年期货公司及营业部家数对比　　　　　　单位：家

机构	2016 年	2017 年	2018 年
公司	149	149	149
营业部	1 603	1 673	1 901

资料来源：中国证券监督管理委员会，中国期货业协会．中国期货市场年鉴（2018）[M]．北京：中国财政经济出版社，2019．

从净资本来看，2018 年，期货公司净资本为 749.25 亿元，与 2017 年的 750.12 亿元相比略有下降，基本保持稳定。21 家期货公司的净资本超过 10 亿元，较 2017 年增加 3 家（见图 2-21）。

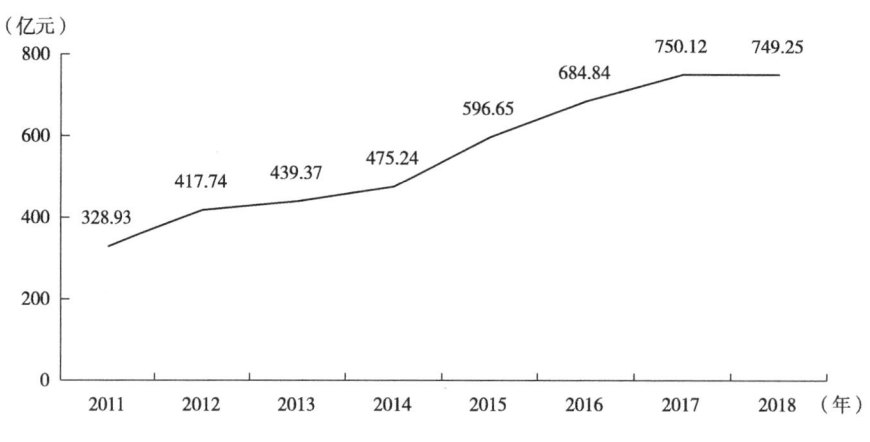

图 2-21　2011—2018 年期货业净资本变动趋势

（资料来源：中国证券监督管理委员会，中国期货业协会．中国期货市场年鉴（2018）[M]．北京：中国财政经济出版社，2019）

从行业评级来看，2018 年，全行业 149 家期货公司中，A 类期货公司共 37 家，与 2017 年持平。其中，AA 级期货公司与 2017 年相比减少了 19 家；B 类期货公司共 94 家，较 2017 年相比减少 6 家；C 类期货公司共 16 家，而 2017 年为 8 家（见表 2-25）。

表 2-25　　　　　　　　2016—2018 年期货公司分类评级情况

分类评级	2018 年		2017 年		2016 年	
	公司数量（家）	占比（%）	公司数量（家）	占比（%）	公司数量（家）	占比（%）
A 类 AA 级	19	12.75	22	14.77	10	6.71
A 类 A 级	18	12.08	15	10.07	20	13.42
B 类 BBB 级	42	28.19	42	28.19	54	36.24
B 类 BB 级	20	13.42	33	22.15	24	16.11
B 类 B 级	32	21.48	25	16.78	24	16.11
C 类 CCC 级	11	7.38	7	4.70	14	9.40
C 类 CC 级	5	3.36	1	0.67	1	0.67
C 类 C 级	0	0.00	0	0.00	0	0.00
D 类	2	1.34	4	2.68	2	1.34

资料来源：中国证券监督管理委员会，中国期货业协会．中国期货市场年鉴（2018）[M]．北京：中国财政经济出版社，2019．

二是期货业严控风险。2018年，全行业149家期货公司净资本均高于3 000万元，净资本与风险资本准备比例均高于100%，净资本与净资产比例均高于20%，流动资产与流动负债的比例均高于100%，负债与净资产比例均低于150%。

（2）从业人员数量持续增长，增长速度见缓

一方面，期货业从业人员数量持续增长。《中国期货市场年鉴（2018）》数据显示，截至2018年12月31日，中国期货业协会人员共59 999人，较2017年增加3 678人，增长率为6.49%（见图2-22）。另一方面，尽管保持着增加态势，增长速度却有所放缓。具体来看，期货公司就职从业人员共31 035人，年增长率3.32%，同比增幅较2017年的5.13%有所下降；证券公司就职从业人员总数为28 954人，较2017年相比增幅10.12%，同比增幅较2017年13.36%有所下降。另外，全行业共有3 567人获得期货投资咨询业务从业资格，占比为11.49%（见图2-23）。

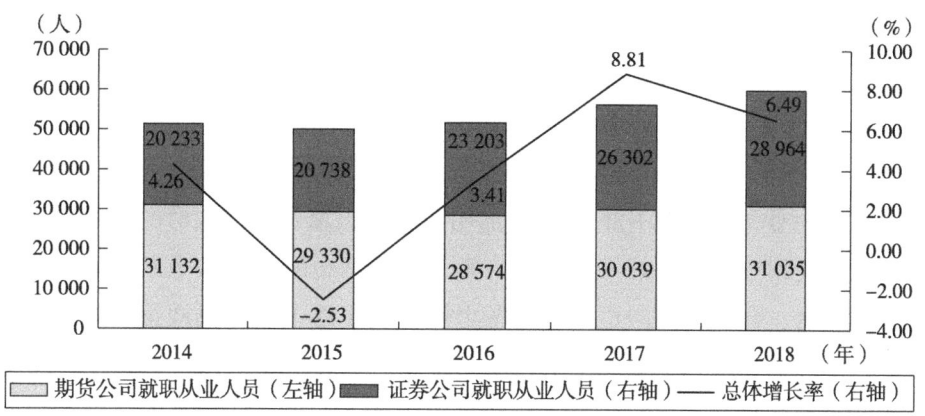

图2-22　2014—2018年期货行业从业人员总体情况

（资料来源：中国证券监督管理委员会，中国期货业协会. 中国期货市场年鉴（2018）[M]. 北京：中国财政经济出版社，2019）

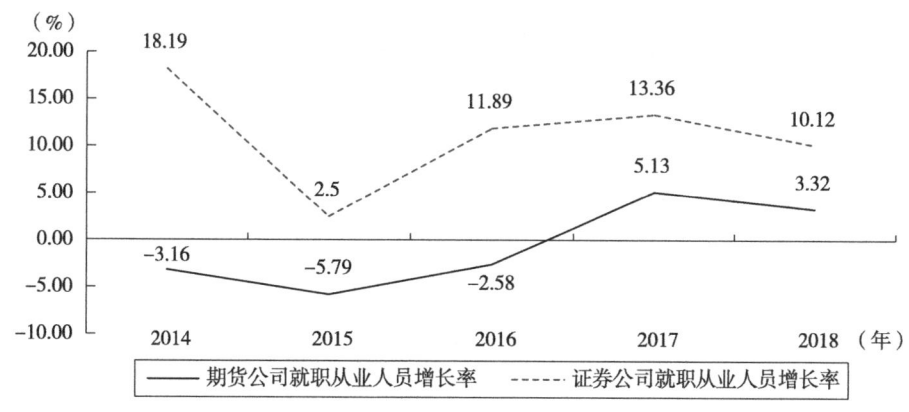

图2-23　2014—2018年期货行业两类从业人员增长情况

（资料来源：中国证券监督管理委员会，中国期货业协会. 中国期货市场年鉴（2018）[M]. 北京：中国财政经济出版社，2019）

(3) 传统业务收入普遍下滑，风险管理公司逆势而上

综观 2018 年期货业总体业绩情况，有两个显著特点。一是期货业传统业务收入普遍下滑，其中经纪业务收入 125.17 亿元，同比下降 8.79%，占营业收入总额的 47.80%；55 家期货公司投资咨询业务实现收入，共计 1.58 亿元，同比下降 8.67%，营业收入占比 0.60%；120 家期货公司资产管理业务实现收入，共计 8 亿元，同比下降 29.27%。二是期货机构的风险管理子公司业绩突出。截至 2018 年末，共有 78 家风险管理公司通过中国期货业协会备案。其中，75 家公司备案了仓单服务①业务，74 家公司备案了基差交易②业务，65 家公司备案了合作套保③业务，66 家公司备案了定价服务业务，39 家公司备案了做市业务。79 家风险管理公司总资产为 344.16 亿元，同比增长 29%；净资产为 157.97 亿元，同比增长 17%。全年业务收入为 1 132.46 亿元，同比增长 34%。风险管理子公司的不断发展将推动期货行业创新发展，提高期货公司的核心竞争力和服务实体经济，特别是服务中小企业、服务"三农"的能力，促进期现结合，进一步发挥期货市场功能。

四、新金融业态

2018 年，金融业务去机构化的态势更加明显，在国家及各地政府的积极引导下，新金融业态逐渐调整到更加规范的发展道路上来。互联网金融行业在不断创新发展、整顿自身，朝着多样化、合规化方向迈进；金融小镇得益于逐渐成熟的政策引导，迈上高质量发展道路；绿色金融得到了更广泛的关注与重视，发行总量继续上升；供应链金融与区块链相结合的价值和前景日益凸显，并在政策指导下朝着合规化发展。

（一）互联网金融监管更加严格，规范化发展势在必行

（1）互联网支付规模持续增长，步入稳定发展阶段

一方面，互联网支付用户群体不断扩大，支付规模持续增长。从支付用户群体上看，根据经国务院主管部门批准成立的中国互联网络信息中心（以下简称 CNNIC）发布的第 43 次《中国互联网络发展状况统计报告》，截至 2018 年 12 月末，我国网络支付用户规模达 6.00 亿人，较 2017 年底增加 6 930 万元，年增长率为 13.0%，网民使用比例为 72.5%；手机网络支付用户规模达 5.83 亿元，占手机网民的 71.4%，年增长率为 10.7%，见图 2-24。

在支付规模上，根据艾瑞咨询发布的《2018 中国第三方支付年度数据》，2018 年中国第三方移动支付交易规模达到 190.5 万亿元，同比增速 58.4%，相较于 2017 年达到

---

① 仓单服务：以仓单串换、仓单销售、仓单采购、仓单质押、约定购回等方式为客户提供仓单融通。
② 基差交易：根据某种商品或资产的现货价格与相关商品或资产的期货合约、期权合约价格间的强弱关系变化，获取低风险基差收益。
③ 合作套保：为客户在经营中规避市场风险所共同进行的套期保值操作。

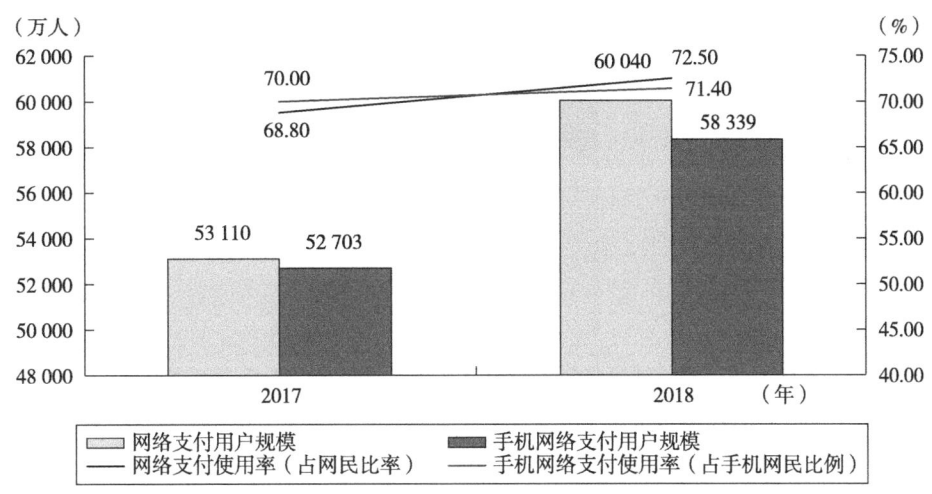

图 2－24　2017 年及 2018 年网络支付/手机网络支付用户规模及使用率

（资料来源：中国互联网络信息中心. 2019 年 2 月 28 日发布的第 43 次《中国互联网络发展状况统计报告》［EB/OL］. ［2019－02－28］.，http：//www.cnnic.net.cn/hlwfzyj/hlwxzbg/）

98.3% 的增速，见图 2－25；可以认为，人们在日常生活中使用移动支付的习惯已经养成，第三方移动支付渗透率达到较高水平，市场成倍增长的时代业已结束；在支付规模结构上，个人应用板块占据了主导地位，移动金融和移动消费规模相当，在 2018 年内，移动金融占比从第一季度的 16.3% 回升至第四季度的 16.9%，移动消费占比从第一季度的 13.7% 增长至第四季度的 20.8%，与此相应的是，个人应用板块占比从第一季度的 66.9% 下滑至第四季度的 60.0%（见图 2－26）；在市场份额上，支付宝、财付通依然占据了主要份额，分别为 54.3%、39.2%，其余支付企业在各自细分的领域持续发力，促进了第三方移动支付行业多样化、专业化发展（见图 2－27）。

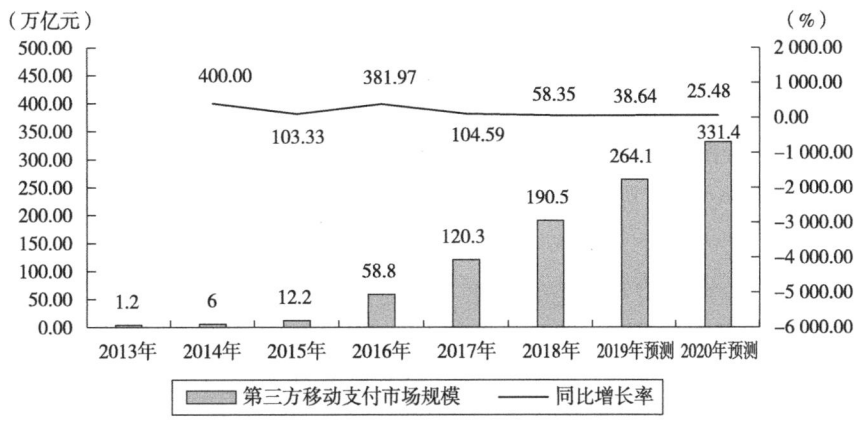

图 2－25　2013—2020 年中国第三方移动支付交易规模

（资料来源：艾瑞咨询. 2018 中国第三方支付年度数据［EB/OL］. ［2019－04－30］. http：//report.iresearch.cn/report/201904/3360.shtml）

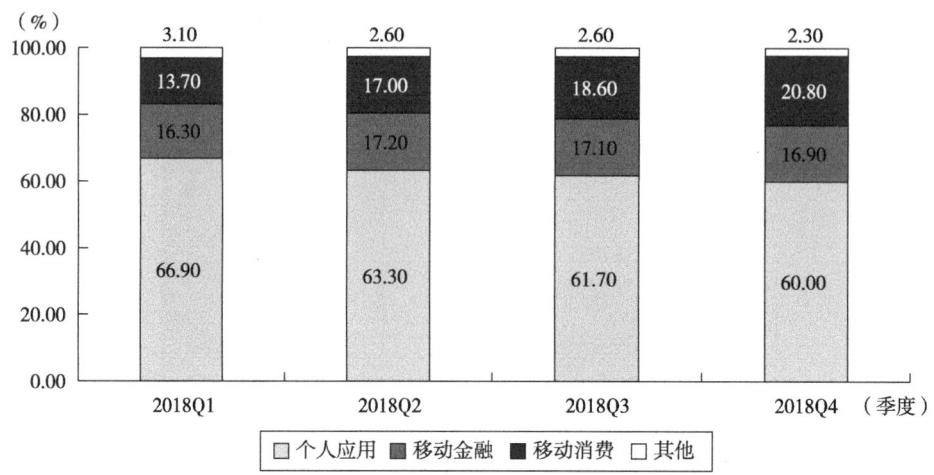

图 2-26 2018 年各季度中国第三方移动支付交易规模结构

（资料来源：艾瑞咨询.2018 中国第三方支付年度数据 [EB/OL]. [2019-04-30]. http：//report.iresearch.cn/report/201904/3360.shtml）

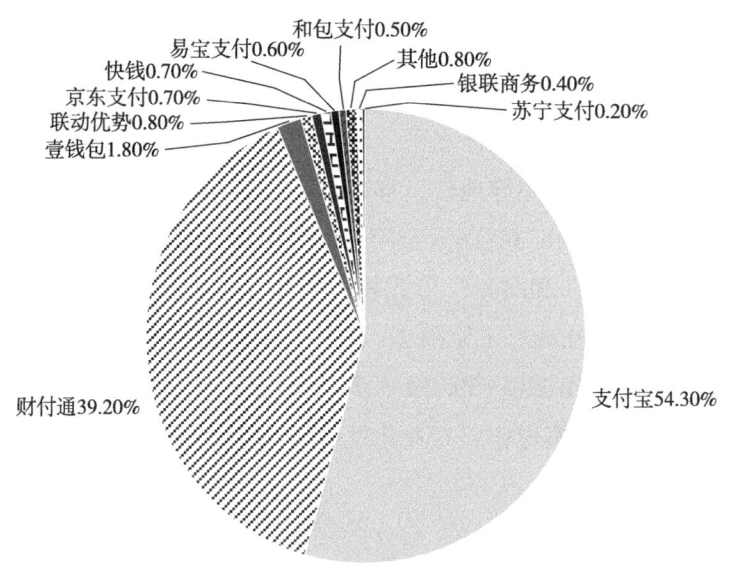

图 2-27 2018 年中国第三方移动支付交易规模市场份额

（资料来源：艾瑞咨询.2018 中国第三方支付年度数据 [EB/OL]. [2019-04-30]. http：//report.iresearch.cn/report/201904/3360.shtml）

另一方面，互联网支付行业监管体系不断完善，行业运行逐渐规范。2018 年，整个支付行业监管升级，中国人民银行支付结算司发布《关于将非银行支付机构网络支付业务由直连模式迁移至网联平台处理的通知》（银支付〔2017〕209 号），该通知规定了支付机构直连迁移至网联平台的具体时间点。自 2018 年 6 月 30 日起，支付机构受理的涉及银行账户的网络支付业务全部通过网联平台处理，各银行和支付机构应于 2017 年 10 月 15 日前完成接入网联平台和业务迁移相关准备工作；备付金政策的变化也无不体现着监管升级这一事实，2018 年 1 月，支付机构客户备付金集中交存比例由 20% 左右提高至 50% 左右，6 月开始，按月逐步提高客户备付金集中交存比例，最终在 2019 年 1 月 14 日前实现 100% 集中交存。2019 年 1 月 7 日之前，中国工商银行、中国农业银行、中国银行、中国建设银行、中国交通银行分别完成了全面断直连业务。直连、间联模式的具体流程、通道成本及通道收入对比参见图 2-28。

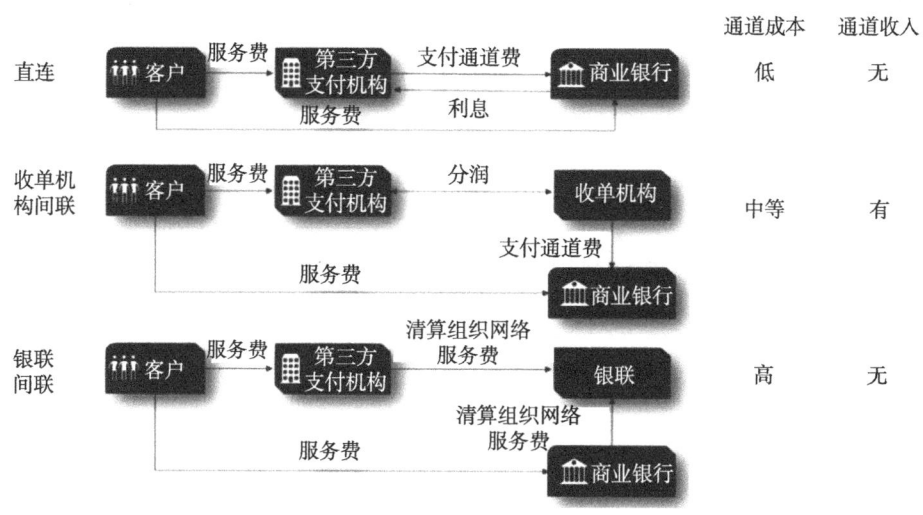

图 2-28 直连、间联模式的具体流程、通道成本及通道收入对比

（资料来源：艾瑞咨询. 2018 中国第三方支付年度数据 [EB/OL]. [2019-04-30]. http://report.iresearch.cn/report/201904/3360.shtml）

（2）网络借贷行业面临生存压力，监管升级引导规范发展

一是网络借贷行业出现集中爆雷，对行业健康发展造成了强烈冲击。自 2018 年 6 月起，网络借贷平台的风险事件不断爆出，6 月和 7 月出现了 266 家问题平台，138 家停业及转型平台；其中，7 月共出现 194 家问题平台，95 家停业及转型平台，问题平台数更是达到历史单月问题平台最高峰；据不完全统计，2018 年全年停业及问题平台总计为 1 279 家，其中问题平台达到 658 家，停业及转型为 621 家，参见图 2-29。这些伪网络借贷平台对网络借贷行业的健康发展无疑造成了强烈冲击。

二是最强资管新规相继落地，对网络借贷行业的运营进行规范化引导。网络借贷行业违规存量不予备案：2018 年 3 月 28 日，互联网金融风险专项整治工作领导小组下发了《关于加大通过互联网开展资产管理业务整治力度及开展验收工作的通知》，通知要求互联网平台不得为各类交易场所代销，并指出对于网络借贷机构将互联网资管业务剥离、拆分为不同实体的，应将拆分后的实体视为原网络借贷机构的组成部分，一并进行验收，承接互联网资产管理业务的实体未将存量业务压缩至零前，不得对相关网络借贷机构进行备案。

由此可见，网络借贷被明确纳入银保监会强监管的范围内。2018 年 11 月 13 日，

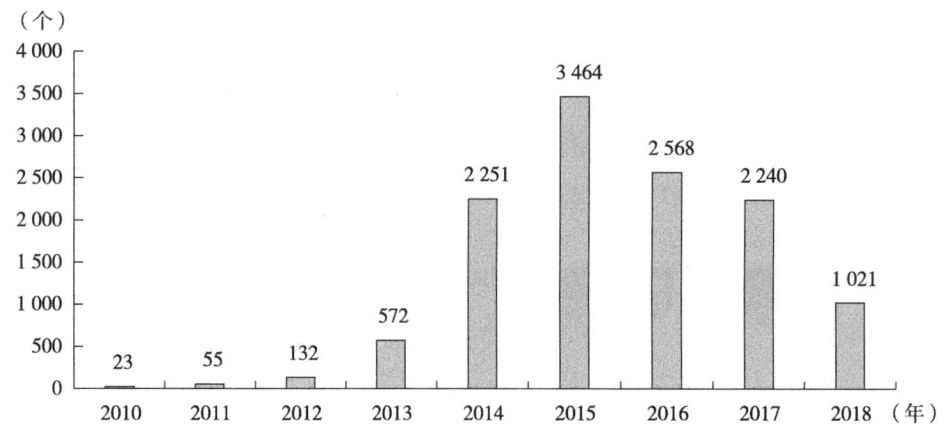

图 2-29 P2P 网贷行业运营平台数量

(资料来源:网贷之家. 2018 中国网络借贷行业年报 [EB/OL]. [2019-01-09]. https://www.wdzj.com/news/yc/3699010.html)

《中国银行保险监督管理委员会职能配置、内设机构和人员编制规定》第三条称,银保监会的主要职责包括制定网络借贷信息中介机构业务活动的监管制度。针对网络借贷的全国统一的合规检查正式开启:2018 年 8 月 18 日,P2P 网络借贷风险专项整治工作领导小组办公室发布《关于开展 P2P 网络借贷机构合规检查工作的通知》和《网络借贷信息中介机构合规检查问题清单》(以下简称 108 条清单),108 条清单的发布意味着全国统一的合规检查正式开启。

三是多项实践工作为网络借贷行业未来的发展提供了新的思路。2018 年 8 月 8 日,国家互联网金融风险专项整治工作领导小组办公室下发《关于报送 P2P 平台借款人逃废债信息的通知》,通知指出,为严厉打击 P2P 网贷平台借款人的恶意废债行为,要求各地根据前期掌握的信息,上报借本次风险事件恶意逃废债的借款人名单;2018 年 8 月 16 日,银保监会要求四大资产管理公司主动作为以协助缓释网络借贷行业流动性风险;2018 年 9 月 20 日,中国互联网金融协会在"全国互联网金融登记披露服务平台"正式对外公布了首批 25 家 P2P 存管银行"白名单";随后又陆续公布,截至 2018 年末,共有 43 家商业银行通过资金存管测评,其中建设银行、招商银行、华夏银行等 32 家银行公示了其对接 P2P 网贷平台存管名单,共涉及网贷机构 649 家。这些实践工作的开展,在维护网络借贷行业稳定性的同时,也为行业未来的高质量发展提供了新的监管思路。

四是网络借贷行业已经处于至关重要的转折点。根据网贷之家《2018 年中国网络借贷行业年报》,从网络借贷行业平台数量来看,截至 2018 年 12 月底,累计平台数量达到了 6 430 家,其中停业及问题平台 5 409 家,正常运营平台数量为 1 021 家,正常运营平台数量相比 2017 年底减少了 1 219 家,自从 2015 年正常运营平台数量达到 3 464 家后,已经连续三年出现下降;从成交量与贷款余额来看,2018 年全年成交量为

17 948.01亿元，相比2017年减少了36.01%，全年总体贷款余额下降至7 889.65亿元，相比2017年下降了24.27%；从总体综合收益率与平均借款期限来看，各个平台的加息活动致使收益率达到9.81%，相比2017年上升了36个基点，平均借款期限为12.65个月，相比2017年拉长了3.49个月，参见图2-30与图2-31。这主要是因为行业大量出清，正常运营的平台更倾向于发布长期项目标的，从而带动了行业平均借款期限拉长。从网络借贷行业人气来看，2018年出借人数和借款人数分别约为1 331万人和1 992万人，较2017年分别下降了22.30%和11.19%。这主要是因为2018年下半年行业负面舆情导致出借人与借款人信心下降，纷纷逃离行业。

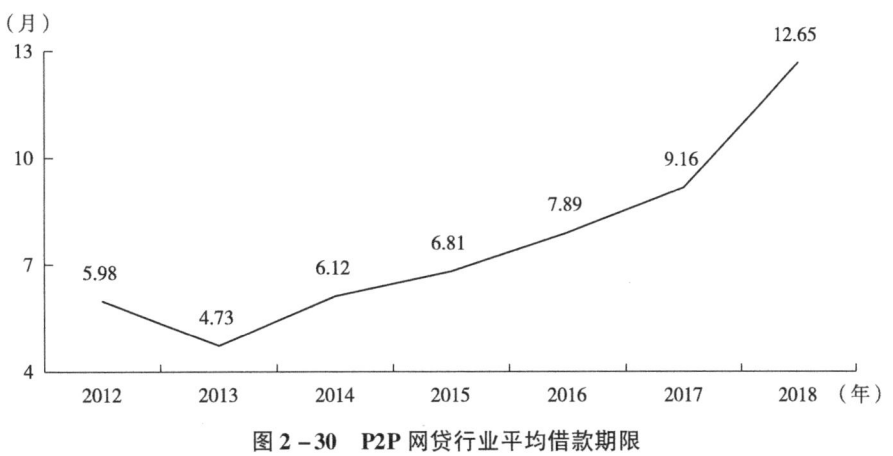

图2-30　P2P网贷行业平均借款期限

（资料来源：网贷之家.2018中国网络借贷行业年报［EB/OL］.［2019-01-09］.https：//www.wdzj.com/news/yc/3699010.html）

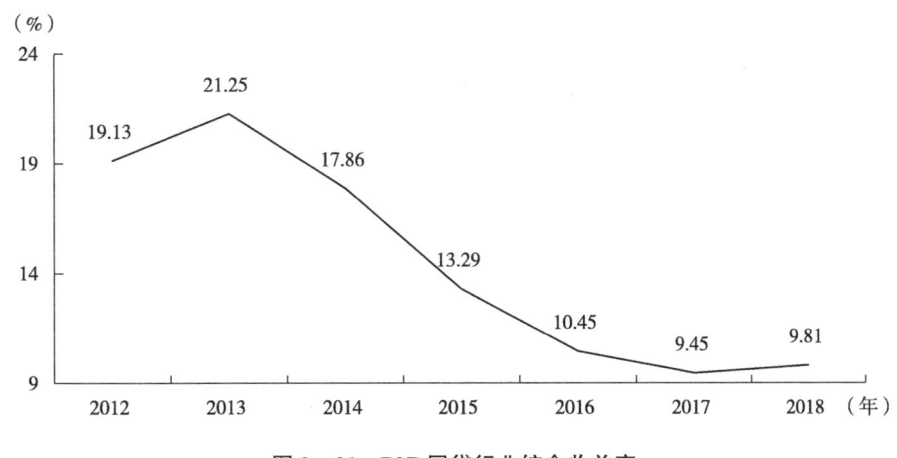

图2-31　P2P网贷行业综合收益率

（资料来源：网贷之家.2018中国网络借贷行业年报［EB/OL］.［2019-01-09］.https：//www.wdzj.com/news/yc/3699010.html）

从融资事件数量与金额来看，截至2018年底，网络借贷行业共发生了239例融资事件，总融资金额547.54亿元。其中，2018年共发生25例融资事件，相比2017年减少

13例,总融资金额约117.93亿元,环比2017年增加29.85亿元,但相比行业规模增速较快的2015年和2016年,融资热度有所下降。但是值得说明的是,2018年融资金额高的原因主要得益于陆金所12月获得的13.3亿美元的融资,若不将此例融资纳入统计,2018年总融资金额仅为26.83亿元,相比2017年减少了61.25亿元,参见图2-32与图2-33。整体而言,近几年网络借贷行业的融资热度呈现下降趋势,这主要是因为随着监管体系的全面形成,平台基本都进入了合规整改阶段,行业乃至平台未来发展的不确定性增加,但是随着未来网络借贷平台备案的完成,政策的不确定性可以基本消除,参见表2-26,整个行业的运营风险有所降低,发展前景相对明朗。

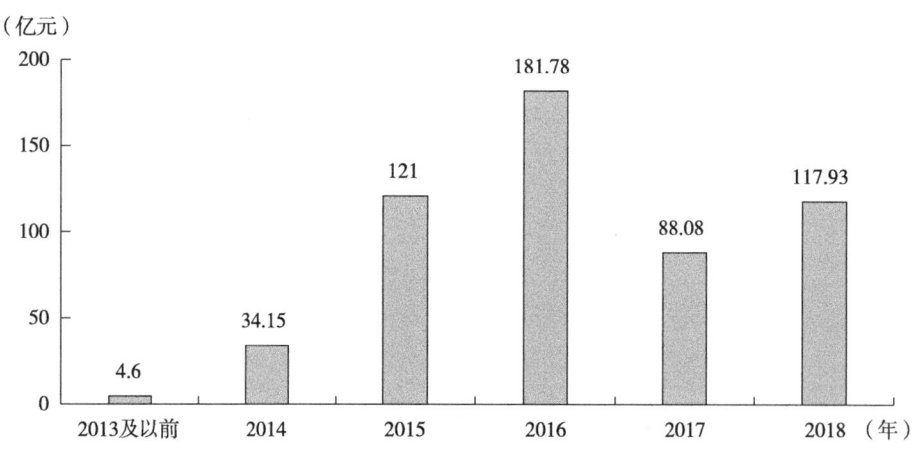

图2-32 各年P2P网贷行业融资金额

(资料来源:网贷之家.2018中国网络借贷行业年报 [EB/OL]. [2019-01-09]. https://www.wdzj.com/news/yc/3699010.html)

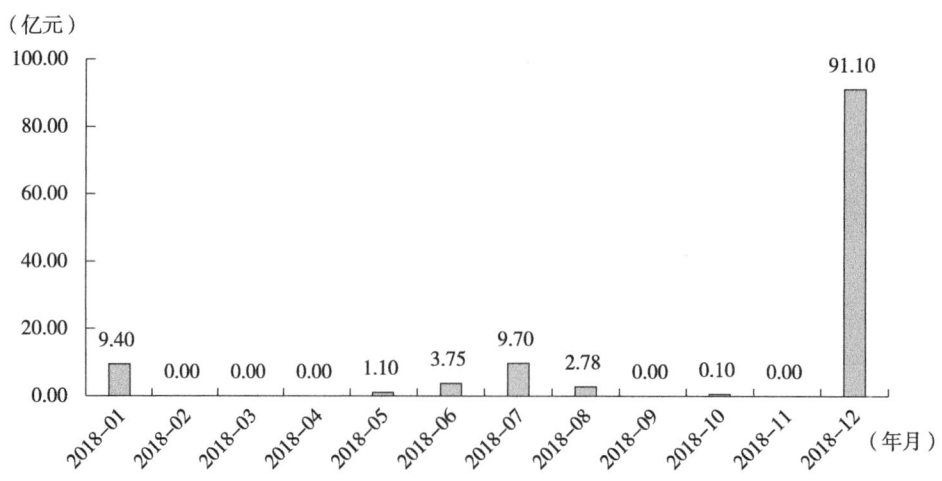

图2-33 2018年P2P网贷行业融资金额

(资料来源:网贷之家.2018中国网络借贷行业年报 [EB/OL]. [2019-01-09]. https://www.wdzj.com/news/yc/3699010.html)

表 2-26　　　　　　　　　　2018 年 P2P 网贷行业各月监管政策

时间	政策内容
2018 年 1 月	全国范围扫黑除恶
2018 年 2 月	多地下发整改验收指引、专业审计报告编写指引、法律意见书编写指引
2018 年 3 月	互联网资产管理业务整治开启（29 号文）
	中国互联网金融协会下发债务催收自律公约
2018 年 4 月	监管部门通知各地金融办向后调整 P2P 网贷平台备案
2018 年 5 月	监管、部门地方互联网金融协会严禁套路贷、现金贷非法金融活动
2018 年 7 月	部分地方互联网金融协会加大打击恶意逃废债行为
	工信部等 13 部委整治骚扰电话行动
	广州市互联网金融协会发布退出指引
2018 年 8 月	P2P 网贷整治办下发合规检查通知
	银保监会要求四大资产管理公司主动作为化解 P2P 网贷平台爆雷风险
	中国互联网金融协会发布自查自纠问题清单
2018 年 9 月	部门地方监管部门下发开展合规检查的通知
	中国互联网金融协会公布第一批银行存管白名单
2018 年 10 月	部门地区进入自律检查阶段，少部分地区进入行政核查阶段
2018 年 11 月	北京市、广州市、深圳市互联网金融协会规范自律检查期间机构宣传
2018 年 12 月	中国互联网金融协会开启非现场检查
	深圳市、杭州市互联网金融协会重申压降贷款余额、出借人数规模等

资料来源：网贷之家.2018 中国网络借贷行业年报［EB/OL］.［2019-01-09］.https：//www.wdzj.com/news/yc/3699010.html.

（3）众筹行业在规范化运营趋势下，缓步发展

一是众筹行业不断出清，在规范化的道路上不断前进。根据众筹家《2019 年 1 月中国众筹行业月报》，截至 2019 年 1 月底，我国处于运营状态的众筹平台共有 145 家，其中股权型平台 51 家，权益型平台 46 家，物权型平台 22 家，综合型平台 18 家，公益型平台 8 家；截至 2018 年 6 月底，全国共上线过众筹平台 854 家，其中正常运营的为 251 家，下线或转型的为 603 家，上半年仅有 9 家新增平台；运营中平台的类型分布为：股权型平台 80 家，权益性平台 75 家，物权型平台 48 家，综合型平台 34 家，公益型平台 14 家。参见图 2-34。

二是众筹行业在规范化的同时缓步发展。人创咨询《中国众筹行业发展报告 2018（上）》显示，从众筹项目来看，2018 年上半年共有 48 935 个众筹项目，其中已成功项目有 40 274 个，占比 82.30%；从众筹融资额来看，2018 年上半年成功项目的实际融资额达 137.11 亿元，与 2017 年同期相比增长了 24.46%；2018 年上半年，成功项目中融资额排名前十的股权型项目及权益型项目的融资额均超过 2 000 万元，最受投资者欢迎的十个项目的支持人次均超过 5 万人次。

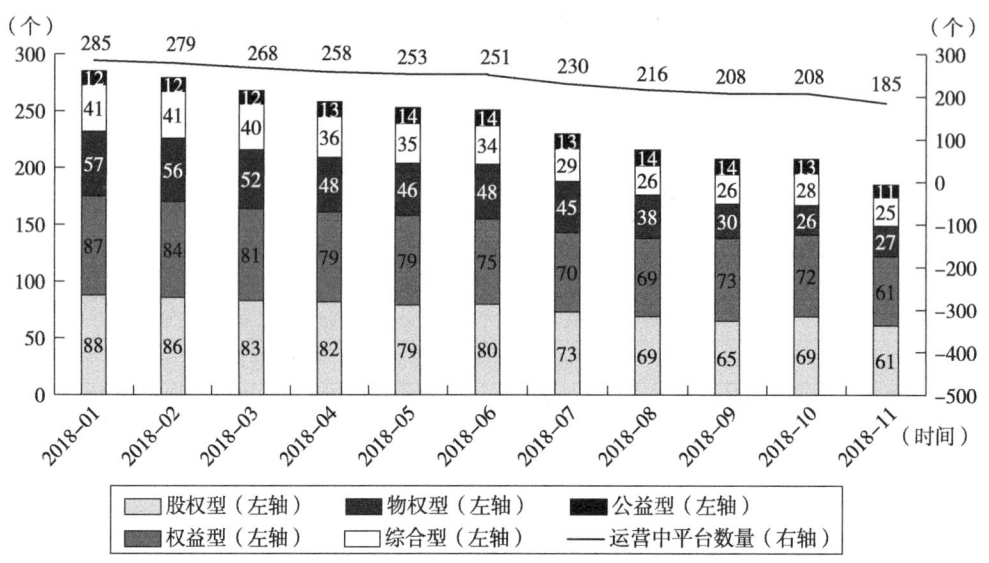

图 2-34 2018 年以来中国众筹行业运营中平台数量与各种类型占比变动

(注：2018 年 12 月数据缺失)

(资料来源：众筹家，http://www.zhongchoujia.com/data/)

(二) 金融小镇在逐渐成熟的政策引导下，朝着高质量发展

一是特色小镇政策具有鲜明的由初创到逐渐成熟、向高质量发展的与时俱进性（见表 2-27）。

表 2-27　　　　2016 年以来国家各部委关于特色小镇的政策文件

时间	文件	发文单位
2016 年 7 月 1 日	关于开展特色小镇培育工作的通知	住建部、发展改革委、财政部
2016 年 8 月 3 日	关于做好 2016 年特色小镇推荐工作的通知	住建部村镇建设司
2016 年 10 月 8 日	关于加快美丽特色小（城）镇建设的指导意见	发展改革委
2016 年 10 月 10 日	关于推进政策性金融支持小城镇建设的通知	住建部、中国农业发展银行
2016 年 12 月 12 日	关于实施"千企千镇工程"推进美丽特色小（城）镇建设的通知	发展改革委、国家开发银行、光大银行、中企联、中企协、城镇化促进会
2017 年 1 月 13 日	关于开发性金融支持特色小（城）镇建设促进脱贫攻坚的意见	发展改革委、国家开发银行
2017 年 1 月 24 日	关于推进开发性金融支持小城镇建设的通知	住建部、国家开发银行
2017 年 5 月 9 日	关于推动运动休闲特色小镇建设工作的通知	体育总局办公厅
2017 年 5 月 26 日	关于做好第二批全国特色小镇推荐工作的通知	住建部办公厅
2017 年 6 月 9 日	关于组织开展农业特色互联网小镇建设试点工作的通知	农业部市场与经济信息司
2017 年 7 月 4 日	关于开展森林特色小镇建设试点工作的通知	国家林业局办公室
2017 年 7 月 7 日	关于保持和彰显特色小镇特色若干问题的通知	住建部
2017 年 10 月 10 日	关于开展农业特色互联网小镇建设试点的指导意见	农业部办公厅

续表

时间	文件	发文单位
2017年12月4日	关于规范推进特色小镇和特色小城镇建设的若干意见	发展改革委、国土资源部、环境保护部、住建部
2018年8月30日	关于建立特色小镇和特色小城镇高质量发展机制的通知	发展改革委
2018年11月15日	关于总结推广第二批国家新型城镇化综合试点阶段性成果的通知	发展改革委

资料来源：国家各部委官方网站。

二是我国基金小镇建设由高峰期进入稳定发展期。根据清科研究中心《2018年中国基金小镇发展回顾》，一方面，基金小镇的建设逐渐成为一场全国性的现代化金融体系建设潮流，截至2018年11月末，全国已公布的基金小镇合计80个，参见图2－35，覆盖了全国21个省/市/自治区，遍布了从东南沿海至西北腹地的广大地区；受到2016—2017年全国范围内新建基金小镇的热潮影响，全国大部分地区已经启动了创建基金小镇的工作，造成了2018年新设基金小镇数量相对减少，另外，2018年国内经济形式和金融政策出现诸多变化，各方在设立基金小镇方面相对谨慎，追求差异化和稳健发展；一方面，接近一半基金小镇的建筑载体已经初步具备使用条件，仅完成园区规划和尚未开工的小镇数量仅占13.80%，可以投入使用的小镇（部分建成和全部建成）的数量合计占总数的46.30%，接近总数的一半（见图2－36）；另一方面，已被披露入驻机构数量的47个基金小镇，合计入驻了超过3万家的基金、基金管理机构和相关金融机构，已披露资金管理规模的37个基金小镇，各类资金管理规模合计约8.7万亿元人民币。基金小镇已经成为我国股权投资市场的重要载体之一，对我国现代化金融体系建设具有重要的推动作用。

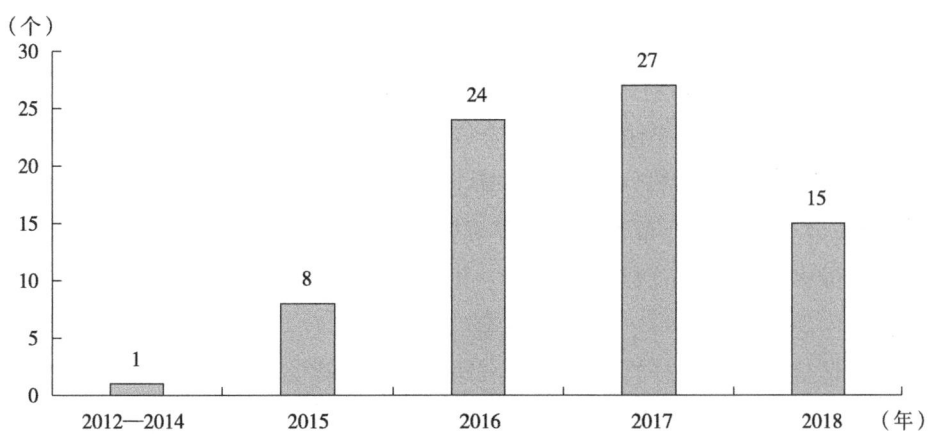

图2－35　2012—2018年中国历年新设基金小镇数量变化趋势

（资料来源：清科研究中心：《2018年中国基金小镇发展回顾》，https://doc.mbalib.com/view/ec96bca93bc1ccda06c5ac4dbfeb6241.html）

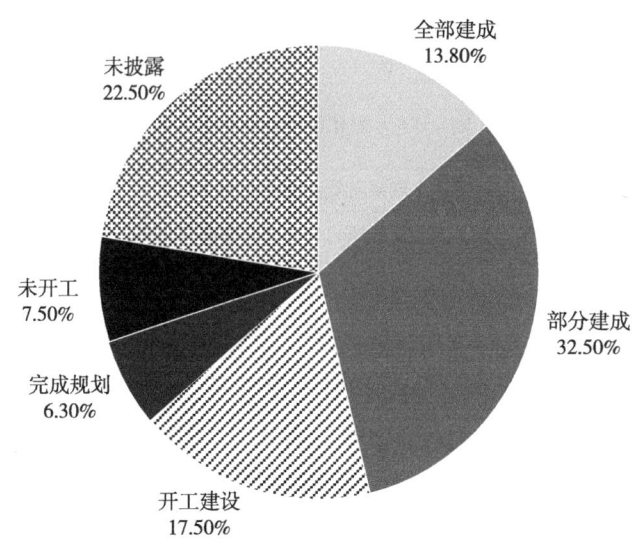

图 2-36　2018 年中国基金小镇建设进度情况

(资料来源：清科研究中心：《2018 年中国基金小镇发展回顾》，https：//doc. mbalib. com/view/ec96bca9 3bc1ccda06c5ac4dbfeb6241. html)

三是我国基金小镇"马太效应"开始凸显，头部基金小镇对金融机构有较强吸引力。一方面，根据市场公开资料，按照各基金小镇被披露的入驻机构（包括基金、基金管理机构、中介服务机构和其他相关的金融机构）将全国基金小镇分为 5 个等级。通过统计发现，2018 年共有 47 个基金小镇对外公布了入驻机构数量，其中，入驻机构数量少于 500 个的基金小镇数量最多，合计占总数的 77.2%，意味着全国近八成基金小镇入驻机构的数量小于 500 个，而入驻机构数量在 500 个以上的基金小镇合计占总数的 22.8%。从另一个角度来看，入驻 1 000 个以上机构的基金小镇仅有 5 个，但入驻的机构数量合计占全部基金小镇入驻机构总数的 71.8%。中国基金小镇已经初步形成了"马太效应"，"头部"基金小镇对金融机构的吸引力较强。

另一方面，按照各基金小镇披露的资金管理规模（包括基金认缴规模和其他被基金小镇计算在内为在管资金的部分）将全国基金小镇分为 4 个等级。通过统计发现，2018 年共有 37 个基金小镇对外公布了基金管理规模，其中，资金管理规模小于 3 000 亿元的基金小镇数量最多，合计占总数的 86.1%；资金管理规模大于 3 000 亿元的基金小镇数量较少，合计占总数的 13.9%，但是从基金管理规模来看，资金管理规模超过 1 万亿元的基金小镇数量虽少，但合计管理资本量高居第一位，占总数的 60.2%，资金管理规模介于 500 亿元至 3 000 亿元的基金小镇合计管理资金规模居第二位，合计管理资本规模占总量的 30.3%。

整体来看，中国基金小镇在管理资本量方面也出现了"马太效应"，头部基金小镇"吸金"能力较强；但同时，资金管理规模介于 500 亿元至 3 000 亿元的基金小镇内部也集聚了大量的管理资金，这一层级基金小镇竞争激烈，未来有望从中诞生出新的优质基金小镇。

四是基金小镇发展趋势无疑是向好的。2018年，各地基金小镇申报特色小镇热情不减，获省级、市级政府认可的基金小镇数量持续增长；截至2018年11月末，共有24个基金小镇被各级政府评为特色小镇培育对象，其中，北京基金小镇是唯一获得国家级特色小镇称号的基金小镇。同时，中国共有获得省级特色小镇称号的基金小镇15个，获得市级特色小镇称号8个，数量均较上一年度有所增长。

（三）绿色金融发行总量继续上升

一是我国绿色金融[①]发行量继续上升。根据彭博终端统计，2018年我国发行人在海内外的绿色债券（含可持续债券）发行总量约为360亿美元，全球排名第二，仅次于375亿美元的美国，发行总量约占全球15%，较2017年增长了约13%。各地也陆续为发行人、担保人出台了激励措施，并且继续加强与离岸金融中心的合作，这些将有望使我国在2019年的发行总量接近400亿元新高。

二是我国发行人仍以金融类机构为主，而企业类发行人占比有所下降。2018年，实体企业发行人占比下降，民营企业发行人占比非常低。相较于金融类发行人的强势（发行了全国四分之三的绿色债券），实体企业作为发行人的绿色债券从2017年的29%下降到了2018年的24%，主要是因为当时国内采取的信贷收紧措施及实体企业对高负债数字的顾虑。其中，国有企业发行量占2017年绿色债券的86%，而民营企业仅占12%。2018年，兴业银行是我国最大的单一发行主体，也是我国启动绿色债券市场以来累计最大的发行主体，绿色债券发行量达到100亿美元左右（是2017年最大单一发行人的两倍）；在企业类发行人当中，风电国企龙源电力集团股份有限公司为2018年最大主体。

三是风电、光伏等可再生能源项目是绿色债券的青睐者。2018年，在企业类绿色债券发行总量（约88亿美元）中，32%的募集资金用于风电、光伏等可再生能源项目，其次是数个大城市的轨道交通建设（22%），以及水电项目（12%）。

四是更广泛的金融机构参与了绿色金融债券的发行。观察金融类债券可以发现，2018年，越来越多省市的金融机构加入了发行人行列，特别是各地的城市商业银行和农商行。这已不仅限于传统上经济领先的沿海省份，还包括了中西部地区，而中西部地区本来的生态环境更加脆弱、有发展绿色金融的潜力。

五是绿色金融的发展受到了各地政府的广泛关注与重视。2018年，各地陆续出台激励措施，包括政策性和实质金额上的激励，从而鼓励绿色债券发行人、降低发行门槛。例如，江苏省2018年提出将持续两年给发行人提供30%的贴息，广东省选定了花都区

---

① 根据2016年8月31日人民银行等七部委发布的《关于构建绿色金融体系的指导意见》中，绿色金融定义是指为支持环境改善、应对气候变化和资源节约高效利用的经济活动，即对环保、节能、清洁能源、绿色交通、绿色建筑等领域的项目投融资、项目运营、风险管理等所提供的金融服务。

作为绿色金融创新示范园区。

（四）供应链金融与区块链相结合的价值和前景日益凸显

2018年，供应链金融已经进入了4.0时代①，在4.0时代，供应链金融可以充分利用人工智能、区块链、云计算、大数据等前沿技术手段来实现更好的风险控制及产业供应链中高效的资金对接，并着手构筑供应链金融生态圈；下一步，供应链金融将会迅速进入5.0时代，5.0时代是供应链生态的时代，核心企业的功能将会弱化，焦点将会更加集中在核心企业和其多级供应商、经销商之间的交互关系上，更加关注的是一个行业整体生态圈的形成和建设。

一是，2018年供应链金融在政策的大力支持下稳步前行。2018年4月18日，八部门联合发布了《关于开展供应链创新与应用试点的通知》，提出在全国范围内开展供应链创新与应用试点；2018年9月21日，《关于全国供应链创新与应用试点城市和企业评审结果的公示》发布，标志着我国推进供应链创新与应用的工作将进入新阶段。全国一共有114个城市和1 359家企业申报试点，最终确定了55个试点城市和266家试点企业，其中266家试点企业中有4家银行和1家保险公司将供应链金融作为主要的试点方向。

二是，供应链金融与区块链相结合的价值与前景日益凸显。首先，2018年出现了大量的区块链开发与应用企业：4月9日，工信部旗下中国信息通信研究院携手158家单位共同启动可信区块链推进计划，截至10月9日，已有225家单位加入了此计划，其中包括百度、阿里、腾讯、京东金融、微软、Intel、SAP、中国电信、中国移动、中国联通、华为、中兴等众多知名企业。

三是，区块链在供应链金融领域的实践企业也有很多，如腾讯、阿里巴巴、建设银行、工商银行、平安银行、兴业银行等。其中，在2018年4月12日中国"互联网+"数字经济峰会金融分论坛上，腾讯区块链正式发布了"腾讯区块链+供应链金融解决方案"，并且表示，区块链+供应链金融是腾讯区块链发力重点之一；在2018年6月，腾讯云与东华软件旗下华金在线进行战略签约，依靠腾讯云区块链平台不可篡改、异构多活和支持智能合约等优势，实现供应链金融的操作模式闭环，整体提升了医疗供应链金融的效率；在2018年9月27日中国香港特别行政区金管局上线的区块链贸易融资平台，是中国香港特区政府主导的首批旨在升级9万亿美元全球贸易融资行业的最重要的项目之一，背后唯一的服务提供商是平安银行，其利用区块链技术构建了一个供应链应收账款融资平台，专门解决中小供应商应收账款提前变现；兴业银行金融科技子公司——兴业数金在2016年11月上线的"执剑人——供应链金融"票据流转见证平台，截至2018

---

① 供应链金融1.0时代，发展模式集中在线下，以保兑仓融资、仓单质押融资、融通仓融资、应收账款质押融资及物流保理等为主要业务模式；供应链金融2.0时代，发展模式由线下转为线上，尝试加入第三方信息平台，如物流等，通过对第三方数据的采集，减少对核心企业所提供唯一数据的依赖；供应链金融3.0时代，以电子商务发展为背景，电子商务中产生的大量数据可以帮助供应链金融风控体系的加强。

年底，成交额突破 1 800 亿元，同时，在 2018 年，平台的银票笔数交易占比 98.94%，平均金额不到 30 万元，充分体现了对小微企业票据流转的支持。

总体来说，供应链与区块链相结合的价值与前景得到了社会的认可，但是二者的结合还未达到普及与成熟的阶段。供应链与区块链相结合的落地需要一个安全高效的基础设施，需要协同共赢的商业合作与利益分配机制，需要监管层的认可与规范，需要央行与各类企业、产学研政多方共同探索与实践，才利于区块链在金融领域应用的尽早普及与成熟。

五、金融机构发展存在的问题

（一）资本越发成为商业银行发展的硬约束

随着商业银行资产规模的不断扩大，单独依靠商业银行内源资本积累的银行资本补充已不足以支撑其发展需求。2018 年 1 月，银监会联合人民银行等机构讨论并下发《关于进一步支持商业银行资本工具创新的意见》，支持和鼓励商业银行在资本补充渠道上进行创新。从 2018 年中国商业银行的经营现状来看，中国商业银行的资本仍然承压。银保监会要求 2018 年底商业银行的核心一级资本充足率、一级资本充足率和资本充足率分别要达到 7.5%、8.5% 和 10.5%（系统重要性银行分别上浮 1%）。2018 年末，商业银行核心一级资本充足率是 11.03%，较上年末上升 0.28 个百分点；一级资本充足率是 11.58%，较上年末上升 0.24 个百分点；整体资本充足率是 14.20%，较上年末上升 0.55 个百分点。资本充足率虽然满足监管要求，但是风险加权资产和资本增速都在下降。在资产负债回归存贷款基础性业务趋势下，贷款等重资产投放占比依然较高，在资本补充的内源和外源渠道相对受限的情况下，资本管理面临较大压力。

一是资本充足率安全边界不足。根据《巴塞尔协议Ⅲ》以及我国《商业银行资本管理办法（试行）》的相关规定，资本充足率在过渡期内要逐年提升。2018 年过渡期结束后，国内系统重要性银行的核心一级资本充足率、一级资本充足率和资本充足率应分别不低于 8.5%、9.5% 和 11.5%。其他银行的资本充足率水平需要达到 10.5%。同时，宏观审慎评估体系强化了资本充足率的标准。但商业银行实际资本充足率与监管要求的差距逐年收窄。从各项资本充足率与监管下限的距离来看，核心一级资本充足率和一级资本充足率与监管下限的距离有所下降，一级资本和核心一级资本的水平并不高，安全边际在减弱。2018 年末商业银行核心一级资本充足率与监管下限的距离从 2014 年的 3.66% 下降到 2018 年的 2.53%，一级资本充足率与监管下限的距离从 2015 年的 3.01% 下降到 2018 年的 2.08%。由此可见，银行资本充足率仍然承压。

二是资本消耗加剧，内外补充渠道有限。从资本消耗看，在我国经济增速换挡和供给侧结构性改革持续推进的背景下，部分企业出现经营困难，信用违约风险加大，商业银行不良贷款率出现持续攀升。为了应对资产质量的持续下降，商业银行加大了贷款拨备的计提力度和不良贷款的核销力度,高风险资产比重的攀升使得风险加权资产规模扩大,进一步增加了商业银行资本占用。截至第三季度末,上市银行风险资产权重系数为70.19%,较年初提升超过3个百分点。分结构看,五大行权重系数相对稳定,但股份制银行和城商行较年初分别提升3.2个百分点和2.9个百分点。这表明,2018年商业银行重资产投放节奏较快,对资本产生较大消耗。从资本补充看,一是内源性资本补充能力不足。国内商业银行内源资本补充渠道主要就是留存收益。这一工具成本最低,且自主性较强,更不会稀释股东权益,是最佳的核心一级资本补充方式。但是我国经济处于下行周期,银行资产增速减缓、息差收窄、资产质量承压,导致盈利能力明显下降,利用留存收益补充核心一级资本的有效性减弱。而且留存收益过多可能降低上市银行的分红率,目前银行股是中国资本市场低估值高分红的价值投资代表,如果银行股的分红率下调,必然会冲击中国资本市场的价值基础,不利于资本市场的稳定。二是外源性一级资本补充增量受限。目前,外源性一级资本补充渠道中IPO作为最为正统的核心一级资本补充工具。但国内新股发行门槛高、流程长且限制较多,对于大部分急于补充核心资本的中小型银行来说难成为其首要选择。可转债作为间接的一级资本来源,目前也受限颇多,尤其是在转股的主动性和时效性上;且股市整体低迷,稳定性不强,给转债的发行和转股都带来巨大压力。其他一级资本补充之前主要以优先股为主,但其发行主体主要为上市银行,非上市银行不能使用;且只能在交易所发行,流程较长,发行效率一般。由于股息支付是税后列支,成本也比较高。

三是监管趋严加大资本管理压力。资本充足率的监管指标有银保监会和宏观审慎评估体系(MPA)考核两项,其中银保监会对于资本充足率的监管要求在2018年底要与《巴塞尔协议Ⅲ》一致,即系统重要性银行(主要是国有大行)的核心一级资本充足率、一级资本充足率和资本充足率要达到8.5%、9.5%和11.5%。其他银行在2018年底要分别达到7.5%、8.5%和10.5%。国内外系统重要性银行监管标准提升,商业银行资本压力进一步凸显。人民银行发布《关于完善系统重要性金融机构监管的指导意见》(以下简称《意见》),内容重点涵盖了对系统重要性金融机构的特别监管要求和特别处置要求。《意见》主要通过两条途径完善系统重要性金融机构监管:一方面,对系统重要性金融机构制定更严格的监管要求;另一方面,建立系统重要性金融机构特别处置机制。在金融稳定委员会(FSB)披露的全球系统重要银行名单(G-SIBs)清单及对附属资本的要求中,四大行分别被赋予1.5%和1%的附加资本要求。对于部分核心一级资本充足率承压的银行而言,若《意见》采取不设置过渡期将其纳入G-SIBs监管名单,将加大机构核心一级资本补充压力。

(二)中小型银行风险问题逐步暴露

改革开放以来,中小银行逐步成为我国多层次、多元化商业银行体系的中坚力量。中小银行的蓬勃发展满足了实体经济尤其是民营企业和中小企业的融资需求,有效促进了市场竞争和金融创新，提高了金融业整体服务水平，但也积累了一定风险。不同于大银行拥有大量的优质客户，中小银行面对的中小企业对外部市场的冲击更为敏感，承担风险的能力也相对较弱，尤其在经济增速放缓的情况下，中小银行面临的风险相对更高。

第一，在经济下行和金融严监管趋势下，部分中小银行的增量风险逐步暴露。首先，在去金融杠杆背景下，一些规模较小的区域性银行风险加速暴露、不良贷款激增。以农村商业银行为例，截至2018年底，农村商业银行不良贷款余额为5 354亿元，不良贷款率由年初的3.16%上升至3.96%，较上年同期增加0.80个百分点。拨备覆盖率由年初的164%降至132.54%，较上年同期降低31.77个百分点。2018年共有13家评级被下调或展望为负面的中小银行，其中包括12家农村商业银行、1家城市商业银行。从评级报告分析来看，这些中小银行评级下调的原因主要集中在资产质量明显下行、不良贷款率大幅攀升、资本充足率指标降幅较大、盈利指标大幅下滑上，同时受所处地区经济下滑影响较大。虽然总体上看农商行和农信社数量高达2 000多家，暴露风险的银行数量占比只占很小的一部分，但银行暴露的风险总体还是存量隐藏的风险，由于监管强化，要求贷款分类和真实反映，因此存量风险浮现到账面上。

其次，随着监管将90天以上逾期贷款全部归类为不良贷款，导致部分银行出现不良率飙升的现象。数据显示，农村商业银行整体资产质量下行明显。以铜陵农村商业银行为例，截至2017年末，铜陵农村商业银行不良贷款余额为2.62亿元，不良率为2.47%。2018年以来，应监管要求，铜陵农村商业银行将不良贷款充分暴露，2018年9月末不良贷款余额达18.8亿元，较年初涨了6.2倍，不良贷款率也较年初大幅上升12.7个百分点至15.17%。由于不良资产增速过快，该行拨备覆盖率较年初大幅下降164.99个百分点至36.96%，远低于监管标准；核心一级资本充足率和资本充足率，分别较年初下降7.35个和8.86个百分点至4.42%和7.44%。鉴于当前区域经济环境，并基于该行现有经营和财务状况，该行的主体信用评级由A+调整为A。

最后，随着经济的下行及不良贷款真实坏账余额的持续增加，那些不足额计提入账不良贷款的中小银行一旦流动性减弱及贷款增速下滑，这些银行将会出现信贷资产质量急剧恶化的现象。而又因为中小银行与投资者之间不能形成良性互动的局面，这些银行未来资本供给必将失去来源，可能导致一些中小银行破产倒闭的现象，这种情况一旦发生，势必会对整体银行业造成冲击，造成系统性危机的发生。

第二，中小银行过去多年由于发展不足面临的存量风险。2016年以来，中小银行盈利能力逐步出现明显分化，资产质量压力陡增，且资本补充难度日益加大。从发展能力上看，中小银行发展积聚了四大风险。一是公司治理欠缺，大股东资金占用。部分中小银行股东持股比例较为分散，股权结构复杂，易形成关联交易，公司治理方面又存在股东资质不合规、股权管理不到位等问题。二是同业存单套利，大量资金流入实体，表外信用下沉。三是信用风险，表内信用下沉伴随供给侧改革。一方面，中小银行业务集中于当地中小企业，受区域经济发展情况影响明显；另一方面，中小银行的部分中小企业客户在供给侧改革进程中面临淘汰、破产，积累信用风险。四是流动性风险，期限错配程度较高，而流动性管理水平较低，高度依赖宽松的货币环境。

（三）保险公司持续发展动力缺乏，盈利能力亟待提高

2018年，保险竞争加剧、监管趋严，保险生态相应发生变化。在复杂多变的外部环境及保险行业转型回归的背景下，保险公司经营环境日趋严峻，业务发展和利润增速骤减，在内外部多重因素交叉影响下，靠规模扩张就能大幅盈利的粗放型、外延式的低水平发展模式难以为继。具体而言，其问题主要表现在：

一是发展方式粗放，导致高投入、高成本、高消耗现象较为严重。目前，不同类型、规模的保险公司在核心竞争力上尽管差异很大，但总体上仍处在粗放式发展阶段，存在着"高投入、高成本、高消耗"的"三高"现象。

"高投入"表现为在机构设置上不计成本。除几家新兴的互联网保险公司、自保公司外，保险公司无论大小，都是从全国到省、市、县层层设立分支机构，结果导致管理成本虚高，大多数保险公司投入花费巨大。

"高成本"表现为在业务开拓上大打低水平的价格战。2018年财产险公司综合费用率高达40.7%，较2017年上升1个百分点。大量收取的保费被用于低水平的渠道竞争；人身险方面，寿险营销队伍大进大出，营销员13个月留存率不足30%，销售成本虚高，个代营销的生命力下降。

"高消耗"则表现为保险公司在业务拓展中信息披露不合规，夸大保险产品范围和收益，将万能险、分红险与基金、理财不做区分，销售误导等行为频发。这些行为有损保险业声誉，也是对保险资源的破坏性开发，不利于保险机构和保险业的长期可持续发展。

"高投入"、"高成本"和"高消耗"的后果就是保险公司投入与产出不匹配，经营效率不高。2018年，财产险公司净利润合计321.78亿元，同比负增长20.5%。其中，盈利公司48家，亏损公司35家，亏损面达42.2%。行业前3大公司净利润超过全行业累计净利润，占比达到104%，其他公司盈利能力有限。从承保端来看，仅有25家财险公司实现承保盈利，行业承保利润率为-0.13%，接近于全行业亏损，也成为财险业连续8年承保盈利以来的第一个拐点。人身险公司方面，2018年，55家公司实现盈利，31家公司出现亏损，合计亏损146.78亿元，亏损面也达36%。行业前6大公司实现净利润在行业累计净利润中占比达89.57%，大部分公司盈利水平有限。

二是险种及业务结构调整面临瓶颈，业务增长乏力。无论是财产险公司还是人身险公司，都加大了业务结构调整的步伐，但效果尚不够明显，险种及业务单一、产品同质化的问题依然严重，许多与国计民生密切相关的保险业务没有得到应有的重视和发展。

尽管财产险公司开始更多发力非车险业务，但 2018 年，车险业务占比仍高达 72.74%，非车险业务各险种在市场中的单独占比均未超过一成，其中，与国家治理密切相关的责任险占比仅 5.49%；企财险业务占比 3.93%，年年下滑；货运险占比也在 1% 左右徘徊，"一险独大"的态势并未得到根本性改变。此外，业务发展动力不足的问题也开始显现，随着商业车险费率市场化改革的深入和新车销售量增速的持续降低，车险业务呈现缓慢波动下降趋势；非车险方面，企财险业务保费增速持续低迷，连续 6 年低于 10%；责任保险、农业保险尽管在国家政策的大力推动下实现了高增长，但伴随着政策红利逐步减弱，能否实现长期可持续发展仍旧存疑；信用保险和保证保险发展不稳定，其他创新型产品也难以创造可观的市场空间。

人身险公司方面，产品的布局和发展，与人民"幼有所育、病有所医、老有所养"的需要不相适应。2018 年，在保险回归保障的监管指引下，人身险公司积极调整业务结构，尽管理财型险种销售放缓，保障型产品增速上升，但当年保户投资款新增交费 8 953.73 亿元，同比增长 34.98%；分红寿险保费收入 11 489.15 亿元，同比增长 36.72%，其寿险业务占比达 55.44%，较上年上升 16.28 个百分点；而普通寿险保费收入 9 120.97 亿元，同比下降 29.49%，其寿险业务占比为 44.01%，较上年下降 16.28 个百分点。可见，投资型和理财型险种仍然是大部分人身险公司加大现金流的共同选择，寿险产品转型艰难。人身险公司也加大了对健康险和人身意外险的投入，如针对年轻客户主打"百万医疗"等低价格、高保障产品，面向高净值客户推出特需门诊、国际医疗部等高端产品，针对糖尿病患者、育龄女性、高龄老人等细分客群的创新型产品也不断涌现，但由于缺乏经验数据和定价能力，部分公司的产品预定利率不合理，产品设计一味追求价格低、保障全和保额高，随着发病率和医疗费用的持续上升，此类保险业务的健康发展堪忧，发展前景不明。

产品同质化造成了保险产品供给与需求的不匹配，保险公司产品设计及推广上的能力有限导致了业务发展的动力不足，这必然会给公司及行业发展制造压力。2018 年，保险业原保险保费收入增速仅 3.92%，近 40 年来首次显著低于 GDP 增速。其中，人身保险连续 11 个月负增长，到年底才实现 0.8% 的微增长。保险公司只有彻底转变发展模式，根据需求科学设计保险产品，延伸保险服务链条，解决产品同质化问题，提高供给侧的有效生产能力，才能实现长期发展。

三是业务拓展过度依赖中介渠道，市场掌控力有待提升。2018 年，我国保险中介渠道保费收入为 3.37 万亿元，占总保费收入的比例为 87.4%，其中，营销员渠道占比为 47%，兼业代理机构为 27.7%，专业中介机构为 12.7%。可见，无论是财产险还是人身险公司，其业务拓展都严重依赖保险中介，尤其是营销员和兼业中介机构，这导致其市场掌控力与价值链地位不匹配，业务发展受制于人。

财产险公司方面，车险发展中，绝大多数公司依赖汽车 4S 店、车商等中介渠道来争夺市场份额,理论上讲,保险公司作为汽车后服务市场的支付方,本该是产业链的核心价值创造者及产品提供者,但由于没有构建起直通客户的有效渠道,只能通过支付高额佣金和手续费的方式向4S店等中介"买业务"。近年来,车险手续费逐年增加,增速远高于同期保费增速。部分保险公司为规避监管,甚至采取更隐蔽的手段支出手续费,如与第三方平台同时签订手续费合同和技术服务合同,隐藏部分手续费支出;调高工时配件定损价格,以显著高于厂商指导价的水平向合作经销商支付赔款等。手续费增加是财产险公司综合费用率居高不下的主要原因,其结果是保险业务发展的红利被4S店、车商、汽车维修店获得,而保险公司不赚钱甚至亏损,消费者也获益甚微。

人身险公司方面,银保渠道、营销员渠道及互联网渠道均存在被反制的情况。银保渠道方面,人身险公司对合作银行缺乏主导权,目前只能依靠提高产品收益率或渠道费用来获取资源,费用走高的局面难以扭转;营销员渠道方面,一些公司缺乏转型战略定力,在业绩压力下,降低营销员入职标准、培训要求,导致部分营销员由于能力不足、产能低、收入低,脱落率走高,同时,也带来销售误导隐患;互联网渠道方面,互联网平台依托流量形成客户资源垄断,人身险公司为争夺渠道资源而拼抢费用、佣金,间接推高中介费用,另外,由于部分互联网保险产品或第三方网销平台投保及核保程序过于简化,给人身险公司也带来逆选择风险。

综上,考虑到客户对保障型保险业务的刚性需求,以及大型保险公司遍布全国的分支机构和电销、网销网络,部分中介渠道在保险销售和业务发展上并不能创造额外的社会价值,反而是使大量的利益漏损在中间环节,形成了投入"黑洞效应"。随着客户保险意识的提升,从客户角度讲,这样低效率的业务发展模式也缺乏生命力。

(四)粗放式发展难以为继,券商资管面临新的挑战与竞争

券商资管业务在资管新规与细则出台前处于一个粗放式发展的时期,行业管理的资产规模爆发式地增长,但发展质量有待提高。券商资管在规模方面有以下三个特点:一是总体受托规模以通道为主,二是主动管理规模以固定收益业务为主,三是固定收益类业务管理规模以预期报价型资金池业务为主。收入方面有两个特征:一是收入未与规模同比例增长,二是产品创收率降低。同时,整个券商资管行业在资金端、资产端和自身管理能力方面都存在着比较大的不足。一是资金端方面,投资者不成熟,长期资金稀缺;二是资产端方面,资产收益无法持续满足理财需求,信用风险提升;三是主动管理能力匮乏,以通道业务为主。

2018年4月,人民银行、银保监会、证监会和外管局联合发布《关于规范金融机构资产管理业务的指导意见》;7月,"一行两会"相继发布配套细则。整体来看,资管新规及配套细则的设立打破了刚性兑付、确立了消除嵌套、统一监管等核心原则,统一了不同金融机构参与资管业务的监管标准。资管新规的发布,给证券公司资管业务带来了新的挑战。

第一,通道服务受到多重限制。对于证券公司而言,资管业务可以分为通道服务、主动管理两大类别。证券公司资管的通道业务已在业务准入、资金来源、产品杠杆、计提风险准备、管理成本等方面受到了多项限制。资管新规更是明确提及禁止不合规的通道业务,要求金融机构不得为其他金融机构的资产管理产品提供规避投资范围、杠杆约束等监管要求的通道服务。其次,从证券公司资管行业的近期发展来看,通道业务规模已呈现萎缩趋势。证券公司通道服务多采取定向资管计划的形式。根据证券业协会统计,截至 2018 年末,证券公司定向资产管理业务期末客户数较上年末减少 2 907 家,同比减少了 17.33%;期末受托资金总额较上年末减少 3.43 万亿元,同比减少 24.31%。整体而言,在行业去通道降杠杆的政策环境下,以定向资管为代表的通道类业务规模扩张受到限制,2018 年定向资管产品受托资金占比由 2017 年的 82.5% 下降至 78.1%。定向资管计划规模的下滑说明证券公司通道业务发展速度已进入拐点,开始呈逐渐下降趋势。

第二,大资管行业内资管业务竞争加剧,券商资管也面临着包括银行理财子公司、信托公司、公募基金和私募基金的等各类机构的挑战。具体举例来看,竞争对手一是银行理财子公司,截至 2018 年 12 月末,共有 25 家银行宣布设立银行理财子公司,包括工行、农行、建行、中行、交行、邮储银行、9 家股份制银行、8 家城市商业银行、2 家农村商业银行。按照已披露的拟注册资本金算,已经达到 1 300 亿元左右,资本实力与股东背景都十分深厚。竞争对手二是信托公司,新规细则支持信托公司开展符合监管要求、资金投向实体经济的事务管理类信托业务,因此信托公司在业务上有相当大的灵活性与非标投资等方面的累积优势。竞争对手三是公募基金,随着对其他非银金融机构的监管升级,银行理财委外资金对于公募基金的需求可能进一步上升,机构投资者、个人投资者跨期投资需求的增长会分流相当一部分到公募基金。

(五)资管新规重塑信托业务,行业面临转型压力

一是全过程尽职管理难度增加。资管新规对于去刚兑提出了明确的要求,对金融机构尽职调查、产品交易结构设计、产品营销话术、项目过程管理等方面都提出了更严格的要求。若资管产品出现风险,任何一个环节的瑕疵将导致金融机构的败诉和赔付风险。

二是通道业务将进一步受限。资管新规只允许目的适当、能够履行主动管理职责、只能投一层的通道类信托业务,因此可能降低信托公司风险缓释能力,需要信托公司提高主动管理能力。虽然各家信托公司都在积极提升主动管理能力,提升此类业务的比重,但是由于各家信托公司的通道业务占比一直较高,因此,信托通道业务的压缩必然会导致各家信托公司业务规模的下降,进而带来整个行业规模的下降。

三是资本市场配资业务杠杆压缩。资管新规第二十一条规定:"分级私募产品的总资产不得超过该产品净资产的 140%。分级私募产品应当根据所投资资产的风险程度

设定分级比例（优先级份额/劣后级份额，中间级份额计入优先级份额）。固定收益类产品的分级比例不得超过3:1，权益类产品的分级比例不得超过1:1，商品及金融衍生品类产品、混合类产品的分级比例不得超过2:1。发行分级资产管理产品的金融机构应当对该资产管理产品进行自主管理，不得转委托给劣后级投资者。"对信托公司而言，以往的监管政策并未对结构化信托的杠杆比例进行统一规定，只是在《进一步加强信托公司风险监管工作的意见》（银监办发〔2016〕58号）中对投资股票的结构化信托产品有所约束，对投资股票的结构化信托进行严格约束，要求信托公司对其杠杆比例进行有效控制，一般情况下，杠杠比例不超过1:1，如遇特殊情况，最高杠杆也不得超过2:1，禁止信托公司通过任何形式放大杠杆。因此，资管新规出台后，对结构化信托产品的杠杆比例要求更为严格。除杠杆率的限制外，资管新规中还明确规定，在分级资管产品中，不能对优先级提供任何形式的保本保收益的安排。在以往的信托监管政策中，并无此类规定。相似的规定曾出现在新八条底线中，"禁止直接或者间接对优先级份额认购者提供保本保收益安排"。新八条底线出台后，曾使得部分结构化资管计划转向了结构化信托计划。资管新规的出台，统一了监管标准，弥补了监管套利的漏洞。总体而言，结构化信托计划的限制进一步加强，但财产权信托和资产证券化产品并不受上述规定的限制。

四是流动性管理压力增加。新规加强了对期限错配的流动性风险管理。资管新规第十五条对于资金池业务进行了明确的规定，在以往监管的基础上，添加对于非标准化债权投资、未上市公司股权及受（收）益权、同一资产多只资产产品投资总额的限制，要求不得存在资金池。以前信托公司为了解决流动性、项目期限与资金期限不匹配等问题，或多或少存在资金池现象。这条规定对于信托公司的交易结构设计及业务项目管理等各方面能力提出了更高要求。对于标准资金池，要按照新规实行净值化管理，并加强流动性风险管理，制定相应的流动性风险管理规定，同时也要完善投资比例、信息披露等方面的规定。

五是短期内对公司利润影响较大。新规要求金融机构按照资产管理产品管理费收入的10%计提风险准备金。风险准备金的单笔计提金额及上限较新规规定的信托赔偿准备标准大幅提高，且风险准备金在税后计提，将对公司年末资产负债表中的利润造成较大影响。同时新规提高了合格投资人要求标准。资管新规大幅度提高了信托计划合格投资人的标准，家庭金融资产由100万元上升至500万元，个人年收入由20万元提高至40万元，并增加了年末净资产、投资经历以及对特定金融产品的投资起点等要求。基于此，银行、证券、信托都将适用同样合格投资人的标准，再配合之前的穿透管理，所有资管产品的投资标准将高度统一。对于监管而言，是有利于规范资产管理产品的投资标准，引导投资者投资与其风险识别能力和风险承担能力相适应的资产管理产品。但是对于信托公司而言，实际上是提高信托投资者的准入门槛。更为严格的限制可能会导致信托行业的潜在客户有所减少，进一步带来利润压力。

（六）P2P 行业风险积聚影响金融稳定，亟须整改

自 2018 年 6 月起，P2P 行业风险事件不断发生，"高返"平台和"企业贷"平台集中爆雷，"融资雷"、派系平台背书失灵等现象频现。此次风险集中爆发的出现有多方面的原因，既有整个宏观经济环境的因素，又有行业中观和平台微观自身存在的问题，但本质在于其自身的金融风险积聚。

一是 P2P 行业在资产端的短板尤为明显，大量劣质资产的堆积为风险爆发埋下了伏笔。资产的好与坏，直接影响到资产之上理财产品的安全性。P2P 行业能够拿到资产，基本处于次级或次次级资产，这些资产风险远高于正常资产，其能够承受的利息水平也更高，属于高风险高收益资产。但是，P2P 行业包装这些资产，使其变身为低风险资产，同时拥有着远高于同类产品的收益，这也是 P2P 行业快速得到市场份额、吸引投资者的关键手段。然而，不论 P2P 行业如何对高风险资产进行包装，都无法改变其高风险的内在本质，而且，随着 P2P 行业管理规模的扩张，其资产端往往出现供不应求的情况，为了满足日益活跃的资金端需求，P2P 行业只能接纳更多高风险的资产。

二是目前的 P2P 行业实质上则是高度重资产布局，运营成本高昂，成为行业发展的沉重负担。P2P 行业的高度重资产布局既体现在资金端，也体现在资产端。一方面，P2P 行业在资金端的投入成本巨大，主要集中在获客成本上。为了吸引投资者投资，P2P 行业花费大量的成本投放广告，购买门户网站数据，甚至找到专门的中介机构获客。盲目地增加获客成本，导致 P2P 平台只获得了表面漂亮的数据，但并没有收获优质的投资客户，优质投资客户的缺失也是 P2P 平台风险积聚的体现。另一方面，P2P 行业在资产端的投入成本不容忽视。大量的 P2P 平台为了保障自身资产端的稳定，纷纷自建资产端，比如成立线下二手车门店、小贷公司等，同时包括线下的催收团队。P2P 平台除了拥有庞大的技术团队外，还拥有冗杂的线下资产团队，造成了人员、部门极其臃肿，人员开支成本极高。

三是 P2P 行业中部分平台的违法违规操作使自身风险不断积聚，最终集中性爆发。在 P2P 行业的上升期内，行业发展火热，同时监管力度薄弱，为平台创造了大量的发展空间，但部分 P2P 平台借由监管的真空状态，打着优化产品体验的名号，做起了违法违规的生意。例如：替出借人承担损失（本息保障），降低出借人的风险；将万元大标拆分成百元小标（金额拆分），降低投资门槛；将两年期借款拆分成八个 3 个月期借款（期限拆分），让短期投资也能享受高利率；引入债权转让机制（产品活期化），提高产品的流动性；垫资给借款人放贷，再把贷款转让给出借人（超级借款人），降低借款人等待时间；甚至先发几个假标的把资金占上，再去寻找借款人（资金池），降低出借人等待时间等。有些所谓的优化行为偏离了信息中介的定位，如本息保障；另一些优化行为则与非法集资、无牌放贷无异，如资金池与超级借款人。这些违法违规操作在行业上

升期内尤为常见，甚至成为行业潜规则。法律意识的缺失，不仅导致了P2P行业自身金融风险积聚，而且带来了最严厉的监管措施。

四是P2P行业在管理规模扩张期，将核心业务大量外包，难以及时管控自身出现的风险。一方面，随着P2P行业的逐步发展，各大平台管理规模逐渐攀升，资金端的需求越来越大，如何满足日益增长的资金端需求困扰着P2P平台。在这样背景下，P2P行业衍生出来的做法便是将资产端生产供应业务大量外包给第三方机构，由第三方机构代为寻找匹配P2P平台资金的资产，致使P2P平台自身对底层资产的控制力度逐渐减弱，大量低质、高风险的资产涌入。另一方面，部分P2P平台直接由项目部指导风险控制部门，导致风险控制部门的独立性无法得到保证，风险控制形同虚设，尤其是在平台管理规模扩张期，加剧了平台底层资产的风险积聚，最终导致风险爆发。

（七）金融科技发展过程中的风险积聚不容忽视

近年来，科学技术在金融领域的应用极大促进了金融行业的创新和发展，金融科技的发展主要体现在科技对金融的过程再造和这一进程中所使用的科学技术的不断进步两大部分，科技对金融过程再造可以具体到金融模式创新、金融产品创新、金融渠道创新和业务流程电子化程度提高等几个方面。科学技术应用进步包括高新技术和产品在金融领域的广泛应用，包括信息系统全生命周期建设的模式升级，包括网络资源规划与信息安全部署，也包括与之相关的法律规章及配套设施建设等方面。在这种背景下，不能忽视的是金融科技风险也逐步积聚，传统的金融监管模式是否有效，确保守住不发生系统性金融风险的底线，保证审慎监管、功能监管、行为监管、穿透监管的持续发力，是值得关注的一个问题。为此，将金融科技在发展过程中可能存在的风险总结为以下五种风险：

一是资金运转透明度降低。首先，金融科技模式创新，可能导致短期的监管滞后、监管真空，涉及的资金不在传统金融监管范围，部分公司或个人可能利用技术优势截留资金，改变资金用途，甚至涉嫌跑路事件。其次，金融科技创新产品结构复杂，常涉及多层嵌套，隐蔽性更强，对其认识难以穿透，普通投资者易受营销人员影响，无法鉴别非法集资行为。再次，金融科技渠道创新，业务主要基于网络与程序，覆盖地域范围广泛，对物理网点依赖度较低，风险爆发影响速度更快，并且容易跨界传播，造成影响也更为严重。最后，业务流程电子化导致交易现金电子化，资金流转更加灵活快捷，也加大了资金风险。

二是不正当竞争对正规金融造成了一定程度的排挤。首先，一些企业为潜在客户推荐高风险金融科技创新产品，强调高收益率，却不突出可能导致的损失，没有有效执行投资者适应性原则；其次，基于网络渠道的违规金融产品将产生"类倾销"效应，涉嫌以不正当竞争手段和野蛮生长方式排挤正规金融；最后，业务流程电子化必然生成大量用户金融数据，个别企业过多关注利润，降低经营成本，不注重客户相关权益保护，导致客户个人信息丢失或滥用,给正规金融行业拓展带来负面影响。

三是核心技术瓶颈及安全运维压力依然存在。一方面,在金融科技高速发展的背景下,科技公司不断向金融行业渗透,提升传统金融企业竞争力的同时,扩大了自身在金融领域的影响力;另一方面,传统金融机构也在不断加快金融与科技融合的步伐,主动开展金融科技转型。举例来说,以建设银行、工商银行、中国银行、招商银行、兴业银行等为代表的商业银行进行了组织架构的结构性调整,整合原有的信息科技部门,组建银行控股科技公司,服务于本行业务,同时向其他金融机构提供技术支持和服务。各类科技公司赋能传统金融行业的同时,也在一定程度上可能导致金融机构逐步丧失对核心技术的自主控制,增加其对于外包公司的依赖,加大了信用风险、流动性风险等传统金融风险的外溢效应,风险防范任务更加艰巨。所以,随着系统开发和运维复杂度的明显提高,确保信息系统平稳运行仍然是金融科技部门的首要任务。

四是监管效用没有得到充分发挥。目前,对科技在金融领域应用的监管大多是对传统金融部门信息系统和基础设施应用效果的检查与指导,对金融科技发展的整体监管经验不足。而与传统金融机构相比,创新的金融科技企业的准入标准和行为要求偏低,其资质能力高低不一,没有形成分类管理机制,风险的孕育和传染难以得到有效防控;对其监管尚未建立资金的流动性监管体系,客户的资金安全无法得到监控,不受存款保险制度体系的保障,导致风险敞口较高。同时,科技发展的最新成果在金融科技监管领域的应用处于起步阶段,金融科技发展监管框架正在构建,在全球化背景下对跨境资金与巨无霸企业的监管协调也在逐步探索。

五是金融科技发展可能会带来的社会财富再分配效应被忽视。在金融科技发展的过程中,占有金融科技的一方可能会通过掌握科技来得到更多的社会财富与社会资源,以及相对应的没有占有金融科技的一方可能会得到更少的社会财富与社会资源,即为基于金融科技可能产生的社会财富再分配效应。如果任由此种社会财富再分配效应演化,那么社会的和谐与稳定将会受到巨大的冲击。

六、金融机构发展的对策建议

(一)从改善外部环境和提升内部能力两方面缓解资本压力

在当前环境下要缓解银行业的资本充足率压力,需要在改善外部环境和提升内部能力两方面着手:外部环境方面,监管部门需针对银行业特征和现有困境,简化外部资本补充工具的审批流程、提升审批效率、降低发行门槛,并加快完善法律制度,继续创新资本补充工具,同时丰富资本补充工具的投资主体,拓展境外资本补充渠道;内部能力建设方面,商业银行要从战略高度重视资本规划,要构建起资本、风险、收益动态平衡的资本管理框架,通过业务转型来减少资本占用,走轻资本发展之路。

一是完善相关法律制度,继续创新资本补充工具。从《巴塞尔协议Ⅲ》规定和国际先进银行的实践来看,我国推出创新资本工具已势在必行。2018年3月,人民银行等五部委联合发布了《关于进一步支持商业银行资本工具创新的意见》,明确支持四类新型资本补充工具。这四类工具中目前永续债已经正式推出,未来可能继续探索推出转股型二级资本债券、含定期转股条款资本债券以及总损失吸收能力债务工具等新型资本补充工具。预计在这些新工具推出之后,一方面可以解决目前我国银行业其他一级资本严重不足的短期问题;另一方面,也为系统重要性大型银行未来满足国际监管需要提供了持续资本补充的可能,助力实现我国银行业资本结构的优化和长期健康稳定。

二是丰富资本补充工具的投资主体,拓展境外资本补充渠道。引入基金、年金、保险、银行理财子公司等参与银行的增资扩股,鼓励外资金融机构参与境内债券市场交易来丰富银行资本补充工具的投资主体。同时要拓宽资本补充的渠道,除境内资本市场和中国香港的H股市场外,未来监管部门也可考虑支持商业银行登陆更广泛的境外资本市场,扩展资本补充来源。利用当前中国资本市场对外开放,与欧洲和日本等资本市场的互联互通机制开通的契机,适时推动一批公司治理完善、经营稳健的中资银行赴英国伦敦、德国法兰克福和日本东京的证券交易所发行股票。积极支持中资银行探索赴伦敦、东京、新加坡、迪拜等"一带一路"核心区域的国际金融中心发行以人民币计价的境外优先股、债券等资本补充工具。

三是商业银行要通过业务转型来减少资本占用。根据《巴塞尔协议Ⅲ》关于信用风险资产种类及权重的规定,零售与中间业务的风险权重远低于对一般企业的债权(贷款、信用债)。商业银行需要加快业务转型,进一步扩大银行卡、支付结算、代理保险、代客理财、投资银行等资本占用较少的中间业务比重。提高中间业务收入以调整利润结构,从而实现基本盈利模式从存贷利差占绝对优势转向存贷利差和中间业务并重的轨道上来。在中间业务产品创新方面加大力度,提高收入水平和收入总量的占比,进而提升整个银行的盈利能力和盈利模式,有效增加单位资产的盈利率,减缓和防止资本充足率的下滑。适时推动商业银行向轻资产业务转型,不仅有助于缓解资本充足率危机,而且在我国经济从高速增长向高质量发展转变的过程中,在更加强调提升直接融资比重的背景下,更加有利于商业银行的持续稳健经营。

(二)加强中小银行风险防控能力与内部治理

中小银行的稳定与否直接关系到我国金融体系和社会秩序的安全和稳定。在处理中小型银行风险的过程中,首先要更加严控增量风险,在增量风险得到有效控制的条件下,进一步化解存量风险。在化解风险的过程中,要把握政策的节奏和力度,政策过紧,会发生"处置风险的风险",政策过松,风险则会集聚难解。应持续关注中小银行流动性状况,加强市场监测,不断加大对中小银行的政策支持,推动中小银行进一步完善公司治理,提高风险防控水平,实现中小银行健康可持续发展。

一是要处置不良资产,通过清收、核销转让等方式,减少不良资产的风险损失。一方面对已形成不良的贷款要加大清收处置力度,派专人明察暗访,逐笔调查摸清欠贷人员目前生产经营、还款能力等状况,采取经侦介入、风险代理、依法起诉等方式,多方联手,分路出击,因户施策,寻求突破,确保取得较好清收效果。另一方面,要依据现有的政策,加快信贷清收力度,符合核销条件的要抓紧核销,努力遏制不良贷款的上升势头。

二是继续加大对优质实体经济的支持,这是最根本、最重要的防范贷款风险的措施。过去中国银行业的发展得益于实体经济的快速发展,未来要继续保持健康可持续的发展,还是要依托实体经济的发展。只有实体经济发展了,贷款风险才能得到根本性的防范,实体经济不发展是银行贷款最大的风险。应采取积极的风险管理措施,持续加大对实体经济的信贷投入,支持经济健康稳定增长,支持经济发展方式的转型和经济结构的调整。继续加大对中小企业、农业科技、农资供应、农田水利、战略性新兴产业、节能环保、科技创新、现代服务业等领域以及国家重点产业和重大在建项目的信贷支持,促进经济健康发展。

三是中小银行需要进一步完善自身经营治理机制,加强内部财务约束,加强内部控制和风险防控,重新校准服务范围和服务内容,理性发展同业业务,平衡资产负债管理,以《巴塞尔协议Ⅲ》对资本充足率的要求和国内宏观审慎监管框架的约束为底线,结合自身优势和定位,平衡好服务实体经济与防范金融风险之间关系,借助金融科技重塑风险管理架构。加强对跨市场、跨领域风险的防范和控制力度。建立风险的隔离和应急预案,不仅对非法集资、高利贷、金融传销等方面的风险有严格的防控措施,对民间借贷、担保公司等领域的风险也要注意防范。对有潜在风险隐患的企业或业务要经常进行分析,做好动态风险监测,针对不同情况分别采取相应的风险隔离措施。同时,不断提升自身竞争力。特别是,在竞争力相对较弱的情况下,中小银行更要通过精细化、特色化经营保障业务的稳健发展。依赖外力只能一定程度上缓解风险,要想真正化解风险,必须通过改善自身情况,才能最大限度防范流动性风险的暴露。

四是调整信贷结构,合理布局信贷资源。信贷结构是信贷资产质量的基础,我们要把有限的信贷资源尽可能投向发展前景好、风险小的领域。尽可能避免信贷资源过多集中到某一或某些领域,尽力压缩集中度过高领域的贷款。细分信贷市场,对潜在的信贷市场逐个分析,尤其是加大新市场、新领域的信贷投放,分散贷款投放领域,不断优化信贷结构、降低信贷集中度。同时还要不断创新,对一些传统的信贷产品、信贷业务、信贷方式、信贷经营模式进行调整和优化,努力实现信贷业务的可持续发展。

五是中小银行可谋求充分利用网络技术、大数据、云计算和人工智能等手段,提升金融服务效率及风险识别能力,提高服务小微及民企客户的收益风险比,改善过去服务中小企业面临的信息不对称问题。在金融科技领域,中小银行面临较小的 IT 系统遗留问题和改造成本,可以根据当前和未来需要来更新 IT 系统及数据体系,比大中银行更加灵活。中小银行抗风险能力较弱,需要提升对金融科技的风险识别和防范能力;同时,中小银行在人才储备和培养能力方面较弱,需要引进和培养一批既懂金融又懂技术的复合型人才。

(三) 转变保险公司发展模式和盈利模式

随着保险业转型回归的提速,保险公司传统的业务发展和盈利模式面临挑战,为了应对经营和监管环境的趋严、客户的快速变化和保险科技的快速发展,保险公司应向精细化管理、差异化、专业化经营方向转型,加速产品与服务创新,以适应新的客户需求和竞争环境。发展模式的核心是要形成"投入—创造—盈利—再投入"的正反馈,为保险公司可持续健康发展创造条件。

一是,以精细化管理作为转变保险公司发展模式的关键。保险公司应建立统一的精细化管理体系,完善的精细化管理方法论。全盘规划保险公司业务结构,合理配置资源,实时监测经营环境变化,及时调整战略方向。平衡短期业绩和长期增长潜力,以实现短期的财务目标和长期的发展目标。精细化管理涵盖从战略、分析到应用的顶层设计,涉及客户关系、销售渠道、价值管理、风险管理、资产负债管理以及背后的技术支撑,是个系统工程。其具体方向包括:

战略规划及创新管理。随着市场竞争进一步加剧,保险公司的机构扩张和新型保险机构的准入,保险差异化经营压力空前。保险公司亟待在战略定位、客户分类、产品创新、渠道优化、应用服务等方面锐意进取。

运营成本管理。保险公司要强化成本意识,精打细算,以专业能力建设为方向精耕细作,实现成本的事前规划、事中监控、事后分析,提升成本控制能力。

风险管理和控制。保险公司应健全管理方法论和计量模型,完善信息系统,以提升风险识别与管理能力。推动全面风险管理模式的转型,建立以战略为导向,以精细化管理工具为手段的风险管理体系。

盈利能力管理。保险公司应在分析各项收入和成本的基础上,建立盈利指标量化模型及多维盈利分析方法。

大资产负债管理。基于保险公司战略和市场状况,通过资产负债管理、全面预算管理、流动性风险和利率风险管理等策略,实现保险公司业务结构优化,盈利能力增强,减少承保、利率和流动性等风险的冲击,实现收益的平稳增长。

二是,将拓展保险产品和服务内涵作为转变保险公司发展模式的核心。首先,保险公司要从风险的被动接受者转化为风险的主动管理者,将保险产品从只注重简单的险后保障的单一功能业务转变为提供险前预警、险中响应、险后保障的一体化风险管理业务。保险公司应积极与政府、企业和个人客户合作,运用现代科技,全面识别和衡量客户风险,为其提供防赔并重的风险管理一揽子解决方案,从而全方位实现对风险的事前把控、事中救援和事后经济赔偿,帮助消费者在更好地控制风险成本的同时获取更为优质的保险保障服务。

其次,保险公司要成为新兴风险的洞察者和保障者。当前,全球科技进步日新月异,经济社会迅速发展,中国也正从相关领域跟跑者、并跑者逐渐变为领跑者。面对新技术时代,保险公司需要加强对 AI、物联网、智能数字网格等领域风险的追踪与跟进,如在推广普及无人驾驶汽车技术、实现基因技术的大规模应用以及推动物联网大规模走入家庭等的过程中,保险公司应提前介入,对新兴风险保持敏感性,在主动参与、深入洞察的基础上创造新的险种和服务,着力构建适应新兴风险,如网络安全风险、电子商务运营风险、物联网风险等特点的风险管理体系,无缝嵌入各种商业、生活场景中,为中国的经济社会发展护航。

此外,保险公司应构造以保险为起点、以服务为终点的"保险+服务"闭环业务体系,不只向客户提供保险产品,也不只是以理赔为终点,而是以保险为工具,为客户提供与保险相关的高品质生活服务。与普通消费者比起来,保险公司作为付费方,在服务采购上,具有更强的识别能力和议价能力,可以为自己的客户争取更多、更好、性价比更高的服务资源。如在提供车险服务时,不仅帮助消费者"修好车",也保证车修好前"有车开";在提供健康险服务时,帮助客户早发现、早诊断、早治疗;在提供养老险服务时,也提供长期、专业的照护服务。

总之,"产品+服务"既有助于保险公司打破产品同质化竞争,提升客户黏性、加强成本控制,又能满足客户全方位、多样化的需求,为公司和客户创造更大的价值。

三是,把渠道建设作为转变保险发展模式的抓手。首先,保险公司应加强直销渠道建设,以销售成本大幅度下降且可控为方向,培育营销文化,建设直销队伍,系统布局电网销售渠道,绕开非理性的中介机构,实现新旧动能转换。

其次,保险公司应加强对保险兼业中介机构的掌控力。通过健全管理制度、业务规则和流程,以及科学设计利益分成机制,规范及监督兼业中介机构的经营行为,让其在为保险公司争取业务的同时获得合理收益,实现双赢。

此外,保险公司还应科学选择及设计适合于保险兼业中介机构销售的保险产品,充分挖掘其在获取业务方面的能力。另外,保险公司应加大对营销员及中介从业人员的培训力度,优化队伍结构,提升代理人的销售能力和产能。

(四)证券公司挖掘自身比较优势,跨业务链对接资金端和资产端

一是要加强主动管理能力,厘清证券公司资管与同业竞争者相比较的优劣势。在劣势方面,证券公司开展资管业务的投资门槛比公募基金高,且无法免除增值税,与银行理财相比在渠道营销的广泛性方面略差。但反向来看,与银行理财相比,证券公司资管在场内标准化资产投资方面拥有实战经验、人才储备,在净值型产品管理方面也有较多的实践经验;与公募基金相比,证券公司资管背靠大量的证券营业部客户,在销售渠道方面点多面广,细化的客户群较为广泛,营销的专注性及效率也更高,在可投资产方面

供选择的范围也比公募基金更广。"资金—产品—资产"是资产管理业务中三个重要环节，资管产品是连接资金与资产的"桥梁"。相对于其他资管机构，证券公司经营范围涉及零售经纪、投资银行、信用交易、场外业务、国际业务等多条业务线，拥有较强的投融资信息优势，其资金投向也可跨场内和场外、境内和境外、标准化和非标产品，从而形成标的资产的差异化配置。因此发挥业务链优势，对接资金端和资产端，是证券公司资管业务的核心竞争力，也是证券公司资管业务可以与其他资管机构展开差异化竞争的突破口。

二是从资金端入手，多渠道挖掘客户，提供个性化服务。首先是资金渠道多源化。随着股票市场投资回报稳定性的走低以及债券市场信用违约事件的增多，个人投资者自主投资的难度也将提升，投资者将会逐渐接受"术业有专攻"的理念，对获取专业财富管理服务的诉求日益增加。证券公司资管部门应结合高净值客户获取专业财富管理服务需求的增加，后续更为重视对零售客户的挖掘，使获得受托资金的渠道更加多源化。其次是客户服务个性化。在为客户提供专业化资管服务的方式上，证券公司可将原有的零售经纪业务客户按资产规模、投资偏好等进行市场细分，在满足适当性管理要求的同时，向客户提供差异化、个性化服务。具体来看，对资金规模较小的客户可以通过互联网终端营销方式降低获客成本；对资金规模中等的客户可以营业部为载体，提供投资顾问服务；针对高净值客户，证券公司资管部门可根据客户的投资目标与风险偏好，提供现金、股票、债券、大宗商品、FICC（固定收益、外汇及大宗商品业务）、金融衍生品等一系列资产配置，设计出定制化的资管计划，以满足客户不同阶段的理财及财务需求，实现财富的保值、增值。至于如何进行客户识别和分类，则可以借助于金融科技，运用大数据、云计算等技术对客户交易行为数据进行深度分析和挖掘，为客户进行精准定位，并在此基础上识别客户的风险承受能力和投资偏好，提供个性化的财富管理服务。

三是从资产端入手，配置多样标的，服务实体经济。首先是促进资产配置多样化。随着产品刚性兑付的打破、增值税的征收、融资主体信用风险的提升，投向固定收益证券为主的保本类产品将难以为继，资管机构需要更加重视对多样化资产的选择和投资管理能力，应在主要选择场内标准化产品的同时，逐步延伸到场外产品，如新三板或四板挂牌股权、场外期权、指数挂钩产品、政府和社会资本合作（PPP）项目等。其次是管理运营协同化。从标的资产的选择能力来看，证券公司资管部门理应具有一定的优势，投行承销能力、股权及固收的投资能力、并购项目的来源等均可为客户带来独特的投资机会。证券公司的海外子公司则可以满足客户全球配置的需求。因而，证券公司可以发挥各业务线的协同效应，以投行思维将受托资金投向最有配置效率的领域，利用业务链的信息优势选择标的资产。综合运用股权融资、可转债、资产证券化等方式来满足企业的融资需求，运用专业金融会计知识在资产定价方面发挥优势，并妥善协调沟通资金需求方与第三方服务机构及监管部门之间的关系。

四是积极实践"走出去"战略。随着各行业相应"一带一路"倡议的践行以及对外开放程度的加深,中国企业到境外投资、发展境外业务的途径大幅增加,相应地对境外金融市场的融资业务也会广泛开展,其运用金融工具应对汇率变化和大宗商品价格变化的需求也将上升,因此,证券公司资管业务需要加快提升对境外资产的配置能力,运用合格境内机构投资者(QDII)和合格境内有限合伙人(QDLP),积极促进沪港通、沪深通、沪伦通的进一步发展,为跨境经营的企业客户量身定制能对冲外币风险的套期保值产品,做好境内外机构间资管业务的联动发展,帮助客户整合境内外资产,提供统一的资产配置计划。

五是严守风险底线,全方位覆盖和前瞻化预警相结合。首先,推动风险控制系统化。风险控制是保证证券公司资管产品平稳设立和业务安全运营的重要环节,应该贯穿产品及业务的整个运营周期,应建立前中后台全员参与、拥有完善授权、反馈和监察机制的风险控制体系,使风险控制系统化。对投向为非标准化资产的资管项目来说,风险控制更应该从项目审查环节向前和向后延伸,在尽职调查、产品交易结构设计和中后期管理上进行全方位的风控覆盖,从而保证资金流动安全、资产质量可靠、业务操作合规。其次,促使风险预警前瞻化。风险控制不仅是简单的体系完善和风险应对,更应该通过量化手段提升对风险的预判性。具体实施方面可以构建风险评价指标,并建立对指标进行综合评判的预警模型,再依据模型评判结果设置预警区间,提示风险预警。最后,推进产品类别适配化。证券公司需要在资产端和资金端实现投资者适当性管理,根据资管产品的各方面属性,明确其风险等级、投资期限、投资品种及其适配的客户群体,让"适合的投资者购买恰当的产品或服务",避免在销售过程中将资管产品提供给风险不匹配的投资群体。

(五)深化结构转型,信托公司谋求高质量发展

一是回归本源,提升服务实体经济能力。服务实体经济是信托行业的立业之基,实体经济发展的痛点和难点就是信托行业服务的重点和亮点。资管新规中的一系列政策,对信托公司的理财资金的投向、业务模式、业务重点等给予了明确的规定,促进信托资金减少中间流转环节、脱虚就实,对我国实体经济的发展具有重要的意义。信托行业要将促进实体经济高质量发展与行业自身高质量发展相结合。信托公司可以结合自身股东资源禀赋和行业资源经验,深度开展产融结合,提供专业化能力驱动的金融整合服务,提振激活制造业的发展活力和创新动力,例如,在高技术制造业,通过开展知识产权信托促进科技成果转化;在解决民营企业和小微企业融资难、融资贵问题方面,信托公司可以通过组建纾困基金开展投贷联动、股权投资等方式,拓展信托服务;在节能环保领域,信托公司可以大力发展绿色信托,通过多元金融工具运用,创新特色业务,服务国家绿色产业发展,促进民众绿色消费和践行低碳生活。

二是多元创新，信托产品在竞争中转型。按照资管新规的要求，禁止多层嵌套、禁止理财投资非标准化债权资产，实行市值管理。基于此，信托业应该对其业务进行有效调整，从传统的业务模式向新型的信托产品转型，积极提升主动管理能力。在资管新规的背景下，尤其在资管新规中明确规定资产证券化产品不受限制，将来资产证券化业务具有较大的发展空间。立足受托人本位，信托公司可以探索创新以受托服务为核心的服务信托，除资金信托之外，拓展提供丰富的信托供给，创新探索开展服务信托，将金融服务与财富管理服务相结合，在家族信托、家庭信托、员工利益信托、资产证券化信托、账户管理信托等方面积极开拓，运用金融科技结合具体场景，满足客户多元需求，提高信托服务的效率和效果。在公益（慈善）信托方面，信托公司可以在扶贫慈善信托取得阶段性成果的既有经验基础上，将慈善信托推广和应用于更广泛的慈善目的，在教育、医疗、养老、残障特殊需要与关爱等民生方面继续发挥慈善信托的制度和模式优势，与慈善组织等公益机构协调合作，落实慈善信托的公益和社会效果。

三是防化风险，加强合规建设。经济下行压力加大，企业及相关交易对手的信用违约风险逐渐增加，信托行业风险资产随之暴露。在相关监管部门的有力督导下，信托公司要强化自身公司合规建设和公司治理，稳妥处置风险项目，增强抵御和管理风险能力，加强信托从业人员能力培训和素质提升，强化受托责任，培育受托文化，同时加强信托投资者教育，保持行业稳健发展。

（六）P2P行业与监管平台协调行动，化解风险积聚，谨防风险再次爆发

一是P2P行业需要明确自身定位，具备充分的风险意识与法律意识，充分重视风险控制工作。首先，P2P行业应该无比明确自身信息中介的定位，努力搭建好借款人与出借人之间的桥梁，立足于缓解中小企业贷款难贷款贵的难题，扎根于推动普惠金融，使更多人能够享受到优质高效的金融服务，不应超越自身定位去做违法违规的事情。其次，P2P行业必须具备充分的风险意识。在未来的发展过程中，P2P行业的金融风险来源可能会出现新的变化，这便要求P2P行业能够有着良好的风险判断意识与判断能力，能够做到风险及时可控，从而稳定社会整体的金融风险，不为整体的金融风险控制增加负担。再次，P2P行业必须具备充分的法律意识，做到学法知法守法，依法经营，法律明令禁止的坚决不触碰，同时不要企图在违法的边缘试探。P2P平台自身的违法违规操作是行业风险积聚的重要原因，在学法知法守法的过程中，P2P平台能够深刻认识到自身风险的来源，也能够深刻体会到维护金融稳定的重要性。最后，P2P行业必须充分意识到风险控制工作的重要性，保持风险控制工作的充分独立性，通过风险控制工作及时识别、化解潜在的风险。P2P行业不仅要能够及时意识到风险，也要及时做到控制风险，这便需要风险控制部门充分发挥作用，而风险控制部门充分发挥作用的前提便是保持风险控制工作的充分独立性。

二是监管平台应该加大政策的逆周期调节，充分识别P2P行业的风险来源，丰富监

管科技，构建监管合力，引导P2P行业化解风险积聚。目前，P2P行业的风险形势依然错综复杂，存量风险尚未完全消化，增量风险时有发生，为了防范系统性金融风险爆发，监管层应该加大政策的逆周期调节。首先，完善监管体系，根据P2P行业自身风险特征来构建完善法律约束、行政监管、行业自律、机构内控、社会监督五位一体的多层次监管体系。比如，探索金融监管创新，依靠地方性协会自律组织试点沙盒监管，做到一定程度防范风险外溢。同时，也可以将更加丰富的监管科技推广应用于P2P行业，通过大数据、区块链及人工智能等技术对金融风险进行精准监控、识别。其次，在未来，其他地区应该跟进出台P2P网贷平台退出指引，在全国的层次上可以统一制定指引，更加细化退出指引中的退出程序与方法、资产处置方式、出借人合法权益保护等关键内容。此举在引导P2P行业出清的过程中，也可以起到控制P2P行业风险的目的，因为留存下来的P2P平台的风险控制工作相比出清的平台完善且有效。

三是监管平台与P2P行业联合着手构建征信体系，对症下药，化解P2P行业严峻的资产不良率所带来的风险积聚。首先，P2P行业应着手建立丰富的、市场化的征信体系，尝试通过会员机构来构建信用信息共享平台，打破信息孤岛，同时监管平台应推动P2P行业接入人民银行征信进展，鼓励更多的P2P平台纳入协会自律组织；其次，监管平台应该打通逃废债联合惩戒。在未来，监管工作可以在国家互联网金融风险专项整治工作领导小组办公室下发的《关于进一步做好网贷行业失信惩戒有关工作的通知》基础上，进一步指导失信上报，比如，明确失信信息录入规则、明确失信信息适用的P2P网贷业务类型、扩大失信上报平台名单、落地恶意逃废债借款人筛选标准等多项细节等。通过将失信信息报送国家整治办，并由中国人民银行纳入征信系统，逐步完善对借款人逾期、涉诉两类失信行为的联合惩戒。

（七）金融科技监管与时俱进，提升效率和风险防范并举

一是宽严相济，营造金融科技良好生态。发达金融市场通常具备包容性的市场环境和条线明晰的法律框架。一方面包容性的市场环境给予人才、技术等方面较大的空间，为金融创新提供更多的可能，同时金融监管可以与时俱进，使效率的提升与风险的防范同在。另一方面明晰的法律法规是保证金融科技平稳运行的基础，是金融基础设施的重要组成部分，是金融创新的底线和边缘，加快制定出台金融科技方面的法律法规，使其有章可循。宽严相济的金融生态环境在鼓励创新的同时也限制了风险的规模和可能，为金融平稳运行奠定了基础。

二是依托数据强化金融科技监管协调。数据是金融科技的核心，如何在内部和外部构建顺畅的沟通协调机制是实现数据价值的关键。首先，加强内部业务部门与科技部门的沟通配合，使科技人员明确数据意义，使业务人员了解数据处理过程，共同规划数据使用办法；其次，建立金融大数据库，为相关部门提供端口，同时要求其实时更新相关数据，开拓监管部门获取实时、全面的途径；最后，尝试建立协调检查试点，政府及

"一行两会"等主要监管部门自下而上进行合作检查，既提高了检查效率、降低了商业银行的成本，也有助于形成监管合力，探索和分享监管经验。

三是坚持守正安全的原则。金融创新与金融监管的发展是螺旋上升的，对于金融科技的监管应贯彻"守正、安全、开放、普惠"的原则，从宏观和微观两方面着手。宏观层面应注重树立新发展理念，加强风险控制机制建设，构建金融科技监管框架；在微观层面要贯彻实施"三道防线"风控体系，既要合理优化网络和系统架构，控制内生风险，也要坚持"服务外包，责任不外包"原则，控制外包风险，将内部审计与外部监管有机结合，确保不发生重大风险。

四是发展监管科技，实施穿透式监管。科学技术在金融行业的应用程度，也应与对金融科技的监管能力相匹配。为此，在金融科技监管实践中，为适应金融与科技深度融合的发展态势，应对金融科技相关业务实施穿透式监管，同时，在监管过程中大力发展监管科技，利用人工智能、大数据等技术分析业务过程与企业经营情况，将金融科技新业态逐步纳入牌照式管理，将金融科技风险跟踪作为经济风险管理的一项重要内容。

五是树立服务本位，鼓励社会责任，提防金融科技霸权。金融科技的发展在本质上是为了提供更好的金融服务，同时使更多人享受到便捷高效的金融服务，减少金融摩擦，推动普惠金融的发展。金融科技企业应树立服务本位的意识，同时，承担更多的社会责任，这一举措可以是监管层与金融科技企业自身共同促进的，在优化社会财富结构、推动民生改善与维护社会稳定上发光发热。无论何时，都应该将提防金融科技霸权作为监管的重要内容。

第三章 金融市场健康发展

2018年金融市场产品种类不断丰富，市场制度不断完善，金融市场对于资管行业、银行、公募、保险等发布一系列金融监管政策，保证金融市场的稳定发展，但各子市场及不同子市场之间存在的矛盾或问题也日益显现。货币市场运行整体平稳，市场利率有所上行后趋于稳定。股票市场沪深两市持续下跌，整体估值大幅回撤，成交额和筹资额同比减少，新三板全年容量一路走低；债券市场整体发行规模继续保持增长，现券交易量增加，债券收益率曲线下移。人民币汇率总体稳定、弹性增强，外汇市场交易主体进一步扩展，跨境人民币业务快速增长，收支基本平衡。保险市场稳步发展，市场格局更趋合理，保险资金运用更趋稳健，资金配置难度加大，服务经济社会能力不断提升，保险科技创新持续活跃，互联网保险市场稳定发展，保险市场改革开放持续深化。黄金需求增长，产量下滑、黄金价格弱势震荡，小幅收高、黄金交易规模保持增长。期货交易量小幅下降，成交额有所上升、期权市场规模持续增长、利率衍生品交易活跃度明显上升。不过，我国金融市场仍存在一些问题，本章试图分析这些问题并给出相应对策建议。

一、金融市场运行分析

（一）货币市场

1. 同业拆借市场

从长期来看，同业拆借市场是持续上升，且2018年同业拆借市场大幅增长。同业拆借累计成交139.30万亿元，同比增长76.37%，日均成交5 572亿元，同比增长45.82%。从图3-1可以看到，在2001—2012年，同业拆借交易额持续增加，尤其是2007年后，同业拆借交易额快速增长，年均增长率高达94.82%，2013年同业拆借成交额下降23.95%，2014年小幅回调，2015年后又重现大幅增长，2017年同业拆借成交额有所下降，2018年再创历史新高。

从期限结构来看，市场交易仍主要集中于隔夜品种，拆借隔夜品种的成交量占总量的90.13%，比2017年上升4个百分点，各月成交额具体见表3-1。

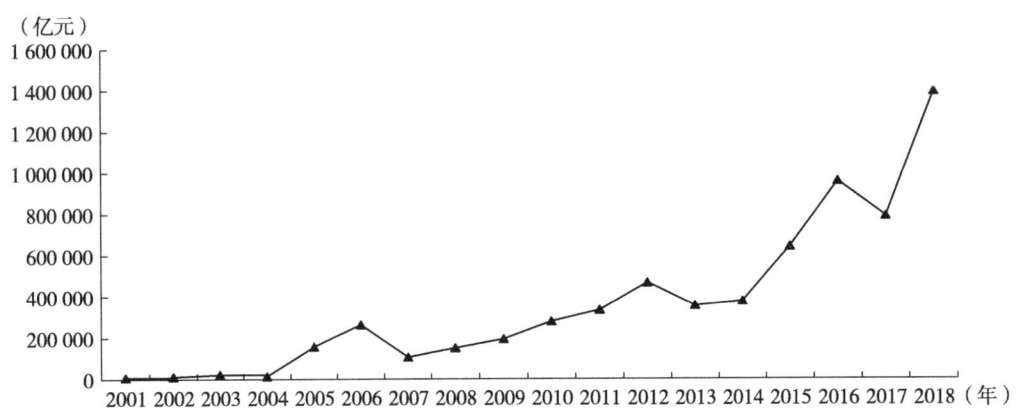

图3-1 2001—2018年我国银行间同业拆借交易额变化情况

（资料来源：http://www.pbc.gov.cn/diaochatongjisi/116219/116319/3471721/3471766/index.html）

表3-1　　　　　　　全国银行间同业拆借市场交易期限分类统计　　　　　单位：亿元

日期	1天	7天	14天	21天	1个月	2个月	3个月	4个月	6个月	9个月	1年
2012年	402 814	41 934	12 068	2 370	4 476	1 626	1 170	81	379	29	85
2013年	289 636	44 024	11 579	1 828	5 070	1 034	1 748	67	119	2	83
2014年	294 983	61 061	11 767	899	4 665	1 237	1 670	60	100	22	163
2015年	539 953	76 974	15 305	1 372	4 243	1 006	2 445	120	146	17	553
2016年	839 763	92 765	12 771	2 209	4 463	2 129	3 477	263	510	259	522
2017年	679 807	80 521	12 750	3 126	5 079	5 063	2 180	475	377	103	329
2018.01	93 171	10 728	1 060	226	264	347	232	90	77	18	71
2018.02	73 939	7 741	1 509	319	309	445	243	82	45	37	41
2018.03	103 998	8 921	771	115	246	296	238	32	99	52	56
2018.04	73 557	8 430	487	116	412	289	802	145	133	33	45
2018.05	105 699	8 905	711	180	984	349	431	12	38	36	104
2018.06	87 492	9 190	610	132	150.71	178.52	161	20.14	77.85	18.7	82.3
2018.07	110 556	8 821	563	61	274	249	463	71	76	6	53
2018.08	141 082	8 799	1 116	121	521	289	525	32	65	44	59
2018.09	120 855	7 417	2 704	1 243	381	750	231	12	95	14	33
2018.10	107 791	7 110	1 021	461	564	211	929	571	135	13	22
2018.11	127 077	8 521	1 265	492	408	505	567	59	48	5	33
2018.12	110 241	8 361	1 062	674	524	296	312	88	108	47	53
2018年	1 255 458	102 943	10 554	2 975	5 038	4 205	5 136	1 214	996	323	653

资料来源：http://www.pbc.gov.cn/diaochatongjisi/116219/116319/3471721/3471766/index.html。

2月、4月、6月、9月、10月和12月，同业拆借市场成交量较上月有所下降，其中，4月同业拆借市场累计成交量下降26.45%，达到全年最低（8.45万亿元）；其他月份成交量较上月都是增加的，其中3月增加幅度最大，累计成交约11.48万亿元，较上月增长35.55%；交易品种仍以1天为主，1天品种全年共成交约125.55万亿元，占全部拆借成交量的90.13%。与2017年各月同比，2018年各月均有不同程度的大幅上涨态势，5月、7月、8月和10月同比上升率分别高达111.56%、113.10%、144.40%和116.70%，月均上升78.71%（见表3-2）。由上述分析可知，我国同业拆借市场正处于在快速的增长中。

表3-2 2018年同业拆借市场成交情况

月份	2018年成交额（亿元）	环比（%）	2017年成交额（亿元）	同比（%）	IBO001（亿元）
1	106 283	27.99	61 066	74.05	50 192
2	84 710	-20.30	69 905	21.18	62 629
3	114 825	35.55	76 661	49.78	67 691
4	84 450	-26.45	60 767	38.97	53821
5	117 448	39.07	55 514	111.56	47 751
6	98 113.33	-16.46	64 285.14	52.62	55 703
7	121 193	23.52	56 871	113.10	48 944
8	152 655	25.96	62 461	144.40	54 286
9	133 735	-12.39	69 678	91.93	59 760
10	118 827	-11.15	54 835	116.70	47 104
11	138 981	16.96	74 730	85.98	63 922
12	121 766	-12.39	83 037	46.64	68 003

注：IBO001指同业拆借市场中的隔夜品种；占比指隔夜品种占同业拆借总成交量的比重。

资料来源：http://www.pbc.gov.cn/diaochatongjisi/116219/116319/3471721/3471766/index.html。

2018年，市场资金相对宽松，同业拆借利率呈缓慢下降态势。从全年来看，4月同业拆借加权平均利率是2.81%，为年内最高水平，8月达到2.29%的年内最低水平（见图3-2）。前6个月基本持平，后8个月缓慢下降。质押式回购加权利率与同业拆借加权利率全年走势极为同步，也从侧面反映全年资金需求状况。

2. 回购市场

2018年，回购市场与同业拆借市场类似，交易量持续增长（见图3-3和表3-3）。银行间市场债券回购累计成交708.67万亿元，同比增长20.47%，日均成交2.83万亿元，增速比2017年高17个百分点。3月、5月、7月、8月和11月出现增长态势，其中，8月成交额为75.74万亿元，较上月增长17.95%，为年内单月最高增长率。其他月份出现不同幅度的下降。从期限结构来看，回购市场交易仍主要集中于隔夜品种，回购隔夜品种的成交占总量的81.60%，比2017年略有上升。

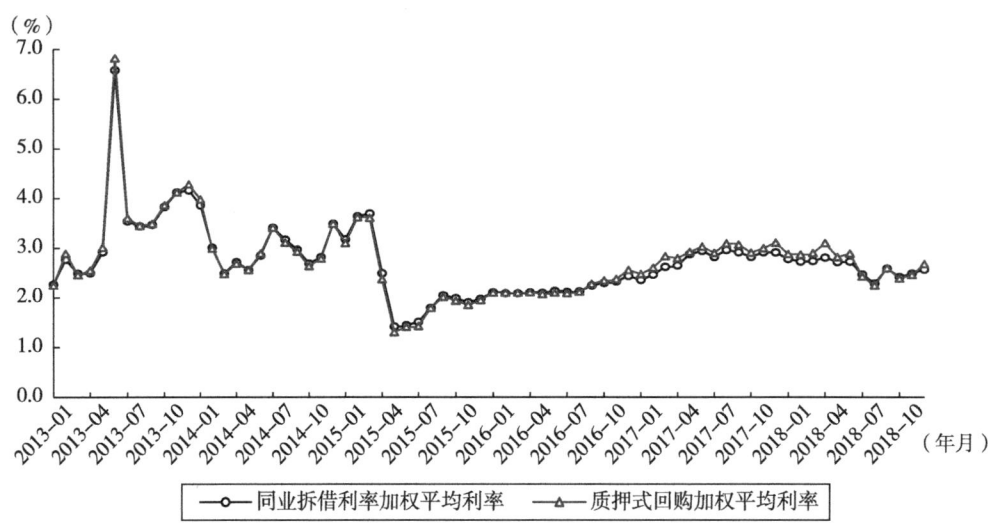

图 3-2　2012—2018 年同业拆借加权平均利率和质押式回购加权利率

（资料来源：http://www.pbc.gov.cn/diaochatongjisi/116219/116319/3471721/3471766/index.html）

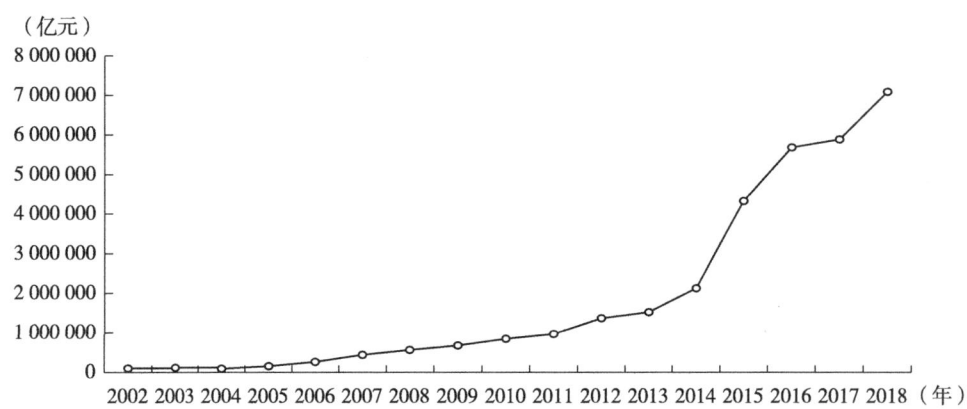

图 3-3　2002—2018 年我国银行间市场债券质押式回购交易额变化情况

（资料来源：http://www.pbc.gov.cn/diaochatongjisi/116219/116319/3471721/3471766/index.html）

表 3-3　　　　　全国银行间市场债券质押式回购交易期限分类统计　　　　　单位：亿元

日期	1 天	7 天	14 天	21 天	1 个月	2 个月	3 个月	4 个月	6 个月	9 个月	1 年
2012 年	1 109 323	172 165	47 390	9 913	13 155	8 120	4 421	612	804	89	182
2013 年	1 201 735	196 620	64 787	14 263	24 745	8 264	7 068	613	1 045	234	384
2014 年	1 668 990	300 413	96 061	16 051	22 896	6 722	9 854	1 214	1 464	123	311
2015 年	3 700 895	461 541	114 361	11 337	18 661	5 372	10 193	768	849	60	73
2016 年	4 861 135	618 755	138 334	21 404	23 673	7 801	9 346	679	743	84	740
2017 年	4 747 267	763 744	236 560	56 307	36 925	27 043	8 445	3 533	1 694	777	309
2018.01	462 802	81 105	14 793	11 214	3 592	3 668	863	48	26	3	14
2018.02	298 454	57 077	29 302	10 942	5 838	2 092	665	89	24	3	6

续表

日期	1天	7天	14天	21天	1个月	2个月	3个月	4个月	6个月	9个月	1年
2018.03	490 196	79 215	23 288	13 771	2 128	2 749	541	287	77	26	7
2018.04	370 736	81 666	17 505	10 703	2 577	1 543	666	173	53	3	24
2018.05	455 390	78 832	17 147	11 985	2 176	1 497	908	489	19	1	1
2018.06	425 911	86 074	19 327	10 791	2 139	1 700	648	343	33	69	12
2018.07	545 183	69 676	12 928	9 656	3 036	770	617	248	31	10	7
2018.08	661 308	67 747	14 228	9 587	2 674	858	829	98	85	20	4
2018.09	492 925	51 496	39 666	9 473	6 676	1 808	539	239	151	1	1
2018.01	479 507	59 300	12 548	7 111	1 818	686	647	137	27	0	1
2018.11	600 094	79 599	14 573	7 012	2 634	1 886	410	488	18	2	2
2018.12	500 152	68 357	28 860	12 801	6 651	2 045	366	248	109	12	3.57
2018年	5 782 657	712 188	200 732	105 232	32 653	21 303	7 699	2 887	655	151	81

资料来源：http://www.pbc.gov.cn/diaochatongjisi/116219/116319/3471721/3471766/index.html。

2018年，货币市场利率振荡幅度较大。7天回购移动平均利率在7—11月相对较为平稳，4月与12月波动幅度增大，4月24日的7天回购移动平均利率达到6.16%的年内最高水平；8月9日，7天回购移动平均利率达到2.26%的年内最低水平，全年波幅为3.90%，全年均值为3.03%（见图3-4）。7天同业拆借加权平均利率的走势与7天回购移动平均利率的走势基本一致。

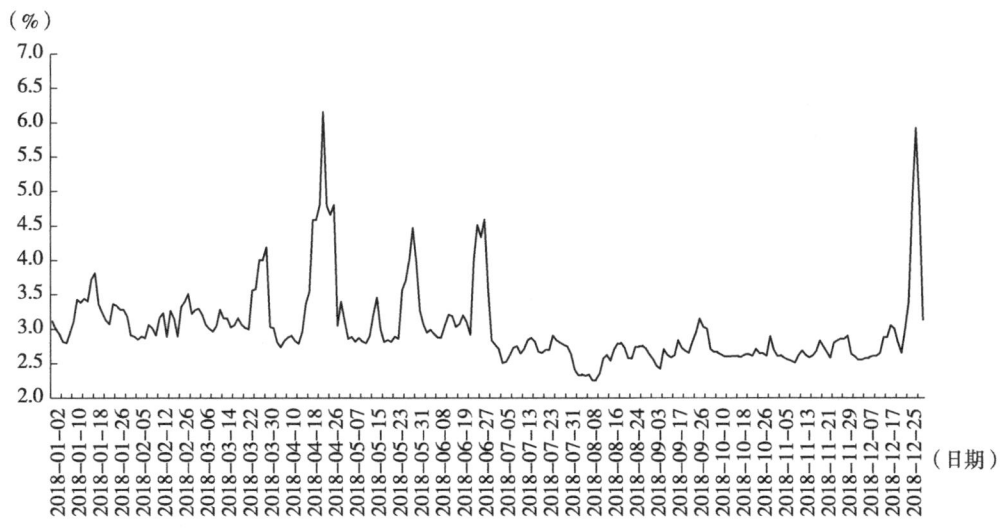

图3-4　2018年7天回购移动平均利率

（资料来源：巨灵金融服务平台）

从机构融资情况来看（见表3-4），2018年货币市场融出、融入主要呈现以下特点：一是中资大型银行依然是回购市场和拆借市场上的资金融出方，交易量较2017年上升，同比上升20.88%。2018年，大型银行累计净融出资金195.99万亿元，同比多融出33.85万亿元。其中，在回购市场上，大型银行的净融出资金增加21.83万亿元，同比增加15.05%；在同业拆借市场上，净融出资金增加12.02万亿元，同比增长70.46%。二是中资中小型银行在拆借和回购市场上由资金融入方变为融出方，全年净融出43.20万亿元；在回购市场上，中小型银行转变为资金供给者，全年回购融出资金48.18万亿元；在同业拆借市场上，中小型银行仍为资金需求者，全年拆借融入资金4.98万亿元。三是保险业机构由资金供给方转为资金融出方。四是证券机构全年融入资金同比增加30.82万亿元，同比增长50.60%。五是外资银行净融入资金略有下降，全年外资银行净融入5.02万亿元，同比下降2.52%。六是其他金融机构及产品净融入137.27万亿元，同比增长49.32%。

表3-4　　　2016—2018年金融机构回购、同业拆借资金净融出、净融入情况　　　单位：亿元

机构	回购市场		同业拆借	
	2018年	2017年	2018年	2017年
中资大型银行	-1 669 110	-1 450 764	-290 833	-170 598
中资中小型银行	-481 779	49 838	49 791	23 490
证券业机构	692 711	465 915	201 362	119 990
保险业机构	74 081	-8 761	930	77
外资银行	68 718	49 185	-18 563	2 295
其他金融机构及产品	1 315 380	894 587	57 313	24 747

注：(1) 中资大型银行包括工商银行、农业银行、中国银行、建设银行、国家开发银行、交通银行、邮政储蓄银行。(2) 中资中小型银行包括招商银行等17家中型银行、小型城市商业银行、农村商业银行、农村合作银行、村镇银行。(3) 证券业机构包括证券公司和基金公司。(4) 保险业机构包括保险公司和企业年金。(5) 其他金融机构及产品包括城市信用社、农村信用社、财务公司、信托投资公司、金融租赁公司、资产管理公司、社保基金、基金、理财产品、信托计划、其他投资产品等，其中部分金融机构和产品未参与同业拆借市场。(6) 负数表示净融出，正数表示净融入。

资料来源：中国外汇交易中心。

3. 票据市场

2018年是中国宏观经济得到高度关注的一年。伴随国际经济结构的重组、市场情绪的跌宕、微观环境的变更以及国家政策的实施，宏观层面上"稳中有进"的态势进一步发生变化，经济发展在内部"攻坚战"与外部"贸易摩擦"的双重挤压下逐渐步入新常态的新阶段，国内票据市场呈现总体平稳的运行特征。

票据承兑余额增长较快。2018年，期末商业汇票承兑余额为9.4万亿元，同比上升14.9%，2018年，票交所办理票据承兑业务18.27万亿元，较上年增加3.63万亿元，同比增长24.84%。上半年票据承兑余额小幅增长，6月末较年初增加3 612亿元；下半年以来增速有所加快，年末余额较年初增加1.2万亿元。票据承兑快速增长，对实体经济特别是中小型企业的支持力度加大。由中小型企业签发的银行承兑汇票约占2/3，企

业签发的银行承兑汇票余额仍集中在制造业、批发和零售业。

票据融资余额快速增长。2018年期末贴现余额5.8万亿元，同比上升48.6%。上半年票据融资平稳增长，下半年以来增速有所加快，年末余额较年初增加1.9万亿元。期末票据融资余额占各项贷款的比重为4.08%，同比上升0.98个百分点（见表3-5和图3-5）。2018年银行体系流动性合理充裕，票据市场资金供给有所增加。

表3-5　　　　　　　　2017—2018年票据融资与各项贷款总额比较

月份	2018年各项贷款（亿元）	票据融资（亿元）	占比（%）	2017年各项贷款（亿元）	票据融资（亿元）	占比（%）	同比增减额（亿元）
1	1 286 323.13	39 211.51	3.05	1 141 947.07	50 260.49	4.40	11 048.98
2	1 295 151.76	38 437.56	2.97	1 155 104.62	47 841.53	4.14	-9 403.97
3	1 304 544.35	38 316.32	2.94	1 165 986.22	43 952.89	3.77	-5 636.57
4	1 317 027.72	38 338.22	2.91	1 176 538.42	41 959.76	3.57	-3 621.54
5	1 328 916.67	39 785.71	2.99	1 186 636.00	40 472.60	3.41	-686.89
6	1 348 099.29	42 732.34	3.17	1 202 130.07	38 866.20	3.23	3 866.14
7	1 363 478.66	45 120.21	3.31	1 210 353.24	37 189.06	3.07	7 931.15
8	1 375 876.04	49 220.03	3.58	1 219 865.18	37 507.13	3.07	11 712.90
9	1 388 998.35	50 989.8	3.67	1 231 795.60	37 480.60	3.04	13 509.20
10	1 396 984.87	52 053.82	3.73	1 238 878.33	37 099.10	2.99	14 954.72
11	1 408 015.77	54 393.85	3.86	1 250 493.30	37 480.48	3.00	16 913.37
12	1 417 516.44	57 807.25	4.08	1 256 073.74	38 882.82	3.10	18 924.43

资料来源：中国人民银行：《金融机构本外币信贷收支表》，http://www.pbc.gov.cn/diaochatongjisi/116219/116319/3471721/3471763/index.html。

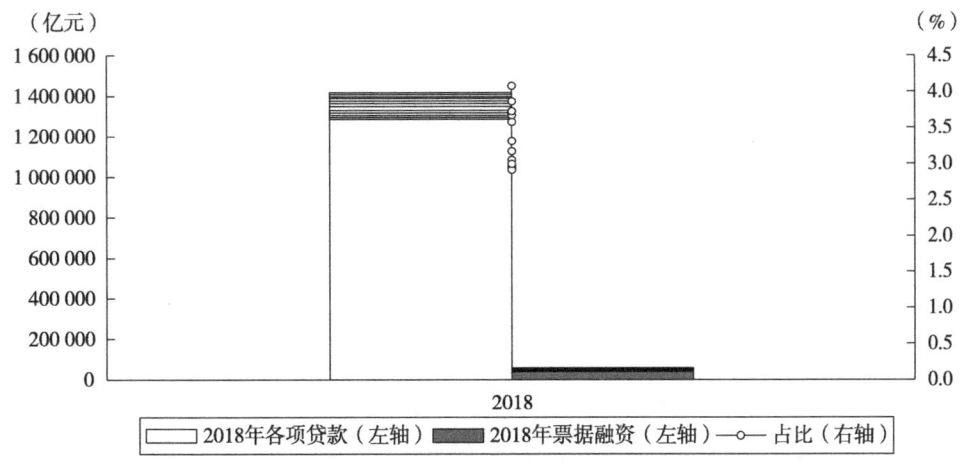

图3-5　2018年票据融资占各项贷款的比重变化

（资料来源：中国人民银行：《金融机构本外币信贷收支表》，http://www.pbc.gov.cn/diaochatongjisi/116219/116319/3471721/3471763/index.html）

票据市场利率呈现先升后降，震荡前行，整体向下的总趋势（见图 3-6）。第一季度，由于金融严监管态势延续，同时存在税制改革生效、企业需求旺盛和银行信贷规模紧张等情况，多重因素叠加下，票据市场出现供大于求的局面，价格快速上行，电票贴现和转贴现加权平均利率分别为 5.41% 和 4.9%，3 月末市场利率也站在了全年最高点。第二季度，金融监管态势趋缓，市场流动性充裕，资管新规落地并未带来价格整体上涨，季度内整体利率平稳，直到 6 月下旬在信贷规模与资金"双松"下，市场利率开始跳水，月内波动幅度达 70 个基点，市场各方平稳度过年中，上半年电票贴现和转贴现加权平均利率分别为 5.3% 和 4.85%。第三季度票据市场呈现显著"V"形走势，在稳健中性的货币政策下，资金并无紧张态势，7 月整体价格继续下行，8 月中旬利率达到季度内最低点，但在承兑和贴现双量齐升下，8 月下旬至第三季度末价格震荡回升，季度振幅在 100bp 以上为全年之最，第三季度电票贴现和转贴现加权平均利率分别为 4.2% 和 4.07%。第四季度，在定向降准以及央行两次增加再贴现和再贷款额度措施护航下，前半季度市场价格波动下行，11 月下旬市场价格降到全年最低点，12 月面临年终大考，市场短期资金价格节节攀升带动票据价格稳步上升，相比第三季度的大"V"形，第四季度市场价格呈现小"V"形走势。

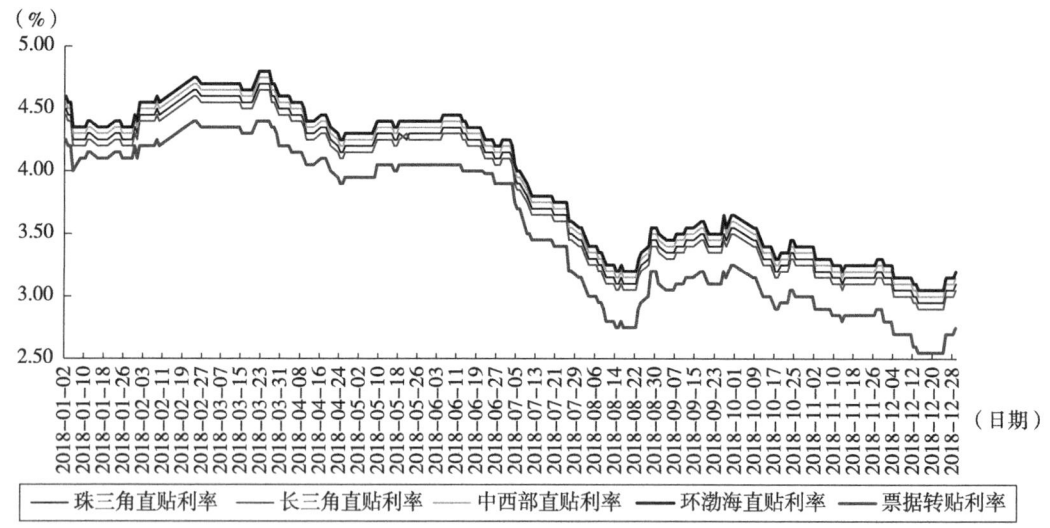

图 3-6　2018 年直贴利率和转贴利率走势

（资料来源：Wind 资讯）

2018 年各票据市场参与机构系统和制度建设取得重大进步，奠定了后续票据市场大发展的基础。2018 年 1 月，中国票据交易系统首批直联接入正式上线投产；2018 年 6 月，票交所各会员机构有序开展纸电票据交易融合第二阶段联调测试工作；2018 年 7 月，所有系统参与者顺利接入上海票交所系统；2018 年国庆期间，上海票据交易所开展了纸电融合第二阶段投产工作。票据交易系统操作产生了较大变化，实现了纸电票据交易完全融合,纸电票据同场交易,交易系统与 ECDS 完全融合,纸电票据全生命周期均通过交易系统完成。上海票据交易所纸电融合后,各参与主体票据系统和内部制度进一步修订完善,以适应上海票据交易所的变化。京津冀协同票据交易中心、武汉票据交易中心及财务公司票据平台加快建设,取得了积极的进展。民间票据平台也朝着规范化方向发展,着眼于帮助持票贴现企业、收票贴现机构筛选票据市场渠道,以实现降低企业融资成本,让票据自由流通。

(二) 资本市场

1. 股票市场

(1) 沪深股票指数持续下跌

沪深两市持续下跌,整体估值大幅回撤。2018 年初时也曾延续了 2017 年的上扬趋势而走出一波短暂抢眼行情,分别在 1 月 26 日达到 3 558.13 点和 11 557.82 点的全年最高点,涨幅分别为 6.27% 和 3.40%。随后行情发生根本变化,开始掉头向下(见图 3-7),10 月 11 日,上证综指跌破了此前于 2016 年 1 月 27 日创出的 2 638 点低点;10 月 19 日,上证综指创出阶段新低点 2 449 点。2018 年末,上证综合指数收于 2 493.9 点,与 2017 年底的 3 307.17 点相比,下降 24.59%。年末深成指数收于 7 239.79 点,与 2017 年底的 11 040.45 点相比,下降 34.42%。与主板市场类似,深交所的创业板指数也大幅下跌,从年初的 1 769.67 点到年末 1 250.53 点,下跌 29.34%。年末收于 1 250.53点,比 2017 年底的 1 752.65 点下跌 28.65%。三板做市指数全年一直下跌,由 1 月 2 日年内最高点 990.91 点一路下跌至 11 月 9 日年内最低点 714.43 点,年末收于 718.94 点,比 2017 年底的 993.65 点下跌 27.65%(见图 3-8)。总体而言,我国股票市场主要指数全年走势是持续大幅下跌。

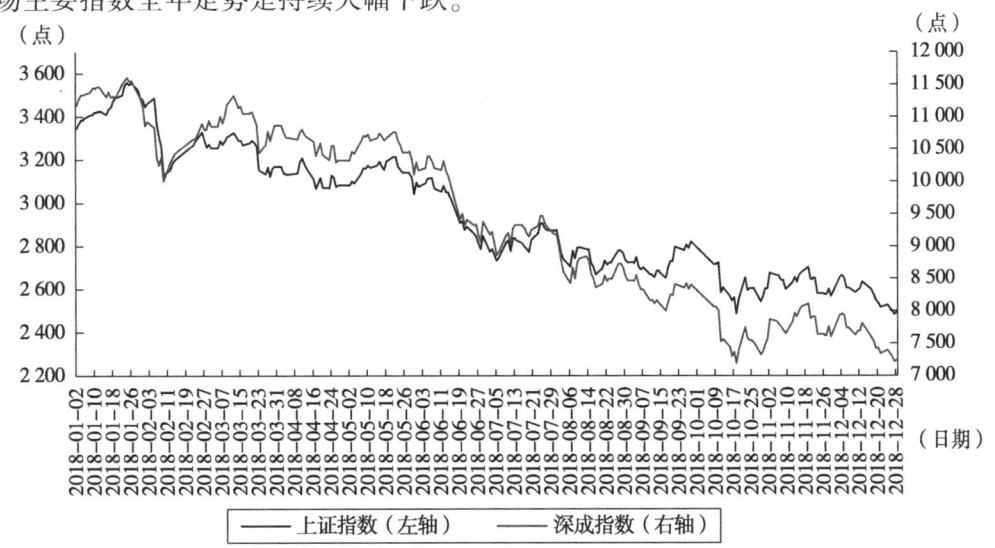

图 3-7 2018 年沪深股市走势

(资料来源:Wind 资讯)

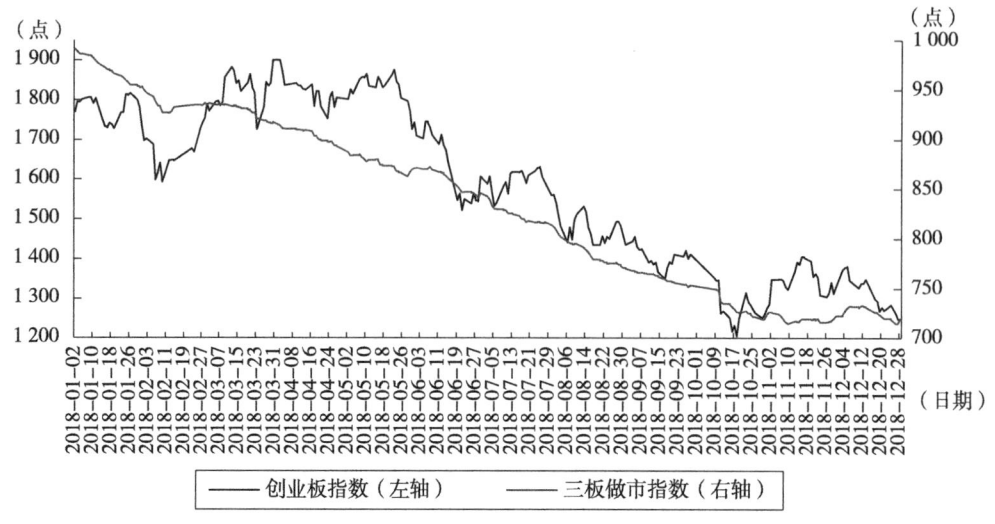

图 3-8　2018 年创业板指数和三板做市指数走势

(资料来源：Wind 资讯)

(2) 股票市场成交额同比下降

2018 年，我国股市累计成交量和累计成交金额分别为 82 037.22 亿股和 965 394.47 亿元，日均成交 3 972.82 亿元，同比下降 13.81%，日均成交 337.60 亿股，同比下降 7.12%；分月来看，我国股市累计成交量和成交金额在 3 月、8 月、11 月快速上涨，4—5 月、10 月、12 月又大幅下跌(见表 3-6)。股票市场成交量下降，创业板交投活跃度下降。年末沪、深股市流通市值为 35.4 万亿元，同比减少 21.3%；创业板流通市值为 2.5 万亿元，同比减少 19.5%(见表 3-6)。

表 3-6　　　　　　　　　2018 年中国股市各月成交量和月成交金额

日期	股票成交金额 (亿元)	日均成交金额 (亿元)	股票成交数量 (亿股)	日均成交数量 (亿股)
2012 年	314 667.41	1 294.93	32 881.06	135.31
2013 年	468 728.60	1 969.45	48 372.67	203.25
2014 年	743 912.98	3 036.38	73 754.61	301.04
2015 年	2 550 538.29	4 458.10	171 039.46	354.86
2016 年	1 267 262.64	5 193.70	94 201.17	386.07
2017 年	1 124 625.07	4 609.12	87 495.32	358.59
2018.01	114 889.83	5 744.49	9 002.91	450.15
2018.02	64 392.77	3 219.64	5 443.83	272.19
2018.03	103 299.38	5 164.97	8 126.93	406.35
2018.04	82 387.95	4 119.40	6 191.57	309.58
2018.05	89 886.99	4 494.35	6 788.54	339.43
2018.06	69 820.43	3 491.02	5 789.13	289.46
2018.07	77 787.40	3 889.37	7 113.73	355.69

续表

日期	股票成交金额（亿元）	日均成交金额（亿元）	股票成交数量（亿股）	日均成交数量（亿股）
2018.08	65 795.06	3 289.75	6 537.08	326.85
2018.09	49 744.84	2 487.24	5 251.54	262.58
2018.10	69 180.93	3 459.05	6 058.09	302.90
2018.11	102 218.75	5 110.94	9 521.08	476.05
2018.12	75 990.14	3 799.51	6 212.79	310.64
2018 年	965 394.47	3 972.82	82 037.22	337.60

资料来源：上海证券交易所、深圳证券交易所 2018 年市场统计年鉴。

（3）股票市场融资额同比减少

2018 年境内各类企业和金融机构在境内外股票市场上通过发行、增发、配股、权证行权等方式累计筹资 6 827 亿元，同比多融资 8 382.89 亿元，下降 55.11%；其中 A 股筹资 5 530 亿元，同比下降 44.9%。A 股全年首发筹资 1 374.88 亿元，在再筹资金额中，A 股全年无公开增发，配股融资额为 188.78 亿元，同比增加 20.58%，定向增发额为 7 854.83 亿元，同比下降 38.97%，全年停止权证行权（见表 3-7）。

表 3-7　　　　　　　　　　2018 年股票市场筹资金额　　　　　　　　　　单位：亿元

时期	首次发行金额 A 股	再筹资金额 A 股				A 股合计
		公开增发	定向增发	配股	权证行权	
2012 年	1 034.32	104.74	1 867.48	121.00	0.00	3 127.54
2013 年	0.00	80.42	2 246.59	475.75	0.00	2 802.76
2014 年	668.89	18.26	4 031.30	137.98	0.00	4 856.43
2015 年	1 766.91	0.00	6 709.48	42.33	0.00	8 518.72
2016 年	1 633.56	0.00	16 978.28	298.51	0.00	18 910.37
2017 年	2 182.15	0.00	12 871.182	156.56	0.00	15 209.89
2018.01	234.72	0.00	895.83	0.00	0.00	1 130.55
2018.02	111.91	0.00	1 126.30	35.69	0.00	1 273.90
2018.03	42.92	0.00	537.93	51.13	0.00	631.98
2018.04	76.20	0.00	519.20	8.41	0.00	603.81
2018.05	364.41	0.00	184.18	4.85	0.00	553.44
2018.06	91.84	0.00	1 308.24	2.94	0.00	1 403.02
2018.07	33.90	0.00	1 057.40	22.71	0.00	1 114.01
2018.08	57.73	0.00	503.32	0.00	0.00	561.05
2018.09	180.88	0.00	177.73	0.00	0.00	358.61
2018.10	44.76	0.00	190.86	17.16	0.00	252.78
2018.11	90.36	0.00	656.16	45.89	0.00	792.40
2018.12	45.25	0.00	697.68	0.00	0.00	742.94
2018 年	1 374.88	0.00	7 854.83	188.78	0.00	9 418.49

注：本表首发筹资金额以 IPO 上市首日为基础统计。

资料来源：根据中国证监会 2017 年公布数据整理得到。

(4) 新三板全年容量一路走低

截至 2018 年底,在全国中小企业股份转让系统中挂牌上市的企业为 10 691 家、总股本为 6 324.53 亿股、总市值为 34 487.26 亿元,同比分别下降 8.07%、6.40% 和 30.19%(见表 3-8)。

表 3-8 2014—2018 年我国新三板市场发展概览

项目	2014 年	2015 年	2016 年	2017 年	2018 年
挂牌规模					
挂牌公司(家)	1 572	5 129	10 163	11 630	10 691
总股本(亿股)	658.35	2 959.51	5 851.55	6 756.73	6 324.53
总市值(亿元)	4 591.42	24 584.42	40 558.11	49 404.56	34 487.26
股票发行					
发行次数	327	2 565	2 940	2 725	1 402
发行股数(亿股)	26.43	230.79	294.61	239.26	123.83
融资金额(亿元)	129.99	1 216.17	1 390.87	1 336.25	604.43
股票转让					
成交金额(亿元)	130.36	1 910.62	1 912.29	2 271.80	888.01
成交数量(亿股)	22.82	278.91	363.63	433.22	236.29
成交笔数(万笔)	9.27	282.14	308.83	282.99	150.84
换手率(%)	19.67	53.88	20.74	13.47	5.31
市盈率(倍)	35.27	47.23	28.71	30.18	20.86

资料来源:全国中小企业股份转让系统,http://www.neeq.com.cn/static/statisticdata.html。

从行业分布来看,新三板市场挂牌公司最集中的两个行业是制造业和信息技术服务业,分别为 5 279 家和 2 084 家,其占比分别为 49.35% 和 19.49%(见表 3-9)。

表 3-9 2016—2018 年新三板市场挂牌公司的行业分布情况

行业分类	2016 年末		2017 年末		2018 年末	
	公司数量(家)	占比(%)	公司数量(家)	占比(%)	公司数量(家)	占比(%)
制造业	5 153	50.70	5 804	49.91	5 276	49.35
信息传输、软件和信息技术服务业	2 003	19.71	2 284	19.64	2 084	19.49
租赁和商务服务业	507	4.99	607	5.22	558	5.22
科学研究和技术服务业	436	4.29	531	4.57	506	4.73
批发和零售业	459	4.52	509	4.38	492	4.60
建筑业	330	3.25	379	3.26	356	3.33
文化、体育和娱乐业	228	2.24	261	2.24	240	2.24
农、林、牧、渔业	173	1.70	223	1.92	226	2.11
交通运输、仓储和邮政业	199	1.96	198	1.70	192	1.80
水利、环境和公共设施管理业	163	1.60	197	1.69	186	1.74
金融业	126	1.24	144	1.24	131	1.23
其他	386	3.8	493	4.24	444	4.15
合计	10 163	100.00	11 630	100.00	10 691	100

数据来源:Wind 资讯。

从地域分布情况来看,新三板市场挂牌公司最集中的三个省市是广东省、北京市和江苏省,分别为1 637家、1 440家和1 273家,其占比分别为15.31%、13.47%和11.91%;三省市占比合计高达40.69%(见表3-10)。

表3-10　　　　　2016—2018年新三板市场挂牌公司的行业分布情况

省份	2016年末		2017年末		2018年末	
	公司数量(家)	占比(%)	公司数量(家)	占比(%)	公司数量(家)	占比(%)
广东	1 586	15.61	1 878	16.15	1 637	15.31
北京	1 477	14.53	1 618	13.91	1 440	13.47
江苏	1 246	12.26	1 390	11.95	1 273	11.91
浙江	901	8.87	1 032	8.87	933	8.73
上海	890	8.76	989	8.50	903	8.45
山东	570	5.61	636	5.47	624	5.84
福建	332	3.27	405	3.48	373	3.49
河南	342	3.37	378	3.25	371	3.47
湖北	348	3.42	404	3.47	358	3.35
安徽	302	2.97	358	3.08	340	3.18
四川	294	2.89	332	2.85	312	2.92
河北	195	1.92	241	2.07	243	2.27
湖南	205	2.02	239	2.06	223	2.09
辽宁	205	2.02	234	2.01	223	2.09
天津	171	1.68	205	1.76	195	1.82
陕西	141	1.39	164	1.41	158	1.48
江西	135	1.33	161	1.38	150	1.40
重庆	116	1.14	142	1.22	133	1.24
黑龙江	90	0.89	97	0.83	94	0.88
云南	90	0.89	92	0.79	94	0.88
山西	65	0.64	83	0.71	89	0.83
新疆	97	0.95	98	0.84	87	0.81
吉林	78	0.77	88	0.76	85	0.80
广西	60	0.59	72	0.62	75	0.70
内蒙古	60	0.59	66	0.57	66	0.62

续表

省份	2016 年末		2017 年末		2018 年末	
	公司数量（家）	占比（%）	公司数量（家）	占比（%）	公司数量（家）	占比（%）
宁夏	54	0.53	66	0.57	59	0.55
贵州	51	0.50	59	0.51	54	0.51
海南	30	0.30	43	0.37	39	0.36
甘肃	31	0.31	34	0.29	35	0.33
西藏	11	0.11	21	0.18	19	0.18
青海	4	0.04	5	0.04	6	0.06

数据来源：Wind 资讯。

从股票转让情况来看，新三板市场在 2018 年的成交数量为 236.29 亿股，成交金额为 888.01 亿元，较 2017 年分别下降 45% 和 61%；成交笔数为 150.84 万笔，同比下降 47%（见表 3–11）。

表 3–11　　　　　　　　　　2007—2018 年股票成交概况

年度	成交数量（万股）	成交金额（万元）	成交数量（笔）	换手率（%）
2007	4 420.15	23 156.63	521	—
2008	5 407.86	29 527.82	484	—
2009	10 735.76	48 342.53	878	
2010	6 951.29	41 872.24	644	
2011	9 562.76	56 169.56	832	5.57
2012	11 455.51	58 431.81	638	4.47
2013	20 242.52	81 396.19	989	4.47
2014	228 212.40	1 303 580.47	92 654	19.67
2015	2 789 072.49	19 106 224.99	2 821 339	53.88
2016	3 636 311.46	19 122 853.55	3 088 300	20.74
2017	4 332 200.00	22 718 000.00	2 829 900	13.47
2018	2 362 900.00	8 880 100.00	1 508 400	5.31

从股票发行情况来看，新三板市场在 2018 年的发行金额为 604.43 亿元，发行股数为 123.83 亿股，发行次数为 1 402 次，较 2017 年分别下降了 54.77%、48.24% 和 48.55%（见表 3–12）。

表 3-12　　　　　　　　　　　2008—2018 年股票发行概况

年度	发行数量（次）	发行金额（万元）	发行股数（万股）
2009	2	5 639.28	956
2010	8	35 835.91	6 867
2011	10	64 818.45	8 007
2012	24	85 886.00	19 292
2013	60	100 236.43	29 193
2014	327	1 299 877.76	264 298
2015	2 565	12 161 718.99	2 307 945
2016	2 940	13 908 700.00	2 946 100
2017	2 725	13 362 500.00	2 392 600
2018	1 402	6 044 300.00	1 238 300

2. 债券市场

（1）债券发行规模显著扩大

2018 年，我国累计发行各类债券 43.1 万亿元（见表 3-13），比 2017 年多发行 3.8 万亿元，同比增长 9.55%，主要是非金融企业债务融资工具和同业存单发行增加较多。全年国债发行 3.5 万亿元，地方政府债券发行 4.2 万亿元。金融债券发行 27.41 万亿元，同比上涨 6.20%，其中，国家开发银行及政策性金融债共发行 3.36 万亿元，同业存单发行 21.1 万亿元。公司信用类债券发行 7.79 万亿元，同比增长 38.12%，其中非金融企业债务融资工具 5.79 万亿元，企业债券 0.48 万亿元，公司债 1.46 万亿元。国际机构债券发行 720 亿元。截至 2018 年末，债券市场托管余额为 86.4 万亿元，同比增长 16.76%。其中银行间债券市场托管余额为 75.7 万亿元，同比上涨 15.75%。

表 3-13　　　　　　　　　　2018 年国内各类债券发行情况统计　　　　　　　　　单位：亿元

月份	政府债券		中央银行票据		金融债券		公司信用类债券		国际机构债券		各类债券合计	
	发行	余额	发行	余额	发行	余额	发行	余额	发行	余额	发行	余额
1	1 900	281 544	0	0	18 564	277 554	4 258	187 010	75	1 088	24 796	747 197
2	1 486	281 719	0	0	17 182	281 140	2 998	187 556	50	1 138	21 716	751 553
3	4 009	283 535	0	0	29 254	287 321	8 732	190 946	87	1 195	42 082	762 996
4	6 269	288 838	0	0	20 570	288 806	8 918	193 115	82	1 277	35 838	772 036
5	7 002	291 566	0	0	26 045	295 336	4 374	193 842	85	1 337	37 506	782 081
6	9 188	298 075	0	0	26 359	296 566	4 853	194 525	7	1 366	40 407	790 532
7	10 943	306 073	0	0	16 842	298 285	6 445	195 540	55	1 421	34 285	801 318
8	12 525	314 725	0	0	22 843	300 772	8 261	198 366	80	1 501	43 709	815 364
9	11 059	323 833	0	0	26 026	303 057	5 821	198 023	27	1 428	42 933	826 340
10	6 055	327 013	0	0	19 736	307 302	5 955	198 419	52	1 470	31 798	834 204

续表

月份	政府债券		中央银行票据		金融债券		公司信用类债券		国际机构债券		各类债券合计	
	发行	余额	发行	余额	发行	余额	发行	余额	发行	余额	发行	余额
11	3 348	326 618	0	0	27 056	316 174	8 734	201 705	67	1 537	39 205	846 033
12	4 495	330 069	0	0	23 580	322 585	8 557	205 603	53	1 550	36 685	859 807
2018年累计	78 278		0		274 056		77 905		720		430 959	

注:(1)金融债券包括国开行金融债、政策性金融债、商业银行普通债、商业银行次级债、商业银行资本混合债、证券公司债券、同业存单等;(2)公司信用类债券包括非金融企业债务融资工具、企业债券及公司债、可转债、可分离债、中小企业私募债等。

资料来源:中国人民银行网站,http://www.pbc.gov.cn/。

2018年我国资产证券化市场规模继续保持快速增长态势,全年共发行资产证券化产品2.01万亿元,同比增长36%;年末市场存量为3.09万亿元,同比增长47%。具体来看,信贷ABS发行9 318.35亿元,同比增长56%,占发行总量的47%;存量为15 208.11亿元,同比增长67%,占市场总量的49%。企业ABS发行9 480.70亿元,同比增长15%,占发行总量的47%;存量为13 877.87亿元,同比增长24%,占市场总量的45%。ABN发行1 261.25亿元,同比增长119%,占发行总量的6%;存量为1 852.05亿元,同比增长155%,占市场总量的6%(见表3-14)。

表3-14 2018年资产支持证券发行情况

类别	发行数量（只）	发行额（亿元）	同比增长（%）	发行额占比（%）	市场存量（亿元）	同比增长（%）	存量占比（%）
资产支持证券(合计)	950	20 039.62	36%	100	30 900.00	47	100
信贷ABS	155	9 318.35	55.90	47	15 208.11	67	49
企业ABS	699	9 480.70	15	47	13 877.87	24	45
资产支持票据(ABN)	96	1 261.25	119	6	1 852.05	155	6

资料来源:2018年资产证券化发展报告。

2018年,债券发行期限结构以中期债券为主,债券发行3~5年期及5~7年期结构比重同比略有上升。其中,期限5年以内的债券发行量占比61.64%,比上年上升5.5个百分点;期限5年(含5年)到10年的债券发行量占比33.47%,比上年下降6.53个百分点;期限10年(含10年)以上的债券发行量占比4.89%,比上年增加1.35个百分点(见表3-15和图3-9)。

表3-15 2009—2018年债券发行期限分类 单位:亿元

期限	2009年	2010年	2011年	2012年	2013年	2014年	2015年	2016年	2017年	2018年
1年以下	5 910.51	4 980.85	3 217.25	5 298.77	6 359.96	8 433.63	10 382.35	13 698.55	18 249.58	18 041.69
1~3年	1 159.64	1 873.12	1 713.83	9 453.36	15 882.88	14 054.56	20 448.19	26 562.91	28 159.21	31 804.01
3~5年	918.99	995.19	1 991.85	15 842.70	12 516.00	10 115.06	22 562.92	34 007.01	29 820.20	34 404.16

续表

期限	2009年	2010年	2011年	2012年	2013年	2014年	2015年	2016年	2017年	2018年
5~7年	638.31	766.50	1 237.76	13 961.81	12 319.90	13 830.25	20 106.86	28 881.34	25 646.47	19 834.93
7~10年	837.14	832.08	1 009.92	9 080.80	6 946.20	10 802.20	22 882.99	32 182.84	29 110.46	25 908.84
10年以上	535.41	552.25	829.39	5 003.00	2 429.00	2 282.14	2 351.21	6 076.04	4 809.53	6 684.65

资料来源：中央债券信息网，http：//www.chinabond.com.cn。

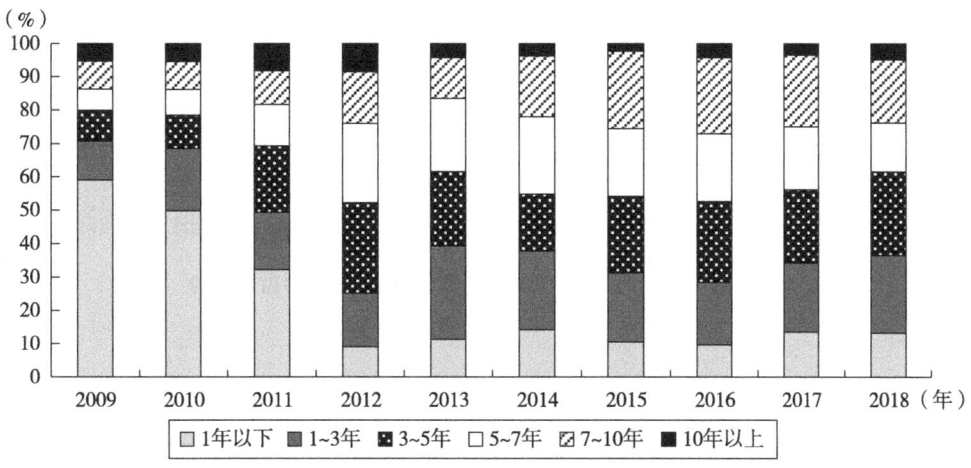

图3-9 2009—2018年债券发行期限结构变化情况

(资料来源：中央债券信息网，http：//www.chinabond.com.cn)

（2）债券市场交易活跃

2018年末，中债综合净价指数为101.92，比上年末上涨4.03%；中债综合全价指数为118.8点，上涨4.79%。交易所上证国债指数为169.88点，上涨5.61%；企业债指数由年初的213.61点升至年末225.75点，上升12.14点，升幅5.68%；国债指数由年初的160.97点升至年末169.88点，上升8.91点，升幅5.54%（见图3-10）。2018年，银行间债券市场现券交易量150.7万亿元，日均成交6 029亿元，同比增长47.2%；交易所债券市场现券交易量5.9万亿元，日均成交244亿元，同比增长7.1%。

（3）国债收益率曲线整体下移

国债收益率曲线总体下移并呈陡峭化趋势。2018年末，1年期、3年期、5年期、7年期和10年期国债收益率分别为2.6%、2.87%、2.97%、3.16%和3.23%，较年初分别下行119个、91个、88个、74个和65个基点；1年期和10年期国债利差为63个基点，较年初扩大54个基点（见图3-11）。

3. 投资基金市场

根据Wind资讯的统计，截至2018年底，我国共有基金4 974只，其中封闭式基金的份额为882.36亿份，资产净值为1 045.95亿元，份额和资产净值占比分别为0.69%、0.81%；开放式基金的份额为122 680.15亿份，资产净值为125 592.18亿元，份额和资产净值占比分别为99.24%、99.08%。全部基金的资产净值总额为126 763.20亿元，较2017

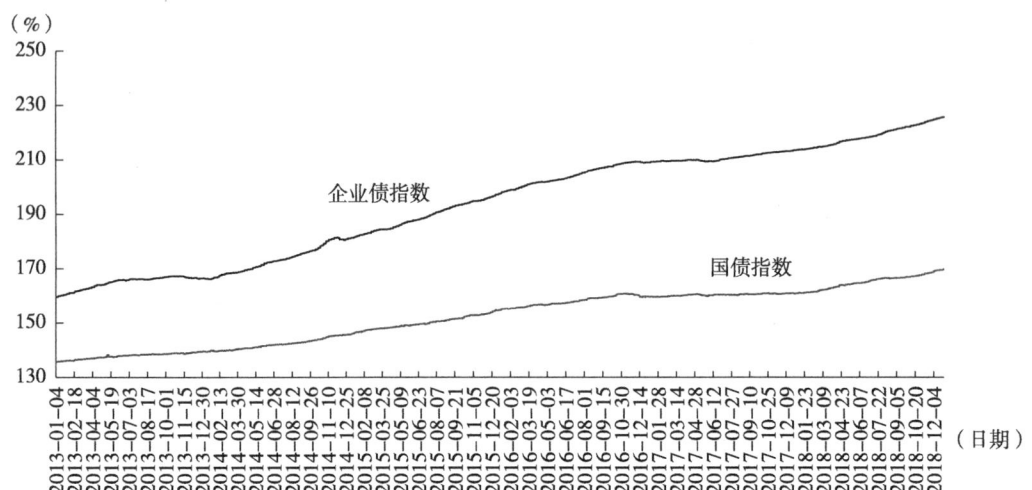

图 3-10 2013—2018 年交易所国债指数和企业债指数走势

(资料来源：Wind 资讯)

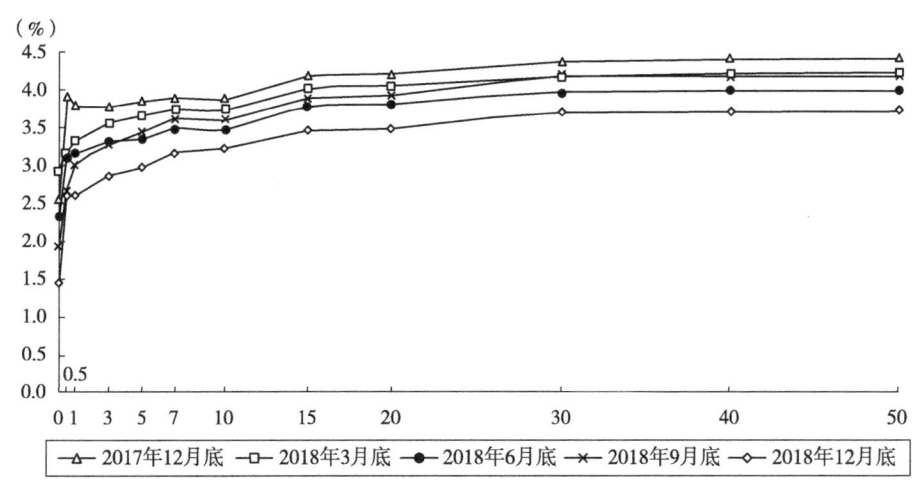

图 3-11 2018 年银行间市场国债收益率曲线变化情况

(资料来源：中国债券信息网，http://yield.chinabond.com.cn/cbwebmn/yield_main?locale=zh_CN)

年底增长 9.28%，基金管理份额为 123 619.49 亿份，较 2017 年上升 6.57%（见表 3-16）。

按照 Wind 资讯的分类标准统计，截至 2018 年底，在全部基金中，股票基金资产净值为 7 383.23 亿元，同比减少 219.17 亿元；份额规模为 5 847.66 亿份，同比减少 545.33 亿份。混合基金资产净值为 19 378.46 亿元，同比减少 1 577.66 亿元；份额规模为 16 315.05 亿份，同比减少 3 242.94 亿份。债券基金资产净值为 14 647.40 亿元，同比减少 3 220.15 亿份；份额规模为 7 575.03 亿份，同比减少了 272.63。QDII 基金资产净值为 613.79 亿元，同比减少 32.81%；份额规模为 689.23 亿份，同比减少 129.45 亿份。货币市场基金资产净值达到 81 628.70 亿元，同比增长 1.21 倍；份额规模为 81 706.63 亿份，同比增长 1.21 倍（见表 3-16）。

表 3-16 2018 年我国基金行业资产净值和份额规模分类汇总

类型	截止日期	1月	2月	3月	4月	5月	6月	7月	8月	9月	10月	11月	12月
全部基金	总数（只）	4 913	4 939	4 974	4 968	4 978	5 020	5 030	5 092	5 157	4 913	4 939	4 974
	份额（亿份）	119 517.97	120 037.27	123 619.49	125 544.00	126 112.87	129 993.44	131 100.09	131 670.48	128 750.26	119 517.97	120 037.27	123 619.49
	资产净值（亿元）	123 992.28	124 313.64	126 763.20	128 002.43	128 095.29	132 198.53	132 996.69	134 006.08	129 258.20	123 992.28	124 313.64	126 763.20
开放式基金	总数（只）	4 908	4 934	4 969	4 963	4 973	5 015	5 025	5 087	5 152	4 908	4 934	4 969
	占比（%）	99.90	99.90	99.90	99.90	99.90	99.90	99.90	99.90	99.90	99.90	99.90	99.90
	份额（亿份）	118 517.15	119 052.64	122 680.15	124 589.28	125 228.93	129 087.70	130 243.35	130 802.32	127 867.90	118 517.15	119 052.64	122 680.15
	占比（%）	99.16	99.18	99.24	99.24	99.30	99.30	99.35	99.34	99.31	99.16	99.18	99.24
	资产净值（亿元）	122 681.72	123 003.27	125 592.18	126 830.40	126 922.20	131 041.90	131 842.48	132 848.48	128 212.25	122 681.72	123 003.27	125 592.18
	占比（%）	98.94	98.95	99.08	99.08	99.08	99.13	99.13	99.14	99.19	98.94	98.95	99.08
封闭式基金	总数（只）	140	140	140	138	137	137	137	131	131	131	130	130
	占比（%）	2.95	2.90	2.87	2.81	2.77	2.75	2.76	2.63	2.61	2.60	2.55	2.52
	份额（亿份）	1 125.38	974.48	974.99	1 000.82	984.62	939.35	954.72	883.93	905.74	856.73	868.16	882.36
	占比（%）	1.01	0.87	0.82	0.84	0.82	0.76	0.76	0.70	0.70	0.65	0.66	0.69
	资产净值（亿元）	1 362.00	1 360.26	1 316.08	1 310.57	1 310.37	1 171.02	1 172.02	1 173.09	1 156.63	1 154.22	1 157.60	1 045.95
	占比（%）	1.17	1.16	1.07	1.06	1.05	0.92	0.92	0.92	0.87	0.87	0.86	0.81
股票型基金	总数（只）	775	790	796	812	821	831	829	828	839	848	867	876
	占比（%）	16.35	16.38	16.32	16.53	16.62	16.71	16.69	16.63	16.71	16.86	17.03	16.99
	份额（亿份）	5 648.23	5 722.36	5 784.53	6 078.02	6 148.07	6 135.60	6 226.19	6 269.74	6 466.46	7 135.94	7 240.44	7 575.03
	占比（%）	5.05	5.08	4.87	5.09	5.12	4.96	4.96	4.97	4.97	5.44	5.50	5.88
	资产净值（亿元）	6 794.01	6 940.57	6 965.69	7 182.04	7 248.97	6 773.98	6 794.73	6 807.60	6 957.05	7 441.19	7 538.65	7 383.23
	占比（%）	5.82	5.92	5.64	5.79	5.83	5.34	5.31	5.31	5.26	5.60	5.63	5.71

续表

类型	截止日期	1月	2月	3月	4月	5月	6月	7月	8月	9月	10月	11月	12月
混合型基金	总数（只）	2 191	2 242	2 266	2 275	2 283	2 286	2 282	2 283	2 286	2 276	2 277	2 288
	占比（%）	46.22	46.50	46.45	46.31	46.22	45.96	45.93	45.86	45.54	45.25	44.72	44.37
	份额（亿份）	18 084.86	18 400.40	16 216.33	16 315.41	16 486.66	15 700.19	16 771.10	16 853.15	15 883.25	15 905.98	15 979.56	15 473.03
	占比（%）	16.18	16.34	13.64	13.65	13.73	12.70	13.36	13.36	12.22	12.13	12.14	12.02
	资产净值（亿元）	21 378.85	21 660.46	18 837.56	18 910.49	19 043.07	17 387.83	18 441.69	18 489.94	16 574.71	16 539.76	16 627.21	14 828.18
	占比（%）	18.33	18.46	15.26	15.25	15.32	13.72	14.41	14.43	12.54	12.44	12.41	11.47
债券型基金	总数（只）	1 217	1 231	1 258	1 266	1 274	1 295	1 295	1 313	1 340	1 352	1 394	1 441
	占比（%）	25.68	25.53	25.79	25.77	25.79	26.04	26.07	26.38	26.69	26.88	27.38	27.94
	份额（亿份）	15 569.44	15 752.44	16 041.55	16 288.90	16 360.44	16 447.20	16 520.77	16 631.30	17 529.98	17 737.55	18 374.12	23 163.90
	占比（%）	13.93	13.99	13.50	13.63	13.63	13.30	13.16	13.19	13.49	13.53	13.95	17.99
	资产净值（亿元）	16 168.85	16 357.37	16 761.61	17 033.36	17 085.10	17 208.55	17 330.88	17 375.32	18 490.42	18 837.68	19 634.41	24 521.95
	占比（%）	13.86	13.94	13.58	13.74	13.74	13.58	13.54	13.56	13.99	14.16	14.65	18.97
货币市场型基金	总数（只）	394	395	394	394	394	393	393	387	386	385	384	383
	占比（%）	8.31	8.19	8.08	8.02	7.98	7.90	7.91	7.77	7.69	7.65	7.54	7.43
	份额（亿份）	71 528.44	71 767.27	79 863.17	79 882.58	80 070.00	84 369.82	85 075.53	85 411.32	89 218.47	89 429.92	89 182.79	81 706.63
	占比（%）	64.01	63.73	67.20	66.84	66.70	68.25	67.77	67.73	68.63	68.21	67.73	63.46
	资产净值（亿元）	71 288.81	71 344.92	79 843.07	79 843.07	79 906.56	84 354.02	84 395.67	84 383.71	89 160.59	89 160.04	89 186.52	81 628.70
	占比（%）	61.11	60.80	64.69	64.39	64.28	66.54	65.93	65.88	67.44	67.04	66.55	63.15
QDII基金	总数（只）	134	135	135	137	138	140	140	139	141	141	142	142
	占比（%）	2.83	2.80	2.77	2.79	2.79	2.81	2.82	2.79	2.81	2.80	2.79	2.75
	份额（亿份）	783.98	817.05	781.03	786.28	784.60	732.59	721.48	718.11	712.91	714.96	716.57	689.23
	占比（%）	0.70	0.73	0.66	0.66	0.65	0.59	0.57	0.57	0.55	0.55	0.54	0.54
	资产净值（亿元）	819.77	816.01	818.18	823.77	831.23	794.44	794.54	794.42	807.46	809.55	812.12	681.79
	占比（%）	0.70	0.70	0.66	0.66	0.67	0.63	0.62	0.62	0.61	0.61	0.61	0.53

资料来源：Wind 资讯。

(三) 外汇市场

1. 人民币汇率总体稳定、弹性增强

人民币对一篮子货币汇率基本稳定,对美元双边汇率弹性进一步增强,汇率预期总体平稳。2018年末,CFETS人民币汇率指数报93.28,较上年末下跌1.7%;参考SDR货币篮子的人民币汇率指数报93.14,较上年末下跌3.0%。根据国际清算银行的计算,2018年人民币名义有效汇率升值1.17%,实际有效汇率升值0.94%;2005年人民币汇率形成机制改革以来至2018年末,人民币名义有效汇率升值35.54%,实际有效汇率升值44.37%。

2018年,人民币对美元汇率中间价最高为6.2764元,最低为6.9670元,243个交易日中104个交易日升值、139个交易日贬值,最大单日升值幅度为0.71%(492点),最大单日贬值幅度为0.89%(605点)。2018年末,人民币对美元汇率中间价为6.8632元,比上年末贬值4.8%。2005年人民币汇率形成机制改革以来至2018年末,人民币对美元汇率中间价累计升值20.59%。2018年人民币对美元汇率中间价年化波动率为4.2%,较2017年明显提升,调节宏观经济和国际收支"自动稳定器"的作用增强。

人民币对其他国际主要货币汇率走势分化。2018年末,人民币对欧元、英镑、日元汇率中间价分别为1欧元兑7.8473元人民币、1英镑兑8.6762元人民币、100日元兑6.1887元人民币,分别较2017年末贬值0.57%、升值1.19%和贬值6.47%。2005年人民币汇率形成机制改革以来至2018年末,人民币对欧元汇率累计升值27.61%,对日元汇率累计升值185%(见图3-12)。

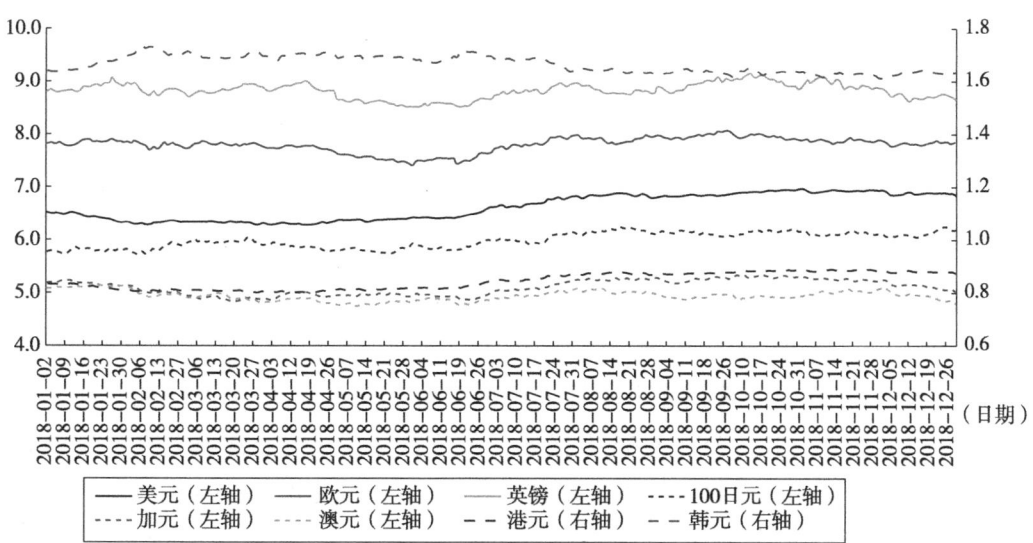

图3-12 2018年人民币对外币汇率变化趋势

(注:韩元为人民币兑韩元,其他均为外币兑人民币。)

(资料来源:中国货币网—中国外汇交易中心,http://www.chinamoney.com.cn/fe/Channel/17383)

2. 人民币外汇交易活跃

2018年,人民币外汇即期成交7.6万亿美元,同比增长19.3%;人民币外汇掉期交易累计成交金额折合16.4万亿美元,同比增长22.7%,其中隔夜美元掉期成交9.2万亿美元,占掉期总成交额的56.1%;人民币外汇远期市场累计成交875亿美元,同比减少15.3%。全年"外币对"累计成交金额折合1 867亿美元,同比增长57.2%,其中成交最多的产品为美元对欧元,占市场份额比重为42.3%(见表3-17)。

表3-17　　　　　2014—2018年外汇市场交易情况　　　　　单位:亿美元

交易品种	2014年	2015年	2016年	2017年	2018年
人民币外汇即期	41 200	48 622.93	59 268.82	63 951.768	76 332
人民币外汇掉期	44 900	83 449.78	99 959.74	133 731.18	165 135
人民币外汇远期	529	372	1 529	1 019.47	875
外币对	606	1 202	1 159	1 188	1 867

资料来源:国家外汇管理局,http://www.safe.gov.cn/safe/zgwhscjygk/index.html。

外汇市场交易主体进一步扩展。截至2018年末,共有即期市场会员678家,远期、外汇掉期、货币掉期和期权市场会员各212家、207家、175家和124家,即期市场做市商32家,远掉期市场做市商27家。

2018年,银行间外汇市场人民币直接交易成交活跃,流动性明显提升,降低了微观经济主体的汇兑成本,促进了双边贸易和投资。2017年末,在中国人民银行与境外货币当局签署的双边本币互换协议下,境外货币当局动用人民币余额为327.86亿元,人民银行动用外币余额折合4.71亿美元,对促进双边贸易投资发挥了积极作用(见表3-18)。

表3-18　　　　2018年银行间外汇即期市场人民币对主要币种交易量　　　　单位:亿元

币种	美元	欧元	日元	港元	英镑	澳大利亚元	新西兰元	新加坡元	瑞士法郎	加拿大元	林吉特	卢布	韩元
交易量	491 906.91	7 546.77	2 784.26	1 919.95	516.34	879.09	196.20	553.63	295.89	581.26	34.58	148.29	218.45

数据来源:中国外汇交易中心。

3. 跨境人民币业务快速增长,收支基本平衡

2018年,跨境人民币收付金额合计15.85万亿元,同比增长46%,其中实收8万亿元,实付7.85万亿元。经常项目下跨境人民币收付金额合计5.11万亿元,同比增长18%,其中,货物贸易收付金额3.66万亿元,服务贸易及其他经常项下收付金额1.45万亿元;资本项目下人民币收付金额合计10.74万亿元,同比增长65%。

(四)保险市场

1. 保险市场稳步发展

一是保险业务增速继续放缓。2018年,中国保险业共实现原保险保费收入38 016.62亿元,月度保费收入情况见图3-13。保费同比增长3.92%,较上年下降

14.24个百分点，7年以来首次低于GDP增速。自2017年以来，我国保险业保费收入增速持续放缓，基本告别高增长时代。保险深度4.22%，较上年下降0.2个百分点，保险密度2 724元，较上年提高92元。

具体来看，财产险业务整体运行平稳，增速略有下降。财产险全年实现原保险保费收入10 770.08亿元，同比增长9.51%，增速下降3.21个百分点。其中，车险实现原保费收入7 835.53亿元，同比增长4.18%，较上年下降5.86个百分点。非车险业务实现原保险保费收入3 920.17亿元，同比增长29.79%，在财产险业务中，非车险占比达33.35%，同比上升4.7个百分点。车险增速下降是财产险保费增速减缓的主要原因。

人身险业务实现原保险保费收入27 246.54亿元，同比增长1.9%，增速下降达18.39个百分点，是拖累行业增速的最大原因。其中，寿险业务原保险保费收入20 722.86亿元，同比下降3.41%；健康险业务原保险保费收入5 448.13亿元，同比增长24.12%；意外险业务原保险保费收入1 075.55亿元，同比增长19.33%。可见，2018年人身险保费增速陡降，主要是源于占比最大的寿险业务出现了负增长。而寿险业务保费的下滑，则与2017年以来由相关监管因素的持续影响而带来的寿险产品的整顿、清理密切相关。

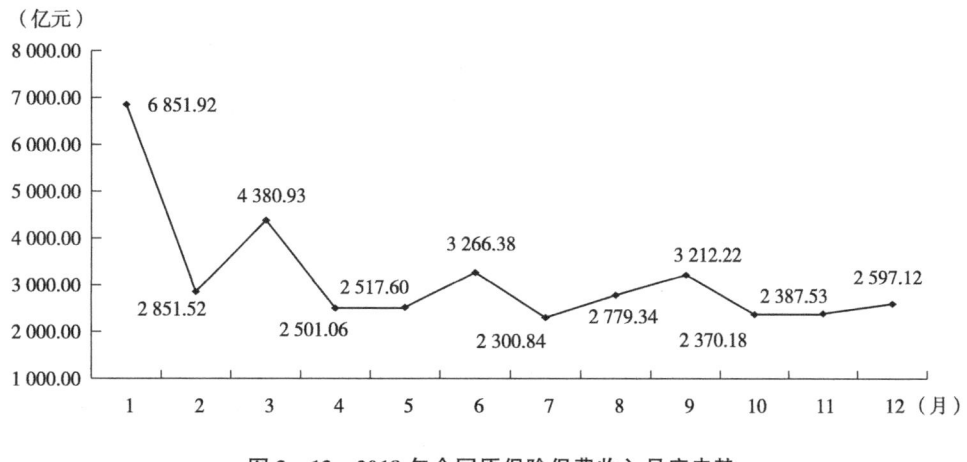

图3-13　2018年全国原保险保费收入月度走势

（资料来源：中国银保监会.2018年保险业经营情况表［EB/OL］.［2019-01-29］. http://bxjg.circ.gov.cn/web/site0/tab5201/info4132169.htm）

二是业务结构持续调整。财产险方面，受内、外部环境等多重因素的影响，2017年开始，非车险业务快速增长，业务占比不断上升。非车险增速亮眼及市场地位日益提升的主要原因在于：一方面，由于全国新车销量增速创5年新低，汽车保有量增速下滑，加之因商业车险费改引起的车均保费下降呈长期趋势，导致车险保源增长动力不足，保费增速持续放缓；另一方面，非车险市场空间巨大，监管环境相对宽松，政策利好不断释放，行业力求在非车险业务上取得突破，加大了非车险市场的开拓力度。其中，与国计民生密切相关的农业保险继续保持较快增长，2018年原保险保费收入572.65亿元，同比增长19.54%；责任险实现原保费收入590.14亿元，同比增长30.74%；得益于社会信贷与增信需求的增加和普惠金融的迅猛发展，保证保险成为新的市场热点，其原保费收入为645.51亿元，同比增幅高达70.1%。

人身险方面，在监管政策的引导下，保险业务结构继续优化，加快回归保障本源。从产品类型看，低价值的快速返还型和理财型产品收缩，高价值的长期储蓄型和保障型业务发展较快。2018年，中短期存续产品保费和所占比重均有大幅下降，而健康险、养老险发展迅速。从寿险新单缴费结构上看，趸缴业务大幅压缩，期缴业务增加较快，2018年，新单期缴业务占新单业务的45.94%，同比上升10.23个百分点。从业务渠道上看，长期以来以销售中短期分红险、年金保险等理财型保险为主的银邮渠道收缩，而个人代理渠道保持了较快增长。

三是风险保障核心功能不断彰显。在风险保额方面，2018年，保险业为全社会提供风险保障6 897.04万亿元，同比增长66.23%，高于原保险保费收入增速62.31个百分点。其中，机动车辆保险提供风险保障211.26万亿元，同比增长24.92%；责任险866.14万亿元，同比增长244.04%，是风险保额增速最高的险种；农业保险3.46万亿元，同比增长24.23%；寿险累计新增保额30.00万亿元，同比下降5.46%；健康险保额797.80万亿元，同比增长50.02%；意外险3 808.86万亿元，同比增长32.80%。风险保额的快速增长意味着保险业充分发挥了自身行业功能，回归保障本源，通过全面的风险管理和风险保障，服务于国家经济社会发展和人民群众生产生活。

在赔付支出方面，2018年，保险业累计赔款和给付支出12 297.87亿元，同比增长9.99%，月度赔付支出见图3-14。其中，财产险业务赔款支出5 897.32亿元，同比增长15.92%，企财险、车险、货物运输险、农业保险赔款支出均大幅增长，责任保险赔款支出同比增长超过三成。受规模收缩及结构调整的影响，寿险业务给付支出4 388.52亿元，同比下降4.07%；受我国个人医疗费用支出不断上涨的影响，健康险业务赔付支出1 744.34亿元，同比增长34.72%；意外险业务赔款支出267.70亿元，同比增长19.68%。在"山竹"台风等重大灾害事故中，保险业较好地履行了赔付责任，彰显了保险业应对重大灾害事故的处理机制日趋完善，切实体现了保险业经济"减震器"和社会"稳定器"的功能作用。

2. 保险资金运用更趋稳健，资金配置难度加大

2018年以来，在"去杠杆、防风险"的监管政策及市场波动加剧、刚性兑付打破的背景下，保险资金运用的形势和风险发生了新变化，其特点主要表现为：

一是保险资金运用规模平稳增长，资金运用配置结构保持稳定。2018年，保险资金运用余额164 088.38亿元，较年初增长9.97%，占保险行业总资产的89.51%。受保险市场规模收缩及寿险规模保费下降的影响，保险资金运用增速继续下降，较上年减少1.45个百分点。在资金运用总量保持平稳增长的同时，在低利率环境下，保险资金运用

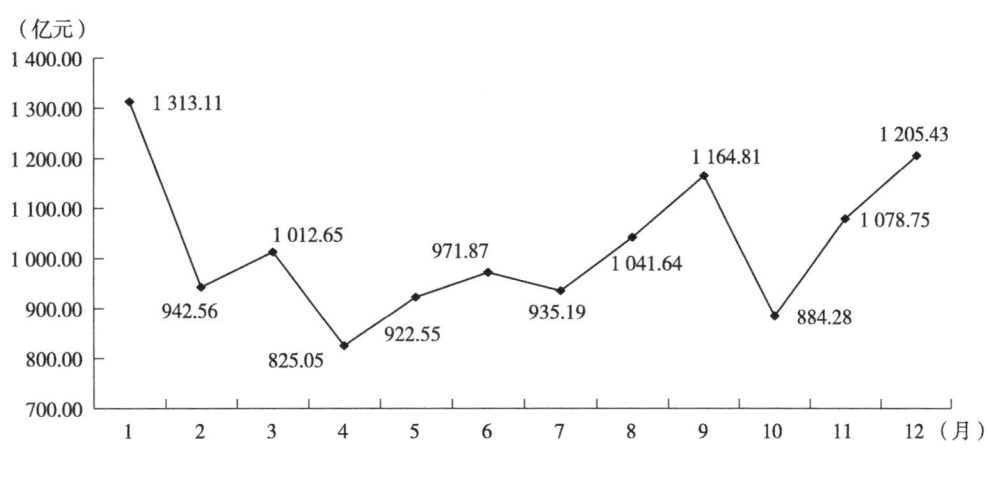

图 3-14 2018 年月度保险赔偿和给付走势

（资料来源：中国银保监会.2018 年保险业经营情况表［EB/OL］.［2019-01-29］. http://bxjg.circ.gov.cn/web/site0/tab5201/info4132169.htm）

本着"价值投资、长期投资"的理念，根据市场环境变化和保险发展内在需求不断调整，配置结构在保持基本稳定的同时也更趋优化。具体而言，银行存款、债券等流动性较强、收益率相对稳定的固定收益投资仍占主导地位，其占比略有上升；受监管导向及资本市场波动影响，股票和证券投资基金等流动性资产配置比例呈下降趋势；因市场政策影响导致投资端可选的非标资产产品减少、供给下降，另类投资尽管仍为险资配置的第一大类资产，但其占比也有所下滑。2018 年，固定收益类投资余额 80 746.47 亿元，占比 49.21%，较上年上升 1.7 个百分点；股票和证券投资基金 19 219.87 亿元，占比 11.71%，较上年下降 0.59 个百分点，其他投资 64 122.04 亿元，占比 39.08%，较上年下降了 1.11 个百分点（见表 3-19）。

表 3-19　　　　　　　　　2011—2018 年保险资金运用结构　　　　　　　　单位：%

年份	银行存款	债券	股票和证券投资基金	其他投资
2011	31.97	47.09	12.11	8.83
2012	34.21	44.59	11.79	9.41
2013	29.45	43.42	10.23	16.90
2014	27.12	38.15	11.06	23.67
2015	21.78	34.39	15.18	28.65
2016	18.55	32.15	13.28	36.02
2017	12.92	34.59	12.30	40.19
2018	14.85	34.36	11.71	39.08

资料来源：《中国保险年鉴 2018》，中国银保监会网站。其中，2011—2017 年数据来自《中国保险年鉴 2017》，其他数据来自中国银保监会网站统计数据专栏。

二是保险资金运用收益率有所下降。受制于国内外贸易不确定性、金融去杠杆、信用环境收紧等多重利空因素的影响，资本市场整体震荡下行，这也直接造成了保险资金配置难度不断增加，规避风险与提高收益率的矛盾较为突出。2018年，保险资金运用实现收益6 859.07亿元，较上年减少1 493.06亿元，资金运用收益率为4.33%，较上年同期下降1.44个百分点（见图3－15）。其中，受股市大幅波动的影响，保险资金投资股票和证券投资基金均有亏损，这是导致投资收益同比减少的主要原因。

图3－15　2007—2018年保险资金运用收益率

（资料来源：中国银保监会.2018年保险统计数据报告［EB/OL］.［2019－01－29］.http://bxjg.circ.gov.cn/web/site0/tab5257/info4132154.htm）

3. 服务经济社会能力不断提升

2018年，保险行业积极发挥保险功能，在服务经济社会高质量发展，包括服务经济转型升级、服务脱贫攻坚战略、服务国家治理现代化和服务民生保障等方面的能力、水平和效率逐步提升。

在服务经济转型升级方面，保险业通过风险保障和保险资金，持续为国家重大战略和重大项目提供支持。从风险管理和风险保障来看，针对科技型企业的风险特征，保险业研发推广科技保险、知识产权保险、综合保障保险等专属产品体系，为科技企业提供多层次一揽子风险解决方案，大力支持了国家创新驱动发展战略。2018年，保险业共为超过2 000家科技型企业提供3 000亿元的风险保障，承保企业数量和保额较上年均有大幅增长。在重大工程或重点项目建设中，2018年建成通车的港珠澳大桥投保金额278亿元，创下内地单个工程保险标的新高。从保险资金运用来看，保险资金除通过银行存款以及购买债券、股票等方式支持实体经济外，也通过保险资产管理机构发起设立的股权计划、债权计划为雄安新区、长江经济带、粤港澳大湾区等国家重大战略和重大项目，提供长期稳定的资金支持。截至2018年底，保险业累计发起设立各类债权、股权投资计划1 018项，合计备案（注册）规模2.42万亿元。其中，支持"一带一路"倡议投资规模达10 269.85亿元；支持长江经济带和京津冀协同发展战略投资规模分别达4 913.15亿元和2 086.22亿元；支持棚户区改造投资规模达1 616.16亿元；支持振兴东北老工业基地政策投资规模达455.12亿元。

在助推脱贫攻坚方面，2018 年，保险业精准扶贫扎实推进，通过大力发展商业医疗补充保险、大病保险、扶贫小额保险、农房保险等保险产品，重点服务深度贫困地区因病、因残致贫的突出困难群体；创新发展农产品价格保险和收入保险，提高深度贫困地区农业风险保障水平。在"粮食直补转保险的间接补贴""期货＋保险"等政策的试点与推进下，农业保险保持快速发展，进一步扩大了覆盖面，为 1.95 亿户次农户提供风险保障 3.46 万亿元，同比增长 24.23%；涉农小额贷款保证保险赔付支出 8.3 亿元，帮助 20 万农户撬动"三农"融资贷款 138 亿元。城乡居民大病保险和扶贫补充医疗保险承保范围和覆盖人群大幅增加，医疗费用报销比例不断提高，受益贫困群众逐渐增加。此外，保险业还开展了形式多样的帮扶措施，如中国人保的产业扶贫、支农支小，中国人寿的电商扶贫，中国太保的农险扶贫和中国平安的"三村工程"等扶贫项目获得了广泛社会反响，起到了良好的示范效应。保险资金在精准扶贫过程中也起到了举足轻重的作用，多家机构结合自身优势和特点，探索出了独具特色的"精准帮扶模式"。保险资金还通过在贫困地区设立债权投资计划的方式，促进当地产业升级转型，带动贫困地区经济发展，助力当地民众生活水平提升。

在服务国家治理体系和治理能力现代化方面，2018 年 9 月 1 日，根据海关总署的统一部署，关税保证保险在上海、北京等十地海关启动试点。10 月 31 日，海关总署与银保监会联合发布《关于开展关税保证保险通关业务试点的公告》，将关税保证保险试点范围扩大至全国。关税保证保险在确保海关税款安全的同时，可以减少企业的资金占用，降低运营成本，提升通关效率。2018 年，责任险为环保、医疗、教育、交通、食品安全、安全生产等 10 多个领域提供风险保障金额 866.14 万亿元，同比增长 244.04%，责任险新增签单数量 72.70 亿件，同比增长 81.70%。2018 年 6 月，国务院批准在环境高风险领域建立环境污染强制责任保险制度，推动了环责险发展，对丰富生态环境保护市场手段，打好打胜污染防治攻坚战，补齐全面建成小康社会生态环境短板具有积极意义。巨灾保险在前期试点的基础上，也继续在全国各地推广探索，其制度建设不断健全、保障水平继续提高。

在服务民生保障方面，保险业继续发挥在社会养老体系、医疗保障体系中的重要作用。在养老保障体系建设方面，保险市场主体积极参与，如中国人寿委托投资的国寿投资公司已完成北京、天津、苏州、深圳、三亚等城市的养老社区布局。2018 年 11 月，中国人寿首个大型养老社区国寿嘉园·雅境在苏州揭幕。中国太保养老产业 5 年发展规划落地实施，2018 年 12 月，首家"太保家园"——成都国际颐养社区项目正式启动。2018 年 5 月，个人税收递延型商业养老保险在上海市、福建省、苏州工业园区三地试点，其业务发展对增强养老保险体系的可持续性，满足个人多样化的养老需求，提高人民群众的养老保障水平意义重大。在医疗保障体系建设方面，国寿投资公司旗下的国寿大健康基金，2018 年已入股迈瑞医疗、药明康德等多家医药企业，大力推动健康医疗产业链延伸。新华保险已在全国建成了 16 家健康管理中心，年服务近 42 万人次，同时，康复医院正式投入运营，并获得体检资格。

4. 保险科技创新持续活跃

2018 年，随着"互联网+"、大数据、区块链、人工智能等新思维方式与技术不断向保险业渗透，保险科技呈现出蓬勃旺盛的发展态势，并逐渐成为保险行业转型发展的新引擎、保险生态优化的新动力和保险服务经济社会的新渠道。

一是智能技术加速落地，科技赋能保险向纵深演进。区块链、人工智能、物联网、云计算、大数据、车联网、无人驾驶汽车、无人机、基因检测、可穿戴设备等为代表的新兴技术与保险主体的结合日益深入，保险科技已全面渗透到保险产品研发、市场营销、客户关系维护、核保理赔、保险资金运用及保险公司内部管理等环节，通过创造新的业务模式、应用、流程或产品，重塑保险价值链，提升传统保险供给的效率，满足不断增长与动态变化的保险需求。2018 年，众安保险全资子公司众安科技上线了国内首个商保端 SaaS（Software–as–a–Service）服务平台——"商保智能开放平台"，蚂蚁金服宣布完成国内保险业首笔无人工干预的"全流程 AI 快赔"，将理赔处理时间缩短至"秒级"。人保金服联合 58 集团、易车集团、美国 Solera 集团共同发起设立的保险科技项目"爱保科技"正式上线，其战略定位为"保险+科技+服务"，围绕出行领域和家生活领域开展车险和健康险业务。中国保险学会与金融壹账通共同发起成立"保险智能风控实验室"，为保险业欺诈风险的分析和预警监测提供支持。平安保险通过大数据、云计算、物联网等创新应用，聚合多项服务能力打造风控开放平台，以"保险+风控""线上+线下"的创新模式，持续提升风险管控能力，2018 年为超过 12 000 家企业客户提供防灾防损服务。太保财险适应环境变化，持续推进品质管控，其推出的"太好保"可针对司机不安全驾驶行为进行实时预警和有效管控，成为帮助客户"科技减损"的智能风控平台。

二是保险科技生态圈布局加快，创新驱动的保险科技生态体系逐步形成。2018 年，国内首只互联网保险产业投资基金——中互保（宁波）产业基金落户宁波电商经济创新园区。该基金由海尔金控、宁波金控、赛富亚洲及其他社会资本共同出资设立，基金总规模为 20 亿元，主要投资布局于持牌互联网保险公司、持牌互联网保险中介机构、保险科技公司等互联网保险生态圈公司。全国首个保险科技产业园——宁波保险科技产业园正式开园，该园区旨在打造以互联网保险、保险产品与技术创新孵化器、共性技术平台、大数据中心等为特色的保险科技产业生态基地，对推动建设全国保险创新高地意义重大。太平科技保险股份有限公司作为国内首家科技保险公司获准开业，行业依靠保险科技打造的多元化保险生态圈正在形成。

5. 互联网保险市场稳定发展

2018 年，互联网保险由"渠道变革"的粗放式发展开始转向"场景创造"的内涵进化式发展，真正意义上推动了保险行业向以客户需求为中心的经营模式转型。具体来看：

一是在业务发展上，互联网财产保险保持快速发展，互联网人身保险发展势头持续放缓。在持续两年负增长之后，互联网财险业务扭转颓势，呈现恢复性增长。2018年，实现原保费收入695.38亿元，同比增长40.91%，较全渠道财险业务同比增幅高出近30个百分点。继2017年首次出现负增长后，互联网人身保险规模保费继续下降，2018年全年累计实现规模保费1 193.2亿元，同比下降13.7%。

二是在险种构成上，业务结构调整继续。互联网财险方面，2018年互联网车险企稳回升，全年共实现保费收入368.73亿元，同比增长20.03%，业务占比53.03%，较上年同比下降9.22个百分点，且呈现持续缓慢下降的趋势。互联网非车险累计原保费收入为326.65亿元，同比增长75.34%，仍保持高速增长的势头，其业务占比持续上升至46.97%，同比增长9.22个百分点。其中，除退货运费险外，信用保证保险、责任险也发展迅速，互联网金融的兴起，特别是互联网理财平台的发展，为有资金需要的企业和个人搭建了便捷的桥梁，也因此衍生出互联网金融对信用保险和保证保险的强烈需求，从而推动了互联网信用保证保险业务的增长。互联网人身保险方面，2018年互联网健康保险业务持续高速增长，累计实现规模保费收入122.9亿元，同比增长108.3%，在互联网人身保险中的比重也在不断提升，首次突破至10.3%。其中，费用报销型医疗保险仍是受市场欢迎的主力险种，全年累计实现规模保费64亿元，同比增长133.3%，占互联网健康保险总规模保费的52.1%；重大疾病保险实现规模保费33.9亿元，同比增长68.7%，占互联网健康保险总规模保费的27.6%。互联网健康保险的高速发展是整个保险行业加速回归保障本源的直接体现，既得益于"百万医疗"等中高端医疗险产品的推动，也与保险公司在续保条件、免赔额、保额、全家保、保险责任拓展及智能核保等方面的持续创新密切相关。此外，人寿保险、年金保险和意外险则出现不同程度下滑，互联网人寿保险累计实现规模保费收入675.4亿元，同比减少124.2亿元，降幅15.5%。互联网年金保险累计实现规模保费337.8亿元，同比减少123.6亿元，降幅26.8%。互联网意外险累计实现规模保费57.1亿元，同比下降9.7%。

三是在渠道结构上，多元化发展趋势明显。互联网财险业务方面，第三方网销平台对保费的贡献仍然最大，保费占比达34%，保险公司自营网络平台（包含PC官网、移动APP、微信公众号、移动官网手机WAP）也发展良好。其中，微信公众号平台表现最为亮眼，保险公司通过微信平台实现保费收入104.97亿元，同比上涨114.98%。开展互联网人身保险业务的保险公司中，50家公司通过自建在线商城（官网）展开经营，61家公司通过与第三方渠道进行合作，其中，49家公司采用自建官网和第三方渠道"双管齐下"的商业模式。2018年通过第三方渠道共实现规模保费991.9亿元，占互联网人身保险总规模保费的83.1%，同比减少5.8个百分点；通过自建官网实现规模保费

201.3亿元，较上年同期增长31.2%，占互联网人身保险总规模保费的16.9%。总体而言，渠道发展更为合理，运行效率有所提高。

6. 市场格局更趋合理

一是市场集中度保持稳定。财产险方面，从市场集中度来看，2018年财产险行业的"马太效应"仍在继续。保费收入排名前10位的财险公司依次为：人保财险、平安产险、太保产险、国寿财险、大地保险、中华联合、阳光产险、太平财险、中国信保和天安保险，除大地财险与中华联合名次对调外，其他公司的排名没有变化。10大财产险公司合计实现原保费收入10 244.63亿元，市场占有率为85.21%，较2017年微降了0.13个百分点。其中，人保财险、平安产险和太保产险三家公司原保险保费收入合计占产公司原保险保费收入的比例为64.04%，较上年上升0.55个百分点，第一集团大公司的龙头地位依旧稳固（见图3-16）。"老三家"市场份额之所以持续回升，一方面是其庞大的分支机构和完善的服务体系为业务发展提供了条件，另一方面，其抢占市场先机对非车险市场的积极布局，也使其综合规模和业务占比得以提升。部分中、小、新财产险公司如汇友互助、粤电自保、众惠相互、中路财险、中远海自保以及阳光信用等，保费增速也值得关注，因处于初创或发展阶段，体量小，原保费基数低，伴随业务拓展，其原保费收入同比增速均超过100%。此外，得益于"保险+科技"双基因驱动，安心财险、众安财险、泰康在线及易安财险这4家顺时而生的专业互联网财险公司继续保持高速发展态势，其原保费增速均超过50%。

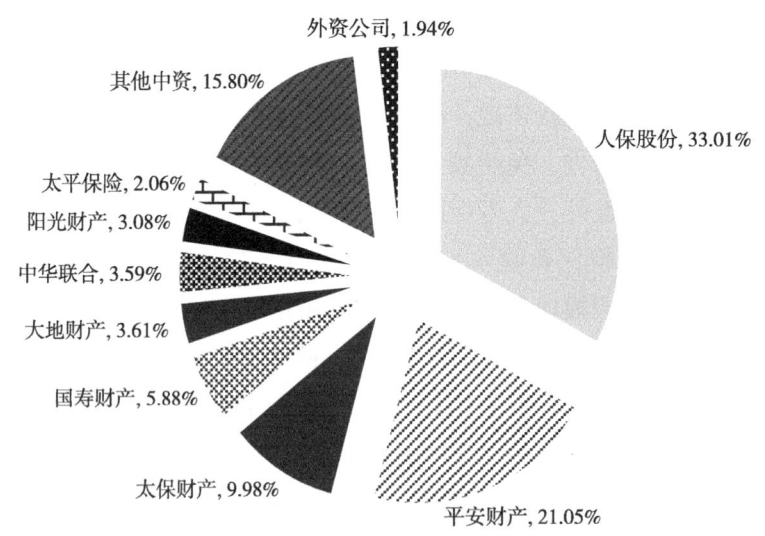

图3-16 2018年财产险公司市场份额

（资料来源：中国银保监会. 2018年财产保险公司原保险保费收入情况表[EB/OL]. [2019-01-29]. http://bxjg.circ.gov.cn/web/site0/tab5202/info4132180.htm）

人身险方面，2017年10月开始实施的134号文（《中国保监会关于规范人身保险公司产品开发设计行为的通知》)对 2018 年的人身险业务产生了直接影响,"开门红"承压,大量中短期存续产品被叫停,长期保障型产品销售难度加大,导致很多公司都出现首年保费负增长。部分大型险企由于大量续期保费的拉动,全年保费收入才得以持续增长。不同规模的人身险公司的分化也在加剧,大型人身险公司的竞争优势凸显,行业延续强者恒强的竞争格局,部分资产驱动负债型、续期保费收入占比较低的中小人身险公司发展遭遇瓶颈。2018 年,保费收入排名前 10 位的人身险公司依次为:中国人寿、平安人寿、太保寿险、华夏保险、太平人寿、新华保险、泰康人寿、人保寿险、富德生命人寿、天安人寿,较 2017 年有所变化。其中,受到自 2018 年 2 月被接管风波的影响,安邦人寿跌出前 10;尽管寿险行业整体遇冷,业绩普遍下滑,但华夏人寿凭借资产驱动负债模式转型顺利实现弯道超车,原保费收入由 2017 年的 869.58 亿元增加到 2018 年的 1 582.75 亿元,同比增速高达 82.01%,排名由 2017 年的第 9 名上升到第 4 名;得益于 2016 年便前瞻性地提出"价值成长"战略,率先将业务重心转向长期期交价值型业务,天安人寿跻身前 10。前 10 位的人身保险公司原保险保费收入合计 19 299.92 亿元,市场份额为 73.51%,较上年同期提升 2.19 个百分点。大公司市场份额逐年提升,得益于大型险企在渠道、产品、管理、科技等方面的优势。此外,由于中小人身险公司的保费基数较小,再加上其及时加大转型力度,力推长期保障型业务,使得部分公司在保费增速方面表现亮眼。2018 年,保费增速排名前 10 的分别是复星联合健康、招商仁和人寿、爱心人寿、和泰人寿、中华联合人寿、横琴人寿、太保安联健康、国联人寿、平安健康、复星保德信人寿。其中,有 3 家为专业健康险公司(见图 3 – 17)。

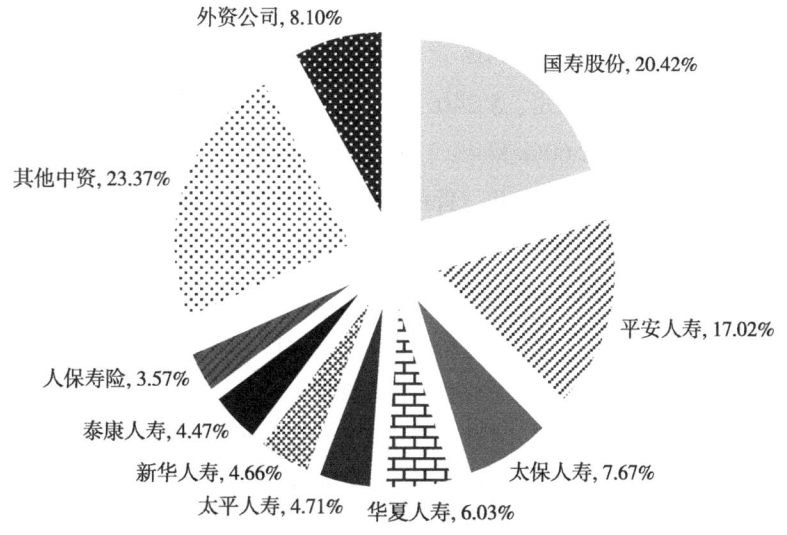

图 3 – 17　2018 年人身保险公司市场份额

(资料来源:中国银保监会. 2018 年人身保险公司原保险保费收入情况表[EB/OL]. [2019 – 01 – 29]. http://bxjg.circ.gov.cn/web/site0/tab5203/info4132228.htm)

外资保险公司业务稳定增长，市场份额稳步提升。2018年外资保险公司实现原保险保费收入2 354.33亿元，市场份额较2017年增长0.34个百分点，达6.19%。其中，外资财产险公司原保险保费收入为227.79亿元，同比增长10.37%，低于行业平均11.52%的增速，市场份额为1.94%，较上年微降0.02个百分点。总体来看，与大多数中资财险公司相比，外资财险公司具有规模小、覆盖面窄、客户数量不足等特点。外资财险公司虽进入中国保险市场多年，但市场份额一直在1%~2%徘徊。究其原因，除文化、业务模式与经营管理理念的差异外，主要是外资财险公司偏好稳健发展而非市场扩张，业务布局较审慎，经营理念相对保守。外资人身保险公司原保险保费收入为2 126.54亿元，同比增长9.98%，同比增速远高于中资人身险公司的0.12%，市场份额为8.10%，较上年增加0.67个百分点。可见，外资人身险公司受134号文影响相对较小，这归功于其外方股东母公司的经营风格比较稳健，一向注重保障型产品的发展。

二是保险区域市场格局总体保持稳定。2018年，东部地区16个区域保险市场（北京、天津、河北、辽宁、大连、上海、江苏、浙江、宁波、福建、厦门、山东、青岛、广东、深圳、海南）的原保费收入为21 216.27亿元，同比增长1.26%，增速大幅度下跌，且低于3.92%全国平均增速，其中，财产险、寿险、意外险和健康险的原保险保费收入分别为6 005.77亿元、11 591.17亿元、646.87亿元和2 972.46亿元，同比增长8.97%、-6.19%、20.41%和16.71%。东部地区保费收入在全国占比为55.92%，同比下降1.46个百分点，市场趋于饱和，但依然为我国保险市场发展的主力区域。中部地区8个区域保险市场（山西、吉林、黑龙江、安徽、江西、河南、湖北、湖南）的原保费收入共计9 306.04亿元，同比增长6.86%，尽管增幅较上年回落，但原保费收入占比同比上升0.68个百分点，达24.53%。其中，财产险、寿险、意外险和健康险的原保险保费收入分别为2 429.87亿元、5 240.80亿元、208.60亿元和1 426.77亿元，同比增长12.22%、-2.44%、19.60%和43.13%。西部地区12个区域保险市场（重庆、四川、贵州、云南、西藏、陕西、甘肃、青海、宁夏、新疆、内蒙古、广西）的原保费收入为7 416.29亿元，同比增长8.23%，增速高于东、中部地区，其原保费收入在全国占比为19.55%，同比增加0.78个百分点。其中，财产险、寿险、意外险和健康险的原保险保费收入分别为2 261.57亿元、3 890.82亿元、215.76亿元和1 048.14亿元，同比增长8.05%、4.37%、15.74%和24.03%（见图3-18）。西部地区在人寿保险发展方面优势明显，但从整体上看，全国区域保险市场格局总体基本保持稳定。

从各地区保费收入规模来看，2018年原保险保费收入居于全国前10位的地区依次为广东、江苏、山东、河南、四川、浙江、北京、河北、湖北和上海，其中，7个位于东部，2个地处中部，1个为西部地区。全年保费收入过千亿元的省市达13个，除了前十外，还有湖南、安徽和深圳。其中，广东省（不含深圳市）保费收入3 472.37亿元，取代江苏成为保费收入第一大省，江苏省实现保费收入3 317.28亿元，居第2位；山东

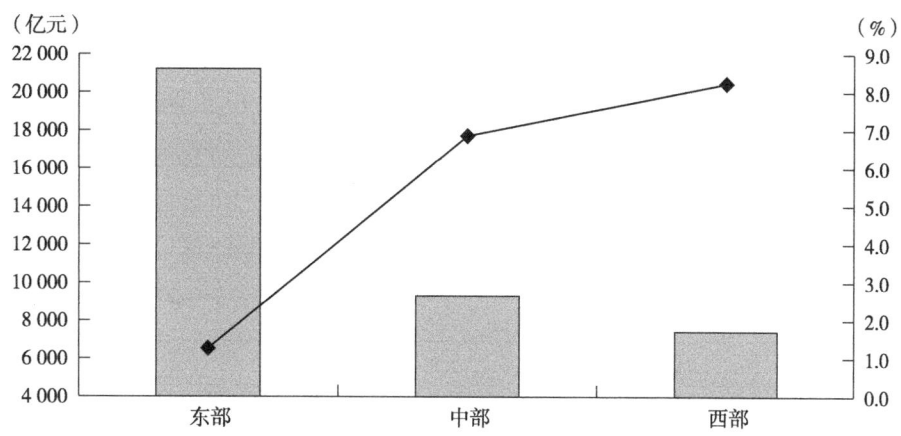

图 3-18 2018 年区域保费收入及增长分布

（资料来源：中国银保监会. 2018 年全国各地区原保险保费收入情况表［EB/OL］.［2019-01-29］. http://bxjg.circ.gov.cn/web/site0/tab5205/info4132205.htm）

省（不含青岛市）实现保费收入 2 519.45 亿元，居第 3 位。宁夏、青海、西藏三省（自治区）排在最后，而 2017 年排在最后三名的省份分别是海南、青海、西藏。由此可见，各省份市场份额与其经济发展水平呈现很强的正相关关系，不同地域之间保险业发展存在不小的差距。

在增速方面，高于全国原保险保费收入平均增速的共 25 个地区，其中，东部地区 9 个，中部地区 6 个，西部地区 6 个。中、西部地区保费收入增长率整体表现好于东部地区（见表 3-20）。增长速度最快的是西藏，同比上升 19.41%；其次是内蒙古和深圳，同比增速分别为 15.72% 和 15.71%。降幅最大的是上海、北京，这表明在经过前几年的高速增长后，由于行业转型、政策变动和市场相对饱和的原因，处于回调期。

表 3-20 2018 年全国各省、市原保险保费收入情况

地区	原保险保费收入				
	本年累计（万元）	排名	同比增长（％）	增速排名	占比（％）
全国合计	380 166 228.7	—	3.92	—	100.00
集团、总公司本级	780 190.38	—	13.70		0.21
北京	17 933 406.77	7	-9.11	34	4.72
天津	5 599 842.24	26	-0.89	30	1.47
河北	17 906 306.48	8	4.44	25	4.71
辽宁	8 528 911.78	17	-9.81	35	2.24
大连	3 353 064.57	30	1.69	27	0.88
上海	14 057 884.74	10	-11.42	36	3.70
江苏	33 172 756.74	2	-3.83	33	8.73
浙江	19 532 143.76	6	5.90	21	5.14

续表

地区	原保险保费收入				
	本年累计（万元）	排名	同比增长（%）	增速排名	占比（%）
宁波	3 205 871.47	31	5.82	22	0.84
福建	8 709 204.15	16	4.71	24	2.29
厦门	2 105 059.61	32	5.08	23	0.55
山东	25 194 493.31	3	7.62	19	6.63
青岛	4 393 970.79	28	10.76	10	1.16
广东	34 723 721.83	1	6.03	20	9.13
深圳	11 915 136.49	13	15.71	3	3.13
海南	1 830 963.87	33	11.08	9	0.48
山西	8 248 755.54	18	0.12	29	2.17
吉林	6 298 994.25	23	-1.83	31	1.66
黑龙江	8 991 064.45	15	-3.47	32	2.37
安徽	12 097 265.13	12	9.26	14	3.18
江西	7 535 875.54	20	3.58	26	1.98
河南	22 628 541.52	4	12.02	6	5.95
湖北	14 709 224.1	9	9.22	15	3.87
湖南	12 550 657.74	11	13.05	5	3.30
重庆	8 062 420.54	19	8.26	18	2.12
四川	19 580 847.55	5	0.96	28	5.15
贵州	4 458 781.88	27	15.00	4	1.17
云南	6 679 862.59	21	8.92	16	1.76
西藏	334 508.64	36	19.41	1	0.09
陕西	9 693 939.93	14	11.59	7	2.55
甘肃	3 989 811.56	29	8.90	17	1.05
青海	876 579.59	35	9.33	13	0.23
宁夏	1 828 317.85	34	10.67	11	0.48
新疆	5 772 578.65	25	10.21	12	1.52
内蒙古	6 594 960.88	22	15.72	2	1.73
广西	6 290 311.73	24	11.31	8	1.65

注：集团、总公司本级是指集团、总公司开展的业务，不计入任何地区。

资料来源：中国银保监会. 2018 年全国各地区原保险保费收入情况表［EB/OL］. ［2019-01-29］. http://bxjg.circ.gov.cn/web/site0/tab5205/info4132205.htm.

7. 保险市场改革开放持续深化

2018 年，保险市场的深化改革主要表现在：一是商车费改继续推进；二是保险资金运用市场化改革继续深化。

商车费改方面，2018年3月，中国保监会发布《关于调整部分地区商业车险自主定价范围的通知》，再度放大四川、山西、新疆等地区的自主系数浮动范围，其中费用竞争激烈的四川直接扩大至"双65"。之后不久，正式成立的银保监会又发布《关于开展商业车险自主定价改革试点的通知》，明确在陕西、广西以及青海试点商业车险自主定价，三地险企从此可以自行确定自主系数调整范围，试点期为一年，彻底的商车费改试点终于落地。随着费改的推进，消费者的关注重心回归到服务和用户体验上，对各保险公司的核保能力、精准定价能力提出更高要求。

保险资金运用市场化改革方面，2018年以来，为鼓励保险公司使用长久期账户资金，增持优质上市公司股票和债券，拓宽专项产品投资范围，加大专项产品落地力度，《关于保险资产管理公司设立专项产品有关事项的通知》等保险资金运用的相关政策陆续公布实施，允许保险资产管理公司设立专项产品，参与化解上市公司股票质押流动性风险，为优质上市公司和民营企业提供长期融资支持。这些给予资金运用创新试点、产品试点等的鼓励政策，有助于更好发挥保险公司机构投资者作用，引导保险资金更好地发挥长期稳定的优势，维护上市公司和资本市场稳定健康发展。2018年，保险资金是债券市场的第一大机构投资者，尤其在长期债券市场的纵深优势明显；在基金及股票的市场配置方面，保险资金更是基金投资领域的第一大机构投资者，在股票市场上的投资规模也居次席。

2018年，保险市场对外开放进程提速。在保险机构引进来方面，相关政策逐步落地，吸引更多外资保险机构来华设立机构，加快建立多层次、广覆盖、差异化保险体系，形成全方位、多层次、宽领域的高水平开放新格局。工银安盛人寿保险有限公司筹建工银安盛资产管理有限公司、大韩再保险公司筹建分公司、德国安联保险集团筹建安联（中国）保险控股有限公司先后获批，其中，安联（中国）保险控股有限公司将成为我国首家外资保险控股公司。2018年4月，《关于放开外资保险经纪公司经营范围的通知》发布，符合条件的外资保险经纪机构可向当地（原）保监局申请办理许可证变更手续，与中资保险经纪机构享有同等经营范围。截至2018年，外资在中国保险市场已覆盖产险、寿险、健康险、养老险、再保险、保险经纪、保险代理、保险公估以及保险控股公司等各个业态，外资保险机构在合规经营理念、风险管理、技术实践、人才培养、制度流程等方面的经验为中国保险市场作出了贡献。另外，我国保险机构走出去的步伐也持续加大。我国在海外设立的保险营业机构数量不断增加，2家保险公司进入全球保险业前10。在保险资金境外投资上，保险资金的境外可投资范围已拓展到45个国家和地区，可投资品种包括货币市场类、固收类、权益类、不动产、衍生产品等多种类资产。在规模上，共50多家保险机构获准投资境外市场，境外投资余额接近770亿美元，折合人民币5 200多亿元，资产占比超过3%。

（五）黄金市场

1. 黄金需求增长，产量下滑

与2017年的4 159.9吨相比，2018年的全球黄金需求达到了4 345.1吨的水平。这与全球五年平均需求水平的4 347.5吨相差无几。2018年需求的增长主要由达到数十年高位的央行黄金净买入（651.5吨）所驱动。而第四季度的需求上升主要源于112.4吨的ETF净流入量，但从全年来看，ETF的净流入量（68.9吨）与2017年相比，降幅达67%。2018年下半年金条与金币投资量加速，令全年的投资需求达到了1 090.2吨，同比上扬4%。2018年的金饰需求水平稳定在2 200吨。即使第四季度的需求后劲不足，但2018年科技行业的用金量仍有略微的上升，达到334.6吨。2018年全球黄金供应依旧稳步上升，至4 490.2吨，金矿产量小幅攀升至3 364.9吨的新高（见表3-21和图3-19）。

表3-21　　　　　　2012—2018年世界黄金供需状况　　　　　　单位：吨

项目	2012年	2013年	2014年	2015年	2016年	2017年	2018年
供应量							
金矿产量	2 917.3	3 076.3	3 155.3	3 233.0	3 236.0	3 268.7	3 500.9
生产商净对冲额	-45.3	-28.0	104.9	13.5	26.3	-30.4	-13.3
再生金量	1 684.3	1 263.1	1 191.2	1 116.5	1 308.5	1 160.0	1 167.5
总供应量	4 556.3	4 311.4	4 451.4	4 363.1	4 570.8	4 398.4	4 655.1
需求量							
加工品							
金饰	2 121.4	2 701.4	2 499.1	2 428.9	1 981.9	2 122.0	2 281.7
科技	381.3	355.9	348.7	332.0	322.5	332.8	334.8
加工量小计	2 502.7	3 057.3	2 847.8	2 760.8	2 304.4	2 454.8	2 616.4
金条和金币总需求量	1 307.7	1 722.9	1 052.1	1 074.7	1 048.7	1 029.2	1 095.1
黄金ETFs及类似产品	306.7	-915.5	-183.8	-128.3	531.9	202.8	69.3
各国央行和其他机构	569.3	623.8	583.9	576.5	383.6	371.4	656.3
黄金需求（制造基础）	4 678.9	4 472.7	4 287.9	4 256.1	4 249.1	4 058.1	4 437.1
顺差/逆差	-122.6	-161.3	163.5	107.2	321.7	340.2	218.0
LBMA黄金价格（美元/盎司）	1 669.0	1 411.2	1 266.4	1 160.1	1 250.8	1 257.2	4 655.1

注：（1）金饰，最终用户对新制的克拉金金饰和金表的总需求，无论素金或合金材料，不包括二手金饰、其他镀金金属、用作金饰的金币和金条，以及既有克拉金金饰折价换新所购金饰。（2）黄金ETFs和类似产品，包括但不限于：SPDR Gold Shares、iShares Gold Trust、ZKB Gold ETF、ETFS Physical Gold/Jersey、Gold Bullion Securities Ltd、Central Fundof Canada Ltd Xetra - Gold、Julius Baer Precious Metals Fund - JB Physical Gold Fund、Source Physical GoldP - ETC、Sprott Physical Gold Trust。随着时间推移，可能包括新产品。（3）不包括央行期权的任何Delta对冲。

资料来源：世界黄金协会。

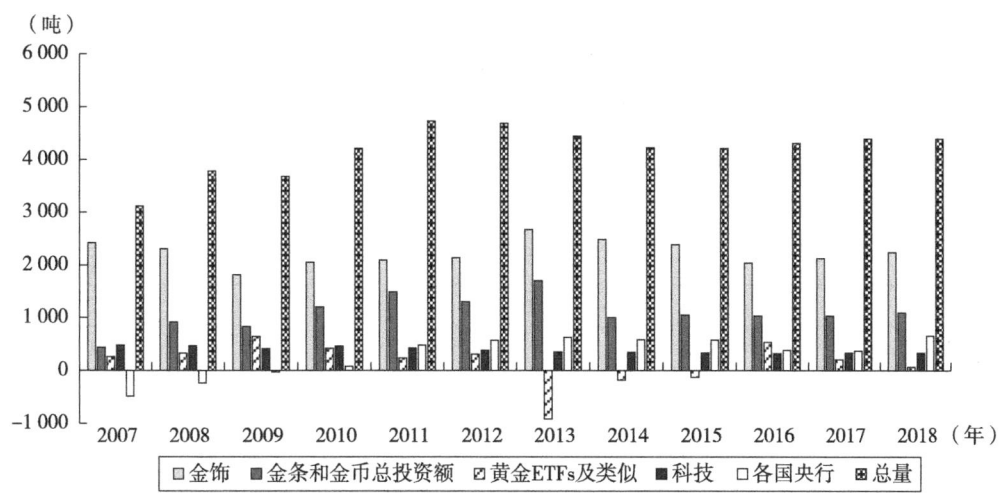

图 3-19　2007—2018 年世界各类黄金需求量变化趋势

（资料来源：世界黄金协会）

中国黄金协会最新统计数据显示，2018 年我国国内黄金产量为 401.119 吨（见图 3-20），连续 12 年位居全球第一，与 2017 年相比减产 25.023 吨，同比下降 5.87%。其中，黄金矿产金 345.973 吨、有色原料产金 55.146 吨。2018 年进口原料产金大幅增长，达到 112.783 吨，同比增长 23.47%，若加上这部分进口原料产金，全国共生产黄金 513.902 吨，同比下降 0.69%。中国黄金、山东黄金、紫金矿业、山东招金等 12 家大型黄金企业集团黄金产量占全国产量（含进口料）的比重由 52.42% 提高至 55.08%，矿产金产量占全国的比重由 40.65% 提高至 44.55%。

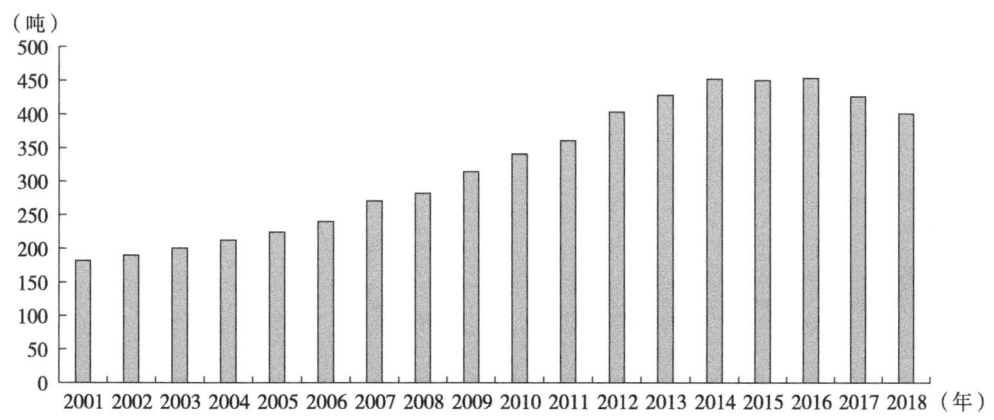

图 3-20　2001—2018 年中国黄金产量变化趋势

（资料来源：中国黄金协会）

中国黄金协会统计数据显示，2018 年全国黄金实际消费量 1 151.43 吨，与上年同期相比增长 5.73%。其中：黄金首饰 736.29 吨，同比增长 5.71%；金条 285.2 吨，同比增长 3.19%；金币 24 吨，同比下降 7.69%；工业及其他 105.94 吨，同比增长 17.48%，国内黄金消费市场持续回暖。2018 年黄金产量出现下滑。即便如此，2018 年我国黄金产量仍将连续 12 年保持世界第一位。世界黄金协会和中国黄金协会的统计数据略有出入（见表 3-22）。2018 年全国黄金消费量将连续 6 年保持世界第一位，中国仍然是全球最大的黄金珠宝消费市场。

表 3-22　　　　　　　　　　　2018 年中国黄金需求

类别	第一季度	第二季度	第三季度	第四季度	全年
消费需求	280.9	227.7	281.8	267.8	1 058.2
金饰	201.7	156.9	191.7	192.7	646.90
金条和金币	79.2	70.8	90.1	75.1	306.39

资料来源：世界黄金协会。

2018 年，上海黄金交易所黄金累计成交 6.75 万吨，同比增长 24.35%，成交金额 18.3 万亿元，同比增长 22.23%；2018 年，上海期货交易所黄金期货合约累计成交量共 3.22 万吨（双边），同比下降 17.22%，成交额 8.85 万亿元，同比下降 18.35%。黄金期货与钢铁、有色金属等大宗商品合约相比，价格波动区间较窄，交易资金分流明显，大幅影响了黄金期货成交量。但进入 2018 年第四季度，随着金价回升及受外盘影响，黄金期货交易呈现出反弹迹象。

2. 黄金价格弱势震荡，小幅收高

2017 年，国际黄金价格弱势震荡，最高为 1 360.25 美元/盎司，最低为 1 176.7 美元/盎司，年末收于 1 281.65 美元/盎司，同比下跌 1.15%（见图 3-21）。

图 3-21　1979—2018 年国际黄金价格走势

（资料来源：世界黄金协会，https：//www.gold.org/research/download-the-gold-price-since-1978）

2018年,国内金价与国际金价走势总体保持一致(见图3-22),上海黄金交易所的黄金现货(上午)最高点为284.04元/克,最低点为261.7元/克,年末收于284.04元/克,较上年末上涨11.04元/克,涨幅达4.04%。上海金价格走势见图3-23。

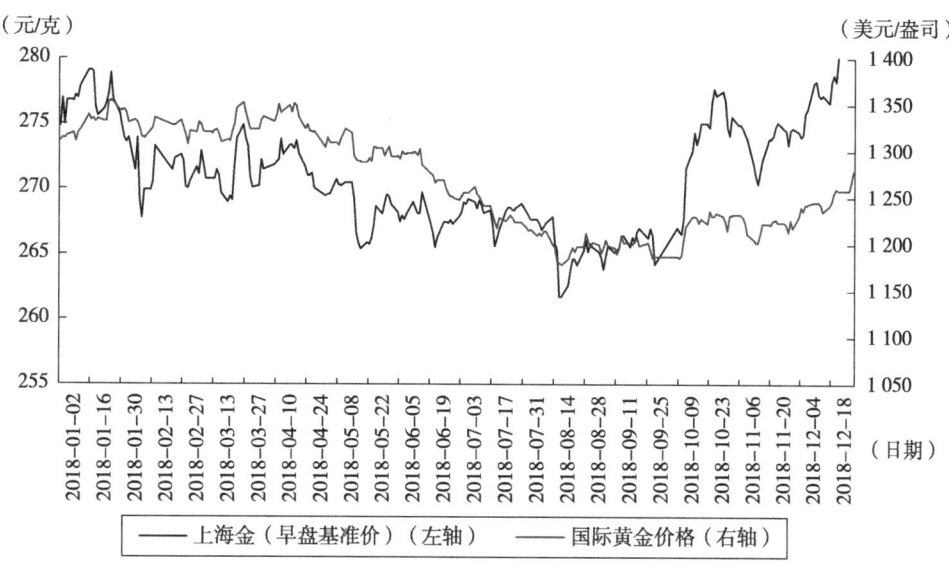

图3-22 2018年国际黄金价格和国内黄金价格比较

(资料来源:伦敦金银协会(The London Bullion Market Association)和上海黄金交易所)

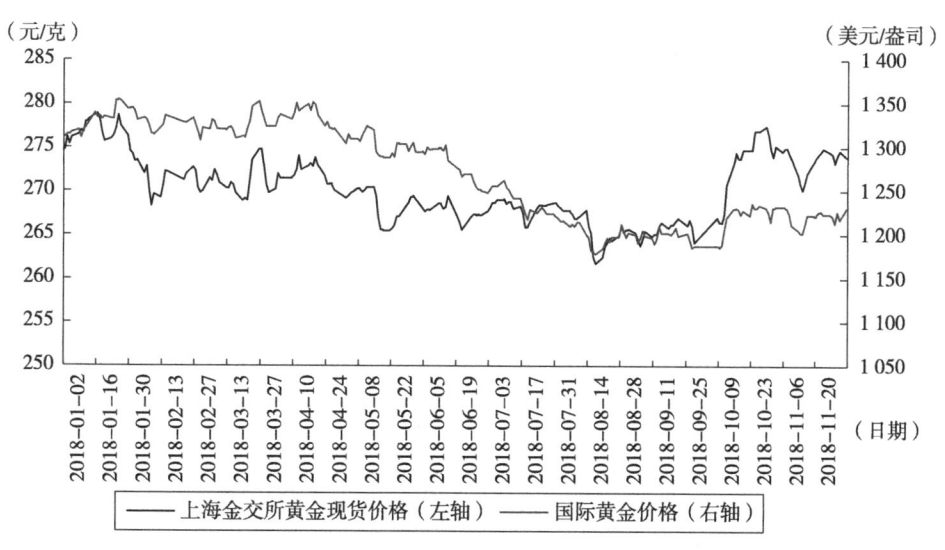

图3-23 2018年国际黄金价格和上海金价格比较

[资料来源:伦敦金银协会(The London Bullion Market Association)和Wind(资讯)]

3. 黄金交易规模持续增长

2018年,上海黄金交易所交易规模持续增长,创历年最高水平。全年各类黄金产品累计成交6.75万吨,同比增长24.31%;成交金额18.30万亿元,同比增长22.16%。

上海金累计成交 1 474.71 吨；成交金额 3 997.95 亿元（见表 3-23 和表 3-24）。

表 3-23　　　　　　　　　　　2018 年 12 月中国黄金交易量统计

成交量	上月日均（千克）	本月日均（千克）	上月累计（千克）	本月累计（千克）	增减比例（%）	同比（%）	本年累计（千克）
Au99.95	580.91	1 068.30	12 780.00	21 366.00	67.18	-42.72	319 444.00
Au99.99	19 562.57	25 585.55	430 376.60	511 710.96	18.90	-4.18	5 820 636.08
Au100g	25.09	28.09	552	561.8	1.78	-11.08	7 418.60
iAu9999	2 690.18	854.26	59 184.04	17 085.26	-71.13	-62.95	585 888.14
iAu100g	0.01	0	0.2	0	-100.00	—	12.6
Au（T+D）	46 002.91	53 978.90	1 012 064.00	1 079 578.00	6.67	-17.41	11 647 912.00
mAu（T+D）	6 103.28	6 705.87	134 272.20	134 117.40	-0.12	43.97	1 184 947.40
Au（T+N1）	804.04	194.48	17 688.80	3 889.60	-78.01	-96.52	448 333.20
Au（T+N2）	3 259.02	1 179.90	71 698.40	23 598.00	-67.09	102.40	369 215.00
询价 Au99.95	57 345.45	2 701.60	1 261 600.00	54 032.00	-95.72	2149.46	1 584 828.00
询价 Au99.99	208 375.11	185 473.88	4 584 252.40	3 709 477.60	-19.08	1.69	38 778 513.40
询价 iAu99.99	3 183.08	2 537.27	70 027.68	50 745.36	-27.54	-78.15	5 282 426.00
上海金 SHAU	4 639.73	4 620.60	102 074.00	92 412.00	-9.47	-42.15	1 474 714.00
黄金合计	352 572.11	284 929.01	7 756 586.52	5 698 580.28	-26.53	-7.86	67 510 247.56

资料来源：上海黄金交易所。

表 3-24　　　　　　　　　　　2018 年 12 月中国黄金交易额统计

成交金额	上月日均（万元）	本月日均（万元）	上月累计（万元）	本月累计（万元）	增减（%）	同比（%）	本年累计（万元）
Au99.95	15 892.63	29 769.47	349 637.91	595 389.39	70.29	-0.41	8 740 507.29
Au99.99	536 117.16	711 575.26	11 794 577.42	14 231 505.28	0.21	-0.02	159 039 918.44
Au100g	687.25	784.24	15 119.47	15 684.76	3.74	-8.37	201 053.38
iAu9999	73 306.77	23 552.38	1 612 749.02	471 047.58	-0.71	-61.87	15 772 415.40
iAu100g	0.24	0	5.32	0	-1	—	336.26
Au（T+D）	1 258 286.41	1 502 648.11	27 682 301.12	30 052 962.27	0.09	-0.15	315 923 931.72
mAu（T+D）	167 001.23	186 722.23	3 674 027.07	3 734 444.55	0.02	0.48	32 182 792.40
Au（T+N1）	22 196.78	5 478.20	488 329.13	109 563.93	-77.56	-96.46	12 367 087.05
Au（T+N2）	89 285.76	32 651.52	1 964 286.65	653 030.32	-0.67	1.01	10 188 234.70
询价 Au99.95	1 543 011.82	74 779.73	33 946 260.04	1 495 594.59	-0.96	21.57	42 679 122.10
询价 Au99.99	5 716 637.61	5 157 323.83	125 766 027.47	103 146 476.59	-0.18	0.04	1 050 929 887.38
询价 iAu99.99	88 000.41	70 667.56	1 936 008.92	1 413 351.14	-0.27	-0.77	142 296 283.47
上海金 SHAU	126 987.85	128 904.99	2 793 732.64	2 578 099.78	-0.08	-0.40	39 979 475.83
黄金合计	9 637 432.34	7 924 866.55	212 023 511.51	158 497 330.96	-0.25	-0.05	1 830 464 388.32

资料来源：上海黄金交易所。

(六) 衍生产品市场

1. 期货交易量小幅下降，成交额有所上升

2018 年，全国期货市场成交量略有下降而成交额有所上升（见表 3-25）。中国期货业协会最新统计资料表明，2018 年全年全国期货市场累计成交量约为 30.29 亿手，累计成交额为 210.82 万亿元，同比分别下降 1.54% 和增长 12.20%。2018 年我国期货市场的成交量并没有超过 2017 年，但仍在 30 亿手上方，与 2017 年基本持平，表明整体期货期权市场表现平稳。成交额超过 2017 年和 2016 年水平，并且超过 210 万亿元，创了三年的新高，说明新品种上市增加了市场规模，同时整体商品价格回升也扩大了市场规模。

在国内四大期货交易所中，上海期货交易所则成为最大的期货交易所（见表 3-25）。2018 年，上海期货交易所累计成交量约为 11.75 亿手，累计成交额约为 81.54 万亿元，同比分别下降 13.84% 和 9.33%，分别占全国市场的 38.81% 和 38.68%；上海国际能源中心累计成交量约为 2 650.9 万手，累计成交额约为 12.74 万亿元，分别占全国市场的 0.88% 和 6.04%；郑州商品交易所累计成交量约为 8.18 亿手，累计成交额约为 38.22 万亿元，同比分别增长 39.55% 和 78.88%，分别占全国市场的 27.00% 和 18.13%；大连商品交易所累计成交量约为 9.82 亿手，累计成交额约为 52.19 万亿元，同比分别下降 10.84% 和增长 0.36%，分别占全国市场的 32.42% 和 24.76%；中国金融期货交易所累计成交量为 2.72 亿手，累计成交额为 26.12 万亿元，同比分别增长 10.63% 和 6.22%，分别占全国市场的 0.90% 和 12.39%。

表 3-25　　　　　　　　　　四大期货交易所成交量和成交金额

日期	大连商品交易所		上海期货交易所		郑州商品交易所		中国金融期货交易所	
	成交量（万手）	成交金额（亿元）	成交量（万手）	成交金额（亿元）	成交量（万手）	成交金额（亿元）	成交量（万手）	成交金额（亿元）
2011 年	28 904.69	168 756.22	30 823.92	434 534.35	40 643.92	334 213.37	5 041.62	437 659.55
2012 年	33 131.3	194 182.82	20 555	198 114.59	17 962.25	83 737.48	5 528.68	379 985.97
2013 年	70 050.07	471 527.27	64 247.4	604 167.73	52 529.9	189 000.8	19 354.93	1 410 066.21
2014 年	76 963.71	414 944.32	83 745.2	632 353.25	67 634.33	232 414.97	21 758.1	1 640 169.73
2015 年	111 632.34	410 924.87	105 049.41	635 552.63	107 033.56	309 829.86	34 052.95	4 173 852.33
2016 年	153 747.98	614 052.99	168 071.18	849 774.93	90 128.53	310 320.4	1 833.59	182 191.1
2017 年	109 766.75	520 046.94	136 424.35	899 310.34	58 457.78	213 671.53	2 459.59	245 922.02
2018.01	7 257.1446	39 462.311	8 613.6101	64 720.17438	4 373.7725	16 495.945	196.1851	20 533.89267
2018.02	4 443.9989	22 942.582	5 123.9927	42 446.31448	2 787.8362	11 200.595	156.196	15 935.60462
2018.03	11 103.8723	51 928.489	11 121.2418	79 461.22931	5 989.1937	24 862.07	198.4989	20 418.77319

续表

日期	大连商品交易所		上海期货交易所		郑州商品交易所		中国金融期货交易所	
	成交量（万手）	成交金额（亿元）	成交量（万手）	成交金额（亿元）	成交量（万手）	成交金额（亿元）	成交量（万手）	成交金额（亿元）
2018.04	10 133.2962	47 547.671	10 020.8135	69 467.32877	4 606.9321	20 229.62	188.0481	18 867.21499
2018.05	9 493.2951	47 354.015	9 205.3962	65 803.22	9 609.4859	62 340.4	207.2403	20 781.21759
2018.06	8 206.4678	40 914.795	8 932.4343	66 142.585	7 857.521	49 393.04	192.225	18 836.42315
2018.07	7 533.7098	37 673.665	10 235.2112	76 537.90298	6 651.6902	32 141.46	236.9703	22 576.06847
2018.08	9 253.8355	55 055.413	11 997.8851	83 349.13871	11 849.8883	53 090.84	282.5791	26 659.96383
2018.09	6 784.2334	38 914.574	9 645.2469	64 662.41372	6 478.7157	29 558.52	200.8847	18 628.11296
2018.10	7 097.1498	42 320.228	8 855.7353	61 283.23	5 977.1978	26 495.2	234.3282	20 941.16
2018.11	9 195.3302	54 104.653	12 367.5451	76 674.905	7 700.2565	29 328.47	299.9466	27 585.7
2018.12	7 690.4033	43 738.223	11 419.75	64 868.6827	7 900.49	27 067.82	327.903	29 458.84
2018年	98 192.7369	521 956.614	117 538.87	815 417.1368	81 782.98	382 203.75	2 721.0053	261 222.97

资料来源：中国期货业协会，http://www.cfachina.org/yjycb/hysj/ydjy/。

从四大期货交易所各月成交量和成交金额（见图3-24和图3-25）可以看出：（1）大连商品交易所、郑州商品交易所的交易量和成交金额在2月、4—7月下降幅度较大，3月、8月、11月大幅上升；（2）上海期货交易所的交易量和成交金额在2月、9月下降幅度较大，3月、7—8月、11月大幅上升；（3）金融期货交易所的交易量和交易金额在2月、9月下降幅度较大，3月、8月和11月大幅上升。

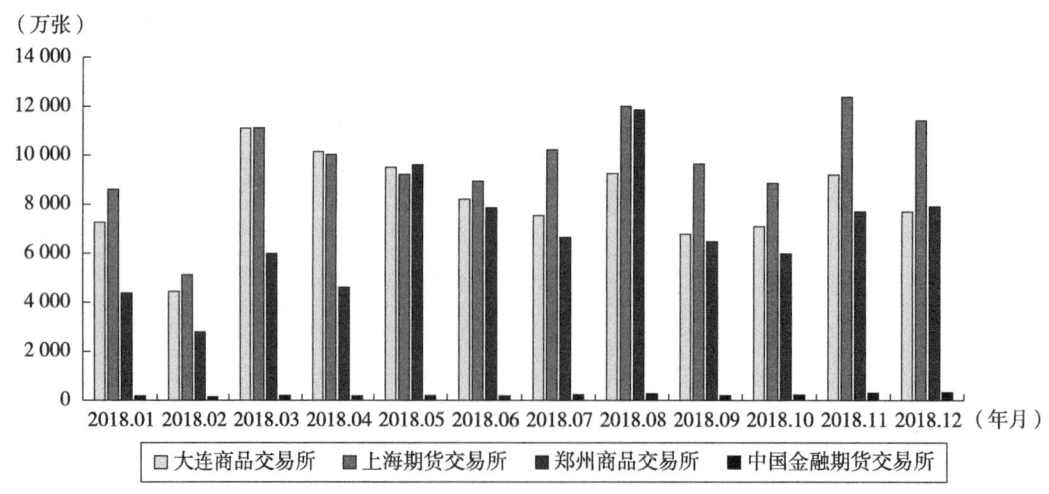

图3-24 2018年1—12月四大期货交易所成交量

（资料来源：中国期货业协会，http://www.csrc.gov.cn/）

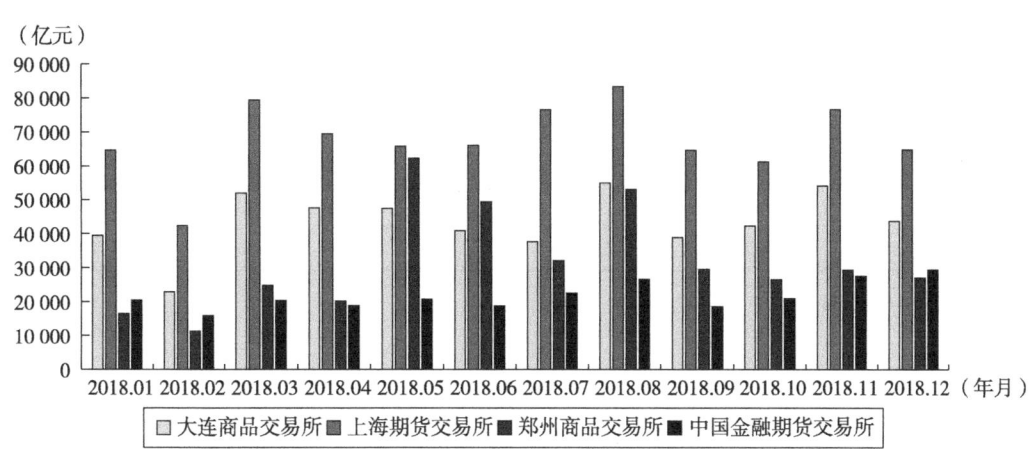

图 3-25 2018 年 1—12 月四大期货交易所成交金额

(资料来源:中国期货业协会,http://www.csrc.gov.cn/)

2. 期权市场规模持续增长

2018 年,上交所按照"风险可控、稳中求进"的工作基调,稳步推进衍生品市场创新发展。全年 50ETF 期权市场运行平稳,定价合理,经济功能逐步发挥(见表 3-26 和图 3-26)。2018 年,上证 50ETF 期权累计成交 3.16 亿张,日均成交 130.13 万张,较 2017 年上升 72.6%;年末持仓 174.24 万张,日均持仓 181.77 万张,较 2017 年上升 8.4%;累计成交面值 8.35 万亿元,日均成交面值 343.82 亿元;累计权利金成交 1 797.66 亿元,日均权利金成交 7.40 亿元。投资者人数稳步增长,年末期权投资者账户总数达到 30.78 万元,较 2017 年末增长了 19.19%。50ETF 期权交易中保险、增强收益、套利和方向性交易四类交易行为占比分别为 13.97%、45.29%、22.35%、18.39%。期权市场日均成交持仓比、日均期现成交比均为 0.71。衡量市场质量和风险情况的各项指标均处于合理水平。

表 3-26   2018 年各月上证 50ETF 期权交易情况

月份	成交量(张)	认购成交量(张)	认沽成交量(张)	认沽/认购(%)	持仓量(张)	认购持仓量(张)	认沽持仓量(张)
1	28 441 564	15 060 931	13 380 633	88.84	1 958 650	1 170 223	788 427
2	29 999 723	16 320 851	13 678 872	83.81	1 701 849	923 243	778 606
3	39 595 143	21 979 524	17 615 619	80.15	1 926 242	1 124 721	801 521
4	29 633 602	16 113 722	13 519 880	83.90	1 436 217	692 779	743 438
5	34 971 456	18 410 229	16 561 227	89.96	1 695 382	962 668	732 714
6	28 792 510	15 307 859	13 484 651	88.09	1 524 360	859 940	664 420
7	21 222 822	10 948 836	10 273 986	93.84	1 386 606	846 286	540 320
8	18 825 855	10 437 283	8 388 572	80.37	1 649 761	1 032 117	617 644
9	17 219 026	9 209 165	8 009 861	86.98	1 362 025	866 857	495 168

续表

月份	成交量（张）	认购成交量（张）	认沽成交量（张）	认沽/认购（%）	持仓量（张）	认购持仓量（张）	认沽持仓量（张）
10	20 056 247	10 510 342	9 545 905	90.82	1 303 332	825 171	478 161
11	19 022 627	10 308 452	8 714 175	84.53	1 259 499	726 430	533 069
12	28 430 605	16 506 094	11 924 511	72.24	1 742 411	888 021	854 390

资料来源：Wind 资讯。

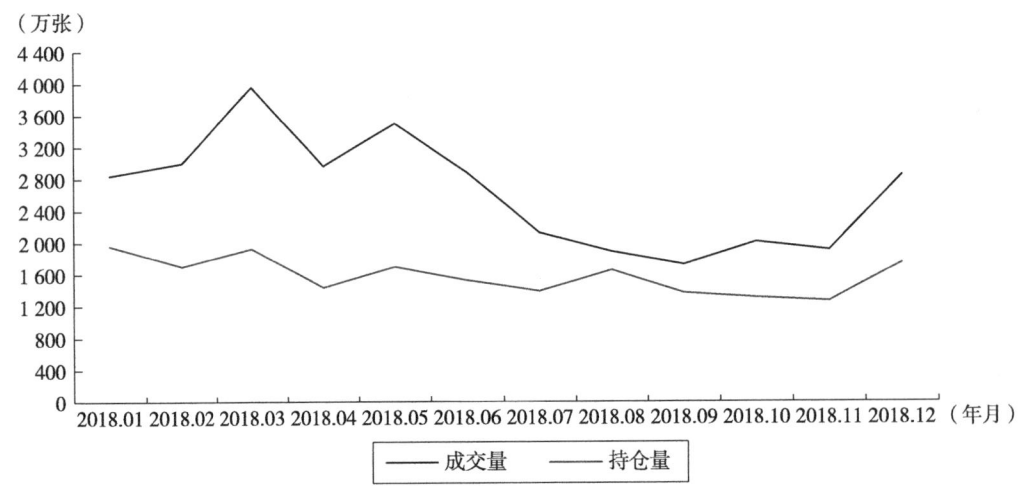

图 3-26 2018 年各月 50ETF 期权合约成交量和持仓量

(资料来源：Wind 资讯)

2018 年底，上证 50ETF 期权做市商共有 13 家，其中主做市商 10 家，一般做市商 3 家；共有 86 家证券公司和 24 家期货公司取得了上交所股票期权交易参与人资格，61 家证券公司取得自营业务资格。

3. 利率衍生品交易活跃度明显上升

2018 年，利率互换交易增长较快。2018 年，人民币利率互换市场达成交易 18.85 万笔，同比增长 36.2%；名义本金总额为 21.49 万亿元，同比增长 49.2%。从期限结构来看，1 年及 1 年期以下交易最为活跃，名义本金总额达 15.18 万亿元，占总量的 70.6%。从参考利率来看，人民币利率互换交易的浮动端参考利率主要包括 7 天回购定盘利率和 Shibor，与之挂钩的利率互换交易名义本金占比为 79.4% 和 19.1%（见表 3-27）。

表 3-27　　　　　　　　2009—2018 年利率衍生产品交易情况

年份	利率互换		标准利率衍生品		标准债券远期	
	交易数量（笔）	名义本金额（亿元）	交易数量（笔）	名义本金额（亿元）	交易数量（笔）	名义本金额（亿元）
2010	11 643	15 003.4	—	—	—	—
2011	20 202	26 759.6				

续表

年份	利率互换		标准利率衍生品		标准债券远期	
	交易数量（笔）	名义本金额（亿元）	交易数量（笔）	名义本金额（亿元）	交易数量（笔）	名义本金额（亿元）
2012	20 945	29 021.4	—	—	—	—
2013	24 409	27 277.8	—	—	—	—
2014	43 019	40 347.2	212	413.5	—	—
2015	64 832	82 689.9	994	5 014	59	17.2
2016	87 849	99 184.2	8	8	8	1
2017	138 410	144 114.6	—	—	—	—
2018	188 459	214 911.0	—	—	—	—

注："—"表示数据缺失。

资料来源：中国外汇交易中心。

二、金融市场存在的问题

（一）A股市场持续低迷，股权质押风险累积

1. A股大幅下跌，创"熔断"以来新低

在"去杠杆"、"美元加息"、"中美贸易摩擦"和"经济增速放缓"等一系列内外因素的影响下，国内股市不断下跌，上证综指于2018年10月11日正式跌破2 638点，创"熔断"以来新低。2018年全年，上证综指从2月的最高点3 587.03点下滑至最低2 449.20点，下滑幅度高达30%以上。2018年A股下跌主要有四个阶段。第一阶段为1月24日—2月9日，市场快速下跌的原因主要是前期涨幅巨大带来的内部风险因素不断累积，以及一大批绩差股在1月底接连发生"业绩爆雷"，而2月初美股暴跌加剧了A股的下跌幅度。第二阶段为3月12日—4月23日，特朗普宣布对从中国进口商品大规模加征关税，中美贸易摩擦初见端倪。第三阶段是5月22日—7月5日，随着"去杠杆"进入深水区，信用风险全面爆发；与其同时，美国正式宣布对中国加征关税，贸易战全面升级；上证综指在多重利空的影响下，接连跌破多个整数关口。第四阶段是9月26日—10月19日，美加墨协议、彭斯讲话以及人民币汇率下跌，使得A股持续下跌，再加上股权质押风险和两融构成负向循环，主板跌破2 500点、创业板逼近1 200点（见图3-27）。

从主要宽基指数的涨跌幅来看，各类股指在2018年全面下跌。其中2017年表现最好的上证50指数的跌幅相对较小，跌幅为19.83%。中小板指数和中证500指数在2018年的跌幅相对较大，分别为37.75%和33.32%（见图3-28）。

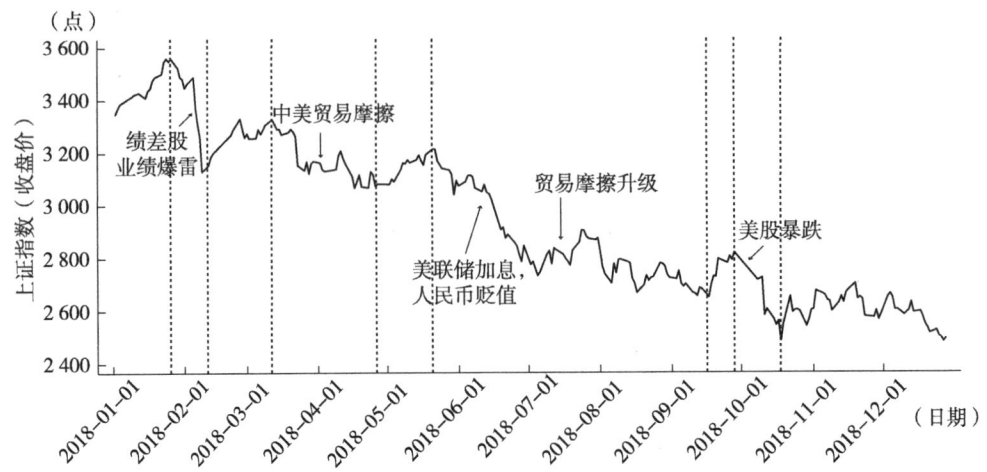

图 3-27 2018 年 A 股大盘（上证指数）走势

(资料来源：Wind 资讯)

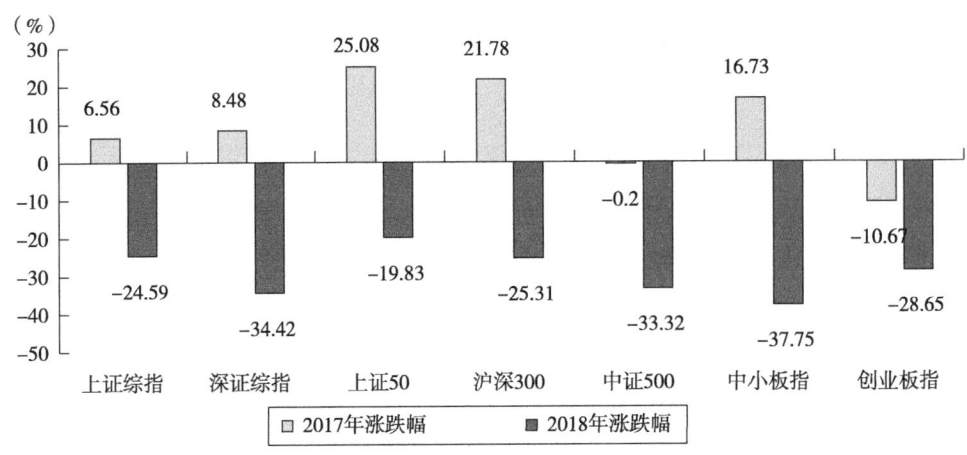

图 3-28 2017—2018 年主要股票指数涨跌幅

(资料来源：Wind 资讯)

2. IPO 与增发规模大幅下降，股市融资功能发挥有限

整体来看，受 2018 年宏观环境欠佳等多方面因素影响，A 股资本市场募资规模有较大缩减。从表 3-28 可以看出，2008—2018 年非金融企业股权融资占比一直偏低，2018 年非金融企业股权融资额为 3 606 亿元仅占同期社会融资额的 1.87%，相较 2017 年减少了 58.7%。股权融资规模过小，在降低企业负债率、防范金融风险方面发挥的作用较为有限（见表 3-28）。

表 3-28 2008—2018 年非金融企业股权融资占比

年份	社会融资规模增量（亿元）	非金融企业境内股票融资（亿元）	占比（%）
2008	69 802	3 324	4.76
2009	139 104	3 350	2.41

续表

年份	社会融资规模增量（亿元）	非金融企业境内股票融资（亿元）	占比（%）
2010	140 191	5 786	4.13
2011	128 286	4 377	3.41
2012	157 600	2 508	1.59
2013	172 904	2 219	1.28
2014	164 133	4 350	2.65
2015	154 086	7 604	4.93
2016	178 023	12 415	6.97
2017	194 430	8 734	4.5
2018	192 584	3 606	1.87

资料来源：中国人民银行。

具体就股权融资结构而言，2018 年 A 股 IPO 与增发规模与上年相比都有较大幅度下降，并且企业股权募资额的 86.26% 是通过增发、配股等方式投向已上市的存量企业，新上市企业仅获得约 13.74% 的融资（见表 3－29）。2018 全年 A 股 IPO 公司为 105 家，同比减少 76.0%；受 IPO 数量缩减影响，首发募集资金有较大下降，2018 年首发募集资金 1 378 亿元，同比下降 40.1%（见图 3－29）。从资金供给方面看，新股发行募集资金 1 378.15 亿元，中签率仅为 0.07%；从资金需求方面看，600 多家企业排队等待上市，现有待过会的企业平均等待时间近两年。投资、融资双方需求旺盛，但难以通过资本市场实现有效的资源配置。除部分高成长的、国家鼓励的新兴领域企业被挡在资本市场之外，一些创新型公司不得不寻求到海外发行上市。从增发情况来看，2018 年增发公司数目同样有较大下滑，全年增发公司为 266 家，与 2017 年相比下降了 50.7%（见图 3－29）。

表 3－29　　　　　2013—2018 年新上市企业获得融资额占比[1]　　　　单位：亿元，%

年份	集资金额合计	IPO 统计	占比
2013[2]	2 915.87	0.00	0.00
2014	4 838.17	668.89	13.83
2015	8 518.72	1 766.91	20.74
2016	18 910.37	1 633.57	8.64
2017	15 213.80	2 186.10	14.37
2018	10 027.81	1 378.15	13.74

注：[1] 因 2012 年进行新股发行改革，前后数据不具可比性，所以只列出 2012 年之后的数据。
[2] 2013 年暂停 IPO 发行。

资料来源：Wind 资讯。

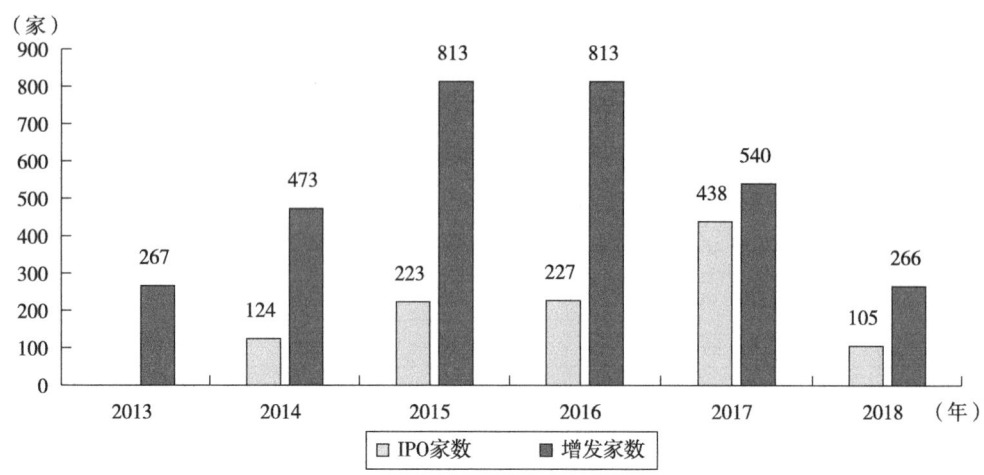

图 3-29 2013—2018 年 A 股 IPO 与增发企业家数

(资料来源：Wind 资讯)

3. 股票质押业务风险"螺旋式"加大

股权质押是指出质人以其所拥有的股权作为质押标的物融入资金而设立的质押，是上市公司的主要融资方式之一。质押方一般为证券公司、银行及信托等公司，当出质人到期未能履行债务，质押方可依合同折价受偿。2013 年 5 月 24 日，沪深交易所和中证登公司发布《股票质押式回购及登记结算业务办法（试行）》，我国正式推出场内股票质押式回购业务。从近 5 年来看，A 股上市公司质押股份总数呈现持续性增长，从 2014 年的 2 151 亿股增长到 2018 年的 6 315 亿股，累计增幅 194%。截至 2018 年 12 月底，A 股共有 3 434 家公司进行股权质押，股权质押整体规模达 6 315.48 亿股，参考市值 4.31 万亿元，质押比例 9.74%（见图 3-30）。

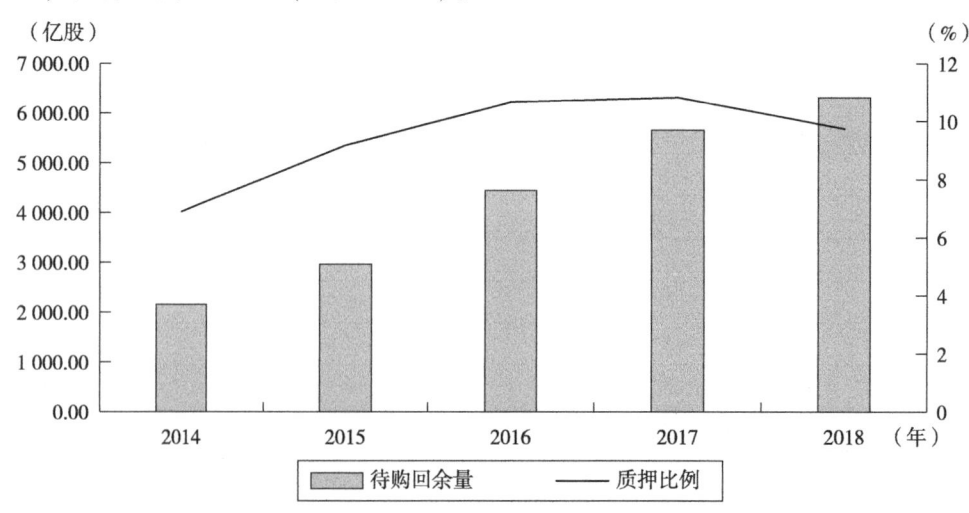

图 3-30 2014—2018 年 A 股股权质押规模

(资料来源：Wind 资讯)

就场内股权质押结构而言,质押方一般可分为证券公司、银行、信托公司、一般公司与个人。2018 年质押方为证券公司的场内质押总质押股数高达 1 063.93 万股,参考市值为 7 457.84 万元,所占比例为 45%,排名第一;随后的是银行、一般公司与信托公司,所占比例分别为 26%、15% 与 13%;质押方为个人的所占比例最低,仅为 1%(见图 3 – 31)。表 3 – 30 对提供股权质押业务的 103 家券商进行质押规模的结构性分析,结果显示券商股权质押交易的集中度极高,质押规模前 15% 的券商,全部交易参考市值占比、未解押参考市值占比与已解押参考市值占比均分布在 60% 左右;质押规模前 50% 的券商全部交易参考市值占比、未解押参考市值占比与已解押参考市值占比均超 90%。

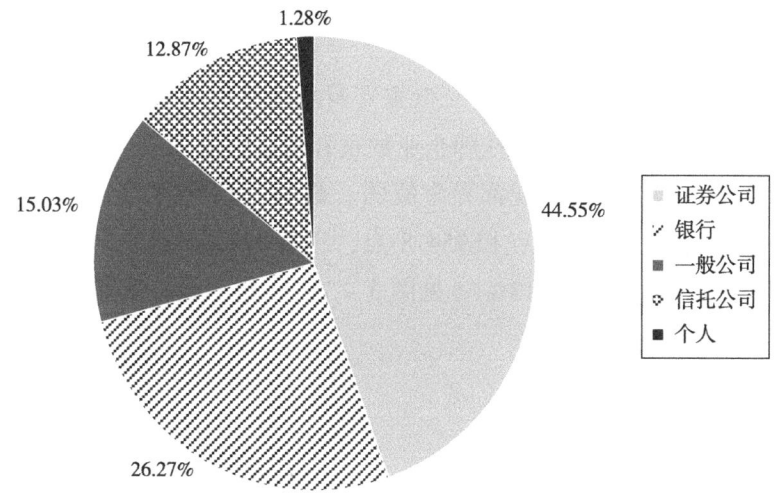

图 3 – 31 2018 年 A 股股权质押方结构

(资料来源:Wind 资讯)

表 3 – 30 2018 年券商股权质押结构性分布 单位:%

质押规模	全部交易参考市值占比	未解押参考市值占比	已解押参考市值占比
前 15% 券商	58.44	59.02	57.80
前 20% 券商	65.82	66.46	65.12
前 50% 券商	90.86	91.02	90.68

资料来源:Wind 资讯。

2018 年 A 股市场大幅下调,多家企业股价逼近甚至低于平仓线,一度出现个股与行业的爆仓风险,大幅增加了券商的股权解押风险。表 3 – 31 对股权质押到期风险进行了测算[①],结果显示 2019 年股权质押交易到期风险极高。即将于 2019 年到期股权质押

---

① 根据公式:距平仓线跌幅空间 = [(最新股价 – 疑似平仓价)/疑似平仓价] × 100%,当距平仓线跌幅空间小于 0 时,视为高风险;当距平仓线跌幅空间位于 0 ~ 20% 时,视为中风险;当距平仓线跌幅空间高于 20% 时,视为低风险。

交易共有 5 500 笔，质押股数为 707.67 亿股，参考市值为 5 097.28 亿元。其中高风险的交易有 4 207 笔，质押股数为 609.01 亿股，市值为 4 221.51 亿元，所占比例高达 82.81%。中风险质押交易参考市值为 688.66 亿元，所占比例为 13.51%；低风险质押交易参考市值为 185.39 亿元，所占比例仅为 3.64%。

表 3-31　　　　　　　　　　2018 年券商股权质押到期风险

风险等级	距平仓线跌幅空间（%）	股权质押数量（笔）	质押股数（亿股）	质押参考市值（亿元）
高风险	低于 0	4 207	609.01	4 221.51
中风险	0~20	993	80.48	688.66
低风险	高于 20	301	18.04	185.39

资料来源：Wind 资讯。

（二）新三板挂牌企业数首度下滑，做市商制度亟须优化

1. 新三板行情总体表现疲弱，挂牌企业数量和市值首度下滑

2018 年全年新三板市场的表现都异常疲弱。截至 2018 年 12 月 28 日，新三板做市指数和新三板成指分别为 718.9 点和 954.8 点，三板做市指数与上年同期相比跌幅为 27.65%，三板成指的跌幅为 25.13%（见图 3-32）。新三板投资者交易热情较低，市场信心严重不足。

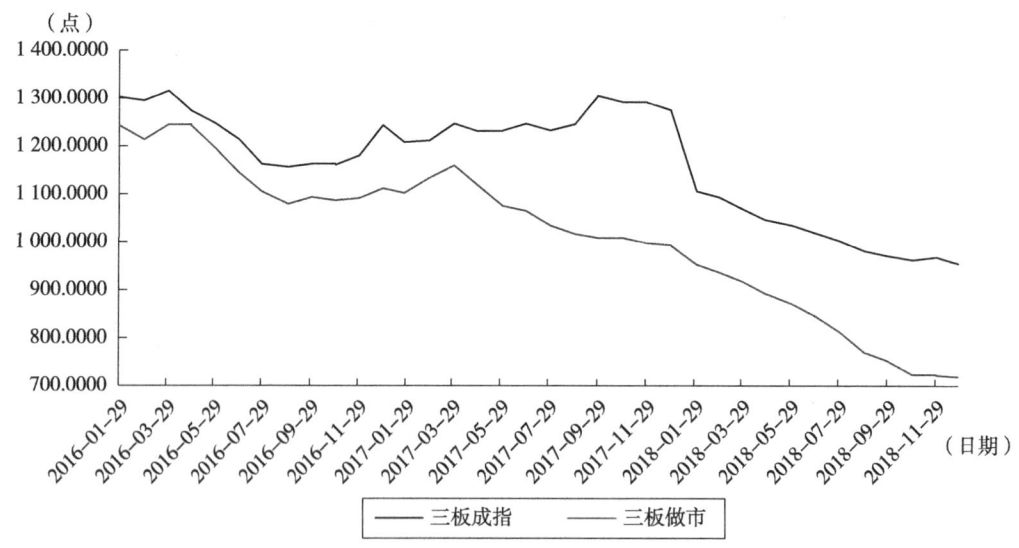

图 3-32　2016—2018 年新三板做市指数与新三板成指变化趋势

（资料来源：Wind 资讯）

自新三板市场成立以来，2018 年首度出现了挂牌企业数量下滑的情况。截至 2018 年 12 月 28 日，新三板共有挂牌公司 10 691 家，较上年同期减少了 8.07%。2018 年新增挂牌企业 569 家，较上年的 2 147 家，减少了 73.5%；而摘牌企业数量大幅增加，2018 年共计摘牌 1 508 家，2017 年为 680 家，相应增加了 121.8%。更为重要的是 2018 年主

动摘牌企业的质地明显高于新挂牌企业水平,2018年末共有914家创新层企业(占比8.55%)和9 777家基础层企业(占比91.45%),与2017年相比,创新层企业占比下滑3.08%,基础层企业相应上升,说明新三板企业总体质量也出现下滑。与此同时,新三板总股本为6 324.53亿股,较2017年末减少了6.4%;新三板总市值为34 487.26亿元,较2017年年末减少了30.2%(见表3-32)。

表3-32　　　　　2013—2018年新三板挂牌公司数目及规模年度对比

年份	挂牌公司数量(家)	总股本(亿股)	总市值(亿元)
2013	356	97.17	553.06
2014	1 572	658.35	4 591.42
2015	5 129	2 959.51	24 584.42
2016	10 163	5 851.55	40 558.11
2017	11 630	6 756.73	49 404.56
2018	10 691	6 324.53	34 487.26

资料来源：Wind资讯。

2. 流动性不足问题依旧待解,市场整体融资功能下降

2018年新三板市场流动性大幅下滑。从成交量来看,截至2018年底,新三板市场成交量合计为236.29亿股,相较于上年同期下滑45.46%;新三板市场成交金额合计为888.01亿元,相较于上年同期下滑60.91%。反映市场交易活跃与否的换手率指标,自2016年起开始下滑,2016—2018年换手率指标分别为20.74%、13.47%和5.31%,2018年新三板市场换手率降至历史最低点,股票交易极度不活跃(见表3-33)。

表3-33　　　　　2014—2018年新三板股份成交情况年度对比

年份	成交量(万股)	成交金额(亿元)	换手率(%)
2014	22.82	130.36	19.67
2015	278.91	1 910.62	53.88
2016	363.63	1 912.29	20.74
2017	433.22	2 271.8	13.47
2018	236.29	888.01	5.31

资料来源：Wind资讯。

2018年新三板股票发行规模持续减少,增发融资情况惨淡,市场整体融资功能下降。自2013年到2016年,新三板市场股票发行规模逐年上升,依次为10亿元、134亿元、1 216亿元和1 390亿元,累计增长了138倍。2017年股票发行规模为1 391亿元,较2016年出现小幅下降;2018年股票发行规模仅为604亿元,较上年同期下降了54.8%。同时2018年新三板股票发行股数124亿股,较上年同期也下降了48.1%(见图3-33)。

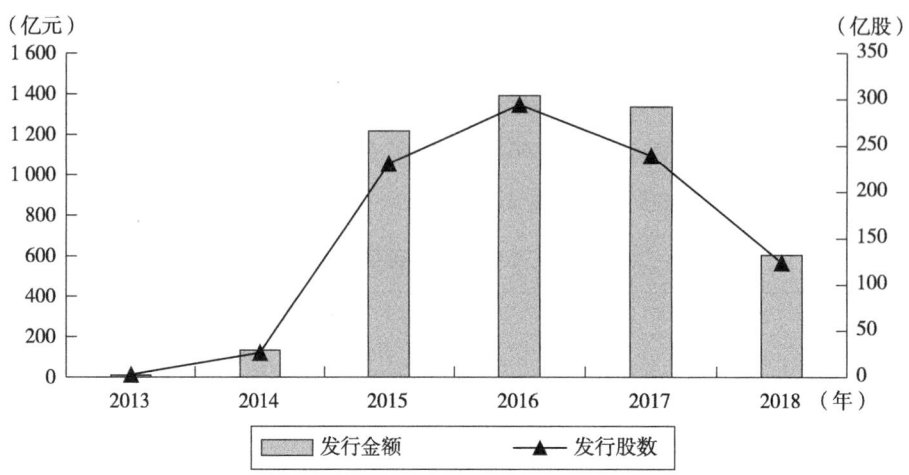

图 3-33　2013—2018 年我国新三板股票发行规模

(数据来源：Wind 资讯)

3. 做市制度陷入困境，中介机构趋于集中

新三板市场的流动性问题与做市制度陷入困境有关。截至 2018 年底，10 691 家挂牌企业中，仅有 1 086 家参与做市转让，占所有挂牌企业的 10.16%，与 2017 年相比，参与做市转让的企业数量下降 19.14%；就各月份的情况来看，做市标的占比自 2018 年以来逐月走低，做市制度作用不显著（见表 3-34）。新三板的做市交易制度本身存在问题，目前做市制度未向私募机构开放，只能国有券商自营部门参与出资做市。在我国当前券商体制下，券商做市资金为国有资金，为防止国有资产流失，高价持仓市场的股票。做市商就将做市买入价格压低，投资人不会低价卖出，因而抑制了市场的流动性。做市商没有发挥提升股票流动性的作用，反而导致企业因为做市商报价过低，与定增价格倒挂，企业定增发行融资也更加困难。

表 3-34　　　　　　　　2018 年每月股转系统做市转让占比

交易日期	挂牌公司			总股本		
	合计（家）	做市转让（家）	占比（%）	合计（亿股）	做市转让（亿股）	占比（%）
2018-01-31	11 606	1 326	11.43	6 733.60	1 397.47	20.75
2018-02-28	11 630	1 311	11.27	6 723.92	1 380.08	20.52
2018-03-30	11 559	1 303	11.27	6 705.37	1 228.82	18.33
2018-04-27	11 382	1 292	11.35	6 575.38	1 213.95	18.46
2018-05-31	11 309	1 278	11.30	6 585.63	1 219.19	18.51
2018-06-29	11 243	1 258	11.19	6 590.22	1 216.10	18.45
2018-07-31	11 108	1 240	11.16	6 546.24	1 209.93	18.48
2018-08-31	11 011	1 193	10.83	6 436.78	1 181.66	18.36
2018-09-28	10 946	1 157	10.57	6 411.09	1 158.19	18.07

续表

交易日期	挂牌公司			总股本		
	合计（家）	做市转让（家）	占比（%）	合计（亿股）	做市转让（亿股）	占比（%）
2018-10-31	10 892	1 130	10.37	6 395.65	1 151.57	18.01
2018-11-30	10 786	1 107	10.26	6 359.60	1 137.13	17.88
2018-12-28	10 691	1 086	10.16	6 324.53	1 119.85	17.71

资料来源：Wind资讯。

做市公司数量不断萎缩的同时，做市商频频退出企业做市。2016—2018年做市商累计退出挂牌企业做市次数分别为189次、719次和1 819次。随着大批做市商退出相关业务，部分挂牌企业做市商不足两家而被强制变更股票转让方式。做市商退出可能"反噬"新三板市场流动性，形成消极循环。同时，做市商数量减少导致做市商头部效应明显，缺乏竞争激励。截至2018年底，共有95家券商作为主办券商为10 691家企业提供推荐挂牌服务和持续督导服务。其中申万宏源证券以累计推荐挂牌企业613家位列首位，占市场总份额的5.73%。安信证券和中泰证券分别以累计挂牌企业504家和452家位列第二和第三名。前10名的券商累计挂牌3 863家，累计占市场份额的36.11%（见表3-35）。

表3-35　　　　2018年股转系统主办券商持续督导情况（前10名）

序号	主办券商	挂牌公司家数
1	申万宏源	613
2	安信证券	504
3	中泰证券	452
4	东吴证券	382
5	长江证券	351
6	招商证券	341
7	东北证券	321
8	中信建投	314
9	兴业证券	309
10	国融证券	276

数据来源：Wind资讯。

（三）并购市场业绩承诺到期，需警惕商誉减值风险

1. 并购市场见底回暖，但商誉减值风险激增

2016年6月证监会发布史上"最严借壳标准"后整体并购重组市场开始下滑，但2018年开始已经有所企稳回暖。并购重组和再融资政策在经历了2014—2015年的宽松，以及2016—2017年的收紧之后，2018年也开始再次迎来宽松周期，将驱动并购重

组市场加速回暖。以公告日为基准，2015—2018年分别发生并购重组6 430单、4 979单、10 570单和11 208单，交易金额分别为2.66亿元、2.23万亿元、2.53万亿元和2.45万亿元。2018年交易金额比2017年下降了3.22%，但并购次数增加了6.04%（见图3-34）。

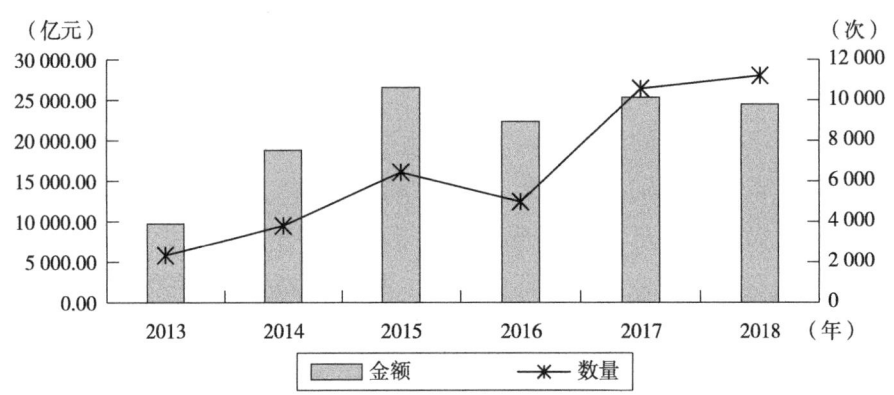

图3-34　2013—2018年并购重组交易金额及交易数量

(资料来源：Wind资讯)

虽然短期来看，外延式并购能立竿见影地带来业绩高增长，但是长期来看，如果企业业绩无法达到对赌条件，将计提大额商誉减值，严重损害公司利润，对企业长期经营造成负面影响。2014—2015年并购牛市中，很多上市公司启动并购重组事项时过于盲目，甚至有很多公司以"跟风式重组、忽悠式重组"为目的，其根本动机是为在二级市场炒作其股票打下预期，导致在该预案向市场信息披露后形成的过于盲目的利好形式。这种策略和手法导致投资者对所谓的"重组预期"非常期待，最终结果是重组没做好，股票价格上涨倒是很快。2014—2015年期间，许多上市公司进行高溢价资产收购，通常会有2~3年时间的业绩承诺期，现在承诺期基本已经到期，如果资产不能创造相应的收益或收益低于当时的预期，就要进行商誉减值。2018年成为商誉减值的高峰年，全部A股上市公司商誉减值总计1 670亿元，与2017年相比增加了339%，与2016年相比增加了931%，是A股商誉减值史上最高的年份（见图3-35）。监管层对商誉减值风险也高度重视，2018年11月16日，证监会发布《会计监管风险提示第8号——商誉减值》，对商誉减值的资产测算、商誉减值测试、会计处理、信息披露、审计及评估机构等所面对的常见问题和监管事项做了详细的阐述和要求。

从行业分布来看，按申万一级行业分类，传媒、医药生物、计算机、电气设备和机械设备五个行业商誉减值损失均在100亿元以上，占全部A股商誉减值损失比例依次为：30%、8.1%、7.7%、7.7%和6.9%。这五个行业也是过去几年并购重组大量发生的行业。其中传媒行业商誉减值损失高达502亿元，为商誉减值损失最高的一个行业（见图3-36）。

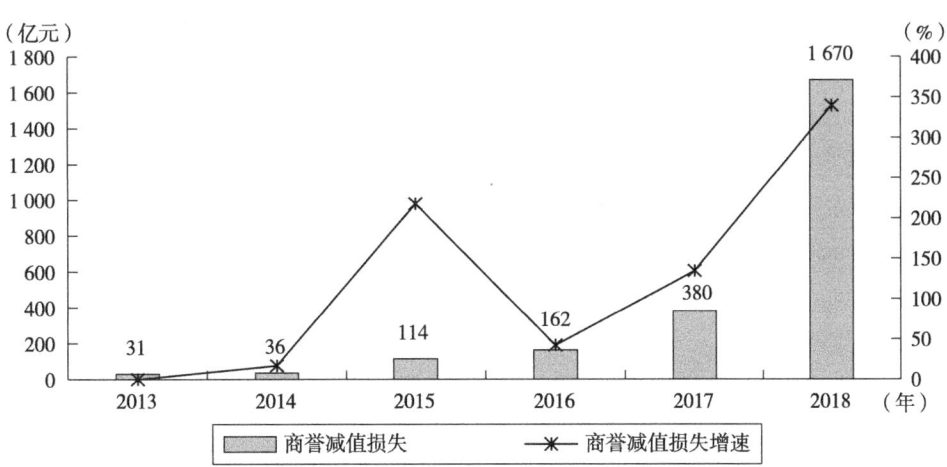

图 3-35 2013—2018 年全部 A 股上市公司商誉减值损失

(资料来源：Wind 资讯)

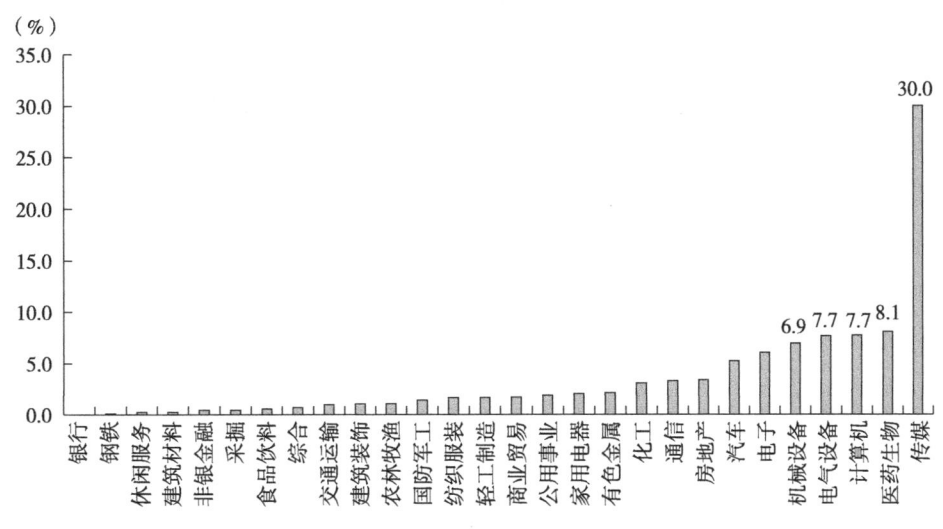

图 3-36 2018 年 A 股各行业商誉减值损失占比

(资料来源：Wind 资讯)

2. 对重组标的的财务信息调查核实不严格

2018 年度，证监会并购重组委共召开 72 次会议，审核了共 140 家上市企业的重大资产重组项目。相较于 2017 年，2018 年证监会并购重组委会议的频率及审核的重组案例数量均有所减少。在这 140 例重组项目中，获通过的重组方案共计 123 例，其中无条件通过 69 例，有条件通过 54 例，17 例方案被否决。2018 年并购重组项目通过率为 87.86%，比 2017 年下降 5.2 个百分点；2018 年无条件通过的比例 49.29%，比 2017 年下降 6.8 个百分点（见图 3-37）。

2018 年，17 家被否决的上市公司中包括博瑞传播、润达医疗、中孚信息等公司。

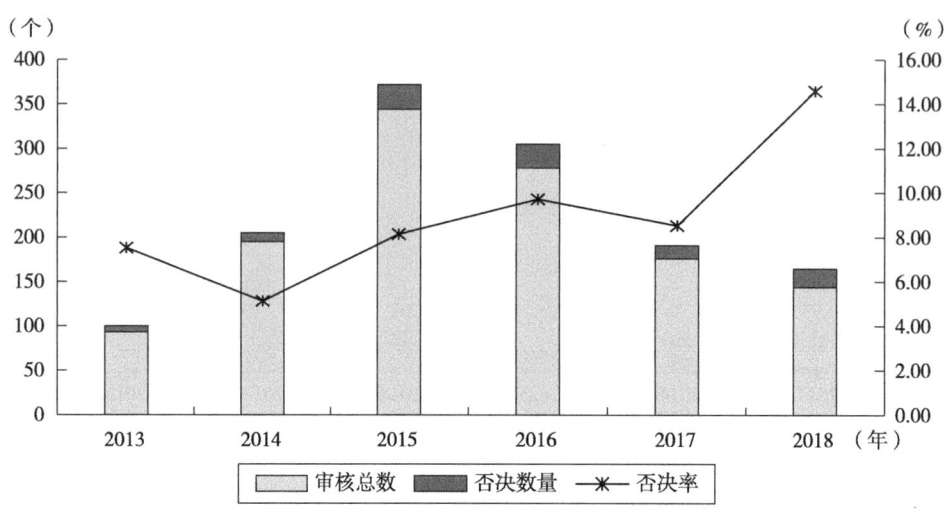

图 3-37 2013—2018 年并购重组审核总数及否决率

(资料来源：Wind 资讯)

从中国证监会并购重组委员会公示的结果来看，有 10 家公司由于持续盈利能力具有不确定性或披露不足的原因被否决，其中包括博瑞传播、中环股份、神州数码等公司。1 家（中孚信息）涉及标的资产股东优先购买权存在潜在纠纷；1 家（润达医疗）主要由于其改制及国有产权变动、内控和业务合规性的信息披露不充分而被否决；其他被否原因还包括资产定价公允性问题、同业竞争与关联交易问题等。总的来看，有 60% 的案例因为标的资产盈利能力存疑而被否（见图 3-38），这也说明了企业在进行并购重组时对重组标的的财务信息调查核实不准确。

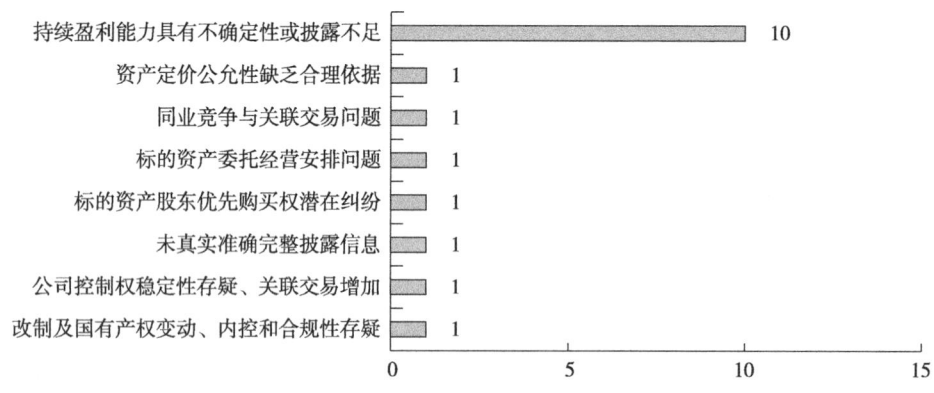

图 3-38 2018 年未通过并购重组审核的原因分布情况

(资料来源：Wind 资讯)

（四）去杠杆背景下千亿元债券违约，信用风险陆续释放

在金融去杠杆的大背景下，2018 年资管新规的出台，对于非标与影子银行的管控，中国债券市场"保刚兑"的压力加大，负面及违约事件频发。金融严监管叠加政府债务

严监管对企业的经营和融资造成了一定的影响,而前期政策宽松条件下部分企业大量融资,负债扩张较为激进,然而该模式在监管趋严的背景下无法复制。债务到期时外部环境的变化使得企业资金周转困难,2018年债券集中违约的现象较为严重。债券市场2018年无论是违约债券数量还是金额均已远超历史水平,违约日渐常态化、多样化。

1. 2018年千亿元债券违约,违约规模达历史最高水平

从2014年债券市场第一只违约的"11超日债"算起,迄今已有245只债券违约,违约金额合计2 058.36亿元。2014—2017年4年间,共有122只债券违约,违约金额合计859.85亿元。而2018年债市违约的数据就超过了此前4年的总和,2018年123只公私募债券出现违约,违约规模已经达到1 198.51亿元,违约数量和金额与2017年相比均增加了约2.5倍。2018年的债券违约金额,占到了2014年至今累计违约金额2 058.36亿元的近六成(见图3-39)。

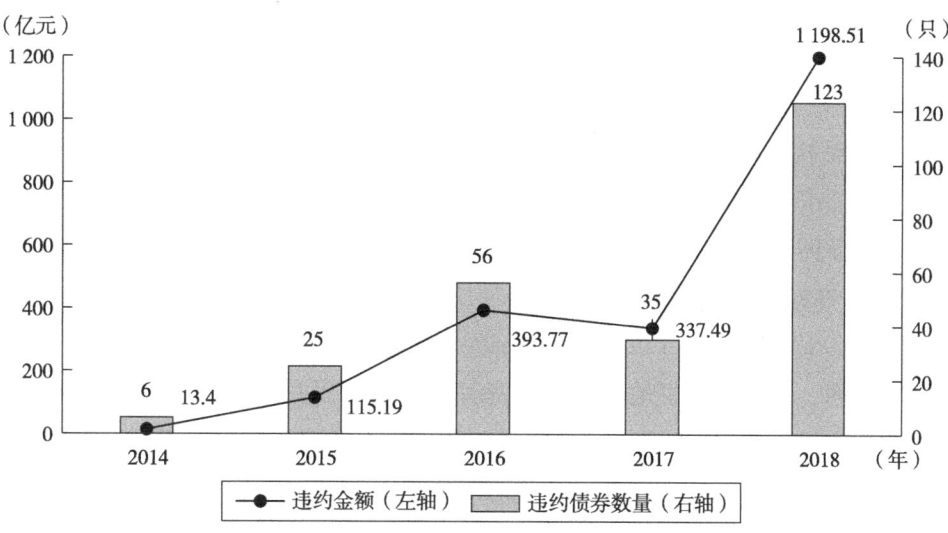

图3-39 2014—2018年违约债券数量与规模

(资料来源:Wind资讯)

2. 违约主体中民企占比超九成,违约率显著高于国企

从新增违约主体数量看,2014年仅有5家主体违约,2015年、2016年违约主体数量逐步增多,新增违约主体均为23家。2017年由于产能过剩行业盈利和融资环境好转,新增违约主体数量降低至9家。2018年新增的违约主体共有43家,为历史最高水平。其中又以民企居多,国企违约相对较少。2018年43家违约主体中有37家民企,占比86%(见图3-40)。非国企再融资渠道相对狭窄,更易受到金融严监管背景下再融资渠道收紧的影响。受市场风险偏好下降、规避情绪加重的影响,民企特别是中小民企抵御风险能力较差。同时今年的很多违约案例也暴露出民企普遍存在的公司治理和内控环节偏弱的问题。

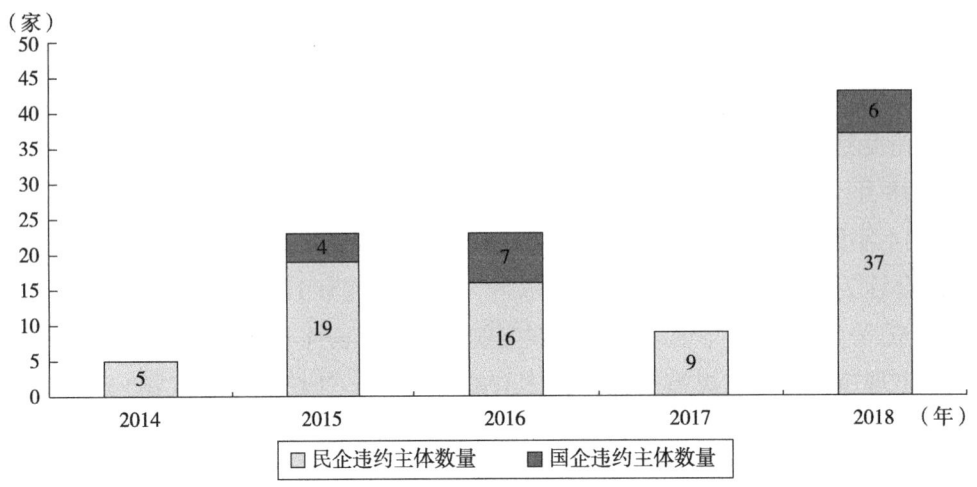

图 3-40 2014—2018 年债券违约主体类型

(资料来源:Wind 资讯)

(五) 地方政府隐性债务增速较快,地方债市场风险逐步暴露

1. 投资人结构仍较为单一,以商业银行为主

随着地方债市场规模的扩容,截至 2018 年末,全国地方政府债券存量规模为 18.07 万亿元,为全市场存量规模最大的债券品种。其中 17.69 万亿元托管在银行间市场,占比 97.92%;3 753 亿元地方债转托管至交易所市场,占比 2.08%。2018 年 12 月,中央国债登记结算有限责任公司(以下简称中债登)在原有的主要券种投资者持有结构中增加了地方债数据,首次公开了地方债的投资者持有结构数据。

投资人结构仍较为单一,商业银行、政策性银行、银行理财和信用社的银行系是地方债的最主要持有者,合计持有 17.45 万亿元,占比 96.57%。所有地方债的投资者中,最大的持有机构为商业银行,合计持有 15.33 万亿元地方债,占比 84.82%。分不同银行类型来看,全国性商业银行持有规模最大为 13.24 万亿元,占所有地方债托管规模的 73.26%;其次是城商行,其持有的地方债规模和占比分别为 1.59 万亿元和 8.81%,农商行持有的地方债规模和占比分别为 4 861 亿元和 2.69%。政策性银行持有 1.77 万亿元,占比 9.8%,是商业银行以外最主要的地方债持有机构。信用社持有 1 173 亿元,占比 0.65%。非银机构中,证券公司持有 799 亿元,占比 0.44%;保险公司持有 352 亿元,占比 0.19%;广义基金持有 3 538 亿元,占比 1.96%;交易所转托管比例为 2.08%,非银的合计持有比例不到 3.5%(见图 3-41)。地方债持有人较为单一,交易型投资者持有比例较低,一定程度上影响了二级市场流动性。

2. 不同省份地方政府债务风险出现分化,个别地区风险较高

全国人大常委会在 2015 年就明确将债务率不超过 100% 的水平作为中国地方政府债务的整体风险警戒线。国际上衡量地方政府债务风险,通常使用债务率(债务余额/地

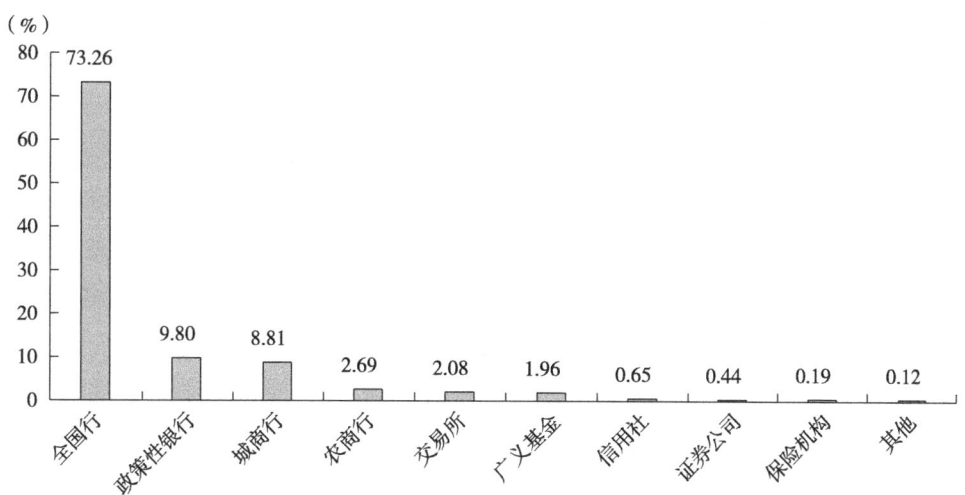

图 3-41　2018 年地方债托管量占比

（资料来源：中央国债登记结算有限责任公司）

方综合财力），风险警戒线在 80%~120%。各个省份地方政府债务风险出现了分化，西部经济欠发达地区，以及中部融资比较激进地区，债务负担较高，风险需要特别关注。截至 2018 年末，地方政府债务率最高的省份为青海，其政府债务率高达 536%。其次为贵州、内蒙古、黑龙江，三个省份债务率分别为 308%、292% 和 249%，均远远超过 100% 的警戒线（见图 3-42）。

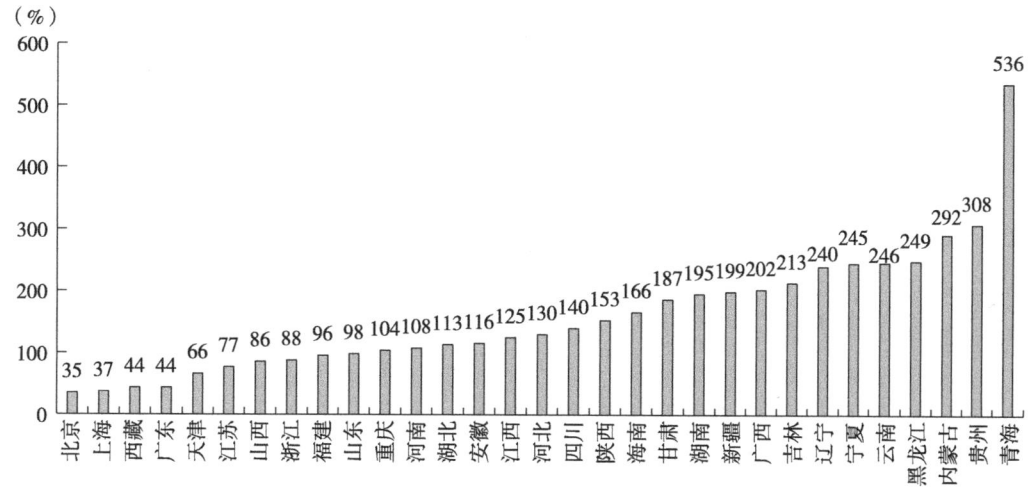

图 3-42　2018 年我国各省份债务率统计

（资料来源：Wind 资讯）

2018 年有 17 个省份债务率超过 120%，偿债压力较大。地方举债主体下移，债务比率过高，"隐性债务"野蛮生长。地方政府债务规模过大且增长过快，可能引起经济波动、引发系统性财政金融风险。近年来地方信用违约的事件增多，发生过债券主体信用违约事件较多的省份有江苏、山东、内蒙古、四川等,市场对于地方债关注度和警惕程度也显著提高。2017年,内蒙古自爆地方债务危机、江苏贵州借信托、资管等手段违规举债,一系列地方债务危机已逐渐显露出来。

3. 相对于显性债务,隐性债务增速较快

"地方政府隐性债务"首次出现在2017年7月24日召开的政治局会议上。隐性债务是相对于显性债务的概念,反映的是"表外"的政府负债。隐性债务从主要通过不合规操作,如担保、出具承诺函或变相举债产生。关于地方政府隐性债务的测算方法,目前尚无一致结论,本报告参考姜超的测算办法。

从财政部官网披露的地方政府债务余额来看,自2014年以来,地方政府显性债务的增长速度相对较慢,年均增速仅为2.4%,年均增量也只有大概0.4万亿元。而反观隐性债务,自2014年以来的年均增速达到了77%,存量迅速增加。2014—2018年地方政府隐性债务的存量分别约为5.9万亿元、13.0万亿元、24.0万亿元、30.6万亿元和37万亿元[①],年均增量约为8万亿元,年均增速超过了77%。与显性债务相比,隐性债务规模增长迅速(见图3-43)。

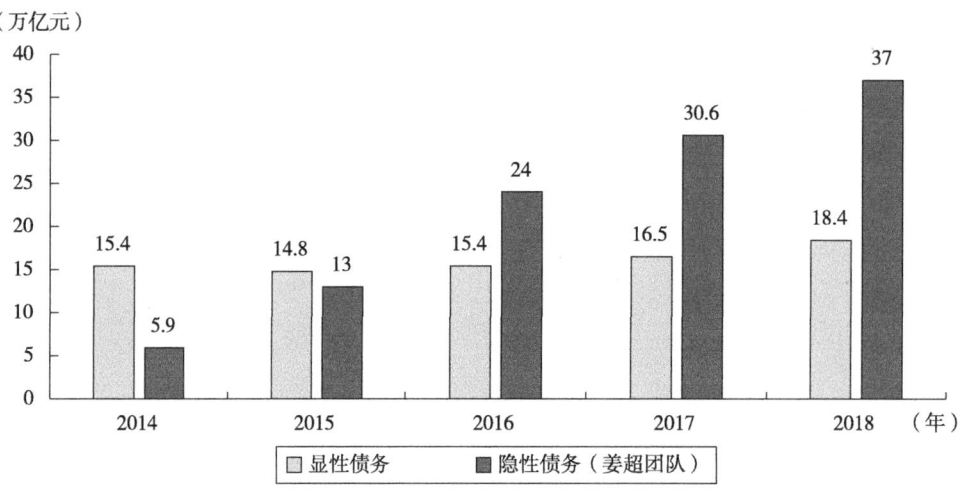

图 3-43 2014—2018 年地方政府显性债务和隐性债务的存量对比

(资料来源:财政部与海通证券研究所)

(六)保险市场供给侧结构性失衡问题突出

改革开放40年来,我国保险市场在发展定位、体制机制、行业功能、人民获得感等方面实现了根本性转变,行业保费规模世界排名跃升至第2位,成为名副其实的保险大国。但保险市场的高速增长,很大程度上是依靠外部增长红利拉动的结果,其自身供

---

① 姜超团队未公布2018年隐性债务测算数据,联讯证券李奇霖运用同样的方法估算2018年末的地方政府隐性债务余额,测得银行贷款、债券、非标、融资租赁四类资金来源分别形成20万亿元、7.6万亿元、7万亿元及2.4万亿元的隐性债务,合计规模37万亿元。

给水平和能力没有得到根本性提升。保险供给端的矛盾已成为制约保险行业进一步发展的主要瓶颈。这具体表现在：

1. 保险供给主体发展结构性失衡亟须破解

一是强者恒强，中小保险机构普遍面临业务与利润增长困境。财产险方面，2016—2018年，人保财险、平安财险和太平洋财险3家大型公司的市场份额之和分别为63.07%、63.49%和63.51%，市场集中度逐年提升，这3家财产险公司2018年合计实现净利润达328.84亿元，超过全行业累计净利润，占比达到104%。人身险方面，2016—2018年，平安人寿、泰康人寿、太保寿险、中国人寿、新华保险以及太平人寿6家大型公司的市场份额之和分别为42.21%、50.57%和58.95%，市场集中度提升明显，这6家人身险公司2018年合计实现净利润1 296.19亿元，同比增长22.77%，在人身险公司合计净利润中占比高达89.57%。保险资产管理公司方面，2018年，平安资管、泰康资管和国寿资管3家公司净利润规模均超过10亿元，净利润总额达到47.8亿元，占全国保险资管公司的67.8%。由此可见，保险机构的经验业绩和盈利分化不断加剧，大型险企凭借自身品牌、渠道、规模、风控等优势，保持并扩大了行业地位，而中小险企发展的空间和余地有限，这也是导致保险市场供给活力不足，低水平竞争行为频发的原因之一。

二是专业保险公司尚未形成规模和特色。总体而言专业保险公司的专业性并未得到充分体现，健康保险公司、养老保险公司及农业保险公司的业务构成及经营方式与其他综合性保险公司相差不大。部分专业保险公司也进行了业务创新的尝试，但由于自身能力有限，风控水平略显薄弱，在业务经营过程中反而陷入创新陷阱。此外，专业保险公司同样存在盈利能力不高的问题。绝大多数专业保险公司无论在业务发展还是利润获得上都未达到市场平均水平，部分公司甚至亏损严重。2018年，众安财险、安心财险、泰康在线、易安财险等专业互联网公司尽管保费收入都实现较快增长，但亏损金额都在2亿元以上，且亏损与2017年相比都在进一步扩大。

2. 保险业务发展与风险防控不平衡问题有待解决

保险业作为高负债经营的行业，其风险防控水平直接关系着保险市场的经营稳健性。虽然目前保险业的风险总体可控，但是从行业内部看，保险市场正处于增长模式转型阵痛期，多年积累的深层次矛盾集中释放，风险特征表现形式更为多样、隐蔽，风险传导链条更加复杂，行业防范风险的任务仍然较为艰巨。

一是人身险业务转型中风险压力加大。2018年，人身险行业转型在取得阶段性成果的同时，也进入攻坚期和深水区。寿险在产品层面面临利源恶化、利差和死差缩小的趋势，保费在增长乏力的同时，业务发展面临的潜在风险也随之增加。2018年，健康险业务实现高速增长，但重疾险市场非理性竞争趋势显现，激进的产品定价叠加部分重疾发生率发生变化、赔付支出攀升，加大经营亏损风险隐患。此外，业务发展中核保和核赔两端面临的逆选择风险和欺诈风险也显著增大。

二是财产险业务发展中经营风险剧增。车险业务方面,近九成保险公司的车险综合费用率超过40%,高手续费问题突出。受到综合费用率走高的影响,车险承保利润大幅下降。非车险业务方面,保证保险业务风险管控薄弱,赔付支出大幅增加,综合赔付率继续攀升。农业保险保障功能逐步发挥,但其发展中面临的虚假承保理赔等经营风险作为行业长期顽疾,难以有效根治。

三是保险资产配置规避风险与提高收益率的矛盾更加凸显。一方面,在外部信用环境严峻和长时间积累的地方债务风险叠加的影响下,保险资金投资债券和非标产品的潜在信用风险进一步增加。与标准化债券相比,非标产品的信用风险更大,风险集中度较高,目前我国未建立有效的债券风险溢价定价机制和有效的信用评级机制,在一定程度上加大了保险投资的信用风险。另一方面,受经济去杠杆、中美贸易摩擦、人民币贬值等因素的影响,中国股票市场主要指数连续下跌,在股票市场波动增加的背景下,险资股票投资面临的市场风险加大。

3. 保险产品和服务结构失衡问题需要调整

一是保险产品种类相对单一。各保险市场主体在开发和设计保险产品时,不能根据市场需求及消费者需要来度身定做,产品开发的投入不够、深度不足,产品同质化、同构化问题严重。这不仅表现在长期以来财产险业务中车险"一险独大"、人身保险业务中理财险占比过高的状况一直延续,而且体现在新兴业务领域如健康险、互联网保险以及农业保险业务中,各保险公司推出的产品也几乎完全相同,线上线下无差异,条款设计无差异。保险产品的同质和同构既不能很好地服务于消费者和经济改革发展,也是造成保险竞争维持在低水平进行的主要原因。

二是保险产品保障水平不足。保险产品的保障水平是衡量保险保障功能发挥程度的指标,也是保险保障效果的集中体现。尽管我国保险业增速平稳,但保险产品发展的主要驱动力依然是保障覆盖面也就是保险广度的提升,保险产品的保障深度仍然处于较低水平。如农业保险中,尽管我国农业保险的保障广度比肩美国、加拿大等发达国家,但保险产品的总体保障水平只有美国的1/5,加拿大的1/3和日本的1/2。机动车辆保险三者险中,保险保障水平不足70%,且东部经济发达地区的保障缺口远大于中西部经济欠发达地区的保障缺口。人寿保险中,保险保障水平尚不能根据消费者在家庭结构、收入和职业上的差异来合理调整。

三是保险产品服务内容不够丰富。一方面,保险服务范围窄、水平低。完整的保险服务,贯穿于设计、精算、客户端、核保、销售、理赔等多个环节,覆盖保前—保中—保后的全流程,从售前的风险咨询与评估、保险方案选择等,到售中的保险合同订立风险提示、权利义务告知等,再到售后的风险预防、损失理赔、合同有效性维护等,无不体现保险服务的价值。在保险产品本身不具差异性和互补性,同质化现象严重的背景下，通过服务来提升和创造保险价值尤为重要。但我国目前的保险服务大多仅限以销售为目的的售前咨询，售后的保单基本维护，以及损失发生时提供接报案、查勘与定损服务，服务形式单一、质量不高，尚不能满足客户风险管理的需要，更不能挖掘保险产品的衍生功能和附加价值。另一方面，保险服务的手段少、效率低。保险服务人员在与客户沟通的过程中，方式和手段单一，服务能力也亟待提升，销售误导、理赔难等问题仍然广泛存在，不少资源被消耗在运营环节，对客户的价值反馈明显不足。消费者的满意度和认同感低也直接导致社会对保险行业声誉评价不高。

三、对策建议

（一）加快建设多层次资本市场，积极化解股权质押风险

在中国经济由规模扩张转向创新驱动阶段，资本市场在金融运行中起到关键性作用。这就需要完善功能互补的多层次资本市场体系，增强资本市场制度的包容性和市场承载力，更好地服务不同领域、不同类型、不同规模、不同成长阶段企业的多样化需要。具体而言：

1. 加快场外市场建设，完善科创板和试点注册制的相关制度安排。场外市场作为培育企业、整合企业的重要平台，在资本市场体系中发挥着重要的作用。过去十几年间，受制于我国监管规则、市场容量等因素，一大批高科技企业很难在境内资本市场融资，百度、阿里、腾讯、京东等不得不转向美国或中国香港等地上市融资。这既降低了我国资本市场对科技创新型企业的支持力度，也使这些用户和收入主要来自国内的高成长性企业不断地回馈着境外投资者。因此，要提升制度的包容性和市场承载力，加快完善支持科技创新的资本形成机制，使我国资本市场更好地服务科技创新型企业，加快新旧动能转换，提高供给体系质量。

2. 统筹各层次资本市场的市场定位，完善场内和场外市场升板和降板机制。应统筹主板、中小板、新三板、区域性股权市场等各层次资本市场的市场定位，研究推动包括转板制度在内的多层次资本市场基础性制度改革，增强各板块之间的有机联系。严格规定各层次资本市场的上市和退市条件，使不同的企业在不同层次的资本市场有升有降，有进有退，促进企业的优胜劣汰。同时要促进区域性股权市场的规范发展，强化其服务当地中小微企业的私募股权市场定位，鼓励地方政府设立专门投资于区域性股权市场挂牌企业的股权投资基金，研究建立区域性股权市场与新三板的合作对接机制。

3. 机构创新，允许更多元的金融机构进入市场。发展多层次资本市场应突破仅仅由证券公司、基金管理公司等少数金融机构可以从事资本市场业务的格局，推进金融行业的混业经营，使得商业银行、保险公司、金融公司、财务公司等非证券投资类金融机构有条件地从事资本市场的各项业务。

4. 加大对风险投资事业的支持力度，形成资本市场、风险投资、科技创新的三者联

动机制。在风险自负的前提下,通过建设不同层次的资本市场,鼓励风险资本进入不同的产业和部门。在大众创业、万众创新的国家背景下,既使各个创业创新企业在不增加负债的前提下获得了发展的所需资金,又为企业引入了更多元的投资者结构,使各方能优势互补,发挥更大的协同效应。同时使风险资金能利用资本市场的流动性实现灵活退出,盘活市场资源。

针对 2018 年 10 月以来受到市场的广泛关注股权质押风险,各监管层已积极表态彰显稳市场决心,频出利好政策,通过各类金融机构等设立质押纾困专项基金,意在化解股票质押风险,推动股票市场健康发展。人民银行于 10 月 20 日发布《设立民营企业债券融资支持工具,毫不动摇支持民营企业发展》,推动民营企业债券融资支持计划,推进民营企业股权融资支持计划,同时综合运用再贷款、再贴现、中期借贷便利等货币政策工具,支持商业银行扩大对民营企业的信贷投放。银保监会于 10 月 25 日发布《关于保险资产管理公司设立专项产品有关事项的通知》与《保险资金投资股权暂行办法》,取消保险资金开展股权投资的行业范围限制,允许设立险资专项产品。证监会于 10 月 25 日表示支持符合条件的机构发行专项公司债,尽快完善上市公司股份回购制度,继续深化并购重组市场化改革。各地方政府陆续成立"纾困"专项基金,沪深交易所分别发行纾困专项债券,帮助困境上市公司纾解股票质押风险,目前各类纾困基金总规模已接近 7 000 亿元。

在监管支持的背景下,更需要从实体经济层面去改善企业自身经营状况。在当前中美贸易摩擦和经济下行压力下,要从信贷和财政两方面助力企业经营发展。信贷方面,尽管银行对小微信贷有利率优惠政策,在小微企业盈利前景不甚乐观和偿债风险居高不下的情况下,商业银行资产风险偏好没有实质改善,商业银行对高风险小微企业的放贷意愿仍处于低位。要切实增加对于优质民营企业的信贷投放与支持,在一定程度上解决民营企业面临的问题。财政方面,要尽快出台大幅的减税降费的政策,不仅是降企业的增值税,而且能够降企业的所得税率,以更大力度通过减税降费为企业减负,激发市场活力。企业或受益于减税而释放的流动性利好,从而在一定程度上抵御股权质押风险对公司经营的冲击。

(二)完善新三板市场交易制度,提高新三板市场的流动性

当前,流动性缺失是新三板市场面临的一个重要问题。要提高新三板市场的流动性,不仅要完善做市交易制度,深化分层制度建设,推动发行制度改革,优化竞价交易制度,还要建立多层次投资者结构,保障投资者权益。

第一,2018 年不少做市商不计成本地退出,造成新三板做市股票持续下跌。由于价格倒挂,更加剧了做市企业的融资难度。因此,加快改革完善做市制度已变得尤为迫切和关键。早在 2016 年 9 月,全国股转系统发布《私募机构全国股转系统做市业务试点专业评审方案》,正式启动私募参与做市商的基础性工作。当年 12 月,全国股转公司还

公布了首批 10 家参与做市业务试点的私募机构名单。然而新三板做市交易制度改革红利迟迟不能落地，导致市场对改革的预期和情绪已经滑落到了低谷。增强新三板市场流动性，必须加速落实做市交易制度改革，优化做市制度，引入私募、公募或其他金融机构参与做市，给做市商提供更多的激励政策。

第二，市场分层是契合中小微企业特点，具有新三板特色的基础性制度安排，对于降低投资者信息收集成本，实现对风险的分层分类管理等具有积极意义。现行的《分层管理办法》①对创新层要求标准过高，对企业成长性的关注有所不足。目前我国新三板市场内部形成一个"金字塔形"的市场结构，基础层企业数量占比超过90%，创新层企业数量相对较少。创新层企业处于快速发展阶段，对资金获取的效率和便利性有较高的需求，而创新层公司信息披露更为充分，公司治理更加规范，便于投资者获取投资信息，也更容易获得市场青睐，因此有条件在创新层进一步优化相关制度。下一步，新三板可考虑推进精细化分层，提升对优质企业的吸引力和辨识度，为引入更高效率的融资交易机制打开层次空间。同时，深化不同层次在交易、融资、投资者适当性和信息披露等方面的差异化制度安排，实现不同类型企业的挂牌成本与收益相匹配。

第三，近年新三板市场摘牌数量激增，挂牌企业违法违规现象频发，说明亟须加强对新三板挂牌企业的治理与监管问题。在公司治理方面，现行法律法规要求新三板公司"治理机制健全，合法规范经营"。可以考虑针对公司治理开展定期评级的可行性，还要发挥专业中介机构的作用，通过主办券商的持续督导，实现公司治理的良性发展。在企业达到相应条件成功挂牌之后，对挂牌企业的监管主要包括信息披露和退市制度。目前，新三板市场的监管存在处罚力度不足、强制摘牌制度不够完善以及第三方监管不足等问题。须尽快完成相关法律法规的制定，以加重违法违规主体的法律责任，并加大处罚力度，重视持续督导，完善强制摘牌制度，建设第三方监管体系。

第四，完善新三板市场投资者保护机制，具体举措包括：强化投资者教育，提高投资者的维权意识与能力；健全救济机制，设立投资者保护基金；完善追责与激励机制，强化中介机构的作用。在完善投资者保护的基础上，可考虑有针对性地降低个人投资者准入门槛，优化交易机制。投资门槛的降低有利于投资者规模扩大，改善市场买卖力量不均衡、流动性不足的局面。

此外，新三板当前较核心的问题是非公开发行的市场，市场希望匹配一个公开交易的市场，这显然是一个矛盾的结构，这需要在发行制度上予以突破。同时，新三板发行制度改革也需要进一步明确市场属性，以及包括修改证券法在内的监管上的统筹和协调。信息披露制度应在加强监管的同时体现差异性。新三板定位于服务广大不满足上市

---

① 目前，我国新三板市场分为基础层和创新层两个层次，从交易量、融资能力及企业业绩上的表现来看，创新层的企业要明显优于基础层挂牌的企业。

条件的中小企业,过于严苛的信息披露制度会加大企业信息披露成本,在私有信息上失去竞争力。可以考虑加强对企业持续经营能力的关注,弱化对公司治理规范化的要求,发挥新三板的培育、扶持中小企业发展的"土壤"作用。

(三)健全并购重组法律法规,增强并购交易透明度

1. 完善并购信息披露规则,增强并购重组过程的透明度

对上市公司并购重组监管的重点应当以信息披露为核心和建立全面的中介机构评价指标体系,对并购重组相关信息披露规则予以明确细化,强化重组各方的具体信息披露责任,以增强并购重组过程的透明度,以此明确降低投资者所具有的信息不对称劣势。要对违法违规行为加大处罚力度,强化对股价异动相对应的措施,增加停复牌制度的有效弹性,强化每个阶段信息披露相关制度,建立对敏感信息的相关强制停牌制度。

2. 对重组程序进行优化,打通"事前事中事后"监管链条

要事前严把停牌关,停复牌监管坚决制止"躲跌式停牌",根除长期停牌"钉子户"。对并购重组的停复牌机制要进行重大调整,以此来降低并购重组交易期间该事所具有的不确定性,要明确规定上市公司与重组方达成初步协议时,应当仅以重事项为理由,而不是以资产的重大重组为理由申请相关股票的停牌,可以准许上市公司相对延长该股票的具体停牌时间,以便使重组双方对前期项目有充裕的时间了解其具体内容。

要事中严把审查关。审慎把握重组上市标准,遏制监管套利,对疑似规避重组上市的方案进行重点监管问询,对问询后仍存重大疑点的方案由合规检查部联合证监局启动现场检查。与此同时,从源头出发强化对"三高"交易、"忽悠式"重组、虚假交易、利益输送等情形的监管。

要事后严把合规关。重点关注实施完成后的整合效果,特别是上市公司是否能够有效参与标的资产的"三会"运作和公司治理,并强化信息披露要求;强化重组标的业绩承诺履行监管;紧盯商誉减值风险,重点关注应减值而未减值、减值测试披露不充分、一次性减值"大洗澡"等情形。

3. 健全企业并购的相关法律制度,强化中介机构的惩罚机制

建立健全我国对企业并购的相关法律制度,加大监管执法力度,严处对于以高溢价收购为名,实际进行利益输送及题材炒作的违规并购行为。与此同时,进一步强化中介机构的惩罚机制,对于协助上市公司违规并购或未履行督导职责的中介机构,采取撤销从业资格、罚款和限制市场进入等惩罚机制。

(四)以市场化原则完善债券违约处置,防范信用风险升级

外部信用收缩只是2018年度债券市场大规模违约的诱因,其根源仍然需要从企业自身信用资质进行分析。激进投资、债务结构瑕疵始终是违约主体的典型问题,而财务信息质量不佳、实际控制人行为不端等直接影响公司流动性则是2018年度违约主体相较往年更为独特的表现。此外,对外担保比例较高以及承担集团融资功能的公司的风险

抬升，偿付压力逐步暴露。

针对债务违约风险聚集问题，首先要建立健全公司治理机制，加强内外部监督职能。公司治理的缺陷是本次债券违约潮的重要原因，实际控制人掏空行为花样百出，例如高溢价收购控股股东资产，违规拆借巨额资金，盈利不良时大额分红控股股东等，不仅严重损害了公司的资产质量、盈利能力，更使得公司形象一落千丈，导致公司外部融资收紧。此类大股东恶意掏空行为容易发生在家族企业和国有企业中，一方面从公司内部明晰产权结构并设立合理的激励措施，另一方面需要加强外部监管，强化监管及审计机构履行风险识别的职能。

其次要针对违约企业类型进行分类处置，减少债券违约对实体经济稳定的冲击。对于基本面正常，暂时出现经营困难或因互保联保陷入债务危机的企业，应由债券债务方积极协商拟定重组方案，推进债务重谈判渡过难关。对于债务人转移资产、虚构财务信息等恶意违约行为，要加大处罚力度，提高违约失信成本。对于长期亏损、失去竞争优势、资不抵债的企业，要打破刚性兑付，实施破产手续，使其退出市场。

最后要完善金融中介职能，建立违约债券转让市场，并加强信息披露与投资人保护配套机制。对于需要重组的违约债券，利用资产证券化等措施，配以信用评级、信用担保和次级市场等，将其转变为金融市场上可流通的证券，激活债券存量，推动违约债券的处置进程，增强违约债券流动性。与此同时，加强企业和资本市场信息披露机制，建立健全投资者保护等配套措施。

（五）有效防范地方债务风险，优化地方债投资者结构

2018年要切实加强重大风险防范化解，严格政府性债务管理，坚决制止违法违规融资担保行为，防范和化解政府性债务风险。针对地方政府债务问题，具体有以下三个举措：

第一，优化地方债投资者结构。扎实做好后续地方政府债券的招标发行工作，积极探索发挥交易所市场特色优势，促进地方政府债券投资主体多元化，提高地方政府债券市场吸引力，服务支持地方实体经济健康发展。金融机构可以充分利用网点优势，积极宣传，挖掘个人投资者潜力，优化地方债投资者结构，保证地方政府债的顺利发行。

第二，加强地方金融监管，确保不发生系统性区域性金融风险。大力整顿和规范房地产秩序，防控房地产领域风险。提高专项债券使用的精准度。指导和督促地方将专项债券资金重点用于急需资金支持的方面，优先用于解决在建项目、政府项目拖欠工程款问题等。在具备施工条件的地方抓紧开工一批交通、水利、生态环保等重大项目，尽快形成实物工作量。暂不具备施工条件的东北等地方也要抓紧开展前期工作，把专项债券发行时间尽可能往前提。

第三，加强对隐性债务的统计和监测，摸清隐性债务底数。明晰债务主体，坚持"谁使用、谁偿还""谁家的孩子谁抱走"。明确省政府不会为州市县政府债务兜底、

"埋单"。严格实行政府债务限额和预算管理，设置政府债务"天花板"，严格控制增量债务。严格限定政府举债程序和资金用途，对违法违规举债和担保，实行终身问责、倒查责任。

（六）继续推进供给侧结构性改革，推动保险业高质量发展

1. 继续丰富保险市场供给主体层次

一是继续支持中小保险公司创新发展。一方面，政策上继续加大对中小保险公司支持力度，通过财政税收、金融资本、产品创新保护、技术及信息交流、人才引进等手段为中小保险机构的发展创造条件。另一方面，中小保险公司自身也应树立正确的经营理念与导向，正确处理好规模与效益、发展与风控合规的关系，走创新发展、差异化发展之路，如在产品、客户、区域、渠道、服务、销售模式、风险管控等某一细分领域，持续精耕细作、积累经验，形成难以复制的独特商业模式和可持续的市场竞争力，或是通过某一领域的创新，如技术创新、经营模式创新、市场创新、产品创新等提前占据潜在蓝海市场来提升运营效率。

二是鼓励专业性保险公司以及新型保险主体的发展。一方面，要继续在国民经济、社会发展及科技创新等重要领域以及保险保障及服务存在短板和真空的领域设置和布局专业性保险公司和新型保险市场主体，以解决保险供需矛盾，更好地发挥保险市场的功能作用。另一方面，现有专业保险公司和新型市场主体也应强化其"专业"特色，升级保障程度、服务模式和运营模式，将现有的保险保障延伸至产业上下游及其各对接环节，为产业中的企业以及其上下游企业甚至是消费者提供组合化、定制化风险解决方案，在服务经济发展和社会进步的同时，提升自身的竞争力。

2. 防范化解重大风险，维护保险供给稳定

一是要积极应对人身险在业务转型中的风险。在寿险方面，应增强开发保障型产品的经验数据及精算能力，根据客户需求不断设计及创新产品，加强渠道建设，提升保障型寿险产品的销售能力，确保在风险可控的前提下实现业务的稳定增长。健康险方面，应完善健康险尤其是重疾险产品定价机制，根据被保险人健康状况、生活习惯以及医疗环境等因素进行差异化定价，提高产品的科学定价水平。要扩宽健康险服务的内涵，通过提供健康管理服务，积极参与大病预防，提高参保群体健康水平。要加强与政府、医疗机构以及同业之间的相互合作，互通信息和数据，在科学管控医疗费用成本的同时防止逆选择和欺诈风险。

二是要严防财产业务发展中的经营风险。车险方面，在行业普遍性亏损和监管频繁亮剑的双重压力下，应从三个层次推动车险发展。第一层次是重建车险经营能力，提高定报价能力、理赔服务能力以及销售能力；第二层次是车险、非车险领域协同发展，布局打通"人联""车联""家联"，深度挖掘组合产品销售的力度；第三个层次是采用新方法、新思路、新技术，提供创新型、场景性、碎片化车险产品和服务，以重新激发车

险发展活力。非车险方面，在监管层面应当实施分类监管，加强产品审核，提升费用透明度；在市场层面加强风险管理教育，定期修订纯风险损失率表，计提巨灾准备金，严控中介费用；在主体层面则坚持正确的发展战略、经营理念和绩效评价导向。此外，未来商车费改应从产品多样化和费率市场化两方面进行深化改革。

三是加强资产负债管理，严控保险资产配置中的风险。资产负债管理的关键在于建立理性竞争的生态环境和保险资产配置中对资产负债错配风险更深刻的认识和更精准的管理，这包括：在制订销售计划时平衡搭配产品，避免偿付高峰造成高流动性风险；制订产品线的资产配置计划；关注不同负债区间的利率敏感性；关注资产负债联动和净资产的变化；加强研究流动性风险、信用风险和违约风险。针对保险资金投资债券和非标产品面临的信用风险整体趋于上升，且以外部评级为基础的保险资金信用风险管理存在滞后的状况，信用风险管理应该落实"偿二代"要求，坚守底线，建立内部信用评级体系，进行多维度动态管理，利用大数据及 AI 技术，制定重大突发事件应急预案。

3. 升级保险产品和服务，提升保险供给能力

一是升级保险产品。一方面，补齐短板，完成对现有保险产品的改造升级。在现有保险产品基础上，通过扩大保障内容、修改承保条件，改变赔付触发机制或风险度量标准，合并或分拆现有业务等方式，来为企业和个人提供组合化、定制化风险解决方案。另一方面，弥补真空，开发和创新经济和社会需要的新产品。要追随国家战略，充分满足现代工业、农业、服务业等实体经济对于资金、数据、声誉等无形资源的安全保障需求，将企业生产安全、产品质量、资金融通、供应链管理等各个环节的需求打通，探索适用于物联网工业、现代农业、教育医疗、养老等服务业的新型保险产品。要围绕未来布局，面对数字时代，行业要着力构建适应新兴风险，如网络安全风险、电子商务运营风险、物联网风险等风险特点的保险产品体系。

二是升级保障程度。既要通过扩大覆盖面、增加承保标的的种类等途径升级保障广度，又要进一步提升投入和产出成本的覆盖率以提升保障深度，从补充保障、基本保障逐步向全面保障升级。如在农业保险中，要增加承保农作物种类，同时提升对物化成本和人工成本的覆盖率，从保成本、保产量过渡到保收入，还要扩大风险覆盖面，不仅保自然风险，还提供经济风险保障。在保障民生福祉方面，要提升和改善在巨灾保险、雇主责任险、应急救助保险等领域的保险供给，进一步提升社会风险保障水平，扩大保障覆盖面。

三是保险服务内容和效率升级。要进一步挖掘保险服务深度，为用户提供包括风险测评、保险教育、个性化保险配置方案、个性化推荐保险产品、保单管理、保险解析、产品对比和理赔服务在内的传统服务。要拓展保险服务广度和边界。如在风险测评上，可进一步分析风险成因，为客户提供包括但不限于保险产品在内的风险管理方案；在理赔上，不仅支付赔款，还为客户延展保险服务产业链，突出服务的增值性，使保险广泛

渗透到经济社会的方方面面。要提升保险服务效率，应通过引入先进技术，简化承保流程，优化保费缴纳机制，缩减理赔手续，提升客户满意度。要建立和相关机构的互联互通机制，搭建保险信息服务共享平台。要进一步提高保险从业人员素质，促进保险服务的专业化和规范化。

四是科技赋能，助力保险产品和服务升级。在推动保险产品升级方面，助力推出以技术驱动的保险产品创新方案，运用科技改变保险产品研发与定价模式，有效提升保险精算的水平和效率，真正做到个性化、差异化定价，从而提升保险产品的精细化，细分客户需求度身定做保险产品。在助推保障程度升级方面，通过提高保险业的开放和融合水平，提升保险产品的可获得性、精准性和普惠程度，从而扩大保险服务的覆盖面和渗透率。助推保险服务升级方面，通过对保险服务全流程的渗入，促进保险服务管理模式变革，改进服务内容和与客户交互的方式，从而有效改善客户服务体验。

第四章　金融国际化稳步推进

中国金融在2018年面临的内外部政治经济环境复杂多变。全球经济虽然延续增长的态势，但经济运行中的不确定因素较多，增幅有所放缓。国内经济运行总体平稳，为中国金融的国际化奠定了良好的经济基础。全球经济复苏有所放缓。

2018年，新兴市场经济体和发达经济体经济运行均出现分化。新兴市场经济体表现继续分化，总体上处于经济企稳和恢复的状态；美国经济已经有所放缓，失业率低位下行；欧元区经济增长势头放缓；日本经济增速持续降低，通货膨胀水平依然疲软；受脱欧事件不确定性的影响，英国经济持续低速增长（见图4-1）。图4-1展示了世界主要经济体GDP增长率的走势，其中，分图（a）比较了中国与主要发达经济体的经济增长率，分图（b）比较了中国与主要新兴市场经济体的增长率。总体上讲，中国经济增长率在放缓，但是明显高于发达经济体，在新兴市场经济体中中国经济增长率与印度相当，但明显高于巴西和俄罗斯。

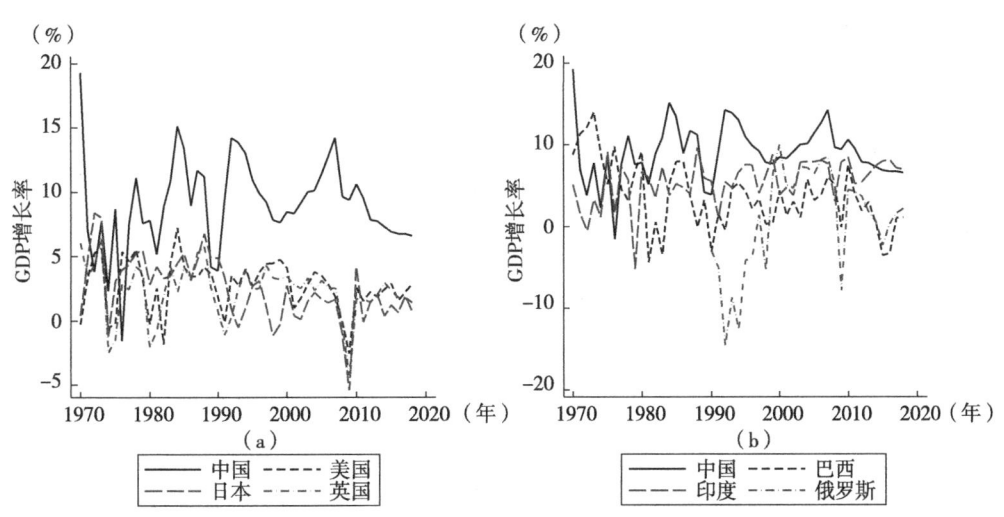

图4-1　世界主要经济体GDP增长率走势

（资料来源：世界银行数据库）

全球各国货币政策持续分化。美联储2018年加息四次，联邦基金利率由年初的

1.25%~1.50%上调至2.25%~2.50%，同时持续推进缩表计划。欧洲中央银行2018年维持主要政策利率不变。日本中央银行保持极低的利率水平，并继续维持各类资产购买规模不变。英格兰银行在2018年8月2日上调基准利率25个基点至0.75%，此后继续维持基准利率与资产购买规模不变。新兴市场经济体货币政策也出现分化，但面对全球金融环境收紧及本币贬值压力，各国中央银行选择加息或偏中性的货币政策立场。俄罗斯、印度、土耳其、阿根廷、墨西哥等国中央银行采取紧缩性货币政策，以应对汇率贬值、资本外流和通货膨胀压力等问题。同时，为促进经济增长，韩国、巴西等国中央银行继续维持相对宽松的货币政策。主要经济体信贷市场的松紧也存在差异性。图4-2展示了世界主要经济体的贷款利率走势，其中，分图（a）比较了中国与主要发达经济体的贷款利率；分图（b）比较了中国与主要新兴市场经济体的贷款利率。中国贷款利率变动较小。

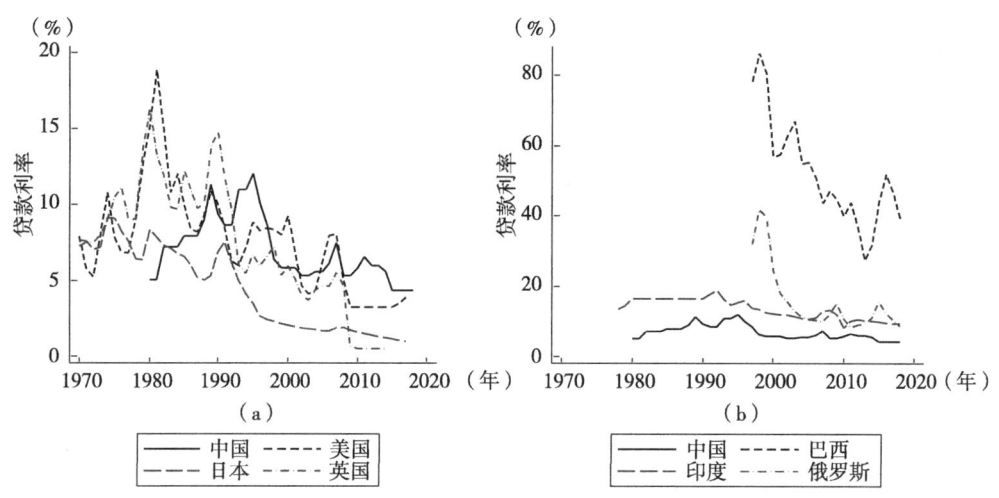

图4-2 世界主要经济体贷款利率走势

（资料来源：世界银行数据库）

国际金融市场波动继续加剧。2018年，受中美贸易摩擦、美联储加息及全球经济周期可能见顶的影响，国际金融市场波动加大。美元指数较上年末上涨4.4%，欧元、英镑贬值；主要发达经济体股市出现下跌，美国道琼斯工业平均指数、欧元区斯托克50指数分别下跌6.0%、14.0%（见图4-3）。内外因素触发部分新兴市场经济体金融市场动荡，部分新兴经济体货币一度大幅走低，出现汇市、债市和股市共振下跌现象，摩根大通（JP Morgan）新兴市场货币指数（EMCI）和MSCI新兴市场股指全年跌幅超过10%和16%。

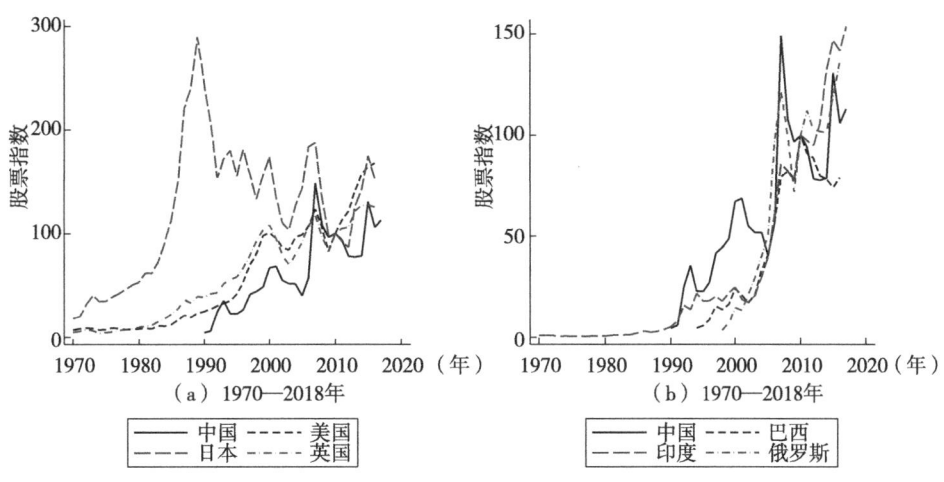

图 4-3 世界主要经济体股票指数走势

(资料来源：世界银行数据库)

一、2018 年中国金融国际化发展现状

(一) 国际收支格局延续双顺差

2018 年中国经常账户保持基本平衡，非储备性质的金融账户延续顺差。2018 年，中国经常账户顺差 491 亿美元，非储备性质的金融账户顺差 1 306 亿美元（见表 4-1）。

表 4-1　　　　　　　　　2013—2018 年国际收支顺差结构　　　　　　　单位：亿美元

年份	2013	2014	2015	2016	2017	2018
经常账户余额	1 482	2 360	3 042	2 022	1 951	491
非储备性质金融账户余额	3 430	-514	-4 345	-4 161	1 095	1 306

资料来源：国家外汇管理局。

经常账户更加趋于平衡。具体来讲，货物贸易更趋平衡，2018 年中国货物贸易出口 24 174 亿美元，进口 20 223 亿美元，顺差 3 952 亿美元，下降 17%。服务贸易逆差平稳增长，2018 年中国服务贸易收入 2 336 亿美元，支出 5 258 亿美元，逆差 2 922 亿美元，增长 13%。2018 年中国初次收入账户收入 2 348 亿美元，支出 2 862 亿美元，逆差 514 亿美元，其中雇员报酬顺差 82 亿美元，投资收益逆差 614 亿美元。2018 年中国二次收入账户收入 278 亿美元，支出 302 亿美元，逆差 24 亿美元，较上年减少 80%。图 4-4 展示了中国近 50 年以来的进出口差额与外贸依存度。我国进出口差额已明显下降，同时我国的外贸依存度稳定在 35% 左右。

非储备性质账户继续维持顺差。具体来讲，直接投资顺差扩大，2018 年中国直接投资顺差 1 070 亿美元，其中我国对外直接投资 965 亿美元；境外对我国直接投资 2 035 亿美元。证券投资顺差显著上升，2018 年中国证券投资顺差 1 067 亿美元，其中我国对外证券投资 535 亿美元；境外对我国证券投资 1 602 亿美元。其他投资转为逆差。2018 年

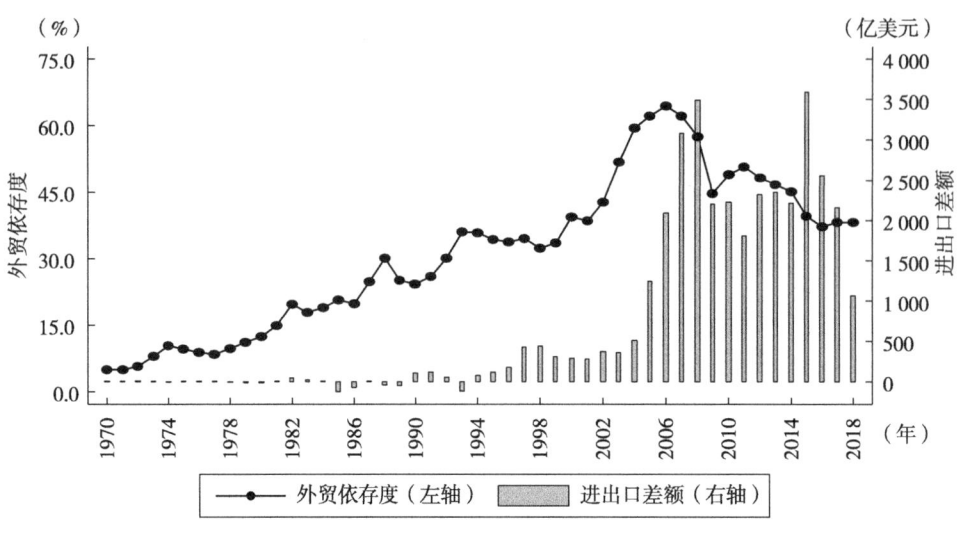

图 4-4 中国的进出口差额与外贸依存度

贷款、贸易信贷等其他投资逆差 770 亿美元,其中中国对外其他投资 1 984 亿美元,境外对我国的其他投资 1 214 亿美元。储备资产保持稳定,2018 年中国交易形成的储备资产增加 189 亿美元,其中交易形成的外汇储备增加 182 亿美元。截至 2018 年底,中国外汇储备余额 30 727 亿美元,较 2017 年底下降 672 亿美元。

1. 经常账户余额规模的国别比较

图 4-5 展示了六个国家的经常账户余额规模,总体上讲,美国和英国处于长期逆差,而中国、日本、德国与沙特阿拉伯长期处于顺差。从 2018 年经常账户顺差的规模来看,德国第一、日本第二、沙特阿拉伯第三、中国第四。

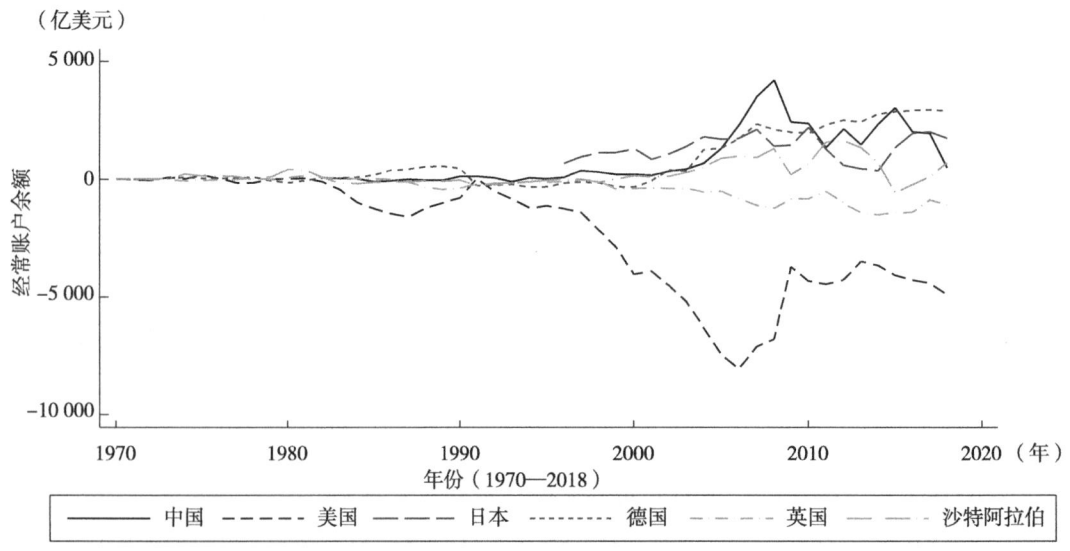

图 4-5 六个国家经常账户余额走势

(资料来源:世界银行数据库)

2. 经常账户余额占 GDP 比重的国别比较

图 4-6 展示了六个国家的经常账户余额占 GDP 的比重，总体上讲，美国和英国处于长期逆差，中国、日本与德国长期处于顺差，沙特阿拉伯的经常账户余额占 GDP 的比重变动较为剧烈，可以推知沙特阿拉伯的经常账户余额受国际石油价格的影响较大。从 2018 年经常账户顺差占 GDP 的比重来看，德国第一、日本第二、沙特阿拉伯第三、中国第四。值得注意的是，中国经常账户余额占 GDP 比重在 2007 年达到历史峰值，为 9.94%；然后开始逐年下降，在 2018 年降至中国加入世界贸易组织（WTO）以来的历史低值，为 0.38%，是四个顺差国中经常账户余额占 GDP 比重最小的国家。

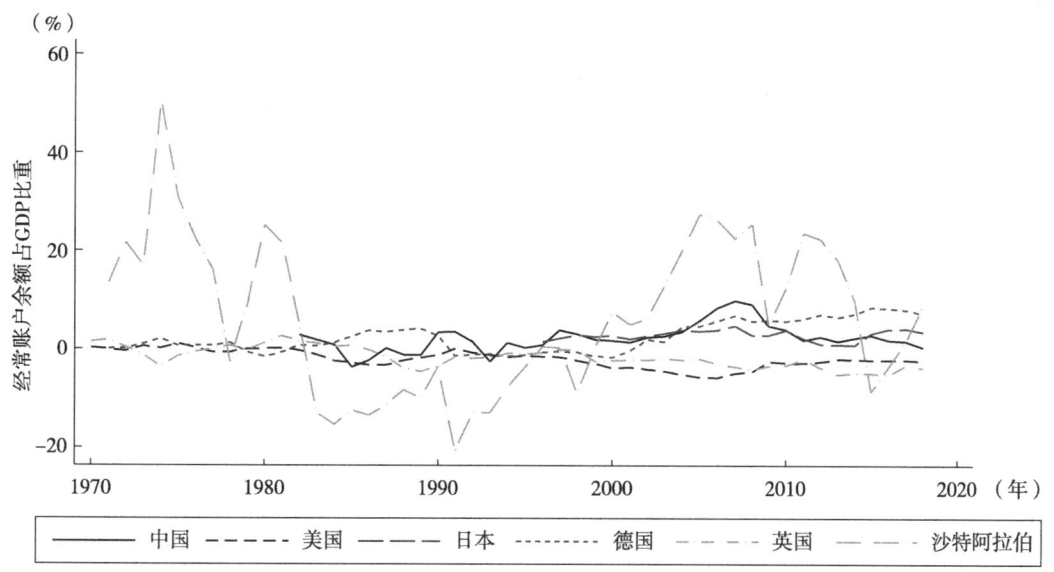

图 4-6 六个国家经常账户余额占 GDP 比重的走势

（资料来源：世界银行数据库）

3. 发展中国家与发达国家经常账户的国际比较

图 4-7 为 1970—2018 年非经济合作与发展组织（OECD）国家与 OECD 国家的经常账户余额走势。短虚线代表非 OECD 国家的经常账户余额的总和；实线代表 OECD 国家的经常账户余额的总和；长虚线表示世界上所有国家经常账户余额的总和，因为误差与遗漏的原因其总和并不等于零。

图 4-7 表明全球贸易不平衡并非新现象。1970 年以来发生了两次世界性的贸易不平衡。第一次世界性贸易不平衡发生在 1980—1995 年，随着亚洲金融危机发生，失衡状态结束。第二次世界性贸易不平衡发生在 1998—2018 年，主要是以美国为代表的发达经济体与以日本、德国和中国为代表的主要亚洲经济体之间的贸易不平衡。总体上讲，全球经济失衡的状况有缓解的趋势。

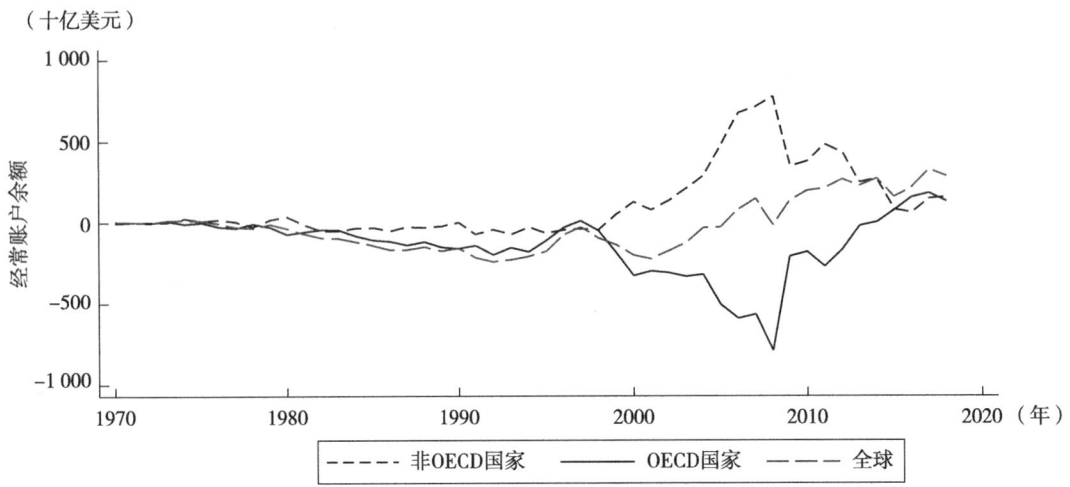

图 4-7 非 OECD 国家与 OECD 国家经常账户余额走势

（资料来源：世界银行数据库）

4. 2018 年全球各国的经常账户余额比较

表 4-2 列出了 2018 年全球主要国家的经常账户情况。从经常账户余额来看美国依然是全球最大的逆差国；而中国不再是全球最大的顺差国，全球主要的顺差国变为德国、日本与俄罗斯等国。从经常账户占 GDP 的比重来看，全球经济失衡的严重程度有变缓的趋势，特别是中国经常账户余额占 GDP 比重仅为 0.36%，表现为中国加入世界贸易组织（WTO）以来的历史最低值，说明中国国际收支已基本趋于平衡。

表 4-2 2018 年全球主要国家的经常账户情况比较

国家	经常账户余额（亿美元）	经常账户余额占 GDP 比重（%）
中国	490.9	0.36
美国	-4 909.9	-2.93
英国	-1 087.5	-3.84
日本	1 747.1	3.51
德国	2 911.9	7.28
巴西	-149.7	-0.80
印度	-655.9	-2.40
俄罗斯	1 134.5	6.84
沙特阿拉伯	706.0	9.02

资料来源：世界银行数据库。

5. 非储备性质的金融账户影响在加大

（1）非储备性质的金融账户占比在加大

国际金融危机后，在发达经济体量化宽松、中国经济高速增长情况下，中国非储备性质的金融账户在国际收支中的比重增加，其影响在加大（见图 4-8）。具体而言，

2010年、2011年和2013年经常账户顺差、资本与金融账户（含净误差与遗漏）顺差对中国官方储备资产增加的平均贡献率为40%和60%。2014年，中国国际收支经常账户保持顺差，但资本与金融账户由净流入转为净流出。特别是2015年"8·11"汇改后，资本外流趋势日趋明显，2015年，中国经常账户顺差为3 042亿美元，资本与金融账户逆差为4 345亿美元；2016年，国际收支持续逆差，其中经常账户顺差2 022亿美元，资本与金融账户逆差4 161亿美元。2017年和2018年在人民银行汇率政策和资本流动管理的组合政策干预下，中国国际收支重新恢复为双顺差。具体而言，2017年中国国际收支经常账户顺差1 951亿美元，资本与金融账户顺差1 095亿美元；2018年中国国际收支经常账户顺差491亿美元，资本与金融账户顺差1 306亿美元；可见，经常账户顺差在缩小，而资本与金融账户顺差在扩大，并且就结构来看，资本与金融账户在顺差中的占比在加大。

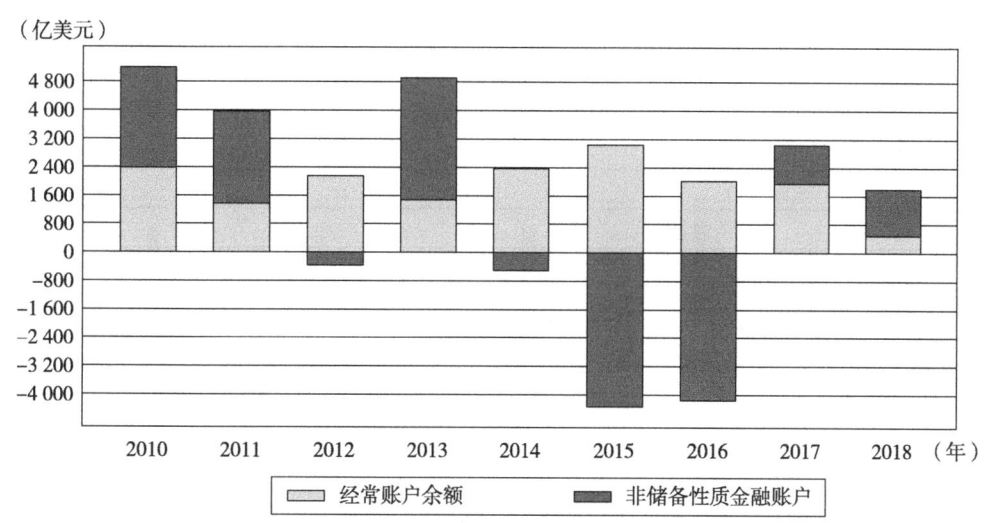

图4-8 非储备性质金融账户对中国国际收支的影响在加大

（资料来源：国家外汇管理局）

非储备性质的金融账户变动幅度超过经常账户变动幅度，成为影响国际收支平衡的主要因素，意味着人民币汇率已经不仅由贸易收支影响，同时被资本的跨境流动所影响。资本流动的易变性决定了汇率在短期内可能出现大幅的波动，出现过度升值或过度贬值，即汇率的超调（overshooting）可能频繁发生。

（2）非储备性质的金融账户中短期资本流动影响在加大

在非储备性质的金融账户中短期资本流动是当前中国资本跨境流动的主要因素。短期资本流动，即非直接投资形式的资本流动，通常用证券投资、金融衍生工具、其他投资三项的合计来衡量。从2008年初到2018年底的40个季度中，中国短期资本流动出现了22次净流出，而中国长期资本仅出现了6次净流出，这6次净流出中有5次发生了短期资本的净流出，从而使得整个非储备性质的金融账户呈现出净流出。同时，从2008

年初到2013年底，人民币汇率总体上长期面临单边升值压力，国际资本持续大幅净流入，外汇储备连年大幅增加；但2011年以来，中国跨境资本流动呈现双向波动的格局。具体来讲，2011年第四季度和2012年第二、第三季度，受欧债危机的冲击，市场避险情绪增加，人民币贬值预期强化，短期资本集中流出中国，而2013年初，重新出现短期资本净流入，人民币汇率面临升值压力。2014—2016年，短期资本呈现持续的净流出，并且幅度超过长期资本净流入，成为这段时间中国外汇储备下降、货币贬值的主要原因。2017—2018年，总体上讲，短期资本转变为净流入，并且其波动幅度也比长期资本流动更大。

即便在我国还存在一定程度的资本管制情况下，我国短期资本的波动幅度也大大超过长期资本的变动幅度。短期资本流动容易受到外部环境与市场情绪波动的干扰，而偏离其基本面，使得汇率市场可能出现多重均衡状态。多重均衡状态意味着预期管理在政策干预中非常重要，因为在贸易顺差、经济增长、外汇储备充沛的良好基本面情况下，资本流入或流出、人民币汇率升值或贬值的多重均衡情况均有发生的可能（见图4-9）。

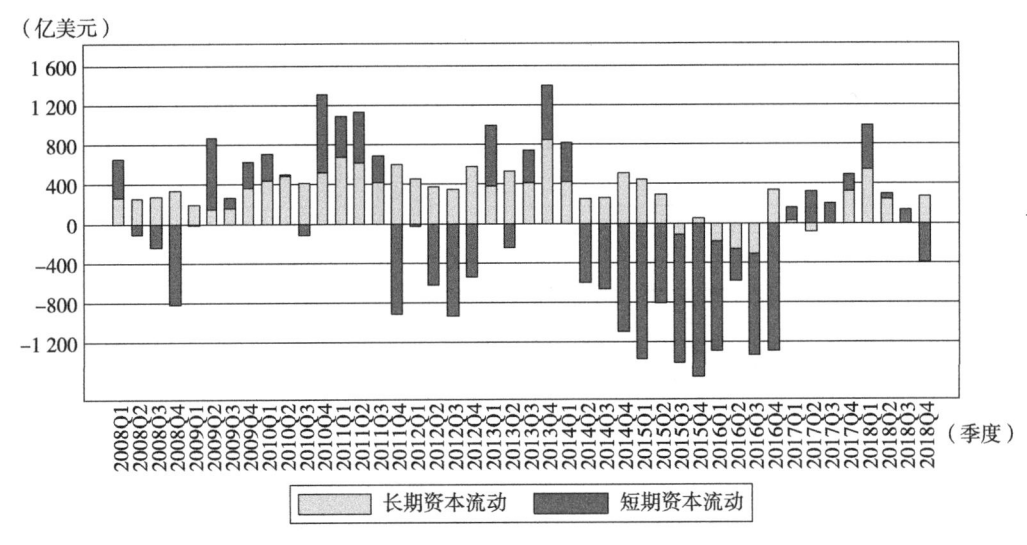

图4-9　中国跨境长期资本流动与短期资本流动比较

（资料来源：国家外汇管理局）

（3）非储备性质的金融账户中资产方的作用在加大

非储备性质的金融账户余额可以分解为资产方与负债方。其中，资产方是中国对外投资，包括对外投资、持有国外证券投资、金融衍生工具和其他投资之和；负债方是中国利用的外资，包括外来直接投资、证券投资、金融衍生工具和其他投资。

从资产方来看，2008年初开始，中国所有季度一直是净流出。就规模来看，2014年之前资产方的相对规模较小，资产方主要是政策性的境外资金运用，比如设立主权财富基金、运用委托贷款和货币掉期支持海外并购等；2014年之后，随着美联储进入加息周期,中国居民自发性地增加了境外资产运用,到 2018 年底的 20 个季度里,资产方都一直是净流出(见图 4-10)。

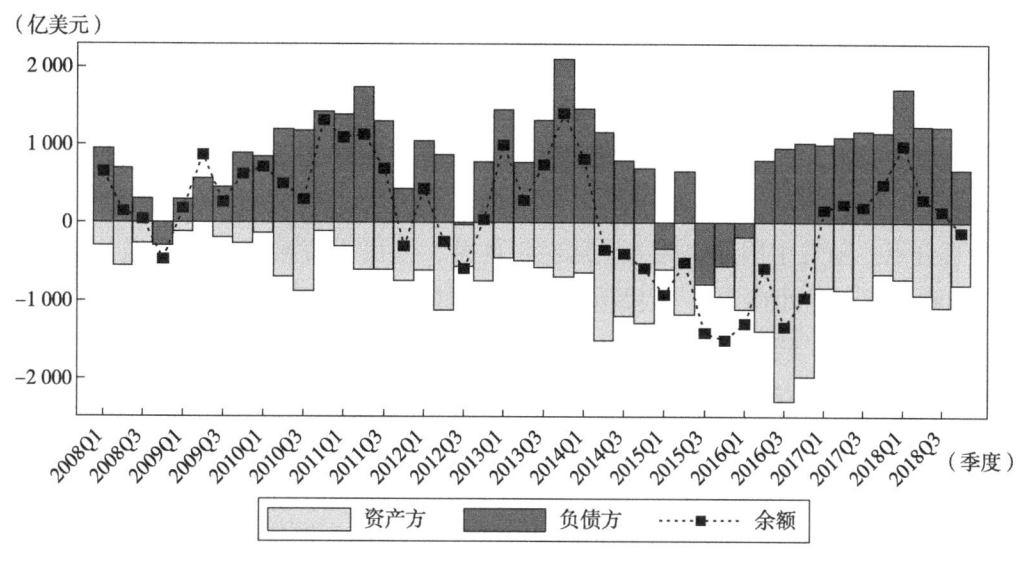

图 4-10 资产方的影响在加大

(资料来源:国家外汇管理局)

从负债方看,从 2008 年初到 2018 年底的 44 个季度中,除了 6 个季度外,其他季度均为净流入。其中,从 2014 年第二季度到 2018 年第四季度,跨境资本持续流出的 12 个季度里,受本国居民"偿还外债"的影响,负债方也只有 4 个季度是净流出,其他季度仍为净流入(见图 4-10)。特别是从 2016 年第二季度起,随着境内机构重新对外借债,以及非居民重新增加人民币资产配置,负债方重新恢复了净流入。

从年度数据来看,2016—2018 年,中国资产方分别净流出 6 756 亿美元、3 324 亿美元和 3 532 亿美元,负债方分别净流入 2 596 亿美元、4 419 亿美元和 4 838 亿美元。这表明,中国非储备性质金融账户中负债端的资本流出压力已经完全释放,目前中国资本外流的压力主要在于资产方境内企业和家庭增加外汇资产或境外资产配置的需求。在这种经济环境下,国内金融稳定对于维护中国居民对人民币资产信心,保持跨境资本流动稳定至关重要。

(二)人民币国际化程度创历史新高

1. 2018 年人民币国际化指数(RII)触底反弹,RII 创新高

2018 年在贸易计价结算、金融计价交易、国际储备等领域,人民币使用止跌回升,在全球货币体系中的地位进一步巩固。2018 年人民币在贸易计价结算、金融计价交易、国际储备等领域使用触底回升,在全球货币体系中的地位逐步巩固。历经一轮波动周期,人民币国际化企稳提速,人民币国际化指数(RII)自 2017 年第三季度底的 1.90 开始走出低谷,2018 年末,RII 为 2.95,较 2017 年初回升了 95.8%,实现强势反弹。

十年来，中国资本账户开放取得了突出进展，资本金融项下人民币使用更加活跃。一方面，国际金融计价交易成为 RII 增长的重要动力。2018 年第四季度，人民币国际金融计价交易综合占比为 4.90%，较十年前实现质的飞跃。另一方面，国际金融计价交易对于市场反应敏感，也成为 RII 波动的主要来源。2018 年，人民币国际存贷款规模止跌企稳，人民币境外贷款金额同比增长 14.8%，主要离岸市场人民币存款规模同比下降约 1.0%。人民币国际债券使用冲高回落，人民币国际债券与票据余额为 1 075.49 亿美元，全球占比为 0.44%，较 2015 年第四季度末的 0.59% 的峰值下降 0.15 个百分点。随着中国加快融入全球经济体系，人民币直接投资快速增长，累计规模达 11.06 万亿元。2018 年，人民币直接投资规模为 2.66 万亿元，同比增长 62.8%，较 2011 年增长了 23 倍。

与美元、欧元、英镑、日元等货币的国际化指数相比，人民币国际化还有增长空间。2018 年，美国经济增长表现强劲，新税法释放了居民消费潜力，吸引了大量投资，但在贸易摩擦与多次加息下，美国股市前景恶化，美元国际信贷规模增长停滞，保护主义势头上升拖累了美国乃至全球增长前景，美元国际化指数为 51.95，同比降低 0.17；欧元区经济疲软，内外部需求低迷，私人消费支出、进出口增速均不及上年同期，但是相对宽松的政策支持欧元债券余额全球份额提高，欧元国际化指数为 25.75，同比增加 0.71；英国经济增长放缓，脱欧进程一波三折，发展前景尚不明朗，英镑的贸易结算和国际信贷温和扩张，外汇储备规模维持稳定，金融市场随着脱欧进程大幅震荡，英镑国际化指数为 3.98，同比增加 0.006，但仍处于历史低位；2018 年，日本经济增长低迷，全球贸易摩擦升温和消费税上调计划致使内外需求疲软，但全球经济金融形势严峻，市场避险情绪助推日元国际地位，日元外汇储备全球占比反超英镑，成为全球第三大储备货币，日元国际化指数为 4.38，与上年同期基本持平。

2. 跨境贸易人民币结算稳步上升

结算规模和占比企稳上升。2018 年，跨境贸易人民币结算保持平稳增长态势，全年跨境贸易人民币结算业务累计发生 5.11 万亿元，较 2017 年增加 7 500 亿元，同比增长 17.2%。跨境贸易人民币结算占中国货物及服务贸易总额的 14.9%，较 2017 年增加了 1 个百分点。

结算以货物贸易为主，服务贸易显著增加。2018 年，货物贸易人民币结算累计发生 3.66 万亿元，同比增加 11.9%，占跨境贸易人民币结算总额的 71.6%，占比创 2013 年以来最低水平。服务贸易人民币结算累计发生 1.45 万亿元，同比增加 33.0%，占跨境贸易人民币结算总额的 28.4%。剔除 2014 年货物贸易和服务贸易结算口径调整的因素，过去 5 年间，服务贸易人民币结算的年均增长速度更快。

跨境人民币结算收付基本平衡，实收略大于实付。2018 年，我国跨境人民币结算收付金额合计 15.85 万亿元，较 2017 年大幅增长 72.5%。其中经常项下跨境人民币收付金额累计 5.11 万亿元,同比增长 17.2%。资本项下人民币收付金额累计 10.74 万亿元,同比增长 122.4%,资本项下的人民币交易已成为跨境人民币收支的主要动力。经过 2016 年、2017 年的人民币收付逆差后,2018 年转为小幅顺差,收付比为 0.98,其中,实收 8 万亿元,实付 7.85 万亿元,表明人民币流出、回流规模扩大,收支更加平衡。

3. 人民币金融项目交易活跃

对外投资保持平稳,人民币海外直接投资(ODI)大幅增长。2018 年,我国对外直接投资 1 298.3 亿美元,较 2017 年增长 4.2%。其中,对外非金融类直接投资 1 205 亿美元,同比增长 0.3%;对外金融类直接投资 93.3 亿美元,同比增长 105.1%。以人民币结算的对外直接投资 8 048.1 亿元,较 2017 年增加 3 479 亿元,同比增长 76.2%,扭转了 2017 年出现的负增长局面,并且超过对外投资出现峰值的 2016 年的增幅。

人民币外商直接投资规模创历史新高。2018 年全球跨境直接投资同比下降 19%,连续三年下滑,我国外商直接投资实现逆势增长,全年实际使用外资达 8 856.1 亿元。以人民币结算的外商直接投资规模为 1.86 万亿元,创历史新高,同比增长 57.6%。

国际债券和票据存量小幅增加。在中美经贸摩擦加剧、英国脱欧等不确定性因素较大的背景下,中国央行继续实施稳健中性的货币政策,四次定向降准,灵活开展公开市场操作,保证了流动性的合理充裕和相对较高的利率。2018 年末人民币国际债券和票据存量为 1 075.49 亿美元,同比增加 42.02 亿美元,增幅为 4.07%,在国际债券总额中的占比为 0.44%。

股市融资功能受挫,市场开放稳步推进。2018 年,我国股票市场大幅下跌。上证综合指数、深证成分指数、创业板指数均下跌,各类企业和金融机构在境内外股票市场上通过发行、增发、配股、权证行权等方式累计筹资 6 827 亿元,同比下降 41.9%。

股票市场对外开放取得新的突破,对外资机构的限制大幅减少。并且对 QFII、RQFII 进行新一轮的改革,在放宽机构准入条件的同时,大幅度扩大 QFII 和 RQFII 的可投资范围,允许其投资新三板股票、债券回购、私募投资基金、金融期货、商品期货、期权以及证券交易所融资融券交易。

衍生品市场发展取得突破。2018 年中国期货市场创新活跃,推出了原油期货、纸浆期货、乙二醇期货和 2 年期国债期货 4 个期货新品种。2018 年 3 月 26 日,筹划已久的原油期货在上海国际能源交易中心(INE)上市,成为中国期货市场的一个重大里程碑。2018 年,银行间人民币利率衍生品市场累计成交 21.4 万亿元,同比增长 48.6%;全年达成交易 18.85 万笔,同比增长 36.2%。其中,利率互换名义本金总额 21.3 万亿元,同比增长 48.0%;债券远期成交 4 亿元,标准债券远期成交 794 亿元,信用风险缓释凭证创设名义本金 67 亿元,信用违约互换成交 19 亿元。

人民币金融资产受国际投资者青睐。2018 年末,境外机构和个人持有境内人民币金融资产余额增至 4.85 万亿元,同比增加 5 610 亿元,增幅达 13%,延续了 2016 年以来的增长势头。在非居民所持人民币资产中，规模最大的是债券，其次是股票、存款及贷款。过去五年，非居民的金融资产更加多元化，债券类金融资产连续较快增长，存款类金融资产不断下降。

全球外汇储备中的人民币占比逐步增加。2017 年 3 月，国际货币基金组织（IMF）发布的"官方外汇储备货币构成"（COFER）报告中，首次扩展了货币范围，单独列出人民币外汇储备。截至 2018 年末，人民币全球外汇储备规模增至 2 027.90 亿美元，同比增加 793.17 亿美元，在外汇储备中的占比为 1.89%，较 2017 年的 1.23% 增长了 53.66%。2018 年，中国人民银行不仅先后与澳大利亚、阿尔巴尼亚、南非、白俄罗斯、巴基斯坦、智利、哈萨克斯坦、马来西亚、英国、印度尼西亚、乌克兰等国的央行续签了双边本币互换协议，还分别与尼日利亚、日本央行新签署了 2 个双边货币互换协议。截至 2018 年底，中国人民银行已与 38 个国家和地区的中央银行或货币当局签署了双边本币互换协议，协议总规模达 36 787 亿元人民币。

4. 中国首次举办中国国际进口博览会，彰显中国开放决心

2018 年 11 月 5—10 日，以"新时代，共享未来"为主题，首届中国国际进口博览会吸引 172 个国家、地区和国际组织参会，3 600 多家企业参展，超过 40 万名境内外采购商到会洽谈采购，展览总面积达 30 万平方米。中国举办进口博览会，是中国主动向世界开放市场的重大举措，充分体现了中国的自信和对外开放的决心。

中国国际进口博览会有四大特点。第一，博览会以进口为主题，这是世界上第一个以进口为主题的国家级展会，是国际贸易发展史上的一大创举。第二，内容丰富，集外交、展览、论坛于一体，既洽谈合作又交流思想，既能得实惠又能观未来，经济合作和人文交流相互配合、相得益彰。第三，形式多元，坚持开放合作办展，世贸组织、联合国贸发会议、联合国工发组织等国际组织担任合作单位，参展国与中国一道共同打造开放多元的博览会。第四，作用显著，服务经济社会发展全局，服务对外开放战略，服务"一带一路"建设，既让世界分享中国庞大市场机遇，也为各国相互合作搭建公共平台，为经济全球化提供了一个国际公共产品。

进口博览会表明了中国扩大开放的坚定决心。中国政府提出要激发进口潜力、持续放宽市场准入、营造国际一流营商环境、打造对外开放新高地、推动多边和双边深入发展五方面扩大开放务实举措，以及支持上海等地区扩大开放的三项措施，以实际行动向世界宣布，中国开放的大门不会关闭，只会越开越大。同时中国倡议各国应该坚持开放融通，拓展互利合作空间；坚持创新引领，加快新旧动能转换；坚持包容普惠，推动各国共同发展。这充分表明新时代中国建设开放型世界经济、支持经济全球化的一贯立场，旗帜鲜明反对保护主义、单边主义。

5. "一带一路"倡议成果丰硕

2018 年中国"一带一路"建设取得累累硕果，并且共建"一带一路"向高质量转

变。2018年，中国主席4次踏出国门，出访行程超过了11万公里，遍布亚非欧拉美13个国家，参加了金砖国家领导人会晤、APEC领导人非正式会议以及G20峰会等多场国际会议，参加了近200场外交活动，几乎每场都将共建"一带一路"作为主题之一。

2018年，中国连续举办4场规模宏大的主场外交活动，4月的博鳌论坛、6月于青岛举办的上合组织成员国元首理事会第十八次会议、9月的中非合作论坛北京峰会、11月于上海举办的首届国际进口博览会，每场活动都吸引了全世界的目光，人类命运共同体这一理念在今年的四大主场外交中贯穿始终，与会各方发出"同呼吸、共命运"时代强音。

2018年，中拉双方共同发表《"一带一路"特别声明》，标志着"一带一路"倡议正式延伸至拉美。智利、乌拉圭、委内瑞拉、玻利维亚、厄瓜多尔等十多个拉美国家与中国签订了"一带一路"合作文件，半数拉美国家"入群"；特立尼达和多巴哥与中国签署的《共同推进丝绸之路经济带和21世纪海上丝绸之路建设的谅解备忘录》是中国同加勒比地区国家首份"一带一路"合作文件，拉美和加勒比地区已经成为"一带一路"建设重要参与方。

2018年，亚投行迎来三次扩容，新纳入9名成员，其中7个都是域外成员，累计成员总数达到93个，成员分布全世界各大洲。新批准了10个国家的11个项目，项目贷款额超33亿美元。

2018年，一大批项目陆续签约或开工，一批综合效益好、带动作用大的项目完成建设。交通方面，阿联酋阿布扎比码头、马来西亚关丹深水港码头正式开港，尼日利亚莱基深水港开工，瓜达尔港具备完全作业能力，汉班托塔港二期工程主体完工；电信基础设施方面，中国成功完成北斗三号基本系统星座部署，中尼跨境互联网光缆正式开通；能源合作方面，越南永新一期项目1号机组投入商运，巴基斯坦最大的水电站项目尼鲁姆—杰卢姆首台机组4月实现并网发电。众多项目为"一带一路"国家民众带来实实在在的收益。

（三）人民币对美元汇率走势平稳且双向波动明显，外汇市场运行平稳

1. 人民币对美元汇率走势总体相对稳定

2018年12月底人民币对美元汇率中间价为6.8632元/美元，较2017年底贬值4.79%（见图4-11），在岸市场（CNY）和离岸市场（CNH）即期交易价累计均贬值5.33%，境内外市场日均价差102个基点。2018年在美元走强的背景下，人民币对美元贬值幅度与欧元、英镑等发达国家货币相当，远低于绝大多数新兴市场货币对美元跌幅，人民币在全球货币体系中成为较稳定的货币之一。人民币对其他主要货币有升有贬。2018年底人民币对欧元、日元、英镑、澳大利亚元、加拿大元汇率中间价分别为7.8473元/欧元、6.1887元/100日元、8.6762元/英镑、4.8250元/澳大利亚元、5.0381元/加拿大元，分别较2017年末贬值0.57%、贬值6.47%、升值1.19%、升值5.55%和升值3.23%。

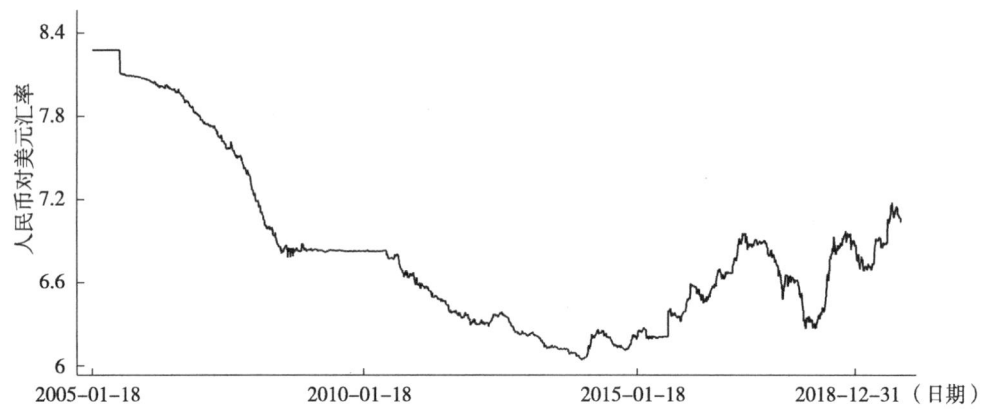

图 4-11 人民币对美元汇率走势

(资料来源：国家外汇管理局)

2. 人民币对一篮子货币基本稳定

2018 年底 CFETS 人民币汇率指数、参考 BIS 货币篮子和 SDR 货币篮子的人民币汇率指数分别为 93.28、96.78 和 93.14，分别较 2017 年底贬值 1.66%、升值 0.89% 和贬值 2.97%。

3. 人民币有效汇率止跌回升

根据国际清算银行数据，2018 年人民币有效汇率止跌回升，尤其是 2018 年下半年升值势头强劲。2018 年 12 月人民币名义有效汇率指数报 119.19，同比升值 1.17%；扣除通货膨胀因素的人民币实际有效汇率指数报 122.86，同比升值 1.04%（见图 4-12）。

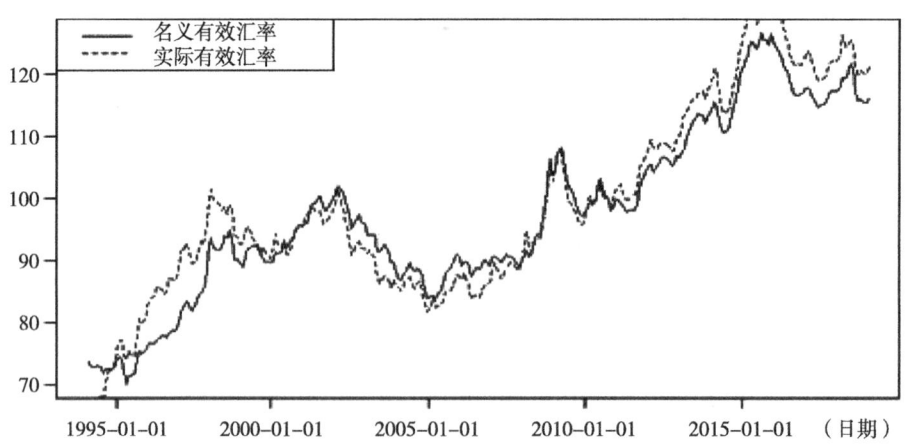

图 4-12 人民币有效汇率走势

(资料来源：国际清算银行)

4. 人民币汇率双向波动弹性增强

2018年人民币对美元汇率收盘价年内波幅达到11.3%，较2017年明显增加。一方面，国内经济继续企稳，经济结构持续优化，跨境资本流动总体稳定，在基本面上为人民币汇率提供了支持。另一方面，受中美贸易摩擦、美元加息、利差收窄等因素影响，汇率机制日趋灵活的人民币顺应市场变化，呈现有涨有跌的正常波动。2018年底在岸与离岸市场人民币对美元汇率1年期历史波动率分别为4.3%和5.4%，较2018年初分别上升1.2个和1.7个百分点；期权市场隐含波动率分别为5.2%和6.1%，较2018年初分别上升1.2个和0.6个百分点，人民币汇率弹性与主要发达国家货币日益接近。

5. 期权市场显示人民币汇率预期稳定

2018年底境内外风险逆转指标（看涨美元/看跌人民币期权与看跌美元/看涨人民币期权的波动率之差）分别为0.92%和0.93%，均较2017年底略有上升，但11月以来持续下降。全年看，境内外期权风险逆转指标呈现先降后升再降的波动走势，但是全年高点远低于历史高位，显示汇率预期稳定。

6. 外汇市场平稳运行

图4-13显示了中国2015—2018年的外汇市场交易量与结构。2018年中国人民币外汇市场累计成交29.07万亿美元（日均1 196亿美元），其中银行对客户市场和银行间外汇市场分别成交4.23万亿美元和24.85万亿美元；即期和衍生产品分别成交11.06万亿美元和18.01万亿美元，衍生产品在外汇市场交易总量中的比重升至61.9%，外汇交易产品构成逐步接近全球外汇市场状况（见图4-14）。

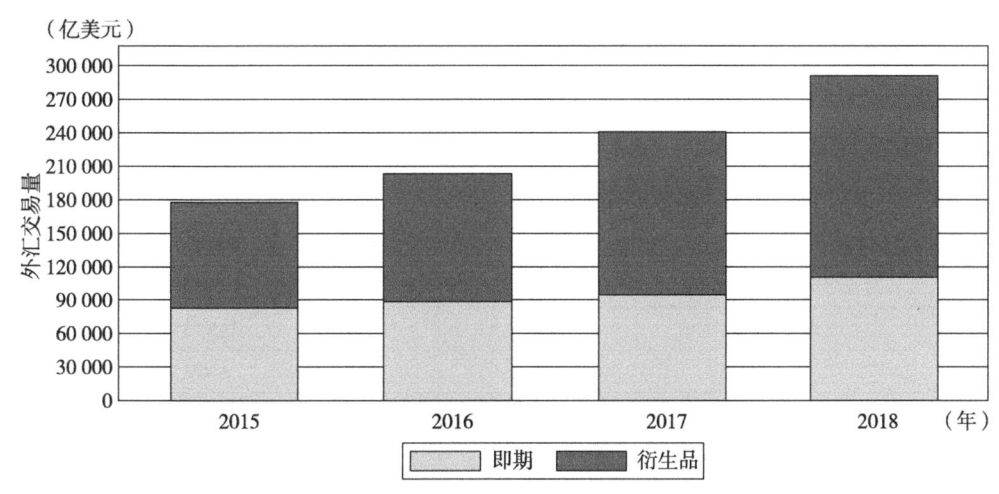

图4-13　2015—2018年中国外汇市场交易量

(资料来源：国家外汇管理局)

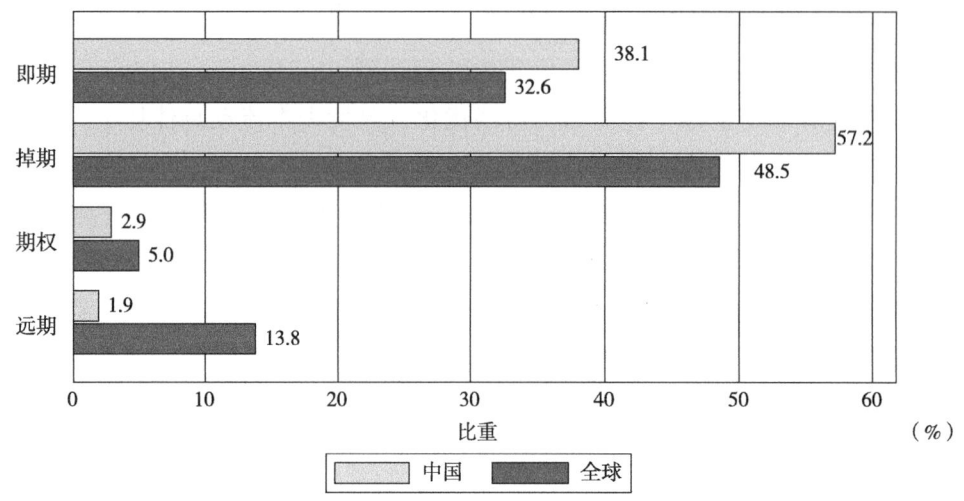

图 4-14 2018 年中国与全球外汇市场交易产品结构比较

(资料来源：国家外汇管理局、中国外汇交易中心与国际清算银行)

中国外汇市场参与者结构稳定。银行间外汇交易继续占主导地位（见表 4-3），2018 年银行间交易占整个外汇市场的比重从 2017 年的 83.9% 上升至 84.8%；非金融客户交易的比重从 15.3% 下降至 14.4%，跨境人民币结算业务发展产生的替代效应可能是一个重要原因；非银行金融机构交易的市场份额为 0.8%，非银行金融机构在我国外汇市场的参与度仍有限。

表 4-3　　　　　　　　2018 年人民币外汇市场交易情况　　　　　　单位：亿美元

交易品种	交易量
即期	110 647
银行对客户市场	34 315
银行间外汇市场	76 332
远期	5 419
银行对客户市场	4 543
银行间外汇市场	875
外汇和货币掉期	166 171
银行对客户市场	1 036
银行间外汇市场	165 135
期权	8 474
银行对客户市场	2 363
银行间外汇市场	6 111
合计	290 711
银行对客户市场	42 257
银行间外汇市场	248 454

资料来源：国家外汇管理局。

即期外汇交易稳步增长。2018年即期市场累计成交11.06万亿美元，较2017年增长16.6%。在市场分布上，银行对客户即期结售汇累计3.43万亿美元，较2017年增长11.0%；银行间即期外汇市场累计成交7.63万亿美元，较2017年增长19.3%，其中美元交易份额为96.8%。

远期外汇交易继续增长。2018年远期市场累计成交5 419亿美元，较2017年增长27.2%。在市场分布上，银行对客户远期结售汇累计签约4 543亿美元，其中结汇和售汇分别为2 130亿美元和2 413亿美元，较2017年分别增长40.9%、43.7%和38.5%，6个月以内的短期交易占65.0%，较2017年下降2.0个百分点；银行间远期外汇市场累计成交875亿美元，较2017年下降15.3%。

掉期交易持续增长。2018年，外汇和货币掉期市场累计成交16.62万亿美元，较2017年增长22.6%。在市场分布上，银行对客户外汇和货币掉期累计签约1 036亿美元，较2017年上升0.4%；银行间外汇和货币掉期市场累计成交16.51万亿美元，较2017年增长22.6%，掉期交易是商业银行管理外汇流动性的重要工具。

外汇期权交易较快增长。2018年期权市场累计成交8 474亿美元，较2017年上升40.7%。在市场分布上，银行对客户期权市场累计成交2 363亿美元，较2017年增长2.4%；银行间外汇期权市场累计成交6 111亿美元，较2017年增长64.6%。

（四）中美贸易摩擦形势严峻

1. 2018年以来中美贸易摩擦逐步升级

2018年3月22日，特朗普签署总统备忘录，宣称依据"301调查"结果，将对从中国进口的商品大规模征收关税，并限制中国企业对美投资并购，中美由此拉开了贸易摩擦的序幕。

2018年3月8日，特朗普宣布对钢铁和铝制品分别加征25%和10%的关税，中美贸易摩擦揭开序幕。3月22日，美国贸易代表（USTR）公布《中国贸易实践的301条款调查》，认定中国政府在技术转让、知识产权和创新相关的行动、政策和实践是"不合理或歧视性的，对美国商务形成负担或限制"。美国7月6日开始对中国340亿美元的商品加征25%的进口关税，中美贸易摩擦正式开始。美国对中国加征关税的商品规模不断扩大，并逐步升级至投资限制、技术封锁、人才交流中断、孤立中国等方面，对全球贸易、对外直接投资（FDI）、经济、地缘政治、中美关系等影响大而深远。

2018年9月18日，美国政府宣布于9月24日起，对约2 000亿美元进口自中国的产品加征关税，税率为10%，并将在2019年1月1日起上升至25%。10月1日，美加墨协定谈判成功，设置毒丸条款，规定美加墨三国都不得"擅自"与"非市场经济"国家签署协定。2018年中美已进行了四轮经贸高级别磋商，双方围绕协议文本开展谈判，在技术转让、知识产权保护、非关税壁垒、服务业、农业、汇率和执行机制等方面达成共识。

2. 中美贸易摩擦扩大至科技领域

随着中美贸易摩擦不断升级，美国的战略意图逐步显露，其目标不仅仅是减少经常账户逆差，而真实目的是以贸易摩擦的名义，遏制中国经济崛起和产业升级，尤其是对中国高科技领域的战略围堵，这也让中国在和美国谈判时有更为清醒的预判。最能暴露美方战略意图的是一份文件和一个案例：2018年3月的《301报告》和美国对中国高科技旗舰企业华为的围堵。

2018年4月16日，美国商务部发布公告，美国政府在未来7年内禁止中兴通讯向美国企业购买敏感产品。2018年7月2日，美国商务部发布公告，暂时、部分解除对中兴通讯公司的出口禁售令。中兴向美国支付4亿美元保证金。

2018年6月11日，美国主要针对科学、技术、工程、数学专业中国留学生重新收紧签证发放时长。并对中国"千人计划"以及华裔科学家在美国高科技企业和智库进行限制。

2018年11月1日，美国财政部外国投资委员会，依据6月美国国会通过的《外国投资风险审查现代化法案》，正式加强对航空航天、生物医药、半导体等核心技术行业的外资投资审查，同时法案还规定美国商务部部长每两年向国会提交有关"中国企业实体对美直接投资"以及"国企对美交通行业投资"的报告。

2018年11月20日，美国商务部工业安全署公布拟制定的针对关键技术和相关产品的出口管制体系并对公众征询意见，拟对生物技术、人工智能（AI）和机器学习等14类核心前沿技术进行出口管制。

3. 美国推出《美国外国投资风险评估现代化法案》，影响中国企业全球并购

2018年8月3日，美国总统特朗普正式签署了作为《2019财年国防授权法案》（NDAA）一部分的《美国外国投资风险评估现代化法案》（FIRRMA）。该法案意味着美国政府将不断加强外资安全审查，扩大美国外国投资委员会（CFIUS）的权力。2018年11月美国两党议员们在国会两院联合提交了一份议案，建议将CFIUS权力扩大到美国公司在海外的合资企业。如果这些议案在2019年顺利通过，那将标志着CFIUS的运作方式发生10年来最重大的改革。

CFIUS由财政部长领衔的政府官员所组成，负责审查外资并购美国企业的案例，以确定交易是否会对国家安全构成风险，从而向总统提供建议和意见。该委员会最初由美国前总统福特在1975年创立，当时正值美国决策官员对石油输出国组织（OPEC）成员国投资美国公债、股票和债券感到担忧。1988年，由于国会对日本在美投资感到担忧，赋权总统可以阻止"危及国家安全"的外资并购案。CFIUS的评估范围也因此扩大。

在特朗普政府任内，CFIUS已阻止了一连串并购，其中许多涉及中国收购美国科技公司的案子。特朗普发布行政令阻止博通以1 170亿美元并购高通一案，就是因为CFIUS发现这项交易可能会缩减美国在芯片和无线技术方面的投资，把美国的主导地位

拱手让给中国公司华为。

《美国外国投资风险评估现代化法案》将赋予 CFIUS 更多权限，最明显的变化就是它将有能力审查更多类型的投资，如对少数股权投资和海外合资企业的审查，同时简化了申报程序。CFIUS 可以纳入考虑的风险因素也更加丰富——不仅关乎美国国家安全，同时要保护美国在新兴产业的竞争优势。美国外国投资委员会将更新其对"关键技术"的定义来涵盖全新的尖端技术。一旦认定企业间将形成的关系会有损美国在该技术或行业的优势，CFIUS 就可以阻止这项交易。

中国企业对于美国企业的跨国并购将深受影响。第一，对赴美国的外国投资者包括中国企业，某些战略领域的准入将受到限制，甚至被简单地排除在外，尤其是涉及关键基础建设、关键技术、关键投入品以及敏感信息等。第二，涉及战略领域的正常投资和并购交易的复杂性与不确定性将提高。随着欧美发达经济体收紧外资准入政策，除了传统的并购步骤，如市场调查、财务咨询、尽职调查、股权转让协议、交易融资等，复杂的、不确定且耗时的外资审查程序还将增加，使交易时间大幅延长，交易成本大幅上升。

中国企业与美国企业相关的跨国并购受到的影响尤其大。据全球化智库（CCG）发布的《中国企业全球化报告（2018）》，2015—2016 年中国企业对美投资连续两年超过了美企对华投资，受贸易保护主义等影响，2017 年以后中国企业对美投资案例数和金额均出现了断崖式下跌。2017 年赴美投资仅有 67 起，投资金额 201.33 亿美元，分别同比下降了 57% 和 76%。2018 年中国企业赴美投资也不乐观，其中上半年赴美投资为 34 起，投资金额为 69.14 亿美元，与 2017 年同期相比，分别下降了 24% 与 37%。

2018 年来自中国"走出去"企业的潜在重要的投资并购交易频繁被美国 CFIUS 拒绝。比如，2018 年 1 月，迫于电信监管机构，联邦通讯委员会（FCC）施加的政治压力（指控华为在中国间谍活动中扮演一定角色），美国 AT&T（移动运营商巨头）宣布将撤销出售华为智能手机的交易（Arthur，2018）；2018 年 1 月，美国外国投资委员会禁止蚂蚁金服（隶属于阿里巴巴集团）对 MoneyGram 价值为 12 亿美元的收购，因为这涉及可用于识别美国公民身份的数据安全。

（五）资本账户开放稳步推进，国际投资头寸规模稳定

1. 资本账户开放稳步推进

依据 IMF《2018 年汇兑安排与汇兑限制年报》对中国资本账户管制的描述，截至 2018 年底，中国实现部分资本项目可兑换以上的项目由 2012 年的 34 项增加至 37 项，占全部交易比例由 85% 提高至 92.5%，不可兑换项目仅剩 3 项（见表 4-4）。具体来看，中国资本账户不可兑换项目有 3 大项，主要集中于非居民参与国内资本和货币市场以及衍生工具的出售和发行。部分可兑换的项目主要集中在债券市场交易、股票市场交易、房地产交易和个人资本交易等方面。

表4-4　中国资本账户可兑换程度（依据IMF分类标准）

项目	2012年	2018年
一、资本和货币市场工具的交易		
1. 非居民在国内购买股票等权益证券	部分可兑换	部分可兑换
2. 非居民在国内发行或销售股票等权益证券	不可兑换	不可兑换
3. 居民在国外购买股票等权益证券	部分可兑换	部分可兑换
4. 居民在国外发行或销售股票等权益证券	基本可兑换	基本可兑换
5. 非居民在国内购买债券等债务证券	部分可兑换	部分可兑换
6. 非居民在国内发行或销售债券等债务证券	部分可兑换	部分可兑换
7. 居民在国外购买债券等债务证券	部分可兑换	部分可兑换
8. 居民在国外发行或销售债券等债务证券	基本可兑换	基本可兑换
9. 非居民在国内购买货币市场工具	部分可兑换	部分可兑换
10. 非居民在国内发行或销售货币市场工具	不可兑换	不可兑换
11. 居民在国外购买货币市场工具	部分可兑换	部分可兑换
12. 居民在国外发行或销售货币市场工具	基本可兑换	基本可兑换
13. 非居民在国内购买集合投资证券（基金）	部分可兑换	部分可兑换
14. 非居民在国内发行或销售集合投资证券（基金）	不可兑换	不可兑换
15. 居民在国外购买集合投资证券（基金）	部分可兑换	部分可兑换
16. 居民在国外发行或销售集合投资证券（基金）	不可兑换	基本可兑换
二、衍生品和其他工具		
17. 非居民购买国内的衍生品	部分可兑换	部分可兑换
18. 非居民在国内发行或销售衍生品	不可兑换	不可兑换
19. 居民在国外购买衍生品	部分可兑换	部分可兑换
20. 居民在国外发行或销售衍生品	部分可兑换	部分可兑换
三、信贷工具交易		
21. 居民向非居民发放的商业信贷	基本可兑换	基本可兑换
22. 非居民向居民发放的商业信贷	基本可兑换	部分可兑换
23. 居民向非居民发放的金融信贷	可兑换	基本可兑换
24. 非居民向居民发放的金融信贷	部分可兑换	基本可兑换
25. 居民向非居民提供的担保和财务支持	部分可兑换	基本可兑换
26. 非居民向居民提供的担保和财务支持	部分可兑换	基本可兑换
四、直接投资		
27. 对外直接投资ODI	可兑换	基本可兑换
28. 外商直接投资FDI	基本可兑换	部分可兑换
五、29. 直接投资清盘	可兑换	基本可兑换
六、房地产交易		
30. 居民购买国外房地产	部分可兑换	部分可兑换
31. 非居民购买国内房地产	基本可兑换	基本可兑换

续表

项目	2012 年	2018 年
32. 非居民销售国内房地产	可兑换	基本可兑换
七、个人资本交易		
33. 居民向非居民发放贷款	部分可兑换	部分可兑换
34. 非居民向居民发放贷款	不可兑换	部分可兑换
35. 居民向非居民提供的赠与和遗产	基本可兑换	基本可兑换
36. 非居民向居民提供的赠与和遗产	可兑换	基本可兑换
37. 迁入移民的国外债务结算	可兑换	部分可兑换
38. 迁出移民的资产向外转移	基本可兑换	部分可兑换
39. 迁入移民的资产向内转移	可兑换	部分可兑换
40. 博彩和奖金所得的转移	基本可兑换	部分可兑换

资料来源：中国金融四十人论坛。

同时，图 4-15 展示了世界主要经济体对商业信贷资本流入的管制情况，分图（a）比较了中国与发达经济体的管制情况，分图（b）比较了中国与主要新兴经济体的管制情况。中国已经放松了对商业信贷资本流入的管制，与发达国家没有差异；而新兴市场国家会在必要时调整对商业信贷资本流入的管理，比如巴西在 2003 年放松了管制，而在 2007 年又重新进行限制，在国际金融危机结束后，又继续放松管制。

中国人民大学货币研究所对《2018 年汇兑安排与汇兑限制年报》的描述进行量化分析，测算出 2018 年中国的资本账户开放度为 0.701。与 2012 年计算的中国的资本账户开放度 0.5045 相比，经过 7 年的持续对外开放，中国资本账户开放度提高了近 40%。

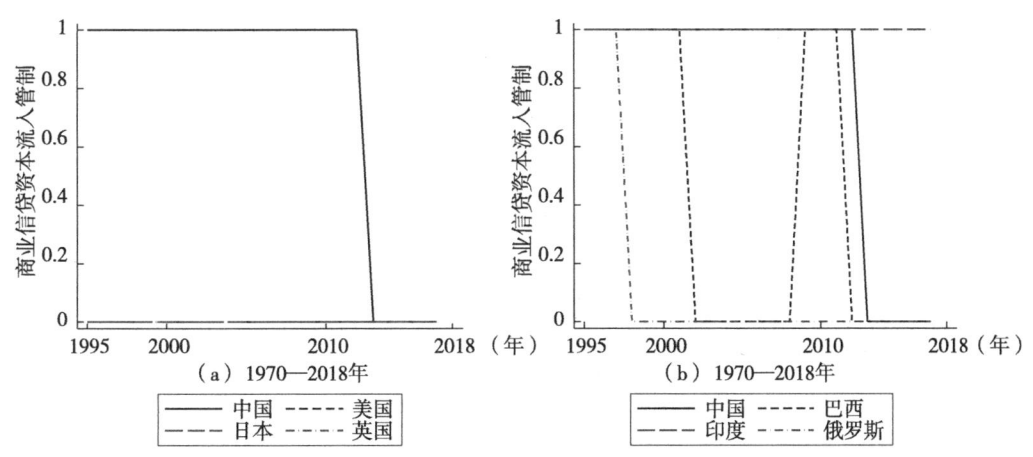

图 4-15 世界主要经济体对商业信贷资本流入的管制

（资料来源：哥伦比亚大学国际金融学教授 Martin Uribe 发表的数据库）

2. 国际投资头寸规模稳定

表 4-5 展示了中国国际投资头寸表近十年的情况。中国对外金融资产和负债均有

所增长。2018年底中国对外金融资产为73 242亿美元，对外负债为51 941亿美元，对外净资产为21 301亿美元。

对外资产中储备资产仍居首位，但民间部门持有占比不断上升。2018年底中国对外金融资产中，国际储备资产余额为31 680亿美元，其中由交易引起的储备资产余额增加189亿美元，由汇率及价格等非交易因素引起的储备资产余额减少868亿美元。储备资产占我国对外金融资产总额的43%，继续占据对外资产首位，但比重为2004年公布国际投资头寸数据以来的最低水平；直接投资资产18 990亿美元，占资产总额的比重为26%；证券投资资产4 980亿美元，占资产总额的比重为7%；金融衍生工具资产62亿美元，占资产总额的比重为0.1%；存贷款等其他投资资产17 530亿美元，占资产总额的比重为24%。

中国对外负债以外国来华直接投资为主，来华债券投资等占比增加。2018年底中国对外负债中，外国来华直接投资为27 623亿美元，继续位列对外负债首位，占比53%，下降0.8个百分点；证券投资项下的债券负债为4 122亿美元，占比8%；存贷款等其他投资负债为13 294亿美元，占比26%。

表4-5　　　　　　　2008—2018年中国国际投资头寸简表　　　　　　单位：亿美元

项目	2008年	2010年	2012年	2014年	2016年	2018年
净头寸（A-B）	13 901	14 783	16 750	16 028	19 504	21 301
资产A	29 567	41 189	52 132	64 383	65 070	73 242
A1. 直接投资	1 857	3 172	5 319	8 826	13 574	18 990
A2. 证券投资	2 525	2 571	2 406	2 625	3 670	4 980
A3. 金融衍生工具	0	0	0	0	52	62
A4. 其他投资	5 523	6 304	10 527	13 938	16 797	17 530
A5. 储备资产	19 662	29 142	33 879	38 993	30 978	31 680
负债B	15 666	26 406	35 382	48 355	45 567	51 941
B1. 直接投资	9 155	15 696	20 680	25 991	27 551	27 623
B2. 证券投资	2 715	4 336	5 276	7 962	8 111	10 964
B3. 金融衍生工具	0	0	0	0	60	60
B4. 其他投资	3 796	6 373	9 426	14 402	9 844	13 294

资料来源：国家外汇管理局网站。

3. 中国投资收益差额延续逆差

2018年中国国际收支平衡表中投资收益为逆差614亿美元。其中，我国对外投资收益收入为2 146亿美元；对外负债收益支出为2 760亿美元；二者年化收益率差异为-2.4个百分点。中国对外金融资产负债结构是投资收益差额为负的决定因素。2018年底中国对外金融资产中储备资产占比超四成，因主要为流动性较强的资产，2005—2018年我国对外金融资产年平均投资收益率为3.3%；中国对外负债中外来直接投资占比过半，因股权投资属于长期、稳定的投资，投资回报一般高于其他形式资产，2005—2018

年我国对外负债年平均投资收益率为6.0%。来华直接投资资金持续流入并保持较高的投资收益率，说明我国长期投资环境对于境外投资者仍具有较大的吸引力。

（六）比特币价格剧烈波动，引发加密货币市场的动荡

1. 比特币价格出现大幅波动

2018年11月14日，比特币价格从6 400美元左右突然暴跌，引发加密货币市场的剧烈动荡。图4-16显示截至2018年12月末，比特币的价格为3 280美元，与2017年12月17日相比价格下跌83.3%，同时加密货币价格下挫也严重打击了"挖矿"行业。同时，包括中国在内的多个国家已经采取了严格的监管措施，因此加密货币市场将面临巨大的挑战。

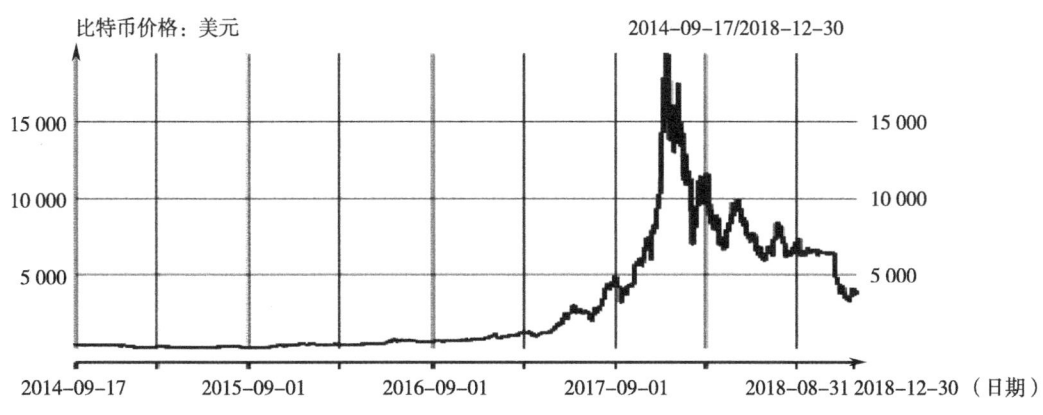

图4-16　比特币价格走势

（资料来源：雅虎金融，数据时点为2014年9月17日至2018年12月30日）

2. 数字加密货币市值攀升

2018年全球数字加密货币总价值突破1万亿美元，截至2018年底，全世界拥有超过1 300种不同的加密货币，其中包括最著名的比特币和以太币，总价值约为587亿美元。2018年比特币在加密货币市场总市值的占比超过了50%，总价值大约为3 170亿美元；排名第二的是以太币，市值大约为689亿美元。两种数字货币2018年都经历了价格的大幅波动。对于比特币的价值业界存在着较大的争议，Standpoint Research创始人Ronnie Moas认为比特币价格未来将突破40万美元，市值总规模将突破1万亿美元；相反，摩根大通首席执行官Jamie Dimon认为比特币投资是一种"欺诈"，比特币的投资者都很"愚蠢"；德意志银行也发布预警，认为比特币市场存在泡沫，泡沫的破灭将增加金融市场的风险。

3. 全球各国对数字加密货币的态度也存在一定的差异

在2018年已经公布首次币发行（ICO）法律的44个国家中，有57%的国家对ICO持中立或积极态度；18%的国家严格禁止ICO；允许ICO的国家仅占16%。其中，在明

确禁止的18%的国家中，除中国以外，其余国家都是一些经济规模较小的国家。世界第一、第三、第四大经济体——美国、日本和德国，均持中立立场，具体而言，美国属于中立消极阵营，而日本和德国属于中立积极阵营。2018年以色列开始对比特币等数字货币视作资产进行征税，其税务部门表示将以20%~25%的税率征收资本利得税，并对个人"挖矿"及数字货币交易行为征收17%的增值税（见图4-16）。

二、2018年中国金融国际化面临的挑战

（一）中美贸易摩擦是中国经济与金融的最大不确定因素

1. 美国特朗普政府挑起的贸易争端，已成为全球经济最大的不确定因素

特朗普上任后，挥舞贸易制裁大棒，对钢铁和铝产品征收高额关税。美国增税对象从中国、墨西哥等对美有较大贸易顺差的发展中国家，逐渐发展到也针对欧元区和日本等发达经济体。美国主导重签的《北美自由贸易协定》《美墨加三国协议》，还包含针对中国的"毒丸条款"。全球贸易摩擦的广度、深度不断加剧。

中美贸易摩擦导致全球贸易增长持续放缓。2018年全球贸易增速仍未回到2008年国际金融危机前的水平。受人口老龄化、年轻一代消费偏好变化等因素影响，各国对进口商品的消费需求增速放缓，这一趋势将被贸易争端的冲突放大，尤其是新兴市场和发展中经济体将受到重大影响。2018年底，世界贸易组织全球贸易景气指数为98.6，回落至100的趋势水平下方，创2016年10月以来最低，全球贸易增长出现明显放缓。

2. 中美贸易摩擦打击了金融市场信心，导致全球金融市场波动加大

中美贸易摩擦以来，金融市场反应迅速，美国依赖中国出口和进口的企业股价都大幅度下跌。持续的中美贸易摩擦，会进一步加大金融市场的不确定性。美国股市处于高估值、高风险阶段，经济增长放缓意味着公司盈利收缩，将进一步影响股市估值。全球的债务水平超过金融危机前水平。随着美联储继续加息、缩表，债务的利息水平上升，企业偿债负担加重，高债务国家财政压力上升。2018年部分新兴市场国家出现金融市场大幅波动、资本外流和货币贬值。

2018年中国面临的外部环境严峻，全球增长放缓，贸易保护主义上升。特朗普政府掀起全球贸易摩擦，对中国乃至全球发展带来严重的负面影响。随着各国实力变化，国际格局和规则处于调整期、震荡期，大国博弈加剧，摩擦与竞争可能从贸易领域蔓延至投资、科技、金融、政治等方方面面。中国能否经受外部考验，从不利环境中突围，手握世界主流旗帜，弥补多边机制，提升自身的国际经济金融话语权，对于中国能否突破中等收入陷阱至关重要。

3. 中美贸易摩擦升级风险正逐步加剧，并影响到其他领域，如科技、教育等中美双边交流

中美贸易摩擦具有长期性和日益严峻性，是以贸易保护主义为借口的经济遏制。中

美之间迅速升级、态度强硬、规模巨大的贸易摩擦，一开始超出了大多数市场主体的预期。随着贸易摩擦的逐步升级，市场各方主体开始重新评估并接受现实，中美之间贸易摩擦的长久性的理性观点开始逐步被市场主体接受。

（二）中国金融市场的国际化程度有待加强

1. 中国金融业开发程度滞后于国际水平

中国金融市场规模很大，但中国金融市场的国际化水平、监管水平、业务产品服务还有待完善，全面推进金融改革、金融市场国际化，是中国金融未来发展的客观需要。与其他主要国家的证券市场相比，中国外资占比仍然较低，未来具有较大的提升空间。从2018年底的债市数据看，外资在中国债券市场上的投资金额占比为2.1%，低于美国（25%）、日本（12%）、韩国（6%）和巴西（5%）。从2018年末的股市数据看，美国外资持股占美国股市总份额的15%，日本占比为30%，巴西占比为21%，韩国为33%，而我国的外资持股占境内流通股票市值的比例为3.5%，不仅远低于日本和美国等发达国家，还低于韩国和巴西等新兴市场国家。这个比例远远低于世界的平均水平，这个比例与中国作为世界第二大经济体的地位不相匹配，也与中国作为世界第二大、第三大金融体的地位不相匹配，反映出中国金融市场国际化程度的不足。

2. "一带一路"建设与人民币国际化需要中国金融业继续开放

2018年4月10日，博鳌亚洲论坛上，习近平主席宣布了四项中国重大对外开放措施，其中第一项就是大幅度放宽市场准入。2018年4月10日博鳌亚洲金融论坛提出的金融对外开放，是继中国加入世界贸易组织以来的第二次重大开放举措，对中国的金融市场，对中国的金融服务和金融行业都将产生重大的影响。2018年4月11日，中国人民银行行长易纲在博鳌论坛宣布"沪伦通"于2018年底开通。2018年8月31日，证监会发布《上海证券交易所和伦敦证券交易所市场互联互通存托凭证业务监管规定（试行）》（征求意见稿），并于10月12日正式颁布实施；11月2日，上交所披露了10项"沪伦通"业务相关规则。

"沪伦通"是继"沪港通"和"深港通"之后，中国资本市场双向开放持续推进的又一项重大举措，进一步加快中国资本市场的国际化进程。从境内投资者的角度来看，随着中国居民财富的不断增加，内地居民对于全球资产配置的需求与日俱增，"沪伦通"则提供了多元化的投资标的。这使境内投资者有机会进行全球化的资产配置，更加便捷地接触国际市场，分享境外发达市场稳定的投资收益。对于境内上市公司而言，"沪伦通"将推动境内上市公司与境外资本市场的对接，开辟和增加长期低成本资金来源，降低境内企业的融资成本。同时，助力境内上市公司打通海外融资渠道，引入海外机构投资者。

3. 中国金融市场开放深度不足

中国股票市场的开放仍以"通道式"开放为主，没有形成系统性开放。"通道式"

开放是指境外机构投资者投资国内市场需要通过合格境外机构投资者（QFII）和人民币合格境外机构投资者（RQFII）的渠道，境内机构投资者投资境外市场通过合格国内机构投资者（QDII）和人民币合格境内机构投资者（RQDII）的渠道，个人投资者投资境外市场通过沪港通和深港通的渠道，除了这些通道之外，国内外股票市场仍然是相互隔绝的。这种"通道式"开放还处于起步阶段的开放模式，行政审批色彩浓厚，开放深度有待深化。

业务范围和牌照发放的限制也在一定程度上制约了外资金融机构的发展。从证券业来看，外资证券机构进入中国只能通过合资证券公司的形式，并且只能从事承销、外资股的经纪以及债券经纪业务等一小部分业务。依据合资模式，中方控股股东必须是证券公司，由于子公司不能和母公司有同业竞争，合资证券公司业务牌照单一，业务受到严重制约，外资证券所擅长的资产定价与衍生工具对冲等金融工程技术无法施展，限制了外资证券公司在中国发展的主动性。从银行业来看，外资银行分行经营人民币业务需在华开业一年以上；对外国银行在中国设立营业性机构的总资产规模要求过高；牌照数量上，外资银行一般一年只能获得两家机构牌照，且不会落户在同一个地区。这些约束在一定程度上降低了外资银行扩展业务的积极性。从保险业来看，监管机构对外资保险公司在中国设立分支机构的营业执照审批速度慢，对合资寿险公司每年发放不到2个新执照。执照审批与数理控制扭曲了外资保险公司在中国的经营计划，制约了其布局中国市场的能力。

（三）美联储加息，包括中国在内的新兴市场国家面临资本外流的风险

1. 美联储加息，美元持续升值

美联储2018年加息四次，推动美元持续升值，导致新兴经济体货币大幅贬值。截至2018年12月底，阿根廷比索贬值50.9%，土耳其里拉贬值29.6%，俄罗斯卢布、巴西雷亚尔贬值超过13%。随着美联储加息进程的持续，包括中国在内的新兴经济体可能面临较大的资本外流的风险，依据国际金融协会（IIF）估算，2018年，新兴经济体外资流入规模从2017年的1.26万亿美元降至1.14万亿美元，其中，除中国以外的其他新兴经济体资本流入约5 600亿美元，同比下降超30%。

2. 新兴市场国家币值大幅波动

美联储的持续加息是引发新兴经济体市场不稳定的重要导火索。历史经验表明，拉美债务危机和亚洲金融危机的爆发都与美联储的持续加息密切相关。美联储对全球经济影响重大，美元是国际最主要的贸易结算、投资和储备货币，是全球流动性的源头。美联储实施加息后，国际资本流动的动态相对均衡被打破，资本流向美国将获得更高收益。在利率平价的驱动下，国际货币市场上出现较大规模的抛售外币、买入美元行为，直接导致美元升值。同时，随着美联储加息信号的不断释放，市场预期美元将进一步升值，驱使更多资本流向美国。那些经济发展水平相对较低、经济环境较不稳定、经济结

构失衡的新兴经济体往往成为资本外流的受害者。

美国经济复苏即将见顶，持续加息已经引发美股下跌，美联储不得不考虑停止加息，目前市场普遍预期2019年美联储将保持利率不变。因此，若美国经济增长放缓、美联储提前结束加息，新兴经济体资本外逃将得到一定缓解，金融动荡将有所缓和。

3. 全球股票市场不同程度下挫

2018年全球股市都不同程度下挫，既有单个国家的国别因素，但更多的是来自全球范围内大环境的影响。美联储加息、中美贸易摩擦加剧、英国脱欧进入关键时刻等关键国际事件在2018年不断影响着全球的股市。

首先中国A股在2018年出现较大程度下跌。截至2018年12月31日，A股中小板指全年跌幅37.75%；创业板指全年跌28.65%；深证成指全年跌34.42%；上证综指全年下跌24.59%。同时，中国港股表现也不佳，恒生指数全年跌幅达到14%，市盈率也从2018年初的17.58倍跌到了年末的11倍左右，交易量小，市场低迷。其次，亚太股市方面，韩国综合指数全年大跌17.28%，日经指数也跌了2.54%左右；最后，受英国脱欧和欧洲低迷经济的影响，欧洲股市也表现不佳，德国DAX指数的累计跌幅已经超过18%，法国CAC40指数下跌超过14%，英国的富时100指数也下跌超过13%。在全球主要发达和发展中国家中，只有印度和新西兰这两个国家在2018年里实现了股指上涨，其余国家股市都经历了动荡和暴跌。

（四）逆全球化背景下中国"走出去"战略有待调整

主要发达经济体均在立法层面强化了对国际直接投资的审查体系。2018年8月，美国总统特朗普签署《外商投资风险评估现代化方案》，对外商在美投资进行更严格的监管和限制。此外，日本、英国和欧盟也纷纷制定审查外商投资新标准。受此影响，全球直接投资流量大幅下降。2018年上半年，全球外国直接投资同比下降41%，投资额同比减少4 700亿美元。其中，发达国家外国直接投资额降幅达69%，同比减少约1 350亿美元。

全球贸易摩擦背景下国际直接投资规模锐减。特别是，美国实行单边贸易保护主义政策，且贸易政策朝令夕改，增加了全球经济运行紧张气氛，动摇了投资者信心。投资者为防范贸易摩擦演变可能出现的极端情况，进而对未来投资前景判断变得更加保守。他们推迟或减少了投资计划和投资金额，从而导致全球投资不断下滑。

发达国家对外国投资采取更为保守的态度，是导致流入发达国家直接投资大幅下滑的主要原因。国际金融危机以来，发达国家逆全球化倾向明显，一方面体现在贸易保护措施不断增多，另一方面体现在投资政策不断趋严。尤其是2018年以来，出于对国家安全、土地、自然资源和基础设施所有权的担忧，发达国家不断出台投资限制措施或者加强外资监管，出现投资审查泛化倾向。各国对于"国家安全"的定义不断扩容，从传统的国防军事领域扩大到能源、电信、航空、集成电路、人工智能、先进材料等关键技术,甚至到金融、数据运用和用户信息收集、新闻传媒等服务行业。同时,对外商投资审查的准入条件更加严苛。七国集团(G7)成员皆已制定了与外国投资相关的制度体系,日本、德国、英国、美国更是相继出台了外商投资政策新标准,法国、德国等也在酝酿进一步加强自身外商投资审查框架。这不仅增加了投资方的交易成本,也加大了投资的不确定性,并最终导致外资流入大幅下降。

(五)人民币国际化、资本账户自由化与汇率浮动短期可能面临取舍

人民币国际化是中国金融发展的长期目标,在推进过程中,不可避免地会遇到波折、反复,一方面不能急于求成,另一方面需要兼顾资本账户自由化与汇率浮动等目标。比如人民币国际化一度进展顺利。但这些进展相当程度是建立在人民币升值预期基础上的,因而这种国际化是基础不牢固的。一旦人民币升值预期发展逆转,人民币国际化进程就会严重挫折。随之而来的人民币国际化进程的受挫完全是在意料之中的。

同时在推进人民币国际化的过程中,中国需要全面权衡人民币国际化、资本项目自由化,汇率浮动三者的关系。人民币国际化、资本项目自由化、汇率浮动三者不可分割且需要协同推进,在一定程度、一定范围内是可以齐头并进的。首先可以考虑扩大汇率浮动幅度,然后是资本项目自由化。在满足这两个条件的前提下,人民币才能成为真正意义上的国际化货币、国际储备货币。

在不同国际环境下人民币国际化进程有起有落。2008年国际金融危机以来,以美元为主导的货币体系系统性弊端明显,国际货币体系改革成为共识,新兴市场货币要求发挥更大的作用。作为新兴市场经济体中最大的发展中国家,中国积极承担国际责任,倡导自由贸易和开放发展,保障经济和汇率稳定,得到国际社会的广泛认可与响应。一方面,中国为维护正当利益,积极参与全球治理;同时中国积极推动本币计价结算,并不断深化实践,获得了难得的历史发展窗口。2015年,人民币通过评审加入SDR货币篮子,是中国经济融入全球金融体系的重要里程碑,更是国际货币体系改革的重要组成部分,为人民币金融交易和国际储备职能注入了巨大能量。2018年,特朗普政府采取了一系列"逆全球化"行动,打破了固有的美元机制和政经关系,致使全球范围内出现一股去美元化浪潮,越来越多的国家和地区将人民币纳为官方储备并成为国际使用货币的选项之一,为人民币国际化提供了新的机会。

三、2018年中国金融国际化发展的对策

(一)调整中国对外投资"走出去"战略,维护中国海外资产的安全

1. 做好预案,提前防范美国的"长臂管辖"

鉴于美国的"长臂管辖",意味着无论发生地在何处,任何人只要满足了"最小联系"(只要和美国发生了任何联系,哪怕仅仅是电话、邮件或银行转账),美国都具有管辖权(判罪),中国所有企业都有可能面临中兴式的危险。

长期以来美国利用美元霸权和世界各国企业对美国市场的依赖，挥舞罚款的大棒以维护法律为名行敲诈勒索之实。中国企业既然在国外经营就应该严格遵守外国的法律。但是，中国企业不应该相信只要中方遵守美国的法律、法规就不会遭遇到被敲诈勒索的厄运。可以预计未来美国将更频繁地以禁运之名打击中国企业，美国会把中资企业当作人质，绑架中国的外部政策。比如，美国对某国（如伊朗）实行禁运，而中国的外交政策不支持这种禁运，中国企业有必要做好预案，中国应颁布相应的法律，以减少中国企业可能受到的损失。

2. 在企业并购协议中增加风险防范条款

"走出去"的中国企业在发达国家进行并购投资时，应对战略领域的投资审查有着足够的认识，进行全面的风险评估，宜加强自身建设，加强风险防范。应当在股权转让协议的先决条件章节设定一系列应对条款和机制，以便在交易不成功时，双方（尤其是中方）可以在没有损害、损失且无须赔偿的情况下退出。另外，应当在股权转让协议中增加相应的救济条款，以防止交易结束后发生结束后的投资审查。

3. 创新合作模式，激发国内外研发力量的活力

中国企业可以转为投资为西方目标企业提供技术研发的科研机构或愿意出来创业的科研人员。同时，中国企业也迫切需要加强自主科技研发。美欧的技术管制和封锁只会倒逼和激发中国企业的自主研发动力，减少对海外技术的依赖程度。实际上，中国已经获得了自主研发的创新基础，在专利申请件数上几乎与美国并驾齐驱，在研发投资和高科技独角兽企业的数量上也在猛追。并且，中国企业迫切需要（培养）熟悉国际市场和政策法规的优质专业人才，打造由专业人才构成的战略团队和执行团队，尤其是从战略层面上根据国际政策法规和所在国法规为中国企业制定未来发展战略，包括投资形式和投资领域等。

4. 中国应完善我国现行的外资国家安全审查制度

鉴于当前世界各国纷纷推出各种引进外资政策，比如外商投资扩大准入和负面清单制度；同时，加强外资安全审查和并购反垄断审查制度，以维护本国经济安全。美欧外商直接投资国家安全审查制度迫使中国也要作出相关政策的调整，有必要更新完善我国2011年建立的外资安全审查制度。2011年9月1日，《商务部实施外国投资者并购境内企业安全审查制度的规定》发布，但近年来，经济社会科技发生了巨大的变化，该规定的一些细节内容急切需要进一步完善补充，比如需要细化或补充有关重大基础设施（如能源、交通、水利等）、新型基础设施（如人工智能、工业互联网和物联网、5G系统等）、高精尖技术（如探月技术）、敏感数据、金融行业等内容，以适应现实需求。另外，该规定的法律层级和法律效力均需要明确和提高，包括特别审查时间长度、事后监督效力和审查对象和程序的透明度等。

5. 适时调整中国对外投资"走出去"战略，尤其是涉及对美国直接投资

中国的"走出去"战略已经引发美国政府的强烈不满与反制。《301报告》认为中国

企业海外并购活动至少在三个方面损害了美国的利益：第一，中国试图通过并购和投资实现产业升级，损害了美国企业的竞争力。第二，中国企业比美国并购目标企业技术落后，无法给美国带来技术溢出效益，因而将破坏美国企业的持续创新能力。第三，中国的海外并购企业提高潜在并购标的物的价格，造成了整个知识产权并购市场的价格扭曲。

为防范中国企业为获得先进技术而进行并购等对美直接投资，美国的外资安全审查制度更为严格。依据《外国投资与国家安全法》（Foreign Investment and National Security Act of 2007，FINSA），美国政府下属的美国外资投资委员会（Committee on Foreign Investment in the United States，CFIUS）负责监管对美直接投资。CFIUS有权依法审查海外企业以"控制"为目的的企业并购（M&A）以及由此产生的国家安全风险。如果判定美国的国家安全受到威胁，CFIUS就会要求外国投资人改变投资内容或放弃美国国内资产。2017年11月，美国参众两院联合递交了以增强CFIUS监管权限为目的的《外商投资风险评估现代化法案》（Foreign Investment Risk Review Modernization Act of 2017，FIRRMA）。其中，不仅对以往的部分习惯做了明文规定，还将投资审查范围扩大到明显针对中国企业的领域。

未来中国以投资基金为依托的海外并购战略必然受阻，并且代价越来越高。中国应及时调整对美国的直接投资"走出去"战略，中国企业"走出去"应该主要基于商业考虑，并依靠商业手段予以实施。

（二）构建双维度的跨境资本流动管理宏观体系，提高防范风险能力

构建两个维度的跨境资本流动管理宏观体系，一是服务于国际收支平衡目标的资本管制，二是服务于防范跨境国际金融危机与系统性风险的宏观审慎。在资本管制与宏观审慎两个维度下，通过跨境资本流动宏观管理体系最终促进内部经济平衡，比如经济增长、物价稳定与充分就业。

1. 宏观审慎政策将防范跨境资本流动风险纳入监管框架

首先，不同类型的宏观审慎工具管控跨境资本流动时存在明显差异。与外汇相关的宏观审慎工具（如外汇贷款限制）能有效管控资本跨境流动风险。其他宏观审慎工具中，法定准备金、逆周期资本缓冲、动态贷款损失准备、系统重要性金融机构附加要求及银行间风险限制等较为有效。其次，宏观经济政策开放度与跨境资本流入具有同向性，开放程度的提升会相应增多资本流入规模，但流入规模会受到宏观审慎政策的约束。最后，协调配合和经济开放程度是决定宏观审慎政策有效性的关键。如果宏观审慎政策能够与利率相关政策相互协调，可以通过限制金融机构的资产负债，并辅以资本缓冲，有效管控跨境资本流动。如果二者配合低效，可以通过降低经济开放程度来管控银行信贷等其他投资，但不适用于FDI和证券投资的跨境流动。

2. 跨境资本流动宏观管理的最终目标是经济体的内部均衡

在资本管制和宏观审慎两个维度下，跨境资本流动宏观管理的目标是一致的，促进

经济增长、维持物价稳定与充分就业。对内平衡是中国跨境资本流动宏观管理框架的最终目标。对于中国这样一个开放性大国，对内目标一般来说是优先于对外目标的，货币政策独立性是首先要保证的优先政策目标，国际收支平衡目标的重要性居其次。同时，鉴于我国实行的是有管理的浮动汇率制度，汇率的调整不能完全纠正国际收支的短期失衡，需要其他政策的辅助。

资本管制维度下的中间目标体现于国际收支平衡表中的总量指标。在开放经济条件下，国际收支总量差额会直接影响外汇市场供求，通过银行结售汇差额，进而改变货币当局外汇占款和基础货币投放规模，从而影响货币供给或物价水平。国际收支平衡表中的总量指标通过以上渠道最终影响了经济增长、物价稳定等目标。

宏观审慎维度下的中间目标体现于跨境系统性金融风险的结构性指标。宏观审慎跨境资本流动管理重点解决防范跨境资本流动相关的系统性风险。从政策制定者的角度看，金融领域的风险是关键，而个人或企业的跨境资本流动风险不是宏观审慎维度的重点。鉴于中国宏观审慎监管处于起步阶段，许多不同的指标都被纳入宏观审慎监管的指标体系下，具体哪些指标更适合作为宏观审慎的跨境资本流动管理中间目标还有待实践的进一步考验。

3. 跨境资本流动管理的宏观调控功能重要性会日趋弱化

2018年中国跨境资本流动管理最为重要的功能是服务宏观调控，维护国际收支平衡。从政策制定者的权衡来看，跨境资本流动管理取决于货币政策独立性与汇率浮动程度。货币政策独立性在中国的优先级毋庸置疑，可视为最高级的外生变量。因此，汇率浮动程度越高，政策制定者对跨境资本流动管理的依赖就越小。可见，中国对跨境资本流动管理的依赖程度不是由跨境资本流动管理自身所决定的，而是取决于人民币汇率的浮动幅度与外部的宏观环境。中国当前的跨境资本流动管理可以为人民币汇率市场化机制形成与完善赢得时间与空间。一旦人民币汇率市场化机制成熟，跨境资本流动管理的宏观调控功能重要性会日趋弱化，只有在全球避险情绪高涨情形下，并且汇率波动无法调节外部失衡或汇率出现剧烈波动的极端情况下，跨境资本流动管理才有必要；否则，跨境资本流动管理的宏观调控功能可逐步弱化，主要由市场机制决定。

4. 跨境资本流动管理需要由单一化与集中化转向多元化与分散化

跨境资本流动管理需要从单一目标转向多元化目标，即从维护国际收支均衡的单一目标转向多元化的目标体系，跨境资本流动管理宏观维度的目标不仅包括保持国际收支均衡，还包括防范系统性金融风险，防范国际金融危机的外部冲击；微观维度不仅包含涉及跨境资本流动的真实性和合规性管理，也包括反洗钱、反避税、反恐融资以及基于国家经济安全对外资并购行为的审查。

跨境资本流动管理需要从集中化转向分散化，中国现阶段采用的是集中式跨境资本流动管理，集中由货币当局管理，即中国人民银行与外汇管理局。随着跨境资本流动监管职能的多元化，监管部门分散化是未来的趋势。具体来讲，货币当局专注于反洗钱职能，税务部门专注于反避税职能，发展改革委和商务部专注于外资安全审查，国家安全部门专注于反恐融资职能，中国人民银行、银保监会、证监会专注于审慎监管，从而形成分工协作的分散化跨境资本流动管理体系。

（三）构筑以负面清单为核心的跨境资本流动管理微观基础

1. 构建以负面清单为基础的微观跨境资本流动管理体制

继续渐进地实现人民币资本账户可兑换。鉴于剩下的不可兑换项目存在较高的潜在风险，要结合国内外经济环境适时推进。优先考虑扩大流入方向的资本账户开放，以有利于当前且有利于长远为原则。同时，借鉴其他新兴市场国家的已有经验，在实现可兑换的同时，对风险较高的项目维持审慎监管或必要的临时性管制。

按照准入前国民待遇和负面清单的管理原则，取消大多数事前审批等行政性管理，逐步取消跨境投融资的汇兑限制，并逐步缩短负面清单。同时，加强跨境资本流动事中事后监管，做好痕迹管理，保留跨境资本流动交易的登记环节，强化信息核对管理，实时掌握微观主体偿付能力信息。负面清单管理应主要集中于金融机构外汇业务准入管理、高风险跨境项目管理。比如，对风险程度较低的业务，按照负面清单予以事前准入便利；对风险较高的创新性业务，有必要设立必要的准入门槛；将外债、衍生品交易等风险较大、杠杆率较高的交易项目，作为负面清单的保留项目。

2. 加强微观基础管理能力建设

不断完善跨境资本流动事中事后监管框架，强化对异常和可疑跨境资本流动的监测与预警，并实施严格的监管和处罚，增加违反真实合规性的成本。从金融基建行业、数据分析、合规监管与系统性重要机构等多个方面提高微观监管能力。完善统计申报、流程管理、考核评价等基本职能；构建以跨境全口径数据平台和大数据分析为基础的异常交易主体、交易项目与交易地区；坚持"了解客户、了解业务、尽职调查"的原则，对银行或大型跨国公司实行现场监管，全面掌握业务信息；前段以银行自律为基石、后端辅之以窗口指导和约谈。

3. 构建多元化与分散化的宏微观相互配合的跨境资本流动管理体制

一是多元化跨境资本流动管理的宏微观目标，宏观目标不仅包括维护国际收支平衡，也包括防范系统性金融风险、防止国际金融危机的冲击，微观目标不仅包含跨境资本流动的真实性与合规性管理，也包括"三反"及基于国家经济安全对外资并购活动等审查。二是分散化跨境资本流动的微观主体，中央银行专注于反洗钱，税务部门专注于跨境反避税，国安部专注于反恐融资，商务部和国家发展改革委专注于外资安全审查，人民银行、银保监会、证监会专注于审慎监管。

跨境资本流动微观管理要协调好监管与调控，监管要弱化"宏观调控功能"，维持监管体系的基本稳定。微观管理一方面要促进资本项目可兑换，服务贸易投资便利化，充分发挥市场在全球资源配置中的决定性作用;另一方面要坚持"高标准、严要求",把监管的重点从事前转向事中事后,强化真实性合规性监管,如平衡原则监管和规则监管、完善银行展业自律和外部监管、提高监测分析和异常预警能力,强化外汇检查和打击违法监管,构建跨部门监管协调机制。

跨境资本流动管理微观管理要协调好监管与管制,资本管制往往是临时性的措施,资本管制措施一般来说会带来市场配置的扭曲,增加市场交易成本。中国政策制定者可以利用跨境资本流动管理为其他改革和调整赢得空间和时间,如提高货币政策独立性,实现经济平稳快速发展;防止资本大幅外流,金融市场价格剧烈波动,尽快处置金融风险;协助市场主体调整资产负债结构,预防货币错配,更好地适应汇率浮动区间的加大。

(四) 逐步扩大汇率波动幅度,发挥市场供求和央行指导在汇率决定中的作用

新兴市场国家普遍患有"浮动恐惧",中国作为最大的新兴市场国家也不例外,特别是随着中国经济越来越开放,汇率作为开放经济体系中最重要的价格,牵动着整个经济体系的运行。牙买加体系下的国际经验是"没有在何时何地都适合的汇率机制",意味着各国要结合各自的国情和形势才能选择与之相匹配的汇率制度。从宏观经济稳定、经济可持续发展与配合资本项目开放等中长期目标,中国可以继续扩大汇率波动幅度,同时发挥市场供求和央行指导在汇率决定中的作用,并根据本国经济与外部经济的条件适时调整市场供求和央行指导的权重。

1. 扩大汇率波动幅度,增加货币政策独立性

长期以来,中国货币政策会被动地受到汇率政策的干扰,比如 2014 年之前,为了维持汇率稳定,中央银行持续干预外汇市场,并导致基础货币投放的大幅增加。同时外汇市场干预带来的基础货币增长超过了维持物价稳定所需的基础货币增长,干扰了货币政策的独立性。货币当局需要通过发行央行票据、提高商业银行准备金率等措施对冲外汇市场干预形成的基础货币投放。中央银行面对变动频繁的外汇市场干预,很难做到完美对冲;另外,外汇市场干预还导致人民币升值的预期,拉高国内资产价格,这些影响很难通过央行操作有效对冲。2014 年之前,美国国债利率低于中国基准利率也给中国央行对冲带来了很大的机会成本。

2. 汇率超调属性需要同时发挥市场供求和中央银行指导在汇率决定中的作用

鉴于当前国际金融市场的联系越来越紧密,浮动汇率也不一定能保证货币政策的独立性。同时,中国作为新兴市场国家,还存在着制度改革与金融开放等一系列问题,这些问题无法在同一时间推进,需要合理安排才能有序推进,而汇率制度改革就是这些问题中的重要内容,人民币国际化与资本账户开放等目标都与汇率制度有直接的关联。国际成熟的经验是人民币国际化目标需要以资本账户开放为前提,而独立的货币政策是中国的必选项,那么依据不可能三角,必然倒逼中国放弃固定汇率转而选择浮动汇率。然

而，中国人民币在资本账户还存在管制情况下，加入国际货币基金组织特别提款权篮子货币，意味着人民币国际化目标并非一定要以资本账户的完全开放为前提，因此中国可以选择资本账户部分开放和有管理浮动汇率。

人民币汇率宽幅波动加央行指导的汇率形成机制兼顾了常态下浮动汇率与固定汇率两种汇率制度的优势。汇率宽幅波动可以吸收外部冲击，为货币政策赢得空间；同时在极端情况下，人民银行指导能发挥稳定市场预期的作用。

3. 汇率机制调整的风险可控，人民币大幅贬值概率小且影响有限

从国际经验角度来看，中国汇率机制调整的风险可控。张明（2017）统计了牙买加货币体系下全球大幅贬值的案例，大幅贬值被定义为一年累计贬值超过15%。在长达40年的跨度下，27个发达国家经济体累计发生大贬值72次，25个非发达国家中累计发生大贬值85次。全部52个样本国家当中发生157次大贬值。并且，绝大部分的大贬值发生在通货膨胀或贸易赤字背景下，所有以上157次大贬值案例中，148次大贬值都伴随着较高的通货膨胀或贸易赤字，或者二者兼具。仅有9次大贬值发生在低通货膨胀和贸易顺差的背景下。

国际经验表明外汇市场并非"浮动恐惧"拥护者担心的那样无效。世界历史上发生的大贬值，大多数都是在经济基本面出现严重问题、货币政策突变，或者外部金融危机冲击的背景下才发生的。中国经济当前处于中速增长、低通货膨胀、贸易顺差、没有外部金融危机冲击的环境，中国国内金融体系风险总体可控，外债规模已经降至较低规模。因此，在当前这种国内外环境下人民币出现大幅贬值的概率非常小。

人民币贬值对实体经济的影响有限。一方面，从理论上来讲，货币贬值、经济增长和物价水平关系的结论是货币贬值促进出口，提高社会总需求，提高社会总产出，进而抬高物价水平；另一方面，实证结果与理论预测较为一致，具体实证方法是控制了共同其他因素的影响之后，检验贬值本身的经济增速和通货膨胀的关系。贬值前没有发生严重通货膨胀或贸易赤字的经济体意味着这些经济体之前没有遭受严重负面因素的冲击，发生大贬值之后的经济增速和通货膨胀变化才能反映贬值的影响。在9个低通货膨胀和贸易顺差的大贬值样本中，6个样本的贬值当年经济增速高于前一年增速，3个样本低于前一年增速。这3个样本分别是韩国（2008）、瑞典（2009）和马耳他（1993），从时间上看，这三个大贬值样本很难将经济增速下降归因于货币贬值，因为它们货币贬值当年都遭受了严重的外部经济危机，外部经济危机可能是贬值和经济增长下滑的共同驱动因素。

余永定（2016）基于国际经验考虑了大幅贬值可能带来的负面后果，除了通货膨胀压力，还包括货币错配风险背景下大幅贬值引致的债务危机，甚至是银行业危机。考察了中国对外负债总体规模、行业布局等因素后，货币贬值通过外债渠道带来的风险总体是可控的。因为一方面，中国短期外债规模有限，且经历了前期大幅去外债过程；另一

方面，外债较多的行业，如房地产、钢铁、煤炭等周期性行业，整体上盈利状况在好转，抵御风险的能力在增强。

（五）扩大金融市场开放，发挥直接投资推动作用

扩大金融市场开放，引导资本双向流动，发挥直接投资的积极作用。金融市场高水平开放，扩大双向直接投资，能有力促进产业升级。寻租行为、金融抑制、金融结构不合理等，在一定程度上造成我国经济区域发展不平衡，经济活力不足，资源没有优化配置，不利于高质量发展。直接投资是跨境资源配置最有效的途径。扩大金融对外开放，鼓励、引导FDI流向高端制造、高端服务业，改善外商直接投资的结构，改变中国充当全球低成本出口加工基地的传统角色。

在金融市场扩大开放进程中，货币市场、债券市场、外汇市场是未来扩大开放的重要领域。首先，境内银行间货币市场开放为离岸人民币市场稳步发展提供支撑，有效促进资本项目开放，增强央行货币政策的传导效率。其次，债券市场开放有助于提高我国债券市场的活力与效率，为内地债券市场进一步开放提供新机遇；债券通的启动有助于巩固香港的国际金融中心地位。最后，外汇市场开放有利于促进国内国际金融要素有序流动和深度融合，能完善人民币汇率形成机制、提高中国国际金融中心地位。银行间外汇市场是外汇市场开放的关键。

有序推进金融业开放，在扩大开放的同时做好风险防范。在开放程度较低的时期，做好风险防控相对容易，但现在中国经济的形势已经发生巨大变化，需要中国在扩大开放的进程中加强风险防范。中国需要进一步完善金融监管，借鉴国际上成熟的金融监管有效经验，从制度上进行完善，协调资本监管、行为监管与功能监管，保证中国金融监管的能力与金融开放的水平相适应。

中国金融监管机构可依照内外资同等对待的原则，尽快放宽对外资机构在持股结构、设立形式和业务范围等方面的限制；在会计和审计要求上，尽可能与国际管理接轨，方便境内外投资者双向流动。同时，中国应注重市场培育与产品创新，打造开放、包容、符合国际惯例的金融市场，营造公平、透明、可预期的营商环境和法制环境。

（六）加强国际协调合作，捍卫多边主义原则，维护现存国际秩序

1. 理性应对外部经济冲击与挑战

处理好与美元等主要货币的关系，营造稳定、可预期的政策环境，增强人民币国际化的市场信心。在当前国际形势助推美元走强的情况下，尤其需要处理好中美之间的贸易争端、政策沟通与协调等重大问题。努力将贸易差额控制在合理范围内，为人民币—美元汇率在合理均衡水平上保持基本稳定奠定基础。加强高层沟通，降低政策误判、行为失当风险。继续发挥中美战略与经济对话机制等平台的作用，加强宏观经济政策协调。积极推动两国民间交流，强调人民币国际化可以与现行主要货币一道承担提供公共产品的义务，有利于缓解美元的压力。引导人民币更多地在亚洲地区、"一带一路"沿

线使用，避免与美元正面冲突。

2. 坚持国际合作分散国际压力

展开与英国、欧盟在贸易、投资、金融市场等多领域的合作。争取与英国签订自由贸易协定，充分利用中英经济结构的协同性，助力中国高质量发展。借助伦敦的金融中心优势，推动伦敦人民币离岸中心成为覆盖"一带一路"乃至全球的人民币支付途径和渠道。继续推动多边主义，争取与欧盟在产业合作、贸易投资自由化便利化方面有所突破。扩大在中东欧国家的经贸投资，完善中国优势产业在欧洲地区的布局，扩大人民币的使用范围。

3. 中国可承担相应的责任，推动全球经济包容性发展

中国作为新兴市场大国代表，应承担相应的国际责任推动经济全球化。一方面，随着中国经济实力的快速增长和国际影响力的大幅提升，外界对中国参与国际秩序治理的呼声日益增强。但是，中国承担的责任需要与自身的国力与发展水平相适应。中国国内经济的改革和结构调整仍面临许多挑战，优先发展国内经济是中国相当长一段时间的首要任务。特别是，现行的国际政治与经济体系中，各种全球治理规则和机制都是在发达经济体的主导下建立的，以美国为代表的发达国家是既得利益集团，而广大新兴市场与发展中经济体的话语权无法充分体现，难以发挥与自身经济实力相符的影响力。尽管中国是全球第二大经济体，但中国在国际上的话语权和参与度与美国等发达经济体相差甚远。另一方面，中国在相当长的时期内仍将是全球最大的发展中国家。国际货币基金组织（IMF）数据显示，2018 年中国人均 GDP 约为 9 300 美元，排名在 74 位左右，发展国内经济是中国的首要任务。

中国作为新兴市场大国代表，需要推动全球经济包容性发展。包容性发展意味着中国的发展有很强的正外部性，即中国经济的发展要使得所有人都享受到经济发展的成果。

第五章 金融监管愈趋精准

2018年,各金融监管机构在以习近平同志为核心的党中央坚强领导下,全面加强党的领导和党的建设,坚决落实党中央、国务院决策部署,全力化解突出风险,维护金融体系稳定,不断深化改革扩大开放,扎实做好机构改革组织实施,各项工作迈出坚实步伐,取得积极成效。但金融行业面临的形势依然复杂严峻。各金融监管机构按照党中央、国务院的部署,开拓进取,奋发有为,扎实推进各项工作。全面贯彻党的十九大和十九届二中、三中全会以及中央经济工作会议精神,坚持党对金融工作的集中统一领导,坚持稳中求进工作总基调,践行新发展理念,以服务供给侧结构性改革为主线,着力提高金融服务实体经济能力,打好防范化解金融风险攻坚战,坚定不移深化改革扩大开放,为全面建成小康社会提供更有力的金融支撑。

一、2018年金融监管的措施与成效

(一)银行监管的措施和成效

2018年以来,我国银行监管部门坚持以习近平新时代中国特色社会主义思想为指导,认真学习贯彻党的各项方针政策,紧紧围绕"服务实体经济、防控金融风险、深化金融改革"三大任务,实现了服务能力和治理水平的显著提升,守住了不发生系统性金融风险的底线,各项工作取得积极进展。

1. 防范化解金融风险,守住不发生系统性金融风险的底线

(1)清理整顿脱实向虚,以钱炒钱,遏制银行领域野蛮生长

由于多种历史原因,我国金融机构经历了一段快速扩张、盲目加杠杆的膨胀时期,乱集资、乱设机构、乱办金融业务问题一度十分严重。2018年初以来,按照党中央防风险治乱象补短板的要求,银行业坚决清理整顿脱实向虚、以钱炒钱活动,金融生态逐步好转。2018年5月,银保监会印发《关于规范民间借贷行为 维护经济金融秩序有关事项的通知》,维护经济金融秩序和社会稳定。

一是切实提高认识,把握工作原则。近年来,民间借贷发展迅速,以暴力催收为主要表现特征的非法活动愈演愈烈,严重扰乱了经济金融秩序和社会秩序。各有关方面要充分认识规范民间借贷行为的必要性和暴力催收的社会危害性,从贯彻落实全面依法治

国基本方略、维护经济金融秩序、保持经济和社会稳定的高度出发，认真抓好相关工作。

二是明确信贷规则，规范民间借贷。严格执行《中华人民共和国银行业监督管理法》、《中华人民共和国商业银行法》及《非法金融机构和非法金融业务活动取缔办法》等法律规范，未经有权机关依法批准，任何单位和个人不得设立从事或者主要从事发放贷款业务的机构或以发放贷款为日常业务活动。民间借贷活动必须严格遵守国家法律法规的有关规定，遵循自愿互助、诚实信用的原则。民间借贷中，出借人的资金必须是其合法收入的自有资金，禁止吸收或变相吸收他人资金用于借贷。民间借贷发生纠纷，应当按照《最高人民法院关于审理民间借贷案件适用法律若干问题的规定》（法释〔2015〕18号）处理。

三是严禁非法活动，改进金融服务。严厉打击利用非法吸收公众存款、变相吸收公众存款等非法集资发放民间贷款。严厉打击以故意伤害、非法拘禁、侮辱、恐吓、威胁、骚扰等非法手段催收贷款。严厉打击套取金融机构信贷资金，再高利转贷。严厉打击面向在校学生非法发放贷款，发放无指定用途贷款，或以提供服务、销售商品为名，实际收取高额利息（费用）变相发放贷款行为。严禁银行业金融机构从业人员作为主要成员或实际控制人，开展有组织的民间借贷。

四是加强协调配合，依法调查处理，加强宣传引导。民间借贷活动情况复杂、涉及方面多，按照《中华人民共和国银行业监督管理法》《中华人民共和国商业银行法》《非法金融机构和非法金融业务活动取缔办法》的规定，地方人民政府以及有关部门要加强协调配合，依法履行职责。

(2) 分类施策，防范影子银行和交叉金融风险

坚持分类施策，紧紧抓住同业交易、理财资管和表外业务等重点领域，坚持将违法违规、层层嵌套、透明度低、风险隐蔽的产品作为整治重点。2018年这类高风险资产规模共缩减约6万亿元。通道类信托业务和其他资管产品也出现净减少。与此同时，坚持"堵旁门、开正门"，不搞"一刀切"和"急刹车"，对一部分有较好风险约束基础的金融中介业务，推动其实现审慎合规经营。2018年10月银保监会出台《商业银行理财业务监督管理办法》（以下简称《办法》），从根本上巩固治标成果。

一是进一步保护投资者合法权益。《办法》在投资者适当性管理、产品销售、信息登记和信息披露等环节，进一步强化了对投资者合法权益的保护。在投资者适当性管理方面，根据募集方式的不同，将理财产品区分为公募理财产品和私募理财产品。公募理财产品面向不特定社会公众发行，私募理财产品面向不超过200名合格投资者非公开发行。在产品销售方面，设定单只理财产品销售起点，规范不同产品销售的合规管理。在产品信息披露方面，《办法》区别公募和私募理财产品，分别列示不同的信息披露要求：公募开放式理财产品应披露每个开放日的净值，公募封闭式理财产品每周披露一次净

值，公募理财产品应按月向投资者提供账单；私募理财产品每季度披露一次净值和其他重要信息。在产品集中登记方面，《办法》要求银行在全国银行业理财信息登记系统对理财产品进行"全流程、穿透式"集中登记，银行只能发行已在理财系统进行登记并获得登记编码的理财产品，有效防范"虚假理财"和"飞单"。

二是进一步规范理财产品运作。为确保理财产品独立性，《办法》规范滚动发行、集合运作、分离定价的资金池理财业务，并延续"三单"要求，明确每只理财产品做到单独管理、单独建账和单独核算。实行净值化管理，《办法》要求理财产品坚持公允价值计量原则，鼓励以市值计量所投资资产；允许符合条件的封闭式理财产品采用摊余成本计量。过渡期内，允许现金管理类理财产品在严格监管的前提下，暂参照货币市场基金估值核算规则，确认和计量理财产品的净值。规范非标准化债权类资产投资，其一是期限匹配，《办法》明确除另有规定外，理财资金投资非标准化债权类资产的，资产的终止日不得晚于封闭式理财产品的到期日或开放式理财产品的最近一次开放日；投资未上市企业股权的，应当为封闭式理财产品，且需要期限匹配。其二是加强限额和集中度管理，《办法》要求银行理财产品投资非标准化债权类资产的余额，不得超过理财产品净资产的35%或本行总资产的4%；投资单一债务人及其关联企业的非标准化债权类资产余额，不得超过本行资本净额的10%。

三是进一步加强理财产品风险防控。强化穿透性管理，为防止资金空转，《办法》延续理财产品不得投资本行或他行发行的理财产品规定，要求理财产品所投资的资管产品不得再"嵌套投资"其他资管产品。同时，明确银行要切实履行投资管理职责，充分披露底层资产信息，做好理财系统信息登记工作。另外，《办法》允许公募理财产品通过投资各类公募基金间接进入股市，但对理财产品投资单只证券或公募证券投资基金提出集中度限制。

（3）处置不良资产盘活信贷存量，结构性去杠杆

加大不良资产处置盘活信贷存量，2018年银行业处置不良贷款约2万亿元，为新增信贷投放及时腾出空间，有效支持了实体经济融资需求。建立健全联合授信和债权人委员会机制，引导信贷资金有序退出"僵尸企业"，防止过度融资和多头融资。同时，通过债务重组、兼并收购、不盲目抽贷断贷，帮助和支持了一批符合国家产业发展方向、主业相对集中于实体经济、技术先进、产品有市场、暂时遇到困难的企业渡过难关。到2018年，已有近500家大中型企业开展联合授信试点，已建立债委会1.9万家，帮扶企业4 854家。更加尊重市场规律，持续推进市场化法治化债转股，丰富债转股实施机构，批准设立5家金融资产投资公司。持续拓宽资金来源，推动定向降准资金用于支持市场化债转股，加快项目落地。

（4）持续整治各种违法违规金融活动

积极贯彻落实"以人民为中心"的发展思想，回应广大人民群众关切，2018年共

处理金融消费者投诉 20 万件。在整治违法违规金融活动中，依法实施行政处罚，2018 年处罚违规经营银行机构 2 350 家次，罚没金额 25.11 亿元，处罚责任人员 1 976 人次，其中禁止终身从事银行业工作 52 人次。2018 年 3 月，中国银监会印发《银行业金融机构从业人员行为管理指引》，督促银行业金融机构加强从业人员行为管理，完善从业人员行为管理架构。联合相关部门开展互联网金融风险专项整治，牵头开展网络借贷风险整治，建立健全风险应对和处置机制，逐级压实责任，指导开展网贷机构自查、行业自律检查和行政核查，稳妥有序做好风险处置。认真履行处置非法集资部际联席会议牵头职责，推动地方政府落实主体责任，坚持打防结合、标本兼治，持续做好风险排查、监测预警和宣传教育，全力推动重大案件处置。

（5）坚决整治不法金融集团和高风险机构

依法处置"安邦系"等不法分子违规构建的金融集团，做好资产清理、追赃挽损、切断传染链、引进战略投资者、规范法人治理等工作，相关风险得到初步控制和有序化解。加大高风险机构风险化解力度。稳步推进华融公司等机构风险处置，进一步完善公司治理机制。2018 年 6 月，银保监会印发《金融资产投资公司管理办法（试行）》，推动市场化、法治化银行债权转股权健康有序开展。

一是强调债转股必须遵循市场化、法治化原则。要求金融资产投资公司与各参与主体在依法合规前提下，通过自愿平等协商开展债转股业务，确保洁净转让、真实出售，坚持市场化定价，切实防止企业风险向银行业金融机构和社会公众转移，防范利益冲突和利益输送，防范相关道德风险。

二是明确金融资产投资公司设立、变更与终止要求。明确了金融资产投资公司非银行金融机构的属性，规定应由境内商业银行作为主要股东发起设立，规定各类机构投资入股金融资产投资公司的条件，明确了行政许可条件和程序要求。

三是明确要求突出开展债转股及其配套业务。鼓励"收债转股"的同时，允许通过多种模式开展债转股业务。规定所需资金由金融资产投资公司充分利用各种市场化方式和渠道筹集。在业务规则上要求严格遵循洁净转让和真实出售原则，有效实现风险隔离，严格防范利益冲突和利益输送。

四是强调全面风险管理和风险隔离。要求金融资产投资公司建立组织健全、职责清晰的公司治理结构，建立多层次、相互衔接、有效制衡的风险管理机制。要求金融资产投资公司和对其控股或者参股的商业银行之间建立"防火墙"，在资金、人员、业务方面进行有效隔离，防范风险传染。

五是强化监管部门事中事后监管职责。明确监管部门持续监管的责任和具体措施，同时注重发挥信息披露作用。

（6）持续深化银行业改革，完善公司法人治理机制

2018 年 1 月，银监会印发《商业银行股权管理暂行办法》，加强股东穿透监管，重

点整治隐形股东和股权代持等违规行为，严格约束股东关联交易、利益输送和不当干预行为。持续优化金融体系结构，推动银行机构聚焦主业、回归本源，推动形成多层次、广覆盖、差异化银行机构体系。有序引导民间资本进入银行业。2018年12月，银保监会印发《关于规范银行业金融机构异地非持牌机构的指导意见》，维护金融市场秩序，防范金融风险。一是要求银行业金融机构专注主业、回归本源，坚守市场定位，着力提升服务实体经济的质效，避免盲目扩张。二是要求银行业金融机构加强对异地机构的管理，根据本行发展战略，完善公司治理，提高风险管理水平和内部控制能力。三是按照实质重于形式原则，将异地非持牌机构分为经营性机构与非经营性机构，分别提出针对性规范要求。四是充分考虑不同类型机构差异，对异地非持牌机构的规范不搞"一刀切"，给予充分的过渡期，允许银行业金融机构在过渡期内有计划、分步骤整改。

习近平总书记曾深刻指出：金融活经济活，金融稳经济稳。当前，加强金融监管并非要抑制金融创新，而是要实现金融与经济的良性互动。2018年金融监管部门围绕着推进银行业高质量发展，推出了各项措施。

（1）推动商业银行夯实流动性风险管理基础，维护银行体系安全稳健运行

2018年5月，银保监会发布《商业银行流动性风险管理办法》，进一步推动商业银行夯实流动性风险管理基础，提高风险抵御能力，服务实体经济。

一是银行业监督管理机构多途径监管。银行业监督管理机构应当通过非现场监管、现场检查以及与商业银行的董事、高级管理人员进行监督管理谈话等方式，运用流动性风险监管指标和监测工具，在法人和集团层面对商业银行的流动性风险水平及其管理状况实施监督管理，并尽早采取措施应对潜在流动性风险。

二是商业银行报送义务。商业银行应当按照规定向银行业监督管理机构报送与流动性风险有关的财务会计、统计报表和其他报告。委托社会中介机构对其流动性风险水平及流动性风险管理体系进行审计的，还应当报送相关的外部审计报告。

三是商业银行及时报告义务。商业银行应当及时向银行业监督管理机构报告下列可能对其流动性风险水平或管理状况产生不利影响的重大事项和拟采取的应对措施。

四是商业银行定期披露义务。商业银行应当按照规定定期披露流动性风险水平及其管理状况的相关信息，包括但不限于：流动性风险管理治理结构，包括但不限于董事会及其专门委员会、高级管理层及相关部门的职责和作用；流动性风险管理策略和政策；识别、计量、监测、控制流动性风险的主要方法；主要流动性风险管理指标及简要分析；影响流动性风险的主要因素；压力测试情况。

五是违反流动性风险管理的银行整改和处罚。商业银行存在以下情形的，银保监会对其行为进行整改和处罚：未遵守流动性风险监管指标最低监管标准，流动性风险管理存在缺陷，未按照规定提供流动性风险报表或报告，未按照规定进行信息披露或提供虚假报表、报告。

（2）推动银行业小微企业金融服务的高质量发展

为着力缓解小微企业金融服务供给不充分、结构不均衡的问题，推动银行业小微企业金融服务由高速增长转向高质量发展，2018年3月，银监会印发《中国银监会办公厅关于2018年推动银行业小微企业金融服务高质量发展的通知》（以下简称《通知》）。

为进一步引导银行业聚焦薄弱环节、下沉服务重心，《通知》在继续监测"三个不低于"、确保小微企业信贷总量稳步扩大的基础上，重点针对单户授信1 000万元以下（含）的小微企业贷款，提出"两增两控"的新目标。《通知》同时从完善机构体系、提升服务效率、改进贷款支付、落实尽职免责、盘活信贷资源、主动开展信息披露等方面提出具体要求，强调商业银行要认真贯彻落实党中央、国务院决策部署，回归本源、专注主业，用好用足激励政策，实现银行业小微企业金融服务从"量"的扩大转向质量、效率、动力的变革。

（3）银行业回归本源，更好地服务实体经济

深入贯彻落实习近平总书记强调的更加重视发展实体经济的指示精神，进一步提升经济发展质量。

一是做好"支持"。把新一代信息技术、高端装备制造、绿色低碳、生物医药、数字经济、新材料、海洋经济等战略性新兴产业发展作为战略支点。加大对国家重大战略、产业转型升级以及小微、"三农"等薄弱领域的金融支持力度。

二是做好"退出"。严格控制"两高一剩"行业的贷款，有序退出"僵尸企业"，挤出低效、无效占用的信贷资金，为新兴产业发展腾出空间。

三是打造服务和竞争新优势。以深入推进供给侧结构性改革为主线，在服务好加快建设创新型国家、实施乡村振兴战略、推进区域协调发展战略、扩大消费和促进有效投资、提高保障和改善民生水平等方面的同时，结合各自禀赋条件，明确市场和业务定位，打造服务和竞争新优势。

2. 扩大银行业对外开放，打造开放型经济体

2018年金融监管部门围绕着推进银行业对外开放，推出了各项改革措施。

（1）推动形成全面开放新格局，大幅度放宽市场准入

2018年2月，银监会印发《关于修改〈中国银监会外资银行行政许可事项实施办法〉的决定》（以下简称《决定》），最大限度减少行政许可事项，简化许可流程，提高银行业机构展业的便利性，促进中外资银行市场准入标准进一步统一。

一是进一步扩大银行业对外开放。2017年3月，银监会发布了《中国银监会办公厅关于外资银行开展部分业务有关事项的通知》（银监办发〔2017〕12号），原则性允许外资法人银行投资境内银行业金融机构。为与上述开放措施相衔接，《决定》增加关于外资法人银行投资设立、入股境内银行业金融机构的许可条件、程序和申请材料等规定，为外资法人银行开展股权投资提供了明确的法律依据。

二是最大限度减少行政许可事项，简化行政许可程序。根据国务院推进简政放权工作部署，《决定》取消了外资银行开办代客境外理财业务、代客境外理财托管业务、证券投资基金托管业务、被清算的外资金融机构提取生息资产四项业务的审批，实行报告制，强化事中和事后动态审慎监管。银监会将通过监管走访、抽查、检查等措施，严守风险底线，避免监管真空。

三是进一步统一中外资银行市场准入标准。《办法》遵循中外资银行监管标准保持一致的原则，在许可条件和程序上最大限度与中资商业银行保持一致。其中包括合并支行筹建和开业审批程序，仅保留支行开业审批；优化外资银行募集发行债务、资本补充工具的条件；进一步简化高管资格审核程序，对于在同质同类外资银行之间平级调动或改任较低职务的情形，由事前核准改为备案制。

（2）有效平衡开放与风险的关系

对外开放的过程中，银行监管机构不仅要引入"活水"，也要过滤"污水"，引入的外资机构必须具备优秀的专业能力、充足的资本实力，双方监管机构保持良好的沟通。在对外开放的过程中，银行监管机构将把握以下三个原则：

一是要把握扩大开放和防范风险平衡的原则，完善监管规章及配套制度建设。银行业的对外开放不是毫无管理、敞开大门，而是以配套机制和制度建设来取代数量性的限制。金融监管法规和国家经济安全制度做好衔接，在扩大开放的同时做好配套制度建设，坚决守住不发生系统性风险的底线。

二是坚持稳妥有序、平等互利。金融对外开放部分措施可以先试点再推开，"摸着石头过河"是中国的理论和制度优势，相关改革措施要谋定而后动，一旦时机成熟就坚决推行。同时，我国对外开放还必须要坚持平等互利的原则。对外开放不是"一刀切"，也要讲互利互惠。那些赞同开放、支持合作的国家和地区就能从中国乃至全球金融开放的成果中受益，那些惧怕开放、实施贸易保护主义的国家和地区，只看重短期的收益，长期的竞争力一定会受损。当前全球贸易保护主义有抬头的趋势，我国金融业一定要倡议开放共赢，打造人类命运共同体。

三是补齐监管短板，提升监管能力和水平。中国银行监管将始终坚持"监管姓监"，坚决落实好金融监管体制改革的各项要求，有效解决金融监管交叉和监管空白问题，逐步建立现代金融监管框架。坚持"严"字当先、敢于亮剑、敢于碰硬，坚持严罚重处，始终保持整治银行乱象的高压态势，扎紧制度笼子，防止野蛮增长，为对外开放保驾护航。

3. 加强监管引领，打通货币政策传导机制，提高金融服务实体经济水平

2018年，中国银行监管按照党中央、国务院决策部署，坚持防范化解金融风险和服务实体经济相结合，通过推动机制创新、加大政策扶持、完善激励措施，畅通货币政策传导机制，增强银行机构服务实体经济的能力和意愿，提高金融资源配置效率，促进实

体经济与金融良性循环。

（1）引导银行机构加大资金投放力度，保障实体经济有效融资需求。指导银行机构准确把握促进经济增长与防控风险的关系，正确理解监管政策意图，充分利用当前流动性充裕、融资成本稳中有降的有利条件，加大信贷投放力度，扩大对实体经济融资支持。2018年贷款投放明显加快。同时，信托贷款、委托贷款等表外融资变化也趋于平缓。

（2）推动机制创新，提高服务实体经济能力。调整贷款损失准备监管要求，鼓励银行利用拨备较为充足的有利条件，加大不良贷款处置核销力度，腾出更多信贷投放空间。合理确定市场化债转股风险权重，推动定向降准资金支持债转股尽快落地，盘活存量资产，提高资金周转效率。督促银行适当提高利润留存比例，夯实核心资本，积极支持银行机构尤其是中小机构多渠道补充资本，打通商业银行补充一级资本的渠道，增强信贷投放能力，在表内贷款快速增长的情况下资本水平保持稳定。

（3）健全激励机制，增强服务实体经济的意愿。指导银行健全内部激励机制，加强对不良贷款形成原因的甄别，落实尽职免责要求，进一步调动基层信贷投放积极性。着力缓解小微企业融资难融资贵问题，优化小微金融服务监管考核办法，加强贷款成本和贷款投放监测考核，落实无还本续贷、尽职免责等监管政策，提高小微企业贷款不良容忍度，有效发挥监管考核"指挥棒"的激励作用。

（二）证券监管的措施与成效

2018年是全面贯彻党的十九大精神的开局之年。中国证监会以习近平新时代中国特色社会主义思想为指导，全面贯彻党的十九大和十九届二中、三中全会精神，坚决贯彻党中央、国务院各项决策部署，始终坚持正确的政治立场，牢牢把握市场化、法治化和国际化的改革方向，把防范化解金融风险放到突出位置，坚持依法全面从严监管理念，不断强化监管执法工作，严厉打击资本市场各类违法违规行为，有力维护了资本市场运行秩序，有效保护了投资者合法权益，为新时代资本市场的健康发展提供了强有力保障。

1. 从严监管，形成良好市场生态

（1）从严监管，行政处罚再创新高

2018年，中国证监会全系统上下一心，协调联动，统一执法理念，凝聚监管合力，提升处罚效能，对资本市场乱象敢于亮剑，保持高压震慑，对违法违规行为严惩不贷。全年作出行政处罚决定310件，同比增长38.39%；罚没款金额106.41亿元，同比增长42.28%；市场禁入50人，同比增长13.64%。行政处罚决定数量、罚没款金额、市场禁入人数再创历史新高，主要集中在信息披露违法、操纵市场违法、内幕交易、中介机构违法、私募基金违法、短线交易违法、从业人员违法违规七大类违法案件。

一是信息披露违法类案件处罚56起。通过虚假记载掩盖业绩真相、隐瞒重大环境污染被处罚或刑事立案事项、未按规定披露相关关联交易、股份质押、对外担保等重大事项的信息披露违法现象频发。

二是操纵市场类案件处罚38起。操纵违法案件多属于杠杆型操纵,涉案账户众多,多借用配资放大资金优势,严重危害资本市场秩序;另外,操纵新三板股票案、操纵国债价格案等新类型、新领域操纵市场案件时有发生,严重破坏了公平有序的资本市场发展秩序。

三是内幕交易类案件处罚87起。其中,有57起所涉内幕信息与资产并购重组事项相关,说明该领域依然是内幕交易的高发地带。并购重组事项筹划周期长、牵涉面广,且对市场具有重大影响,部分相关人利用与知情人的特殊关系或联络接触,非法获取内幕信息,妄图牟取不法利益,均被依法严惩。泄露内幕信息违法行为时有发生,证监会通过强有力监管执法,警示处于信息优势地位的内部人克己慎行,告诫相关主体切勿热衷于所谓"内部消息",法网恢恢,任何内幕交易行为均有迹可循,终将受到法律严惩。

四是中介机构违法类案件处罚13起。主要违法类型有:证券公司作为资产并购重组项目财务顾问,在执业过程中,未勤勉尽责履行核查义务,导致相关《财务顾问报告》存在虚假记载或重大遗漏;会计师事务所作为上市公司相关业务审计机构,未勤勉尽责履行审计程序,导致相关审计报告存在虚假记载等。

五是私募基金领域违法案件处罚10起。主要违法类型有:利用所知悉的基金账户交易信息,实施"老鼠仓"交易,严重背弃受托人信赖和职业操守;私募基金持有上市公司股份比例达到5%时未依法进行披露和报告;募集资金未到位的情况下提供虚假信息和材料进行备案。

六是短线交易案件处罚13起。上市公司主要股东短线交易本公司股票行为频发。法律禁止短线交易既是为了限制上市公司内部人滥用信息优势交易股票,也是为了对内幕交易违法行为进行必要的事先防范,保护处于信息劣势地位的中小投资者合法权益,维护公平公正公开的市场秩序。

七是从业人员违法违规案件处罚24起。主要违法类型有:证券从业人员利用他人证券账户违规买卖股票;私下接受客户委托进行证券交易;在私下接受客户委托进行证券交易的同时,借用他人账户违规买卖股票等。除上述案件外,证监会还对编造传播虚假信息、超比例持股未披露、法人非法利用他人账户、期货市场违法等50余起其他类型案件依法作出行政处罚。

(2)开展专项执法,实现精准监管

根据2018年稽查执法重点领域和工作部署,按照精准立案、精准查处、精准打击的工作原则,证监会稽查部门集中部署了四批次专项执法行动。2018年专项执法行动第一批案件,集中打击通过互联网、自媒体肆意发表证券期货虚假信息,充当股市"黑嘴"并从中牟利等严重扰乱资本市场信息传播秩序的违法行为。借助市场热点及相关信息传播效应，依托互联网、移动通信终端等现代科技手段，证券期货虚假信息呈现内容繁多、传播迅速、影响恶劣的特征，严重误导投资者。证监会稽查部门会同舆情监测和市场监察等相关单位和部门，强化信息与交易联动分析，集中部署了8起典型案件。这批案件涉及的违法行为集中表现为：一是部分期货市场交易者以恶意举报、散布谣言等方式误导投资者，严重扰乱期货市场信息传播秩序。二是涉案主体控制大量账户提前买入股票后，利用财经网站、自媒体等传播平台散布传播虚假信息，诱使投资者高位接盘，其反向交易获利。三是不具有投资咨询业务资格的人员以"专家"等名义进行网络直播指导投资，通过会员缴费、收益分成等方式赚取不法利益。四是不法机构挂靠证券投资咨询公司非法销售荐股软件或进行"一对一"微信荐股，收取盈利分成。五是有的证券投资咨询机构从业人员涉嫌为操纵市场提供"推票"服务，鼓吹个股上涨，诱使散户高位接盘，并按交易量收取服务费。

按照"精准立案、精准查处、精准打击"的执法原则，证监会稽查部门集中部署2018年第二批专项执法行动，调配全系统执法力量重点查办18起案件。从线索排查的初步情况看，这批案件违法主体的行为表现：一是利用他人账户，通过"马甲"掩护，隐蔽变换违法身份；二是通过虚构业务环节、拉长操作链条、销毁藏匿交易痕迹等多种方式，升级违法手段，掩饰相关违法活动；三是涉案金额巨大，行为手法凶悍，严重影响市场稳定。证监会通过专门的技术执法手段，密切跟踪，全方位筛查违法线索，发现一起、立案一起、查处一起。同时，证监会进一步密切与公安机关执法协作配合，通过情报导侦、信息共享、办案协同的专门工作机制，实现案件突破，以最严格的标准，坚决追究涉案人员的刑事责任，坚决让不法分子付出应有的代价。

按照依法全面从严监管工作要求，根据2018年稽查执法重点领域和工作部署，证监会稽查部门联合上市公司监管、会计监管、行政处罚等相关部门，专门部署了2018年专项执法行动第三批案件，集中查处9家上市公司未按期披露2017年年度报告的违法行为。我国《证券法》及《上市公司信息披露管理办法》对上市公司报送、披露年度报告的期限、内容和格式均有明确要求。上市公司不按期披露年度报告，是对证券市场法律规则严肃性的严重藐视，是对市场公开公平公正原则的严重破坏，也是对广大投资者特别是中小股东合法权益的严重损害。截至2018年4月30日，共有9家上市公司未按期披露2017年年度报告。从上市公司披露的原因情况看，有的是因为难以确定审计机构，有的是因为无法按期出具审计报告，有的是因为财务数据追溯调整。监管部门已经掌握的相关线索显示，上市公司未按期披露年度报告的背后，与公司治理结构存在缺陷、风险内控制度流于形式、高级管理人员不勤勉尽责密切相关，可能隐藏着重大事项未披露、大额资金占用、财务舞弊等其他严重违法违规行为。需要指出的是，上述因素并不能免除上市公司按期披露年度报告的法定义务。9起案件反映：一是部分上市公司年报审计工作不能正常进行，有的因为控制权之争导致审计机构难以正常确定，有的因为会计信息可靠性不足导致审计程序难以按时完成,有的公司试图影响审计意见类型导致相关工作难以推进。二是伴生其他严重违法违规行为,4家公司未按期披露年度报告的背后隐藏着重大事项未披露、大额资金占用、财务舞弊等其他涉嫌违法行为。三是部分上市公司信息披露屡次出现问题,5家公司曾因信息披露违法违规被证监会立案调查或行政处罚。

证监会稽查部门以严厉打击屡查屡犯、性质恶劣、后果严重的证券违法活动为重点,积极加强与公安机关沟通,全面分析相关案件线索及调查工作情况,在重点分析涉嫌证券违法犯罪线索的基础上,确定了9起重大案件作为2018年第四批专项执法行动集中部署。这批案件涵盖涉嫌背信损害上市公司利益、操纵市场、内幕交易等违法犯罪类型。证监会不断强化与公安机关的执法协调配合,按照优势互补、信息共享、协同推进的工作要求,积极支持公安机关案件侦查,配合公安机关依法追究违法主体刑事责任,坚决打击侵蚀市场运行基础、积聚市场重大风险、群众反映强烈的证券期货违法行为,有力维护资本市场健康稳定发展。

(3) 开展证券投资咨询机构专项执法,整肃行业纪律

针对部分证券投资咨询机构(以下简称咨询机构)发生的不当营销和违规经营问题,证监会加大执法检查力度,整肃行业纪律,集中查处了一批个案。2018年,证监会对58家咨询机构或其分支机构采取行政监管措施,其中对35家采取责令暂停新增客户的行政监管措施。对依法应予以行政处罚的,已实施行政处罚或启动立案稽查程序。证监会会同行业协会,保持高压监管态势,加大检查执法和自律管理的力度,对存在违法违规行为的咨询机构,综合运用行政监管措施、行政处罚以及纪律处分等手段,从严查处和追究有关机构和人员的责任;情节严重的,撤销业务许可;涉嫌犯罪的,依法移送司法机关追究刑事责任。并要求咨询机构应当遵守法律法规的规定,遵循客观、公正和诚实信用的原则,恪尽职守,勤勉尽责,切实保护投资者合法权益;不得对服务能力和过往业绩进行虚假、不实、夸大、误导性的营销宣传;不得承诺投资收益;不得与投资者约定分享投资收益或者分担投资损失;咨询机构从事证券投资咨询业务的人员应当具备从业资格。

(4) 开展私募基金专项检查执法,促进私募机构规范运作

为贯彻落实党中央国务院关于打好防控金融风险攻坚战的部署,打击违法违规行为,促进私募机构规范运作,2018年上半年,证监会组织对453家私募机构开展了专项检查,检查对象以"问题风险导向"和"随机抽取"方式选取,包括私募股权、创业投资基金管理人281家,私募证券基金管理人119家,其他类私募基金管理人53家。共涉及基金4 374只,管理规模2.08万亿元,占行业总管理规模的17.20%。

本次检查根据不同私募机构和产品类型,确定差异化检查重点。除资金募集、投资运作、信息披露等方面的合规性外,对跨区域经营的私募机构重点检查不同机构之间的

业务往来、资金往来、产品嵌套情况以及业务隔离、风险隔离等制度的有效性情况,对管理非标债权的私募机构重点检查可能存在的"资金池"业务、保本保收益、影子银行风险、杠杆运用等情况。从检查结果看,私募行业整体守法合规意识有所提高,但是一些私募机构仍然存在违规问题。

针对专项检查发现的问题,根据违法违规行为的具体情形,证监会依法采取以下处理措施:一是对126家存在资金募集、投资运作等违规问题的私募机构采取行政监管措施;二是对5家存在从事损害基金财产和投资者利益等严重违规行为的私募机构立案稽查,并先行采取行政监管措施;三是将6家机构涉嫌违法犯罪线索通报地方政府或移送公安部门,并对其中2家机构采取行政监管措施,1家立案稽查。同时,证监会将上述违法违规问题及采取的监管措施记入资本市场诚信档案。本次专项检查严厉查处私募机构违法违规行为,向行业机构有效传导了监管压力,有利于促进私募机构提高合规及风险意识,提升规范化运作水平。

2. 开展专项现场检查,推动证券市场健康发展

(1) 开展公司债券业务专项现场检查,推动公司债券业务健康发展

为进一步规范公司债券业务发展,提高证券公司内控合规和风险管理水平,按照问题和风险导向,证监会2018年共部署36家证监局及相关单位对63家证券公司的公司债券业务开展专项现场检查。本次现场检查发现,证券公司公司债券业务合规水平有明显提升,过去检查中常见的制度不健全、承销业务不规范等问题大幅减少,但在尽职调查、募集资金使用、信息披露等方面问题依然突出。针对发现的问题,相关证监局已对5家机构采取出具警示函、责令改正等行政监管措施;同期,发行人所属证监局对证券公司开展延伸检查,已对12家机构和4名责任人采取了16项行政监管措施。

(2) 开展公司债券发行人专项现场检查,切实保护债券持有人合法权益

为持续强化交易所债券市场监管,促进市场规范发展,切实保护债券持有人合法权益,2018年,证监会组织各证监局以问题和风险为导向,对264家公司债券发行人开展了现场检查。本次现场检查发现的问题主要集中在募集资金管理使用和信息披露两方面。募集资金管理使用方面发现的主要问题包括:募集资金挪用或转借他人、违规购买理财产品、专户设立或管理不规范等。信息披露发现的主要问题包括:未按时披露年度报告、重大事项披露不及时、披露内容不准确等。针对发现的问题,各证监局已对公司债券发行人采取出具警示函、责令改正等行政监管措施共35项,并对16家发行人的直接责任人员采取了行政监管措施;同时根据对中介机构履职情况的延伸检查,对受托管理人采取行政监管措施6家次,对会计师事务所采取行政监管措施4家次。通过本次现场检查,债券发行人的合规意识和中介机构的履职尽责能力进一步提升。证监会将持续加强公司债券日常监管,严肃处理各类违法违规行为,不断推进交易所债券市场长期健康发展。

(3) 开展证券评级机构现场检查，提高证券评级机构执业质量

为规范证券评级业务活动，提高证券评级机构执业质量，证监会组织北京、天津、上海、深圳证监局联合沪深交易所、证券业协会及交易商协会对7家证券评级机构开展了现场检查。检查发现，部分证券评级机构存在以下问题：一是利益冲突防范机制缺失，违背独立性原则开展证券评级业务；二是评级质量控制不到位，级别上调缺乏客观依据；三是跟踪评级制度落实不到位，未关注到受评对象重大变化，跟踪评级启动不及时；四是资产证券化项目尽职调查不充分、现金流预测不审慎等。根据《证券市场资信评级业务管理暂行办法》等规定，北京证监局依法对大公国际资信评估有限公司采取责令限期整改行政监管措施，期限一年，整改期间不得承接新的证券评级业务，更换不符合条件的高级管理人员，对东方金诚国际信用评估有限公司出具监管警示函；上海证监局依法对上海新世纪资信评估投资服务有限公司出具监管警示函，对中诚信证券评估有限公司出具监管警示函。

(4) 开展审计机构基础审计程序（函证）专项检查，提高信息披露质量

会计师事务所对资本市场财务信息进行鉴证，其审计执业质量直接影响资本市场信息披露质量，其中基础审计程序的有效执行是影响审计执业质量的重要环节。函证作为一项基础审计程序，可以为会计师事务所直接从第三方获取外部证据，证明力与可靠性更强，并可为多个账户及交易的多项认定提供审计证据，对评价审计项目执业质量和审计机构执业水平具有重要意义。但近年来的监督检查发现，会计师事务所对于函证审计程序的执行情况不容乐观，个别项目甚至因此导致审计失败。为督促各证券资格会计师事务所进一步强化函证审计程序，提升审计执业质量和公信力，证监会以会计师事务所监督检查为抓手，统一组织各证监局对证券资格会计师事务所开展函证审计程序专项检查整治工作。

根据检查情况，相关证监局拟对11家会计师事务所及29人次注册会计师分别采取监管谈话、出具警示函等行政监管措施并记入诚信档案；同时，各证监局还将结合函证检查发现问题对部分项目整体执业情况进行检查，后续将视情况作出相应的处理。监管机构的有效监管是实现资本市场审计行业可持续发展的重要保障。只有严格监管下的发展，才是高质量的发展，才能有利于培育具有国际竞争力的会计师事务所。各会计师事务所应当高度重视此次函证基础审计程序专项检查发现的相关问题，举一反三，对质量控制体系存在的问题进行梳理与整改，完善基础审计程序操作指引和质量控制复核要求。证监会将继续按照依法全面从严监管理念，加大对会计师事务所的监管力度，综合运用重点打击与规范整治等手段进行全方位监管。对于此次检查反映出的业务规则不明确、函证对象不配合等问题，证监会将与有关主管部门和自律组织加强沟通，努力为会计师事务所创造良好的执业环境。

3. 加强诚信监管，促进资本市场健康发展

(1) 促进诚信建设，提升资本市场诚信水平

为深入学习贯彻党的十九大精神，全面贯彻落实中央经济工作会议和全国金融工作

会议工作部署,落实国务院《社会信用体系建设规划纲要(2014—2020年)》的工作安排,加强诚信监管,提升资本市场诚信水平,证监会资本市场诚信建设办公室根据资本市场诚信档案数据库的数据信息,对2018年资本市场诚信状况进行了统计分析。截至2018年底,证监会资本市场诚信数据库累计收录市场主体信息99.6万余条,覆盖上市公司、非上市公众公司、证券期货经营机构、证券期货服务机构、境外证券类机构和交易所驻华代表处、私募基金管理人等相关机构和人员;累计收录诚信信息42.9万余条,包括执法类信息、行政许可审批信息、监管关注信息、公开承诺信息、正面诚信信息和其他信息。同时,通过信息共享,资本市场诚信数据库收录了外部委交换信息1 285万余条。从违法失信主体情况看,2018年度存在违法失信记录的机构共1 251家。其中,上市公司相关责任主体416家、非上市公众公司相关责任主体85家、公司债券发行人30家、证券公司(含分公司和营业部)69家、基金管理公司(含从事特定客户资产管理业务的子公司)37家、期货公司(含营业部)66家、证券投资咨询机构56家、基金销售机构36家、资信评级机构6家、会计师事务所36家、资产评估机构17家、律师事务所7家、私募基金管理人259家、机构投资者104家、其他违法失信机构27家。其中,以上市公司相关主体、私募基金管理人相关主体和非上市公众公司相关主体为主,约占全部机构违法违规主体的60.8%。2018年度存在违法失信记录的个人共2 333人。其中,以上市公司相关人员(包括上市公司董监高,上市公司控股股东、实际控制人,上市公司持股5%以上个人投资者,上市公司并购重组交易对方董监高,拟上市公司董监高)为主,占比56%。从违法失信行为情况看,市场违法失信行为中信息披露违法失信行为仍然高居首位,占比50.1%,内控管理违法失信行为占比18.4%,业务经营违法失信行为占比16.4%,市场交易违法失信行为占比13.8%,其他违法失信行为占比1.3%。上市公司责任主体的违法失信行为主要是信息披露违法。

2018年,证监会坚决贯彻党中央国务院关于诚信建设的指示精神,按照社会信用体系建设总体部署,深入推进资本市场诚信建设工作。修订出台了《证券期货市场诚信监督管理办法》,推动建立健全资本市场诚信自律准则,充实和完善资本市场诚信数据库,持续落实上市公司相关责任主体联合惩戒,积极推进跨领域诚信约束,参与签订了15份联合惩戒和激励备忘录,探索创新联合惩戒新举措,对拒不缴纳罚没款当事人和不履行公开承诺的上市公司相关责任主体开展联合惩戒,限制其乘坐火车高等级席位和民用航空器,取得突出效果。

(2)强化诚信监管协同机制,丰富诚信监管工具箱

证监会积极顺应政务信息化及全国信用信息共享平台加速建设的有利形势,加速构建跨部门、跨领域、跨地区的诚信约束与协同监管大格局。总体看,以社会信用体系建设为重要依托,以失信联合惩戒与守信联合激励为核心内容,以重点领域精准奖惩为重要手段的资本市场诚信监管协同机制已基本建成,在提升监管有效性和市场诚信水平方

面发挥了越来越重要的作用。证监会充分运用诚信约束手段，让违法失信者处处受限，引导资本市场各类主体诚信经营、真实披露、合规交易。在地方层面，2018年，多个省市发展改革委、国税、海关、人力资源和社会保障、银行等部门，针对13家被证监会采取行政处罚措施的上市公司，在政府采购、补贴性资金支持、银行授信、海关认证、评优评先等多个领域依法采取54项限制性措施，让违法者付出沉重代价，实现了违法失信高成本与社会治理高效率的有机统一。

2018年，证监会新参与签署了针对政府采购、科研、公共资源交易、出入境检验检疫、知识产权、社会保险、文化等21个领域失信行为的部际联合惩戒备忘录及针对交通运输工程建设领域守信行为的联合激励备忘录，并与市场监管总局、民航局分别签署专项合作协议，对严重违法失信企业专门加强信息交流和联合惩戒。联合民航局、铁路总公司，限制逾期不履行公开承诺的上市公司相关责任主体、不缴纳证券期货行政罚没款的当事人乘坐民用航空器和火车高级别席位。截至2018年底，证监会累计参与签署诚信联合奖惩备忘录50份，资本市场诚信数据库已采集部际共享信息千万余条，涵盖司法、税务、海关、安监、市场监管等社会经济主要领域。2018年证监会行政许可审核中，对存在不良记录要求核实说明的123起，责令更换不良记录人选11起，作出不予许可决定的2起，许可申请人因此主动撤回申请的5起。对多家存在失信记录的企业作出差异化的现场检查安排，对多名存在违法失信记录的违法当事人加重处罚甚至顶格处罚。2018年6月以来，对逾期不缴纳证监会罚款、逾期不履行上市公司相关公开承诺的95名严重失信人员，在"信用中国"网站进行公示并实施"限乘限飞"，催缴罚没款1.42亿元。

4. 夯实基础制度，降低市场风险

（1）完善基础制度，推进证券市场改革

证监会认真总结我国上市公司治理的特色和经验，积极借鉴国际经验，修订发布了新版《上市公司治理准则》，推动上市公司落实新发展理念，加强党建工作，积极履行社会责任，健全治理结构，提高治理水平。新版准则受到OECD公司治理委员会等国际组织的高度关注。

证监会积极推动全国人大常委会对《公司法》有关公司股份回购的规定进行修改，会同财政部、国资委联合发布《关于支持上市公司回购股份的意见》，拓宽回购资金来源、适当简化实施程序，鼓励上市公司实施股权激励或者员工持股计划，促进公司夯实估值基础，提升风险管理能力。

为更好发挥市场机制作用，优化交易监管，减少交易阻力，增强市场流动性，证监会发布了《关于完善上市公司股票停复牌制度的指导意见》，被称为"史上最严停牌新规"实施后，A股市场停盘"顽疾"明显改观，一批长期停牌公司先后复牌，两市停牌公司已降至20家左右，停牌率在国际主要市场处于领先水平。

启动了新一轮上市公司退市制度改革，修订了《关于改革完善并严格实施上市公司退市制度的若干意见》，指导沪深交易所发布《上市公司重大违法强制退市实施办法》，明确了重大违法强制退市的具体违法情形和实施程序，新增"五大安全"重大违法强制退市情形，同时加大退市监管工作力度。

（2）提出新举措，推进并购重组市场化改革

目前资本市场已成为我国企业兼并重组的重要平台。上市公司并购重组在深化企业改革、提高公司质量、推动产业结构升级、服务实体经济发展方面发挥了重要作用。证监会深入贯彻党的十九大精神，适应经济发展新阶段特征，结合企业诉求，继续深化"放管服"改革，鼓励市场化并购，提高审核效率，大力支持产业并购，已审结项目中大多是以"同行业、上下游"资产为目标的产业并购。证监会按照国务院金融稳定发展委员会统一部署，在并购重组市场化机制方面推出一系列新举措，包括"小额快速"审核机制，按行业实行"分道制"审核，试点定向可转债并购支持上市公司发展等，以进一步激发市场活力。同时，持续强化事前事中事后监管，对于违法违规行为严肃处理，绝不姑息。

（3）纾困民营企业，及时化解股权质押风险

对于上市公司股权质押风险问题，证监会在国务院金融稳定发展委员会的统一领导下，加强上市公司股权质押监管，摸清底数、加强监测，与人民银行、银保监会等金融监管部门紧密合作，推动地方政府积极行动，按照市场化、法治化原则，分类施策、有序处置，切实守住不发生系统性金融风险的底线。上市公司积极"自救"，地方政府纷纷设立纾困基金，银行、保险等通过信贷或者发行专项产品等给予支持，证券行业成立资管计划对接项目，证券交易所发行纾困专项债券，私募基金等市场机构加入纾困队伍。在社会各界的共同努力下，当前纾困民营企业、化解股权质押风险的良好氛围和机制已经形成，相关工作正在积极推进中。

为贯彻党中央、国务院关于拓宽民营企业融资途径、缓解民营企业融资难问题的决策部署，落实国务院常务会议关于设立民营企业债券融资支持工具的决定，人民银行、证监会紧密协作，继银行间债券市场之后，交易所债券市场推出民营企业债券融资支持工具，以市场化方式支持民营企业债券融资。首批推出了江苏亨通光电股份有限公司、广州智光电气股份有限公司两单民营企业债券融资支持工具，均采用信用保护合约形式。两家公司均为上市民营企业。与此同时，为促进政策引导与市场机制相互补充，动员更多资源帮助民营企业融资，证监会鼓励和支持相关金融机构为民营企业债券发行提供信用保护工具。同日，市场机构也推出了海亮集团公司债券信用保护合约。

（4）完善跨境监管法律制度，积极推进跨境执法与合作

随着中国资本市场双向开放的不断推进，境内外资本市场互联互通程度加深，沪深港通、原油期货、铁矿石期货国际化、QFII、RQFII、外商控股证券公司和期货公司、创新企业存托凭证发行交易试点等对外开放重大举措相继推出，内外双向跨境执法合作

需求在数量和复杂程度上都有显著提升。特别是 A 股纳入 MSCI 指数后，证券及衍生品领域跨境监管合作的任务将更为繁重，当前中国证监会在跨境监管合作方面还面临着一些问题，跨境执法合作的法律基础还要进一步夯实。

2018 年 6 月 10 日，在中国与伊朗两国元首的见证下，两国证监会（证券和交易组织）在青岛签署了《证券期货监管合作谅解备忘录》。监管合作谅解备忘录的签署，对于加强双方在证券期货领域的监管交流合作具有重要的意义，标志着中伊证券期货监管机构的合作进入一个新的阶段。

2018 年在法国巴黎举行的第六次中法高级别经济财金对话期间，中国证监会与法国金融市场管理局签署了双边监管合作函，以加强双方证券期货监管机构及两国资本市场之间的务实合作，为构建紧密持久的中法全面经济战略伙伴关系作出积极贡献。合作函明确，中国证监会和法国金融市场管理局将根据当前国际经济金融形势，加强双方在市场风险防范、实体经济融资、资产管理、绿色和可持续金融、金融创新等领域的务实合作，并明确了双方未来两年的合作计划。

2018 年中国证监会与开曼群岛金融管理局正式签署《证券期货监管合作谅解备忘录》（以下简称《备忘录》）。《备忘录》的签署，有利于加强中国证监会与开曼群岛金融管理局在证券期货领域的信息交流与执法合作，标志着双方监管机构的合作进入了一个新的阶段。众多在开曼群岛注册的中国公司利用全球资本市场进行融资或上市交易。

2018 年 11 月 12 日，在国务院总理李克强和新加坡总理李显龙的共同见证下，中国证监会与新加坡金融管理局《关于期货监管合作与信息交换的谅解备忘录》在新加坡举行了正式换文仪式。这一备忘录的签署，是落实中新两国元首关于加强资本市场监管对话与合作交流重要共识的成果之一，对于进一步深化双方在期货和相关衍生品领域的监管合作具有重要的意义。

（三）保险监管的措施与成效

2018 年是中国改革开放 40 周年，也是中国保险业改革发展与监管史上具有里程碑意义的一年。2018 年 4 月 8 日，中国银行保险监督管理委员会在京揭牌，标志着新组建的中国银行保险监督管理委员会正式挂牌运行。2018 年中国保险业监管与改革秉持"稳中求进"的总基调，围绕更好地服务防范化解重大风险、精准脱贫、污染防治三大攻坚战，深入贯彻服务实体经济、防控金融风险、深化金融改革"三大任务"，加快推进新时代现代保险服务业发展，开创保险监管工作新局面。

1. 加强保险资金运用管理

为了进一步防范保险资金运用风险和深化改革，保监会、银保监会于 2018 年陆续发布了一系列政策法规（如表 5-1 所示）。这些政策法规坚持市场化改革与防范系统性风险并重的原则，体现了审慎监管理念，顺应了保险资金运用实践需求，完善了保险资金运用监管制度，为促进保险资金运用稳健发展和发挥服务实体经济的作用奠定了坚实基础。

表 5-1　2018年保监会、银保监会发布的保险资金运用相关政策法规

名称	文件号	发布时间	主旨	主要内容
《关于加强保险资金运用管理支持防范化解地方政府债务风险的指导意见》	保监发〔2018〕6号	2018-01-08	强化保险机构责任意识，支持保险机构更安全高效服务实体经济，防范化解地方债务风险。	一是积极支持保险机构依法合规开展投资；二是妥善配合存量债务风险处置；三是切实规范投资融资平台公司行为；四是审慎合规开展创新业务；五是着力强化行业风险管理；六是严格落实市场主体责任。
《保险资金运用管理办法》	保监会令〔2018〕1号	2018-01-24	规范保险资金运用行为，防范保险资金运用风险，保护保险当事人合法权益，维护保险市场秩序。	一是明确保险资金运用形式，包括资金运用的范围和模式；二是规范保险资金运用决策机制和运用流程；三是强化风险管控机制，要求保险机构健全公司治理和内部控制，切实承担各项管理职责和防范相关风险；四是明确监管机构对保险机构和相关当事人的违规责任追究。
《关于规范保险机构开展内保外贷业务有关事项的通知》	保监发〔2018〕5号	2018-02-01	规范保险机构开展内保外贷业务。	一是明确内保外贷业务开展形式；二是规范反担保主体和担保物形式；三是明确融资比例和融资用途；四是按穿透原则实施监管；五是明确禁止行为。
《关于保险资金参与长租市场有关事项的通知》	银保监发〔2018〕26号	2018-05-28	明确保险资金参与长租市场的有关要求。	一是明确参与方式与区位限制；二是明确产品设立条件；三是规范资金管理；四是明确投资的风险管理要求；五是优化产品注册机制，对于投资租赁住房项目的保险资产管理产品适用注册绿色通道。
《个人税收递延型商业养老保险资金运用管理暂行办法》	银保监发〔2018〕32号	2018-06-22	规范税延养老保险资金运用行为，实现资金的安全稳健运作和长期保值增值，促进税延养老保险试点持续健康发展。	一方面明确了税延养老保险资金运用在投资范围和比例、投资能力、投资管理、风险管理等方面，应当符合有关保险资金运用的法律、法规和监管要求；另一方面从业务条件、大类资产配置、运作规范、风险管理和监督管理等方面，对税延养老保险的资金运用提出了专门要求。
《关于保险资产管理公司设立专项产品有关事项的通知》	银保监发〔2018〕65号	2018-10-24	允许保险资产管理公司设立专项产品，发挥保险资金长期稳健投资优势，参与化解上市公司股票质押流动性风险，为优质上市公司和民营企业提供长期融资支持，维护金融市场长期健康发展。	一是设定了产品管理人条件；二是明确了专项产品的投资范围；三是强调了专项产品的退出安排；四是制定了专项产品风险管控措施；五是明确该产品不纳入保险公司权益类资产计算投资比例。

2. 完善保险资产负债管理监管规则

2018年3月,保监会发布了《保险资产负债管理监管规则》。该项监管规则是继"偿二代"之后保监会制定的又一重要监管工具,也是支持提高偿付能力监管效能的重要手段。资产负债管理监管规则主要包括能力评估规则、量化评估规则和管理报告规则。该监管规则具有三大特点:一是通过量化评估指标有效识别保险公司面临的再投资风险和现金流错配风险;二是可以比较保险公司资产负债匹配状况和管理能力高低;三是将资产端与负债端的协调联动贯穿于保险公司决策经营全过程。

2018年6月,银保监会发布了《关于印发人身保险公司〈精算报告〉编报规则的通知》(以下称新版《精算报告》)。新版《精算报告》的主要内容包括总体说明,以及责任准备金及保单相关负债报告、业务统计报告、负债与资产匹配管理报告、现金流压力测试报告等8项子报告,从责任准备金、业务发展、资产负债管理、现金流压力测试、内含价值等方面全面分析保险公司负债端情况与主要风险因素。

3. 提升保险机构公司治理有效性

2018年,银保监会持续推动保险机构健全公司治理结构,加强股权管理,规范股东行为和董事会、监事会运作,加快探索完善有中国特色的现代保险企业制度,不断提高公司治理有效性。

为加强股权监管,保监会于2018年3月修订发布《保险公司股权管理办法》,重点明确了保险公司股东准入、股权结构、资本真实性、穿透监管等方面的规范。《保险公司股权管理办法》主要包括3个方面的规则体系:一是投资入股保险公司之前的规则,包括对股东资质、股权取得方式、入股资金的具体要求。二是成为保险公司股东之后的规则,包括股东行为规范、保险公司股权事务管理规则。三是股权监督管理规则,包括对股权监管的重点、措施以及违规问责机制。

2018年7月,银保监会发布了《保险机构独立董事管理办法》,旨在通过进一步健全独立董事制度运行机制,明确主体责任,规范主体行为,强化监管约束,形成更加有利于独立董事发挥作用的内外部环境。《保险机构独立董事管理办法》对2007年保监会发布的《保险公司独立董事管理暂行办法》进行了全面修订:一是完善了制度的适用范围。二是细化独立董事设置人数与比例。三是优化了独立董事的提名及任免机制。四是明确了独立董事权利义务。五是完善了独立董事的履职保障。六是建立了独立董事履职评价机制。七是建立了独立董事履职信息公开及声誉评价机制。八是健全了对独立董事及相关主体的监督问责机制。

2018年9月,银保监会抽取50家保险法人机构开展公司治理现场评估,其中:保险集团公司1家,财产险及再保险公司28家,人身险公司20家,保险资产管理公司1家。评估发现的主要问题有七类,即股东股权行为不合规,"三会一层"运作不规范,关联交易管理不严格,内部审计不达标,薪酬管理制度不完善,信息披露不充分,自我评价不客观。

4. 强化保险产品监管

2018年2月，针对财险公司备案产品专项整治工作中发现的产品问题，保监会向19家财险公司下发监管函，对问题产品责令停止使用，并对其中情节严重的10家公司要求在三个月内禁止备案新的保险条款和保险费率（农险产品除外）。从监管函内容来看，保监会此次监管检查发现问题产品1 672个，存在的主要问题有：产品命名不规范、条款表述不清晰、违反保险原理或保险法规定、免除或减轻保险人责任的条款未作明显标示、条款适用标准引用错误、费率调整条件不明确、调整范围无上限、险种分类错误等问题。

为持续规范人身保险公司产品开发管理行为，防范人身保险产品风险，2018年5月，银保监会组织开展人身保险产品专项核查清理工作。工作重点是：严查违规开发产品、挑战监管底线的行为；严查偏离保险本源、产品设计异化的行为；严查罔顾公平合理、损害消费者利益的行为；严查以营销为噱头、开发"奇葩"产品的行为。

为了促进个人税收递延型商业养老保险试点顺利开展，规范保险公司个人税收递延型商业养老保险产品开发设计行为，2018年4月银保监会会同财政部、人力资源社会保障部、税务总局，制定并发布了《个人税收递延型商业养老保险产品开发指引》。其主要内容包括设计原则、产品要素、产品管理、名词解释四个部分，要求税延养老保险产品开发应当遵循"收益稳健、长期锁定、终身领取、精算平衡"的原则。2018年5月，银保监会发布《个人税收递延型商业养老保险业务管理暂行办法》，从经营要求、产品管理、销售管理、投资管理、财务管理、信息平台管理、服务管理、信息披露等方面对保险公司开展税延养老保险业务提出了具体要求。

5. 规范保险中介市场经营秩序

2018年2月，保监会在《保险公估机构监管规定》《保险经纪机构监管办法》《保险经纪从业人员、保险公估从业人员监管办法》的基础上，针对保险中介市场清理整顿以来市场出现的新情况以及监管面临的新环境，发布了《保险公估人监管规定》和《保险经纪人监管规定》，完善了保险中介监管制度。

《保险公估人监管规定》共8章111条，主要内容包括经营条件、经营规则、市场退出、行业自律、监督检查以及法律责任等方面。其有四个方面突出特点：一是规定经营条件；二是加强事中事后监管；三是规范了保险公估从业人员执业要求；四是新增行业自律。《保险公估人监管规定》的发布施行对进一步明确经营保险公估业务备案、优化保险公估监管体系、保护保险公估活动当事人合法权益具有重要作用，将为实现保险公估由业务许可转为业务备案提供有效制度支撑。

《保险经纪人监管规定》共8章109条，主要内容包括保险经纪人市场准入、经营规则、市场退出、行业自律、监督检查、法律责任等方面。其有四个方面突出特点：一是完善市场准入退出；二是对已取消许可的事项进行有效管理；三是促进专业化和规范化经营；四是加强消费者权益保护。《保险经纪人监管规定》巩固了简政放权改革的成果，实现了从"主要管机构"到"重点管业务"的转变，进一步规范保险经纪业务，防范风险，维护投保人、被保险人、受益人合法权益。

2018年7月，银保监会发布了《保险代理人监管规定（征求意见稿）》，重申了保险代理人的概念，将专业代理机构、兼业代理机构以及保险销售从业人员的监管要求融合为一个综合的要求，对代理人的监管更加统一。该征求意见稿从市场准入、业务许可、任职资格、从业人员、经营规则、市场退出、行业自律、法律责任对监管规定进行了明确说明。

6. 持续推进保险业对外开放

按照习近平主席在博鳌论坛上关于对外开放举措落地"宜早不宜迟，宜快不宜慢"的讲话精神，银保监会加快落实保险业对外开放举措，进一步完善保险业投资和经营环境，激发外资参与中国保险业发展的活力。

2018年2月，保监会修改《中华人民共和国外资保险公司管理条例实施细则》和《外国保险机构驻华代表机构管理办法》。主要对已取消的"设立外资保险公司相关材料公证""外国保险机构驻华代表机构设立及重大事项变更相关材料公证"所涉条文进行调整。本次修改有利于简化外资设立保险机构的程序。

2018年4月，银保监会发布《关于放开外资保险经纪公司经营范围的通知》，外资保险经纪公司在我国的业务得到了五个方面的放开：一是为投保人拟定投保方案、选择保险人、办理投保手续；二是协助被保险人或者受益人进行索赔；三是再保险经纪业务；四是为委托人提供防灾、防损或风险评估、风险管理咨询服务；五是中国银行保险监督管理委员会批准的其他业务。2018年4月27日，上海银保监局正式为韦莱保险经纪有限公司办理《经营保险经纪业务许可证》换证手续，韦莱保险经纪有限公司成为全国首家获准扩展经营范围的外资保险经纪机构。

（四）涉外金融监管的措施与成效

2018年，我国跨境资金流动总体平稳，外汇供求基本平衡。随着供给侧结构性改革的深入推进，我国经济发展内生动力将进一步增强；服务业等领域对外开放逐步深化，资本市场的国际投资者参与度继续提升，我国经常账户差额保持在合理区间，跨境资本均衡流动的基础更加稳固。外汇管理部门持续深化外汇管理改革，积极防范跨境资本流动风险，维护国家经济金融安全。

1. 深化合格机构投资者外汇管理改革，推进资本市场双向开放

2018年6月12日，国家外汇管理局发布《合格境外机构投资者境内证券投资外汇管理规定》（国家外汇管理局公告2018年第1号），人民银行会同国家外汇管理局发布《中国人民银行　国家外汇管理局关于人民币合格境外机构投资者境内证券投资管理有

关问题的通知》①（银发〔2018〕157号），完善合格境外机构投资者（QFII/RQFII）境内证券投资相关管理，进一步便利跨境证券投资。主要政策措施包括：

一是证监会许可投资境内证券市场的人民币合格投资者，应当委托其境内托管人代为办理投资额度备案和审批申请、主体信息登记等事项。同一人民币合格投资者可以委托不超过三家托管人。委托多家托管人的，应当指定一家托管人作为主报告人。

二是托管人的主报告人应当认真履行职责，严格审核人民币合格投资者资产规模、已获取的QFII额度等证明性材料，并根据人民币合格投资者或其所属集团资产境内外分布情况，按标准准确核实其基础额度及拟备案的投资额度后，于每月10日前，将人民币合格投资者投资额度备案材料集中报给外管局。

三是人民币合格投资者投资额度实行余额管理。该措施即人民币合格投资者累计净汇入资金不得超过经备案及批准的投资额度。未经批准，人民币合格投资者不得以任何形式转卖、转让投资额度给其他机构和个人使用。投资额度自备案或批准之日起1年未能有效使用的，外汇局有权收回全部或部分未使用的投资额度。

四是人民币合格投资者开立一个境外机构人民币基本存款账户。基本存款账户不得存放其在境内证券投资的相关资金。已开立基本存款账户的人民币合格投资者，应当开立人民币专用存款账户，当在托管人处开立。

五是人民币合格投资者持有的外汇衍生品头寸可以按月调整。人民币合格投资者应当根据托管人核算的境内证券投资对应的人民币资产规模情况，于每月结束后5个工作日内对持有的外汇衍生品头寸进行调整，确保符合实需交易原则。

六是未经批准，人民币合格投资者专用存款账户与其境内其他账户之间不得划转资金。未经批准，人民币合格投资者专用存款账户内的资金不得用于境内证券投资及外汇风险管理以外的其他目的。人民币合格投资者专用存款账户不得支取现金。托管人应当按规定的账户收支范围为人民币合格投资者办理资金划转手续。

2. 深化外汇管理体制改革，防范跨境资金流动风险

（1）规范保险机构开展内保外贷业务

为贯彻落实全国金融工作会议精神和党中央、国务院关于境外投资的决策部署，加强保险资金境外投资监管，完善保险资金境外投资法规，引导保险资金服务"一带一路"倡议，防范境外投融资风险，2018年2月1日，中国保监会会同国家外汇管理局发布《关于规范保险机构开展内保外贷业务有关事项的通知》（保监发〔2018〕5号）。主要内容包括：

一是明确内保外贷业务开展形式。规定保险机构开展内保外贷业务是保险集团（控

---

① 合格境外机构投资者境内证券投资外汇管理规定（国家外汇管理局公告2018年第1号）[EB/OL].[2018-06-12]. http://www.safe.gov.cn/safe/2018/0612/9320.html.

股)公司、保险公司向境内银行申请开立保函或备用信用证,由境内银行为特殊目的公司提供担保,或者保险集团(控股)公司直接向特殊目的公司提供担保,以获得境外银行向特殊目的公司发放贷款的融资行为。

二是规范反担保主体和担保物形式。规定内保外贷业务提供反担保的主体为保险集团(控股)公司,可以采用保证担保或资产抵(质)押的方式提供反担保。资产抵(质)押方式应当使用资本金、资本公积金和未分配利润等自有资金形成的资产。明确担保物的负面清单,即不得将责任准备金等负债资金形成的资产以任何形式用于提供担保或反担保。

三是明确融资比例和融资用途。保险机构开展内保外贷业务实际融入资金余额不得超过其上个季度末净资产的20%,并纳入融资杠杆监测比例管理。内保外贷融入资金仅用于特殊目的公司的投资项目,并符合国家关于境外投资的政策导向和相关要求,遵守中国保监会关于保险资金境外运用的相关政策。

四是按穿透原则实施监管。要求保险机构遵循穿透原则,确认投资项目或投资项目的底层资产所属大类资产类别,在合并报表基础上合并计算境内外投资比例,同时要求境外投资托管人遵循穿透原则,对境外投资项目进行估值和会计核算,合并进行投资运作监督。

五是明确禁止行为。从严要求保险机构所投资的项目及其底层资产不得违反国家宏观调控政策、产业政策和境外投资政策;要求专款专用,禁止保险机构将内保外贷融入资金用于除特殊目的公司的投资项目以外的业务,或向第三方发放贷款;不得变相开展内保外贷业务,在境外获得信用贷款,禁止进行套利或非法的投机性交易等行为。[①]

(2)完善远期结售汇业务

为进一步深化外汇市场发展,2018年5月7日,国家外汇管理局发布《国家外汇管理局关于完善远期结售汇业务有关外汇管理问题的通知(汇发〔2018〕3号)》(以下简称《通知》),就完善远期结售汇业务有关外汇管理问题通知如下:

一是银行为客户办理远期结售汇业务,在符合实需原则前提下,到期交割方式可以根据套期保值需求选择全额或差额结算。差额结算的货币为人民币,用于确定轧差金额使用的参考价应是境内真实、有效的市场汇率。

二是银行为客户办理差额交割远期结售汇业务,纳入结售汇综合头寸管理,并按照《国家外汇管理局综合司关于调整银行结售汇统计报表有关问题的通知》(汇综发〔2017〕4号)规定报送相关报表。

三是银行应提高业务创新和管理水平,积极支持客户做好外汇风险管理,同时完善

---

① 中国保监会 国家外汇管理局关于规范保险机构开展内保外贷业务有关事项的通知(保监发〔2018〕5号)[EB/OL].[2018-06-12]. http://bxjg.circ.gov.cn/web/site0/tab5216/info4099382.htm.

客户风险教育，引导树立风险中性理念，合理、审慎开展外汇衍生品业务。

远期结售汇业务是目前国内外汇市场最基础和主要的衍生产品，《通知》从丰富交易机制的关键环节入手，继2016年放开远期结汇差额交割后，允许远期售汇到期交割方式根据实际需求选择全额或差额结算，至此远期结售汇在市场定价、交割结算、风险管理等方面完全实现了市场化。①

3. 便利境外承包工程外汇收支，支持优质企业"走出去"

为推进"一带一路"倡议，支持企业"走出去"，营造良好营商环境，2018年，国家外汇管理局多措并举，研究解决承包工程项下境外账户使用有关问题，切实提升境外承包工程外汇收支便利化水平，积极支持优质承包工程企业参与"一带一路"建设。

一是深入企业摸底，找准问题症结。通过对全国37家重点承包工程企业进行摸底调研，了解企业政策需求。如承包工程企业在境外按工程项目开立外汇账户，对于大型承包工程企业来讲，在境外某一国家（地区）会有多个项目，开立账户数量从数十个到几百个，境外资金使用往来难免存在不便，且有较高的管理成本。同时，部分承包工程企业在境外实施工程项目期间，从其境内子公司采购设备用于项目建设，而设备款由境外承包工程企业统一从境外收取，导致子公司出现只出口设备不收汇的问题。

二是发布业务问答，强化政策指导。针对企业提出的问题，积极研究解决方案。通过国家外汇管理局政府网站及网上服务平台发布业务问答，明确承包工程企业可通过境外账户的合并变更境外账户收支范围。允许承包工程企业对工程款和设备款的收汇分别进行申报，并由收汇企业向所在地外汇管理部门提交情况说明等材料进行贸易主体不一致报告，便利企业境外集中调配资金。

三是优化外汇服务，提高便利程度。深化"放管服"改革，不断改进和优化外汇管理服务，助力我国与"一带一路"沿线国家（地区）经贸交往。据承包工程企业反馈，境外账户的合并使企业能够更好地实现资金统筹安排、合理使用，从而提高资金使用效率，降低货币汇兑风险。

4. 服务实体经济，深入推进"放管服"改革

（1）发布《"一带一路"国家外汇管理政策概览》

为积极促进"一带一路"国际合作，向市场主体提供政策参考，2018年7月，国家外汇管理局"一带一路"国家外汇管理政策研究小组发布《"一带一路"国家外汇管理政策概览》（以下简称《概览》）。《概览》在综合国际货币基金组织《汇兑安排与汇兑限制年报（2016）》与相关国家外汇管理部门官方网站资料的基础上，从经常项目外汇管理、资本和金融项目外汇管理、个人外汇管理、金融机构外汇业务管理等方面对

---

① 国家外汇管理局关于完善远期结售汇业务有关外汇管理问题的通知（汇发〔2018〕3号）[EB/OL]. [2018 – 05 – 07]. http：//www.safe.gov.cn/yunnan/2018/0507/465.html.

"一带一路"国家外汇管理政策情况进行了编译和梳理。《概览》国家名单来源于中国"一带一路"网（www.yidaiyilu.gov.cn），大体按照东亚、东南亚、南亚、中亚、西亚、非洲、欧洲的地域顺序进行排序。

《概览》旨在贯彻落实党的十九大关于对外开放的战略部署，为参与"一带一路"贸易投资活动的银行、企业等市场主体提供更丰富的参考信息，推动实现政策沟通、设施联通、贸易畅通、资金融通、民心相通，让"一带一路"更好地造福沿线各国人民。①

（2）继续开展外汇管理法规清理

为深入推进"放管服"改革，便利市场主体更好地了解执行外汇管理政策法规，促进贸易投资便利化。2018年，国家外汇管理局宣布废止和失效17件规范性文件并修改部分法规条款。宣布废止和失效的17件规范性文件涉及进口付汇、服务贸易、外债、国际收支申报、结售汇周转头寸、结汇统计等多项业务以及金融机构、企业、个人等多类主体的外汇管理，因管理内容改变、适用期已过或调整对象已消失而宣布废止或失效。

为方便社会公众查询使用，国家外汇管理局更新了《现行有效外汇管理主要法规目录》（以下简称《目录》），并在政府网站公布。更新后《目录》共收录截至2018年12月31日发布的外汇管理主要规定220件。按照综合、经常项目外汇管理、资本项目外汇管理、金融机构外汇业务监管、人民币汇率与外汇市场、国际收支与外汇统计、外汇检查与法规适用、外汇科技管理8大项目分类，并根据具体业务类型分为若干子项。本次新增入《目录》文件主要涉及对外金融资产负债及交易统计制度、贸易信贷统计调查等。今后，国家外汇管理局将继续贯彻落实党中央、国务院工作部署，深化外汇管理改革，深入开展重点领域立法和文件清理工作，便利银行、企业、个人等了解和使用外汇管理法规，提升服务实体经济水平，促进贸易投资自由化便利化。②

5. 修订相关制度，完善贸易信贷、对外金融资产负债统计

（1）修订《贸易信贷调查制度》

为进一步规范贸易信贷统计调查工作，便于国家外汇管理局及申报主体更准确地理解贸易信贷申报的具体要求，国家外汇管理局对《贸易信贷调查制度》进行修订。2018年6月20日，发布国家外汇管理局关于印发《贸易信贷统计调查制度》的通知（汇发〔2018〕8号）。并制定出台《贸易信贷统计调查业务指引（2018年版）》（以下简称《指引》），重点明确了贸易信贷相关概念、进一步完善了制度相关细节，对准确评估国际收支状况、合理促进国际收支平衡具有重要意义。③

---

① 国家外汇管理局"一带一路"国家外汇管理政策研究小组发布《"一带一路"国家外汇管理政策概览》［EB/OL］．［2018-07-30］．http：//www.safe.gov.cn/safe/2018/0730/9730.html．

② 国家外汇管理局更新发布《现行有效外汇管理主要法规目录》［EB/OL］．［2019-01-18］．http：//www.safe.gov.cn/safe/2019/0118/11211.html．

③ 国家外汇管理局关于印发《贸易信贷统计调查制度》的通知（汇发〔2018〕8号）［EB/OL］．［2018-06-20］．http：//www.safe.gov.cn/safe/2018/0620/9373.html．

本次贸易信贷调查制度的修订主要是对现行制度的局部调整。修订内容主要包括五个方面：

一是修改制度名称。在制度名称中增加"统计"二字，更名为《贸易信贷统计调查制度》，以突出贸易信贷调查的统计意义。

二是修改申报主体确定原则。规范执行"谁进行贸易收付款，谁申报"。

三是调整调查表相关概念表述。进一步明确"贸易信贷"的概念，将概念中"中国大陆境内的对外贸易经营者与境外（含中国香港、澳门和台湾地区）进出口商之间，因货物进出口而产生的应收/预收款和应付/预付款"修改为"中国境内的对外贸易经营者与境外主体（含港、澳、台地区）进行货物贸易交易时，由于货物的资金收付时间与货物所有权发生转移的时间不同而产生的应收/预收款和应付/预付款"，扩大覆盖范围；更准确地描述"离岸转手买卖"的概念，将"但该货物始终未进出我国国境（含海关特殊监管区域）的交易"修改为"但该货物始终未实际进出我国关境（含海关特殊监管区域）的交易"，概念的清晰界定为贸易信贷申报夯实基础。

四是修改调查表指标解释。将"主要出口国家及地区"中"调查对象出口货物的主要交易对方所属国家及地区"修改为"调查对象出口货物的主要交易对方注册地所在国家及地区"；将"由于税费、溢短装、汇率折算、轧差结算、无须收款等各类账务处理"修改为"由于汇率折算、核销坏账、无须收款等各类账务处理"；将"第一投资方国别及投资方占比"修改为"第一投资国国别及占比"，将同一国家的投资作为整体考虑，切实提高申报质量。

五是《指引》规定企业进行贸易信贷统计申报遵循的原则为权责发生制，并要求企业严格按照贸易信贷统计口径开展统计，不应申报非货物贸易或与境内主体发生的货物贸易。

（2）修订《对外金融资产负债及交易统计制度》

为进一步完善对外金融资产负债及交易统计，国家外汇管理局对2016年6月印发的《对外金融资产负债及交易统计制度》进行了修订。2018年11月，发布国家外汇管理局关于印发《对外金融资产负债及交易统计制度》的通知（汇发〔2018〕24号）。主要修订内容如下：

一是新增"居民持有境外上市红筹企业股权""债券通""QDLP""QDIE"等业务类型。该调整涉及B01表、B06表、H02表。

二是在部分报表中增加指标以满足新增数据需求。在Z01表增加"全球法人机构识别编码"（"LEI编码"）指标，在A01-1表中补充采集SPV或壳机构的名称、代码以及所属部门信息，在D02表中增加"债务人名称""签约金额""资金用途""原始放款天数""到期日"五项指标。

三是修改E01表表式，扩充货物及服务贸易项下交易项目，参照《涉外收支交易分类与代码》细化"交易代码"。

四是进一步细分投资者（被投资者）所属部门和行业。在 A01、A02 表"境外（被）投资机构所属行业"中增加"不动产"和"为住户服务的非营利机构"选项。将各表投资者（被投资者）所属部门类别由五类拓展为九类。

五是调整部分指标名称。修改 A 表中关于"全体股东"的表述，统一 B 表、H 表中与投资工具类型相关指标的名称，将部分报表中"发行主体与本机构的关系"修改为"发行主体与本机构/被代理人/委托人的关系"，调整 I 表中申报主体不易理解的个别指标。

六是变更各表"填报机构"相关表述。将"填报机构""机构（单位）""填报单位"调整为"申报主体"，将"机构代码"调整为"申报主体代码"。

七是其他调整。调整 D04、D08、H02 表表名，使其与报表统计内容一致。调整附录中现钞提取对应 MCC 码的归类。不再列示《境外上市非金融企业参考名录》，采用随时更新并将对应企业纳入申报的方式进行。[①]

6. 严厉打击地下钱庄，维护外汇市场秩序

2018 年，国家外汇管理局深入贯彻落实党中央、国务院决策部署，配合中国人民银行、公安部继续开展打击利用离岸公司和地下钱庄转移赃款专项行动，持续加大地下钱庄打击力度，严惩企业和个人参与地下钱庄非法买卖外汇的行为，压缩地下钱庄生存空间，封堵外汇资金非法跨境通道。

一是加强跨部门协同配合，始终保持对地下钱庄的高压打击态势。2018 年，外汇局系统协助公安机关共破获地下钱庄 70 余起，涉案账户资金交易流水逾千亿元人民币。

二是严惩地下钱庄交易对手，挤压地下钱庄生存空间。经营地下钱庄属违法犯罪，客户与地下钱庄交易同样也属违法。对此，外汇局在严打地下钱庄的同时，也加大了对地下钱庄"客户"的查处力度。2018 年，外汇局共查处地下钱庄交易对手案件 1 400 余起，共处罚款 2.3 亿元人民币，有力惩治并震慑了地下钱庄的客户群体，进一步挤压了地下钱庄的生存空间。

三是加强对金融机构的监督与检查，封堵地下钱庄资金通道。地下钱庄大多通过构造虚假欺骗性交易并"伪装"成合法交易，利用金融机构进行资金结算和汇兑。对此，近年来外汇局加大了对金融机构和第三方支付机构的监督和检查力度，强化其"了解客户、了解业务、尽职审查"职责，严打虚假欺骗性交易。

四是完善线索排查、移送和会商机制，提高打击效能。外汇局加强了与人民银行、海关等部门的信息共享，充分借助和发挥各方监管资源优势，强化对地下钱庄线索的全

---

① 国家外汇管理局关于印发《对外金融资产负债及交易统计制度》的通知（汇发〔2018〕24 号）［EB/OL］.［2018－11－07］. http://www.safe.gov.cn/safe/2018/1107/10643.html.

面排查和精准锁定，拓展地下钱庄线索来源。在此基础上，完善与公安机关的线索移交和会商机制，将地下钱庄线索移送公安机关查办。

五是坚持政策宣传和警示教育，强化社会公众对地下钱庄的防范意识。具体做法是，充分利用线上各类新闻媒体、线下各个银行网点，多渠道宣传外汇管理政策和地下钱庄典型案例，以促进社会公众合规办理外汇业务，提高对地下钱庄非法性和风险性的认识。2018 年，公开通报 18 起个人有组织或参与地下钱庄交易典型案例，警示市场主体合规办理外汇业务。[①]

二、2018 年我国金融监管面临的挑战

(一) 银行监管存在的问题

1. 银行业违规现象屡禁不止，合规意识亟须增强

在前几年相对宽松的发展环境下，我国银行业资产规模迅速扩张，在实现了高盈利的同时也埋下了不少风险隐患，主要表现在表外业务不断壮大、资金脱实向虚、同业和理财业务违规操作等。

2018 年初发布的《2018 年整治银行业市场乱象工作要点》列出了 8 个方面、22 项重点整治领域，包括公司治理不健全、违反宏观调控政策、影子银行、交叉金融风险等，对每一项都有详细的阐释。虽然银行业近两年来加大科技投入，充分发挥大数据、云计算、人工智能等先进技术理念在内控建设中的作用，提升"机防"水平。尽管如此，银行违规现象屡禁不止，风险案件仍时有发生，成为各家银行头痛的顽疾。究其原因，一方面是内控制度不健全，尤其是基层机构管理不严，对分支机构既存在多头管理，又存在管理真空。特别是印章、合同、授权文件、营业场所、办公场所等方面管理混乱，为不法分子从事违法犯罪活动提供了可乘之机。另一方面是内部员工法纪意识、合规意识、风险意识和底线意识薄弱，有的甚至丧失了基本的职业道德和法制观念，经营理念偏差，考核激励不审慎，过分注重业绩和排名，对员工行为疏于管理等。

2. 银行业主要业务偏离本源，资金"脱实向虚"

在利率市场化，资本约束趋严的背景下，传统存贷款模式的盈利空间不断收窄，实体经济的风险不断蔓延至银行业，但是却并未使得银行业得到相应的回报率，银行业为内生增长必须谋求转型，更倾向于将资源投放高收益的其他领域，偏离了服务实体经济的主干线。

银行新型转型类业务蓬勃发展。自从利率市场化改革加速以来，不少银行以往以存定贷的模式转变成为了主动负债模式，且当前大部分银行面临"负债荒"，以交易型业

---

① 外汇局肖胜：坚定不移铲除地下钱庄"毒瘤" [EB/OL]. [2019 - 01 - 23]. https：//baijiahao. baidu. com/s? id = 1623440072728213928&wfr = spider&for = pc.

务、投行类业务、委托贷款为代表的新型转型类业务发展迅猛,个别银行表外业务规模超过表内。银行理财业务规模不断扩大,尤其是同业业务。银行同业专属理财产品占比不断提高,同业存单的规模也不断攀升,资金空转迹象明显。

我国金融行业增加值占国内生产总值的比例已达高位,长期高速发展,已经滋生出了不少风险与隐患,其中影子银行是资金脱实向虚的罪魁祸首,给银行传统业务带来了不少挑战,各种金融产品层层嵌套,业务模式较复杂,资金越发地偏离服务实体经济和防范金融风险的轨道。

3. 银行业一些机构股权关系不透明不规范,公司治理存在不足

目前银行业一些机构股权关系不透明不规范,涉及治理理念的问题,主要体现在:公司治理制度形同虚设,执行流于形式,公司治理运作"形似而神不似"。一些公司从股东到高管,各利益相关方未形成正确的治理理念,特别是大股东、董事会、管理层没有养成权力制衡、监督制约的习惯,制衡机制薄弱,治理边界不清,治理驱动力不足,对自身的治理状况缺乏清晰的认识。这些问题在中小银行更为突出,中小银行涉及的公司治理问题主要有以下几类。

(1) 中小银行董事会结构和运作的主要症结在于股权过于集中,地方政府干预过多。一些中小银行由于脱胎于城市信用社,不可避免地带有地方行政色彩,"三会一层"的治理结构虽然早已建立,但公司治理机制的作用没有充分发挥,距离决策科学、管理严密、经营审慎还有一定差距。

(2) 公司治理起源于所有权与经营权的分离,实质是为实现企业所有者与经营者之间权力与责任的合理配置和有效制衡而建立的一系列制度体系。但在存在政府干预的情况下,一些城商行的董事会并不享有采取上述制衡措施的权力,人事任免和薪酬激励很大程度上由政府相关部门确定。这就扭曲了公司治理本质上的制衡关系和架构。

(3) 即使引入战略投资者后,也较容易被个别股东所控制。在实际经营过程中,个别企业独立控制银行后,银行便成为个别股东的"钱罐子"。

(二) 证券监管中存在的问题

2018年,证监会全年作出行政处罚案件数量同比增长38.39%,罚没款金额同比增长42.28%,市场禁入同比增长13.64%,可见,行政处罚案件数量、罚没款金额等持续增长,证券领域违法犯罪行为依然猖獗,这反映了证券监管中存在的问题依然十分突出。

1. 证券领域针对违法违规行为的处罚滞后期长,犯罪成本低

从2018年行政处罚案件的种类来看,内幕交易类案件、信息披露违法类案件和操纵市场类案件的数量依然处于前三位,呈现"按下葫芦浮起瓢"之态势。这些证券市场违法犯罪案件长期保持较高比例,反映了现有处罚力度较小,不足以对犯罪分子形成威慑作用。处罚力度小主要表现在两个方面:

一是针对违法违规行为的处罚滞后期长，威慑效应不明显。从现有行政处罚案件披露的情况看，一般在证券市场违法行为发生之后3年甚至更长时间才受到惩处，对违法行为的打击不够及时。例如，2018年处罚的信息披露违法类案件中，金亚科技通过虚构客户、伪造合同等方式虚增利润总额8 000余万元，并虚增银行存款约2.18亿元，虚列预付工程款3.1亿元，导致其2014年年度报告存在虚假记载；上海普天为弥补利润缺口、完成利润指标，与多家公司进行虚假交易，虚增利润总额近1 000万元，导致其2014年年度报告存在虚假记载等。上述上市公司出于不法目的，通过各种造假手段在信息披露文件中虚假记载，掩盖业绩真相，情节恶劣，证监会依法予以严厉查处，但是查处时间离事件发生时间过去了3~4年，处罚滞后期过长。

二是犯罪分子所受处罚与其获得的收益相比微不足道，违法成本太小，无法形成有效的打击作用。这些内幕交易和操纵股票等违法行为背后的收益通常是巨大的，对于违法者几十万元的罚款金额与其获得的收益相比显得微不足道。在行政处罚中，除少数行为外，大多处3万~60万元行政罚款；构成犯罪的，最高只能处十年有期徒刑，不少犯罪甚至只能处5年或3年以下有期徒刑或拘役。欺诈发行，对直接主管或责任人员仅处3万~30万元罚款；构成犯罪的，仅处5年以下有期徒刑或拘役。与其违法性质相当、危害范围更小的集资诈骗罪最高可处无期徒刑。违规举牌只能按《证券法》第一百九十三条违规披露、不披露信息行为处30万~60万元罚款，行为人仅需缴纳极少罚款就可获得上市公司控制权。由于法律责任太轻，即使按照法律规定顶格处罚，也难以有效震慑违法违规行为。

2. 证券监管法律法规不完善，不利于遏制违法违规行为

一是现有证券监管法律法规不够完善，难以对证券市场现有的交易行为形成有效约束。2018年，证监会及相关部门先后发布或修订发布《关于规范债券市场参与者债券交易业务的通知》《上市公司创业投资基金股东减持股份实施细则》《养老目标证券投资基金指引（试行）》《上市公司重大违法强制退市实施办法》《外商投资证券公司管理办法》《证券发行与承销管理办法》《关于改革完善并严格实施上市公司退市制度的若干意见》《证券期货经营机构私募资产管理业务管理办法》《证券期货经营机构私募资产管理计划运作管理规定》等数十项证券法律法规，但是这些法律法规的发布或修订发布并没有减少证券领域违法犯罪案件的发生，诸如中介机构违法类案件、私募基金领域违法案件、短线交易案件、从业人员违法违规案件以及编造传播虚假信息、超比例持股未披露、法人非法利用他人账户、期货市场违法等类型案件时有发生。

二是随着资本市场的发展，新的证券交易行为和新的证券产品不断出现，新型违法违规行为时有发生，监管的灰色地带频现。由于缺乏法律禁止规定，这些行为往往处于监管灰色地带，无法作为违法或犯罪处理，难以抑制相关违法违规行为。例如，2018年下半年愈演愈烈的上市公司股权质押问题，一旦爆雷，后果不堪设想。再如欺诈发行股

票、债券以外证券产品行为,利诱、胁迫中介机构及从业人员提供虚假证明文件行为,保荐人故意提供虚假证明文件行为,"蛊惑交易"等新型操纵证券市场行为,因法定职责可以获取上市公司内幕信息或影响市场指数政策的有关主管部门、监管机构工作人员泄露信息或买卖证券行为等。此外,尚未就证券欺诈行为建立完善的民事赔偿、追责体系,导致投资者追责难度大、维权成本高、获赔金额少,极大降低了违法违规主体民事责任。

3. 证券监管整体效率偏低,不利于证券市场健康发展

一是证券监管信息化水平偏低,对市场违法违规信息不能第一时间响应。我国在监管证券市场时,技术相对落后,没有采用当前最先进的信息技术,在证券市场信息获取方面往往落后于市场参与者。当前互联网和自媒体成为主要传播途径,信息由"广场式"公开散布转变为"茶坊式"社交网络集聚后多向、网状传播,扩散速度快。如果证券监管部门不能及时掌握违法违规信息并进行处罚的话,信息的传播或者引发股价大幅波动,或者危害广大中小投资者,危害后果加深。信息领域的违法手法和形式多样化,案发领域由证券市场向期货市场蔓延,信息种类由个股信息向监管政策蔓延。这些信息经有关媒体网站转发后迅速传播,严重扰乱市场秩序,社会影响极为恶劣。

二是证券监管部门人员业务能力有待提升,执法权限有待加强,执法效率有待提高。在证券监管机构获取违法违规行为的相关信息以后,应该能够及时作出反应,采取执法措施,迅速完成调查取证,以最快的速度发布处罚令。但是,从2018年的所有处罚案件来看,整体滞后期都在2~3年。从案件发生到受到处罚,中间要经过几个环节,其中调查取证的时间可能比较长,这与证券监管部门执法权限和执法效率关系极大。

(三)保险监管存在的主要问题

1. 保险公司流动性风险监管规则不完善

保险公司的业务活动具有典型的负债性,如果发生集中退保、巨灾赔付、投资亏损、资产负债不匹配、缺少合理融资渠道等问题,将会产生流动性短缺,进而造成偿付能力不足。因此,流动性风险是影响偿付能力的重要因素之一。《保险公司偿付能力监管规则第12号:流动性风险》将流动性风险定义为"保险公司无法及时获得充足资金或无法及时以合理成本获得充足资金,以支付到期债务或履行其他支付义务的风险"。

在我国第二代偿付能力监管制度体系中,《保险公司偿付能力监管规则第12号:流动性风险》于2015年作为一个独立的监管规则发布实施,对保险公司建立流动性监管指标和压力测试制度,健全流动性风险管理体系提出了明确的指引。近年来,随着保险市场改革、创新不断深化,不同类型保险公司在业务模式、复杂程度、资产负债结构等方面的差异逐步显现,对流动性风险管理提出了更高的要求,流动性风险监管规则中的不完备之处也逐渐显现,主要体现在以下几个方面:

一是监管指标无法准确反映保险公司流动性状况。《保险公司偿付能力监管规则第

12号：流动性风险》中的流动性风险监管指标包括净现金流、综合流动比率和流动性覆盖率。由于计量期限与统计口径的问题，可能会出现净现金流、综合流动比率的测算结果与保险公司流动性现实状况不相符合的情况。例如，净现金流反映保险公司报告期的净现金流量，以及在基本情景和压力情景下，未来一段期间内的净现金流量。当保险公司当期资产部分用于投资时，净现金流测算结果大概率为负数，但此时保险公司并未出现流动性不足的问题。又如，综合流动比率＝（现有资产的预期现金流入合计/现有负债的预期现金流出合计）×100%。当续期保费的数额较大时，该指标的测算结果为负数，但实际上保险公司流动性正常。

二是监管工具不能充分发挥识别和预警作用。流动性监管的核心目的是引导保险公司加强流动性管理，通过预先识别、预测流动性风险，及时采取措施提高流动性水平。按照目前的监管标准，我国大多数保险公司都能够达标。但是，这种监管标准的前提假设是，一旦出现流动性不足，保险公司可以不受限制地将资产处置变现。但在实践中，保险公司的资产结构往往较为复杂，快速变现难以实现。因此，保险公司必须在日常经营活动中从资产端、负债端同时审视自身的流动性风险状况。然而，现有的监管工具缺乏监测指标，缺少对保险公司流动性风险水平的日常监控管理。

三是监管标准没有考虑保险公司的差异性。保险公司的规模、主营业务类别等特征都会影响保险公司的流动性。2018年，我国人身险公司合计现金及等价物净增加额189.85亿元，较2017年－275.41亿元的水平同比大幅增加。其中，大型公司2018年合计经营性净现金流6 438.71亿元，同比多流入727.83亿元，带动人身险行业经营性现金流实现正增长。个别中小公司转型基础较差，趸缴业务占比较高，存量业务退保压力较大，叠加中短存续期业务受到严格管控后业务收入大幅下降，经营活动净现金流出金额较大。2018年，86家财产险公司披露年度报告，合计经营性现金流出1 024.24亿元，同比多流出722.54亿元。当前，车险市场竞争激烈、增速整体下滑、手续费居高不下；非车险市场集中度增加、业务风险管控难度较大，部分财产险公司持续承保亏损，导致现金流承压。同时，应收保费大幅增长，减少经营性现金流入，27家公司应收保费增幅超40%。另外，个别公司保户储金及投资款大幅净流出。[①] 由此可见，规模大的保险公司由于管理上具有规模经济，其流动性更充足；中小型保险公司的流动性风险更加显著。此外，财产保险公司现金流压力大于人身险公司。然而，《保险公司偿付能力监管规则第12号：流动性风险》对保险公司采用统一的监管规则，并没有考虑保险公司的差异性。

2. 关联交易监管制度不健全

为了规范保险公司关联交易行为、提高风险防范能力、维护保险公司和消费者利

---

① 中国保险业风险评估报告2019发布［EB/OL］．［2019－07－29］．https：//insurance.hexun.com/2019－07－29/198013799.html．

益,保险监管部门针对保险公司关联交易出台了一系列政策法规。以 2007 年发布的《保险公司关联交易管理暂行办法》为基础,原保监会分别于 2008 年、2015 年、2016 年、2017 年下发四份通知①,对原暂行办法进行了补充与完善。2018 年 5 月,银保监会发布了《保险公司关联交易管理办法(征求意见稿)》。然而,随着保险公司关联交易种类愈渐增多、规模愈渐扩大,关联交易的隐蔽性与复杂性愈渐加剧,通过违规关联交易进行利益输送问题已成为行业乱象之一。保险公司关联交易监管制度中的一些不足之处也显现出来。

一是监管规则不统一。一方面,《公司法》、《保险法》、《商业银行法》、《证券法》、《信托法》等法律法规都对关联交易作出了相关规定;另一方面,在分业监管的大背景下,保险公司关联交易还同时面临财政部、银保监会、证监会等多重监管。这些法律和规定对关联交易的界定与审核标准不一致,监管规则不统一,容易产生监管真空与盲点,造成监管套利,增加监管难度。

二是内控制度存在缺陷。我国保险公司都已建立了"三会一层"的法人治理结构,但是监督制衡机制在实践中并没有充分发挥作用。法人治理往往依靠少数股东的决策,独立董事、监管没有充分发挥监督纠察职能,存在"内部人控制"和"大股东对中小股东的隧道挖掘"的现象,关联交易背后潜藏着一些不容忽视的问题。例如,股东通过隐藏实控人、隐瞒关联关系、股权代持等隐性行为规避监管审查,谋求对保险公司的控制权和主导权;通过错综复杂的交易结构或股权关系掩饰关联方;通过关联交易输送利益;关联交易资金运用比例"超标"。

三是监管的穿透性不足。近年来,关联交易变得错综复杂,交联交易的隐蔽性增强。特别值得关注的是,保险集团内复杂的控股关系和资金往来关系使得关联交易的识别和鉴定变得更为困难。由于监管规则没有明确规定保险公司对子公司的关联交易管理职责,导致部分实际控制人以保险公司子公司作为"资金中转站",绕道获取保险资金,规避关联交易审查。个别保险公司通过设立非金融子公司或者层层嵌套的金融产品,向关联方输送利益,把保险公司当成"提款机",引发重大风险。

3. 互联网保险消费者权益保护机制滞后

互联网保险产品的出现与普及,不仅使保险服务效率得到提高,也增强了保险业创新活力。但是,随着行业加快转型,我国互联网保险消费者权益保护机制却存在一定滞后性,使互联网保险在销售、理赔、维权等方面暴露出了诸多问题。

2018 年,银保监会及其派出机构共接收互联网保险消费投诉 10 531 件,同比增长

---

① 《中国保监会关于执行〈保险公司关联交易管理暂行办法〉的通知》(保监发〔2008〕88 号)、《中国保监会关于进一步规范保险公司关联交易有关问题的通知》(保监发〔2015〕36 号)、《中国保监会关于进一步加强保险公司关联交易信息披露工作有关问题的通知》(保监发〔2016〕52 号)、《关于进一步加强保险公司关联交易管理有关事项的通知》(保监发〔2017〕52 号)。

121.01%。其中，涉及财产保险公司 8 484 件，同比增长 128.25%；涉及人身保险公司 2 047 件，同比增长 95.32%；其主要反映销售告知不充分或有歧义、理赔条件不合理、拒赔理由不充分、捆绑销售保险产品、未经同意自动续保等问题。互联网保险消费投诉量居前 10 位的为：众安在线 2 144 件，同比增长 70.16%；安心财险 1 634 件，同比增长 670.75%；泰康在线 1 413 件，同比增长 267.97%；人民健康 849 件，同比增长 3 437.50%；平安财险 548 件，同比增长 51.80%；国泰财险 359 件，同比增长 435.82%；天安财险 337 件，同比增长 1 023.33%；人保财险 298 件，同比增长 8.36%；新华人寿 257 件，同比增长 403.92%；易安财险 213 件，同比增长 326.00%。①

从监管层面来看，造成互联网保险消费者权益保护机制滞后的主要原因如下：

一是监管力度不足。在互联网保险机构的市场准入标准上，多为管理方面的原则性要求，没有硬性监管要求，使得互联网保险市场的主体资质良莠不齐。互联网保险产品的监管上，采取事后报备的监管方式，没有严格的审核批准制度，导致一批保险产品披着"创新"的外衣违规上架。在互联网保险风险的监管上，没有建立风险识别、监测与处理规则，容易造成风险的累积，侵害消费者的权益。

二是监管内容不全面。缺乏对消费者的个人信息保护的监管，未明确提出保险公司对消费者信息负主要保护责任的监管要求，使得消费者直接面临信息泄露的风险。在互联网保险消费者维权方面，监管部门对消费者维权方式、维权成本以及维权流程未给出明确解决方案，加之目前我国缺少专门的保险纠纷解决处理机制，这些造成互联网保险消费者维权不便。

三是监管缺乏针对性。监管部门没有针对互联网保险消费者知情权、个人信息权、资金安全权等制定具体的监管规则，没有针对这些具体的消费者权利对保险机构进行详细的行为要求。现有的监管内容较为笼统，仅从整个行业的宏观视角制定政策，失信惩戒机制缺失，使得监管缺乏实质性的效果。

（四）涉外金融监管中存在的问题

2018 年，外汇局坚持推改革与防风险并举，服务于改革开放，稳妥有序推动金融市场双向开放，支持实体经济发展；同时严厉打击外汇违法违规活动，维护国家涉外经济金融安全。但与此同时由于新形势下外汇管理与外汇政策的调整，涉外金融监管中仍存在以下一些问题。

1. 境外投资管理模式尚待完善

一是境外投资长效联合工作机制亟待完善。随着"放管服"改革的深化，以备案制为核心的境外投资管理框架初步建立，境外投资管理重心由事前转向事后。在事中事后

---

① 中国银保监会办公厅关于 2018 年度保险消费投诉情况的通报 [EB/OL]．[2019 - 03 - 08]．http：//www.cbirc.gov.cn/chinese/home/docView/89B31D5C29F14571A90E903EBF5BA5AE.html.

监管能力仍需强化的情况下，项目真实性审查、虚假投资甄别、限制非理性投资等问题逐渐显现，后续监管难度加大。

二是境外投资行政法规亟待整合。目前，境外投资的管理涉及多个部门，涉及的法规包括《境外投资管理办法》（商务部 2014 年第 3 号令）、《国家外汇管理局关于进一步简化和改进直接投资外汇管理政策的通知》（汇发〔2015〕13 号）、《企业境外投资管理办法》（发展改革委 2017 年第 11 号令）、《国有企业境外投资财务管理办法》（财资〔2017〕24 号）、《民营企业境外投资经营行为规范》（发改外资〔2017〕2050 号）、《关于进一步引导和规范境外投资方向的指导意见》（国办发〔2017〕74 号）等。上述对外投资法规基本为部门规章，法律层级较低，法律效力较弱，且相关内容变动过多、过快，降低了对外投资管理的可预期性。随着海外投资新增量、新问题、新挑战等不断出现，亟待整合上述法律法规，出台纲领性的、权威性的境外投资法案，以便能够从整体上协调我国对外投资政策体系。①

三是境外投资效益评价缺乏标准。境外投资是一项资金量巨大、高风险的经济活动，有些项目会存在资产状况不佳、盈利能力不强、投资回报率偏低等问题。对此，应通过引入全口径绩效评价标准，对境外投资实行全过程管理，以防止系统性风险的发生。目前财政部印发的《国有企业境外投资财务管理办法》（财资〔2017〕24 号）是我国唯一涉及境外投资效益的规范性文件，旨在从财务角度加强对国有企业境外投资的绩效评价，规范财务管理，防范境外投资财务风险。在实际业务中，境外投资效益评价的对象不仅应包括国有企业，还应包括民营企业；效益评价的内容不仅应包含财务，还应包括境内外融资、项目绩效评价、资金汇兑等。而《国有企业境外投资财务管理办法》远远没有涵盖上述内容，境外投资效益评价标准尚存在缺失。

2. 跨境资金流动管理难度日益增大

一是跨境融资统计口径较窄。《中国人民银行关于全口径跨境融资宏观审慎管理有关事宜的通知》（银发〔2015〕9 号）虽明确了跨境融资为境内机构从非居民融入本外币资金的行为，但未将境内机构的境外分支机构举债及企业内保外贷纳入外债管理及统计。从最终偿付风险来看，如果境内机构通过境外分支机构进行融资时由境内母公司提供担保或隐性担保，虽然直接债务人不在境内，但最终偿债义务仍在境内。从实践来看，部分房地产企业和政府融资平台存在通过设立境外分支机构在境外举债，再以投资或增资形式调回境内使用的情况。这其中一旦出现问题，波及面广，引发系统性风险的概率较大，对跨境收支的影响不容小觑。

二是缺乏价格型调控工具。尽管跨境融资领域引入了宏观审慎管理思路，但一直以来都是运用总量调控和结构调控的数量型政策工具。在我国金融体系创新速度加快的背

---

① 齐贵权. 深化境外投资领域"放管服"改革 [J]. 中国外汇，2018（8）.

景下，单纯以数量型政策工具实现调控目标的难度加大。针对数量型调控工具的管理缺陷，必须要综合利用价格型调控工具平滑债务资金的顺周期性，调节资金流动成本，通过价格传导机制熨平波动风险，使其发挥宏观审慎管理的逆周期调节作用。

三是资金使用管理手段不足。目前外债资金使用遵循负面清单管理，但在资金用途真实性审核上，主要基于银行展业自律，缺乏足够的约束手段和激励措施。实际业务中，部分商业银行在揽存、中间业务收入考核等利益驱动下，对真实性审核多局限于交易凭证的机械式审核，缺乏对交易合理性等关键要素的审核，甚至帮助企业虚构交易背景套取资金。①

3. 直接投资存量权益登记制度存在不足之处

随着外汇管理工作简政放权的推进，外汇年检政策历经二十几年的变迁后，于2015年6月1日被取消，改为直接投资存量权益登记制度。通过采集企业直接投资存量权益数据，外汇局可获取境内外投资项下资产、负债、所有者权益、利润等企业主要生产经营指标，了解企业的生存状态，为宏观审慎管理决策提供有效的参考依据。但在实际操作中，目前直接投资存量权益登记制度仍存在一些不足之处，需要加以调整完善，以提升外汇管理工作的有效性。存量权益登记制度的不足之处：

一是企业参与度和重视度仍有待提高。目前企业对于存量权益登记的参与度和重视度不足，其主要原因有以下几个方面：第一，需进行存量权益登记的企业，在发生登记注销、已转为内资、经营地址搬迁或联系方式更改等情况下，外汇局、银行难以与企业取得联系，直接影响了存量权益登记工作的开展；第二，部分规模较小、短期内外方权益变动不大的外商投资企业，或海外投资不顺、境外投资名存实亡的境内投资主体，向外汇局报送相关信息的意愿不高；第三，企业人员流动频繁，业务素质参差不齐，因不清楚需履行存量权益登记的相关义务而错报、漏报的情况时有发生；第四，部分企业外汇业务量较大，账务较复杂，有些业务数据本身难以明确区分，导致数据报送质量不高，影响了存量权益登记的有效性。

二是缺乏有效的惩戒机制。根据《国家外汇管理局关于进一步简化和改进直接投资外汇管理政策的通知》（汇发〔2015〕13号），对于未按规定进行存量权益登记的企业，外汇局可在资本项目信息系统中对其进行业务管控。业务管控的实施，一定程度上起到了督促企业进行存量权益登记的作用。但这只是一种软约束，在企业补登记后，外汇局一般会为其解除管控，因此，这样的做法更像是一种督促措施而非惩戒措施。惩戒措施的缺失使得企业不履行登记义务的成本非常低，也加大了外汇局获取大范围、高质量统计数据的难度。

三是部分系统问题仍然存在。外汇局应用服务平台功能不断完善，如新增了数据报

---

① 阮佳佳. 构建跨境融资领域"两位一体"的监管框架[J]. 中国外汇, 2018（12）.

送的草稿保存功能，开放了管控状态下企业的补申报功能等。但部分系统问题仍然存在，给存量权益登记工作造成了一定影响。第一，内部校验功能不完善。如在抽查企业申报数据时发现，部分企业存在本期初申报数据与上期末申报数据不一致的现象。第二，系统使用的便利性有待提高。如在进行本年度未申报企业信息查询时，存量权益登记企业的联系人信息未显示在查询结果的一级显示栏里，需要多次点击才能找到企业联系人信息，降低了外汇局的工作效率。第三，部分已注销或者被业务管控的企业，仍出现在应申报企业名单中，难以与正常应申报企业进行区分，增加了外汇局的工作成本。[①]

（五）金融监管中的其他问题

1. 金融科技监管须妥善处理金融稳定问题

金融科技的兴起和发展，使得金融行业以至于监管层面，都受到了巨大的压力、冲击和挑战：一方面，可能会改变现有的金融体系，使得原本依托审慎监管设置的一系列的规则逐渐失效；另一方面，还可能会形成新一轮的关于公平与效率之间的争议，对以往被视为"圣经"的经济游戏规则构成挑战。

金融科技的发展涉及大数据的应用、人工智能、区块链等先进技术，提升了金融行业的运行效率，同时降低了交易成本。金融科技创新主要在支付创新，更多采用直接融资，市场的基础设施建设的突飞猛进，以及投资管理功能的类别，原本靠人，未来可能靠人工智能或机器人投顾。

科技也渗透到了跨境金融领域，主要是跨境电商、跨境金融科技、区块链。跨境金融科技主要是指非银行的跨境支付与经纪业务，移动跨境支付和智能投顾等领域，其中跨境电商是当前跨境金融科技的主要表现形式。区块链虽然尚处于起步阶段，但发展非常迅速，2018年底已经形成了金联盟、中国分布式总账基础协议联盟和中国区块链研究联盟在内的三大联盟。

金融科技发展推动的新业态对金融市场运行带来了挑战：在交易层面，风险很容易从金融机构扩散到公众；在市场层面，跨市场交易很容易形成系统性风险；在清算层面，一致性预期很容易造成金融市场高频波动；在跨境层面，金融科技也对监管的有效性构成挑战。

2. 地方金融资产管理公司监管配套不足

地方资产管理公司是从事金融不良资产处置的专门机构，是地方政府化解区域性金融风险的重要抓手。近年来地方资产管理公司发展迅速，政策门槛不断降低，业务模式不断创新，但监管框架、融资渠道、法律诉讼地位、税收待遇等方面的配套政策需要进一步明确，以使其更好地履行自身职责定位。

一是法规体系不健全，健全的金融法律法规和监管体系是资产管理公司稳健经营的

[①] 柏慧. 完善直接投资存量权益登记制度[J]. 中国外汇, 2018 (8).

保障。国务院 2000 年 11 月颁布实施的《金融资产管理公司条例》对四大资产管理公司业务开展做了全面、明确的规定，但有关地方资产管理公司的法规仍散见于财政部、银保监会的多个规范性文件，效力层级偏低，且没有建立起完整的法规体系。

二是监管体系不完善，四大资产管理公司是银保监会直接监管的非银行金融机构。银保监会对其进行金融监管的手段和方法也逐渐完善。但是对于地方资产管理公司，《金融企业不良资产批量转让管理办法》只是明确了由财政部和原银监会依照相关法律法规对资产收购工作进行监督和管理。但对其处置业务、风险防控的具体监管措施并未明确。

三是法律诉讼地位未明确，最高人民法院下发了《关于审理涉及金融资产管理公司收购、管理、处置国有不良贷款形成的资产的案件适用法律问题的规定》《关于审理涉及金融资产管理公司收购、处置银行不良资产有关问题的补充通知》等一系列司法解释，并通过上述司法解释对四大资产管理公司在清收不良贷款时遇到的特殊问题作出一系列答复，给予了实际的法律支持。地方资产管理公司在清收不良贷款时能否参照上述司法解释得到有关法律支持尚没有明确的说法，部分地方法院审判实践中并未对地方资产管理公司适用最高院相关司法解释，使地方资产管理公司无法享受与四大资产管理公司一致的法律诉讼地位。

四是资金来源受约束，不良资产收购处置属于高资本消耗业务，伴随处置规模的逐步扩大，地方资产管理公司未来资本金补充要求成为制约公司发展的重要因素，同时，作为非持牌机构，地方资产管理公司面临较多融资约束，包括不能参与同业拆借市场，不能发行金融债，资金来源渠道窄、成本高。

五是增值税政策有待明确，实践中，地方资产管理公司对转让债权之外的清收收入按 6% 计算销项税，而主要成本为贷款利息和人工成本，可抵扣的进项税非常有限，导致多数地方资产管理公司"营改增"后实际税负上升。同时，公司是以资产包为单位购入不良资产，每个包一般包括多户债权且回收期不同，以包为单位较之以户为单位来核算更符合地方资产管理公司实际。

3. 地方金融监管有待加强

我国各省的金融监管职责和组织框架差异性较大，地方金融监管分散于多个部门，不同地方的金融办具体职责不尽相同，组织架构也不同。相对于庞大复杂的监管对象，地方金融监管资源相当有限，且主要集中在省市两级，县级资源极度缺乏，与地方金融机构的分布严重错配，监管手段严重不足。

一是地方经济金融发展、地方金融监管与地方金融风险救助之间的职责不完全一致。中央监管部门关注的是中长期国内金融市场稳定、防范系统性风险和区域性风险。而地方金融监管机构作为地方政府的组成部门，其职能除了防范金融风险、维护地方金融稳定外，地方政府往往还要求地方金融能够推动经济发展。总体而言，地方金融办的职能，首要的是融资和招商，其次才是监管和化解风险。因此，目前全国大部分省市的金融办主要为地方发展融资，存在重发展、轻监管的现象。地方金融管理部门还关注如何突破现有的金融体系约束，通过强化地方金融，加快金融机构集聚，尽可能拉动当地经济快速增长。一些欠发达省份和发达省份的欠发达地区，还存在通过行政干预来促进地方金融的发展。尽管地方政府已在事实上广泛参与地方金融监管，但却面临着严重的金融监管与风险处置责任不对称问题。由于区域性金融风险与地方经济存在复杂的内在联系，地方政府承担主要风险处置责任有其合理性和必然性，有效性也已被实践所证明，但地方政府却不具有与之对称的金融监管职责，往往都是在金融机构出现风险事件后才被动参与，承担风险损失和风险处置等职责。

二是地方金融监管重审批、轻日常管理，存在重叠和空白。在执行地方金融监管职责的过程中，各地的金融办也往往注重对小贷公司、融资担保公司的审批，在日常监管方面则作为不多。这在一定程度上与监管能力和力量不足有关。中央金融监管部门的垂直部分监管和地方金融办有限的监管力量，导致地方金融机构、类金融机构的监管既存在监管真空，也存在重复监管。比如农商行受到重复监管，市县级别的证券机构和保险机构存在监管真空。在跨省监管方面，虽有些省市举行了跨省的联席会议，但以沟通经验教训为主，缺乏监管上面的协调。考虑大互联网金融的快速发展，类金融之间的跨省联系越来越密切，跨省金融监管合作的缺失，将给地方金融监管带来较明显的真空。

三是改革不配套制约了地方金融监管的有效性。金融监管的有效性，还高度取决于中央和地方金融监管体制的相关配套改革。但目前地方国有金融资产管理体制改革、中央金融监管机构中央层与派出机构之间职责的划分和调整等，已制约了地方金融监管的有效性。

三、我国金融监管的对策

（一）银行监管的对策建议

我国监管机构按照"统筹监管系统重要性金融机构"的战略部署，充分借鉴国际经验，立足我国金融行业发展和监管实践，坚持宏观审慎管理与微观审慎监管相结合的监管理念，明确系统重要性金融机构监管的政策导向，弥补金融监管短板，引导大型金融机构稳健经营，防范系统性金融风险。

1. 加大风险管控执行力度，提高银行合规经营意识

如果说监管举措对治理银行业乱象是从外部起作用的话，那么，银行业要实现长期稳健经营、可持续发展，必须要从内部入手，在适应监管要求的同时，进一步强化自身的内控管理，加大风险管控执行力度，避免让内控机制成为"稻草人"。

一是建立健全有效的公司治理结构，将银行经营者与风险承担者的权责利统一起来，从根本上保证银行实现自负盈亏、自担风险、自我约束和自我发展。

二是完善风险管理组织架构，如对信用风险实施垂直管理，统筹负责全行、条线和分行层面的全面风险管理；设立市场风险管理职能部门，对市场风险实施集中管理；对操作风险实施分层管理，建立有效的事后补救机制、紧急事项的应急预案等。

三是进一步完善合规问责机制，严格追究负有合规管理责任的机构、部门和人员的失职行为，严厉惩处违规行为，落实合规责任，进一步发挥问责处理的警示教育作用，引导员工合规经营。完善合规绩效考核机制，将合规管理状况作为内控评价和年终绩效考评的重要内容，激励员工主动强化合规管理，加强对合规风险的识别和控制，有效促进合规稳健经营。

2. 完善内部资源配置，与监管机构形成合力，回归本源

一是强化风险管控。银行是经营风险的行业，银行业若要回归本源、健康发展，就要以治理好金融乱象、防控好金融风险为基础，时刻绷紧风险这根弦。因而，银行业需从根源切入，在基础问题上进行顶层设计，对各类金融风险做到心中有数、手中有方、对症施治。具体如下：第一，实施全面信用风险管理，覆盖表内与表外、信贷与类信贷、境内与境外业务，揭示授信业务的实际价值和风险程度，真实、全面、动态地反映贷款质量，强化风险意识。第二，商业银行应持续不断完善信贷政策体系，强化行业投向，谋篇布局，实施差别化信贷政策。第三，银行应从被动管理转向主动管理，完善制度建设，有效识别并防控操作风险和道德风险。

二是引导金融创新。实体经济有普惠性要求，其对金融服务的效率格外重视，而银行则是营利性机构，在风险可控情况下追求最大化收益。因此，银行业要回归本源，必须通过创新金融模式和金融产品，不断提高专业水平和运营效率，引导金融创新，使其有利于降低实体经济的融资成本。因而，应该切实提高研发能力，改进原有较为复杂化的金融产品，缩短金融链条，使金融创新遵守"简单、规范、透明"的原则，有效提高客户体验度，提高服务实体经济的质效。

三是发展普惠金融。银行业回归本源，意味着对实体经济要投入实实在在的信贷资金，同时，商业银行在支持大项目、大企业的同时，要加强对小微企业的金融服务；在支持战略新兴产业、高新技术产业的同时，也要加强对传统产业改造升级的支持。此外，商业银行要大力发展普惠金融，摸排小微等普惠金融客户具体需求，并在此基础上提供多元化、综合化的金融服务，切实确保普惠金融业务的落地。

3. 改善上市银行公司治理，优化银行内部治理结构

一是优化上市银行股权结构。第一，调整和完善股权结构，重点调整国有股的比例，减少"委托—代理"成本，进一步分散股权，发展多元投资主体，着重培养一批稳定的核心大股东，切实发挥战略投资者的作用；第二，注重公平性原则，减少行政干预，提升上市银行的市场化运作水平；第三，通过加强对高层管理人员的内外监督和约束，减少代理成本；第四，加强保护中小股东的权益。

二是完善"三会"内部机制建设。第一，建立强有力和高效负责的董事会治理机制，为了更好履行董事会的职责，必须调整董事会的规模和结构，强化独立董事的独立性；第二，将监事会与独立董事的职能细化，加大对监事会程序上的保护，通过内部审计职能的强化，提高监事会的监督职能。

三是完善长期激励和约束机制。第一，建立以业绩为导向的管理层激励与约束机制，实施制度创新，增加高管人员和普通员工的持股比例，为公司设立合理的股权激励机制，提高金融人力资源使用效率；第二，在金融机构高管薪酬的数额与发放办法上，赋予金融机构股东更完备的决定权，改组金融机构薪酬委员会的组成结构，将薪酬委员会委员均设定为机构外部的独立人员，强化独立性与外部性，对巨额薪酬发放方案进行合理监管；第三，赋予金融监管当局终止金融机构不正当薪酬发放方案的权力。

四是切实保护广大中小投资者的利益。作为公众公司，银行应该体现出诚信，对投资者负责，保护中小投资者利益，为所有利益相关者负起责任。银行上市之后的内部管理架构都有所改善，但并没有改变同质化竞争的态势，而银行的管理费用与人工成本居高不下，其利润的上升速度赶不上人工成本的增长与到证券市场融资的速度，上市银行应从提高银行内部管理效率和产品创新入手，提高公司运营质量，把保护利益相关者的责任落到实处。

(二) 证券监管的对策建议

1. 创新监管理念，完善证券监管机制

一是要创新监管理念。随着证券市场的快速发展，新的产品、新的问题会不断涌现，为了保证证券市场的健康发展，我们要树立起创新意识，积极转变监管理念，准确把握市场动向。证券监管部门要在现阶段市场发展状况基础之上，对未来趋势进行科学合理的预测和有效评估，制订有效的应对方案。当然策略并不是一成不变的，根据发展中变化作出适当调整，会更加具有适用性，发挥出最大的作用。监管工作在合理运行中还应该为金融业务发展提供一定的空间。在证券市场中，风险是不可避免的，只有做好准确评估，不断完善外部监督管理机制，才能促进监管工作实现有效化和合理化。

二是要转变监管立法理念。在证券监管过程中要将危害结果与市场秩序并重，打消违法违规不受处罚的侥幸心理。要正确认识刑法谦抑性，将施以行政处罚不足预防和控制的违法违规行为作为犯罪处理。注重对市场秩序的保护，将当前刑法立法以结果为本位向结果与秩序并重转向，综合考察违法违规行为对市场秩序的危害性，将虽未导致严重危害结果，但严重影响市场秩序的行为规定为犯罪，有效震慑违规不受罚侥幸心理。特别是，要加大违规披露信息行为处罚，加大对公司及其实质控制人、董监高利用优势地位利诱、胁迫中介机构及其从业人员违法违规提供、出具虚假证明文件等违法违规行为的处罚，加大对证券服务机构及其从业人员参与欺诈发行、违规披露信息等共同犯罪的行为的处罚。

三是要完善监管机制。为了保证证券市场健康发展，我们要构建一套全面的监管机制，可以起到很好的约束规范作用。要对当前政府在监管方面的不足之处进行分析，找到深层次原因，制定出有效管理机制。监管部门要用发展眼光去看待问题，加大监督管理力度，将工作效果真正落实下去。政府要发挥出主导作用，将监管规定在许可范围之内，并采取行之有效的措施来加大市场监管力度，为投资者提供一个安全的投资渠道，全面保证合法权益。机制要不断健全，才能适应市场发展的需求，创建出健康稳定的社会环境。

2. 提高违法成本，加大处罚力度

面对我国目前轻刑事弱处罚的现状，有必要将刑事、民事和行政三者相结合，加大处罚力度，提高违法成本，除了没收违法所得之外，还应给予实质性的处罚措施，如按照违法收益的金额进行多倍罚款等，以便对证券领域违法违规行为产生足够震慑作用。

一是提高刑期年限和罚金额度。对所有为单位利益实施的违法犯罪行为实行"双罚制"，既对单位行政罚款或判处罚金等，也对直接责任人员行政处罚或刑事追责，如将"单位"也作为《刑法》第一百六十一条违规披露信息罪的主体；大幅提升行政罚款额度，修改《证券法》行政罚款立法模式；提高法定刑上限，增加财产刑金额，加重刑罚处罚力度，如将《刑法》第一百六十一条违规披露信息罪法定刑由最高"三年"提升至"七年"，罚金由"二万元以上二十万元以下"提升至"五十万元以上五百万元以下"。

二是完善民事赔偿诉讼制度。资本市场违法违规行为法律责任的确立，既要考量违法违规行为获利大小，对市场、投资者造成的危害结果，还要考量惩罚力度与查处概率对违法行为的威慑效果。由于资本市场违法违规行为获利高、影响范围广、市场危害性大、查处概率低削弱处罚威慑性。因此，应加快构建有效运行的民事诉讼赔偿制度，大幅提高对违法违规行为的处罚力度，明确法人和自然人应承担最主要和最终的责任，通过严刑峻法切实加大违法违规成本。完善民事赔偿制度，可以实施举证责任倒置。我国可借鉴国外经验，实行举证责任在辩方制度，应由被告方对其行为与原告的损失之间不存在因果关系进行举证，同时也允许原告证明内幕交易行为的存在和自身的损失，这样有利于减少取证难度，增加民事诉讼的可操作性和可靠性。同时，我国还可以借鉴国外的"集团诉讼制度"，根据我国资本市场实际情况，制定《证券集团诉讼法》，明确证券集团诉讼的适用条件、启动程序等；建立惩罚性赔偿机制，规定可根据欺诈行为恶劣程度判处支付投资者直接损失五倍以内赔偿，从而保护中小投资者的利益，促进证券市场健康发展。

3. 提升立法水平，完善证券监管法律体系

一是提升立法水平，严密法网，提高打击违法违规行为的精准度。应当根据资本市场发展实际情况和违法违规行为最新变化，适时修改完善法律，将新出现的违法类型、

主体、行为手段均纳入法律规制范围，严密行政和刑事处罚法网。要通过立法或司法解释，及时明确法律规定较为原则的内容，提高法律的适用性，增强打击精准性。同时，我国证券监管的法律法规不应当仅停留在表面，要完善证券监管的具体实施细则和配套措施，为证券市场的发展提供法律支撑。我国政府应分析目前证券市场发展过程中存在的具体问题，针对这些问题出台相应的监管法律法规，减少违法现象发生。

二是完善处罚体系，增强法律法规及司法解释的协调性与一致性，确保法律有效实施。对同一类违法犯罪行为，应当根据其危害性程度，建立层级性、递进性处罚体系。应就法律规定的理解适用，加强与公安司法机关协调互动，防止因对法律理解不同和对市场违规行为的认识差异，导致对同类违法犯罪行为的不同表现形式作出不同认定。同时，我们应当制定具体的行政复议以及相关诉讼程序，确保证券监管工作的科学合理性。特别是政府部门要通过相关法律制度并结合市场发展的相关需求不断改进与完善证券监管的法律制度，内容条例方面要尽可能细化，确保涉及所有方面，不断增强监管成效。

4. 提高证券监管的信息化水平和监管人员素质，提升监管效率

一是建立大数据监管平台，提高证券监管信息化水平。在证券监管方面，我们要采用大数据、人工智能、云计算等监管科技工具，顺应时代潮流，接纳或拥抱科技发展，运用先进的理念和技术进行监管。我国要开发先进的证券监管技术设备，能够在线监管证券市场交易情况并能进行数据的正确处理与分析，后台监控异常的账号，还要对上市公司的信息进行监管，确保信息的准确，也要做好后台的统计，提高证券监管的信息化管理水平，减少证券市场违法违规操作的可能性。在我国金融业发展迅速的背后，也面临着一些问题，证券行业监管问题较为严重，政府干预过多，市场对政府存在过多的依赖性，市场监管薄弱，证券监管的相关法律制度不完善，监管信息化水平不高，而目前证券违法行为逐渐增多，市场监管滞后性严重。若要解决当前存在的问题，加强对证券市场的监管，需要建立大数据监管平台，提升信息化水平。

二是充分利用社会资源，形成共同治理格局。随着信息化进程加快，人们可以越来越多地通过网络获取信息和参与社会事务。因此扩大市场监督主体，可谓是大势所趋，势在必行。这就需要贯彻"主+辅"实施思路，建立起以证监会为主，以政府、司法机关、检察机关等相关部门为辅的监管体系，从而整合市场资源，实现跨部门联动，达到"牵一发而动全身"的监管体系。不仅如此，更应发动大众和媒体力量，通过设立群众举报热线、给予物质奖励、加大惩罚力度等措施，齐抓共管，发挥好各自优势，从物质到精神，由外而内给予违规者示范和警示作用，进而促进信息共享，提高监管效率。

三是提高监管人员综合素质。在掌握充分信息的情况下，监管人员综合素质直接决定了证券监管效率的高低。对于监管人员要定期组织培训，让他们学习最新理论和技能，不断优化自身知识结构，从而提高综合能力。在面向社会招聘人才的时候，要坚持

择优录取原则，为内部注入新鲜血液，建立起一支高素质人才队伍。监管人员要具备高尚职业操守，严格履行规定的要求，明白金融证券市场对于经济发展的重要性。在日常工作中，要加强部门之间、区域之间的交流，有利于提高配合默契度，增强解决问题的有效性，提升监管效率。

（三）保险监管的对策建议

1. 优化保险公司流动性风险监管规则

通过优化保险公司流动性风险监管规则，更好地适应当前保险公司流动性风险管理需要，进一步推动保险公司夯实流动性风险管理基础，提高风险抵御能力。

一是引入新的量化监管指标。在流动性风险监管指标体系中，应以"流动性覆盖率"为核心，识别不同期限、不同情景、不同层级下的流动性缺口，体现公司流动性风险管理水平。建议增加"经营活动现金流回溯不利偏差率"①监管指标，以检验现金流预测的可靠度，避免过于乐观估计对流动性风险管理的影响；增加"净稳定资金比例"②指标，以确保保险公司具有充足的稳定资金来源；增加"流动性匹配率"③监管指标，衡量保险公司主要资产与负债的期限配置结构，旨在引导保险公司合理配置长期稳定负债、高流动性或短期资产，避免过度依赖短期资金支持长期业务发展，提高流动性风险抵御能力。上述监管指标的最低监管标准应不低于100%。

二是运用多维度风险监测分析工具。监测指标与监管指标具有不同的作用：监管指标用于保险公司风险水平及管理能力的考核，监测指标用于保险公司流动性风险水平的日常监控管理。保险业监督管理机构应当充分考虑单一的流动性风险监管指标或监测工具在反映保险公司流动性风险方面的局限性，综合运用多种方法和工具对流动性风险进行分析和监测。在设计流动性风险监测指标时，应当围绕保险公司资产端、负债端、资产与负债匹配端，关注潜在流动性风险要素，从保险公司资产负债期限错配情况、融资来源的多元化和稳定程度、无变现障碍资产、重要币种流动性风险状况以及市场流动性等方面，定期对保险公司的流动性风险进行识别、监测与预警。

三是实施差异化监管。保险业监督管理机构可借鉴商业银行流动性风险差别化监管模式，区分产险、寿险、再保险的业务特性，对流动性风险的指标进行测算及汇总其他信息时，制定监管标准应考虑各保险公司实力，先分类，再评级。在流动性风险指标测算时，分类标准可定量，按资产规模的性质来划分，对于规模较大、资产管理能力较差的企业制定较为严格的流动性评价标准；也可以定性，按照公司经营范围来划分，如分为财产保险公司、寿险保险公司和再保险公司，分别制定不同的监管准则。流动性风险

---

① 其计算公式：经营活动净现金流回溯不利偏差率 =（实际经营活动净现金流 − 预测经营活动净现金流）/预测经营活动现金流出 ×100%

② 其计算公式：净稳定资金比例 =（可用的稳定资金÷所需的稳定资金）×100%

③ 其计算公式：流动性匹配率 =（加权资金来源÷加权资金运用）×100%

对不同特征的保险公司影响不同,在现阶段统一监管的基础上先分类再评级,细化流动性风险指标,可以使风险评级由"绝对评级"变为"相对评级"。一方面能够准确识别出偿付能力不足、成本较高的保险公司,另一方面可以释放剩余流动性水平,提高保险公司的投资盈利,避免监管过于复杂的同时兼顾灵活性。

2. 持续强化关联交易监管

保险监管部门应持续强化关联交易监管,规范保险公司的交易行为,正确引领和指导保险企业的健康发展。

第一,完善相关法律法规。修订法律体系中相互矛盾和排斥的地方,统一监管规则的认定标准,进一步细化监管规则,明晰关联交易相关规则的相关概念界定,减少模糊边界与监管盲区。加大对关联交易违规行为的处罚力度,建立健全民事、行政、刑事相互配合的处罚机制,提高违法违规成本,并建立追责机制,提高后端监管的执行力度。此外,还应尽快出台《金融控股公司法》,明确金融控股公司关联交易行为的界定、分类、监管重点及监管标准,与《公司法》《保险法》《商业银行法》《证券法》等法律相衔接,增强法规可操作性。

第二,督促保险公司建立健全内控机制。通过保险监管部门的现场检查与非现场检查,督促保险公司建立关联交易分级授权审批制度、关联交易事项回避审议制度、独立董事对重大关联交易审核制度、独立董事和监事的履职档案和履职评估制度、会计系统控制等内控制度;考察保险公司相关管理人员是否具备足够的专业素养确保内控制度的合理设计与有效运行,防范内控缺陷带来的风险。督促保险公司建立风险隔离防火墙,对处于不同行业和不同风险等级的业务实行风险隔离,限制交叉性业务,防范关联交易风险扩散传染。督促保险公司严格执行信息披露制度,如实披露公司与控股股东、实际控制人之间的控制关系。

第三,利用科技手段提高监管效率。利用科技手段对保险公司关联交易进行远程智能化、实时化的信息分析监测,以资金流向为线索,层层穿透至底层基础资产,对实际控制人、一致行动人、最终受益人等相关主体进行认定;密切关注保险公司及关联公司股权或表决权的变化、产生实质性影响的交易行为等,及时、有效辨别关联交易活动,加强穿透监管的力度。

3. 完善互联网保险消费者权益保护机制

监管部门应对互联网保险实施深度监管,建立以权利保护为导向的监管机制,为消费者维权提供指导,构建公正透明的纠纷处理机制,切实保障互联网保险消费者的权益。

一是建立健全互联网保险消费者的信息安全立法保护机制。目前,我国还没有关于互联网保险消费者信息安全保护的专门法律法规,仅有的少量条款也较为宽泛。新的法律法规应具有系统性和可操作性,涵盖互联网保险消费者信息收集、管理、利用和追责的全过程。建立互联网保险消费者信息保护标准，要求保险机构通过有效的技术手段确保消费者个人信息数据库安全，对消费者信息泄露案件实行举证责任倒置，为保护个人信息安全提供法律保障。

二是建立健全互联网保险的指导与评价机制。互联网保险监管应严格遵循线上线下一致性原则，要求保险公司、保险中介机构建立线上线下统一的投保、承保、退保、理赔、续保等信息披露标准。对信息披露分别按照一般要求、官网披露、自营平台披露、第三方平台披露等提出更加细致的要求，保险公司对相关信息披露的真实性、准确性和合规性承担相应责任。设立专门针对互联网保险消费者权益保护的考核与评价指标，定期发布考核评价结果，对侵犯互联网保险消费者权益的保险机构进行惩戒。

三是建立健全互联网保险纠纷处理机制。在互联网保险交易中，消费者力量分散、单薄，处于弱势地位。针对这一现实状况，可建立互联网保险消费者保护平台，依托该平台构建保险消费者在线投诉信息跟踪系统，密切关注消费者投诉处理流程及结果。还可依托该平台构建互联网保险消费者纠纷调解系统，一旦消费者与互联网保险机构无法自行达成和解协议，则消费者单方可以提请互联网保险消费调解与仲裁组织解决纠纷，降低消费者维权成本。

（四）涉外金融监管对策建议

1. 协调对外投资"放""管""服"三者间的关系

一是优化对外投资管理体制。第一，创新对外投资管理模式，完善境外投资备案报告制度，加强境外投资事中事后监管。第二，引入负面清单评价机制，建立、健全境外投资负面清单制度，对违规投资行为实施联合惩戒。第三，建立境外投资目录，加强对外投资的宏观指导，根据"鼓励类、限制类和禁止类"的区分，引导和规范企业对外投资的方向和领域，合理安排投资顺序，限制非理性投资。第四，完善对外投资全程监管模式，按照"事前管理有区别，事中事后全覆盖"的思路，引入项目进度报告、重大事项披露、重大事项问询等制度，实现境外投资全程监管。第五，建立协同监管机制，强化发展改革委、商务部、人民银行、外汇局等部门之间的配合，实现信息共享，提升监管质效。

二是尽快出台《境外投资法》。应在整合境外投资领域各项法律法规的基础上，尽快出台《境外投资法》，明确发展改革委、商务部、人民银行、外汇局各部门的监管职责，对境外投资的定义、审批程序、财务监督、资金融通、效益评价、风险管控、信息披露等作出明确规定，使监管对象涵盖国有企业和民营企业，做到"管"有所依，借助法治化的管理手段，来提升管理能力，帮助企业主动规范投资行为，防范和化解对外投资风险，确保对外投资取得良好的经济效益和社会效益。

三是建立绩效考核评价机制。建议以《国有企业境外投资财务管理办法》（财资〔2017〕24号）为基础，尽快建立涵盖决策、运营、绩效评价等方面的境外投资绩效考核评价机制。第一，以财务数据为基础，评价企业境外项目生存状况。事前决策注重考虑财务可行性，遏制违规决策和盲目决策；加强资金管控、成本费用控制、股利分配等事中约束；建立绩效评价机制，持续追踪问效；强化资金管理，合理控制负债比例和结构，防止高杠杆率风险。第二，定期综合评价境外投资项目开展、资金使用、境外企业经营等情况，并将分析报告作为企业获取金融、政策支持的重要依据，以实现优胜劣汰，督促企业提高盈利能力。第三，建立对外投资企业重点监测库，重点监测资产负债率较高的企业对外投资行为，及时采集企业境外投资相关财务信息，定期对重点监测库内的企业进行现场核查，以确保对外投资行为合理合规，防范跨境资金异常流动的风险。第四，建立绩效评价指标体系，并将评价结果作为优化资源配置的依据。对于符合国家战略要求、投资周期长的境外项目，可制定差异化的绩效评价指标体系。

2. 构建跨境融资"两位一体"的监管框架

构建跨境融资领域宏观审慎与微观市场"两位一体"监管框架的主要思路是：宏观层面综合利用数量型和价格型调控工具，微观层面利用逆向管理指标调控微观个体的举债行为，并保证交易行为的合规性和跨周期一致性。

一是宏观层面采取措施。第一，完善数量型调控工具。将境内机构的境外分支机构的境外融资纳入全口径宏观审慎管理框架，要求境内机构就该类融资办理境外融资登记，根据是否有境内机构提供担保及债务人类型，分别设定不同的风险转换因子。第二，引入价格型调控工具。随着资本项目可兑换进程的不断推进，有必要在跨境融资宏观审慎管理框架中引入价格型调控工具，防止银行负债规模过度扩张或资产负债期限结构错配。第三，设立准备金要求，对银行从非居民处获取的一年期（含）内授信及其他外部债务缴纳准备金，以增加银行利用外部资金的成本，降低银行资产负债表中货币错配可能引发的系统性流动风险。第四，实行利率限制，将本外币利差与国际收支流动挂钩，通过动态调节利率来调控居民对外借债行为。如可参照俄罗斯、韩国央行的经验，对银行及其他信贷机构的外汇负债，按一定比例收取准备金。第五，设立金融交易税（托宾税），对银行非存款类外汇负债征税。如对外资购买债券设定税率、对资本利得征收预扣税；当短期外债占比过高时，可对一年内的短期债务征收交易税。第六，设立头寸、期限错配和长短期比例限制。可参照韩国、新西兰央行的经验，对流动性比率、周期性资产负债错配比率和中长期外债占比上限进行规定，如限制一年以上外债占比不得低于80%，以控制短期外债风险。鉴于这些政策经验适用性尚不明确，且我国跨境融资领域还没有实施价格调控的经验，建议在跨境融资风险程度较高时，引入价格型调控工具作为数量型调控手段的补充。

二是微观层面采取措施。第一，以穿透式监管理念实现对交易真实性的审核。一方面，进一步完善现行外债资金使用的负面清单管理，修订现行外债资金用于发放关联公司委托贷款的相关规定，明确发放委托贷款后资金的负面清单管理要求；另一方面，与人民银行在跨境融资领域一体化监管方面达成共识，从规范账户管理、防止反洗钱交易等方面考虑，协助外汇局取得外债资金流向所涉人民币账户的交易数据，实现对资金去向的穿透。第二，完善跨境融资行为的全流程监测。事前监管主要以登记为抓手，关注债务合同、借债主体的交易合理性；事中监管主要依托银行部门，提高银行展业自律的意识和能力，要求银行及时上报外债频繁提款、还本等可疑线索，防止企业利用境外低成本资金及汇率波动预期进行投机套利；事后监管通过开展非现场和现场核查，及时发现并严厉查处各类违规跨境融资行为，同时对银行进行风险警示，并加大对外汇违法信息的披露力度。

3. 提升存量权益登记制度的有效性

一是完善对涉外企业的现行管理制度。第一，完善现行的外汇管理法规，明确外商投资企业外汇登记变更时限及外商投资企业转内资或注销后外方权益留存境内的期限，确保企业外汇信息的真实性和一致性，减少外汇局的重复性工作，避免因外方权益长期滞留在境内而导致的风险隐患。第二，加强对大额利润留存境内的管理，在资本项目系统中设置利润处置监测指标，对未分配利润金额超过一定标准、盈利但多年未分配利润、已分配但外方股利多年未支付的企业，实行重点监测。第三，构建跨境投资业务信息共享机制，与工商、税务等涉外部门建立信息共享和信息保密机制，定期内部交换企业信息变动情况，形成对涉外企业的监管约束合力，为完善存量权益登记工作夯实基础数据库。

二是完善惩戒措施。目前，对于未按时进行存量权益登记的企业，外汇局主要是对其进行业务管控，但在其补登记后，一般会为其解除管控。这样的做法使得企业不按要求履行存量登记义务的违规成本较低。对此，建议出台相关政策，完善不履行存量权益登记义务的处罚机制，增加企业的违规成本。

三是完善资本项目信息系统建设。第一，建议在外汇局端系统中流转状态为"未申报"的查询页面下，直接剔除已被进行业务管控的企业名单，从系统内部校验企业名单的合理性。第二，在存量权益查询结果的一级显示栏里，增加企业的基本信息，包括企业上一年度填报登记数据的联系人、联系方式，便于外汇局提高工作效率。第三，完善企业数据质量，避免存量权益登记管理系统和直接投资其他管理系统的内部数据冲突，保证资本项目信息系统中主体基础信息数据的一致性和完整性。第四，增加企业端、银行端等端口填报数据的内部校验功能，以保证数据的初始合理性。

(五) 其他金融监管问题的对策建议

1. 积极培育服务创新，构建面向数字时代的金融生态系统

未来金融科技监管应坚持以下三个基本方向：

一是在政策目标上，应该培养积极的服务创新和创业，促进安全、可负担、公平的资本获得，保证创业者、小型企业和家庭能安全、可持续地获得金融资源，强化普惠金

融和财务健康性，妥善处理金融稳定问题。

二是金融科技的监管原则，应该广泛思考如何构建面向数字时代的金融生态系统，传统机构和新业态都应该在这个生态系统中按一个产业链或按竞争关系和谐并存，良性互动，更高效地服务实体经济。

三是必须时时处处把消费者保护放到首位。消费者保护是现在的短板，要使消费者保护成为金融科技产品设计和管理流程中天然的基因，促进安全包容性和金融健康，安全做好金融系统的接入，拓展优质信用贷款渠道，为消费者管理财富提供真正有技术含量的支撑。监管者必须严厉打击各种违法违规行为。还应该在法律层面甚至社会伦理层面深入研究探讨金融科技对金融体系、实体经济和社会运行带来的冲击，以此改革完善各层面游戏规则。

2. 明确地方资产管理公司基本定位，完善监管框架

一是完善监管框架。第一，在监管思路上，坚持合规监管为主，风险监管为辅。由于现阶段地方资产管理公司现有业务模式和跨区域展业受到严格限制，对地方资产管理公司的资本充足率、杠杆率等不应简单套用包括四大资产管理公司在内的金融机构的标准实施监管。现有模式下地方资产管理公司的风险集中在处置环节，主要表现为道德风险和操作风险，因此对其监管应以合规监管为主，以信息披露为核心，提高资产处置过程的透明度。第二，在监管架构上，应适时建立中央和地方双层监管体制，即由财政部、银保监会负责制定基本业务规则，纠正和处罚违法违规行为，直至取消业务资质。建议尽快制定地方资产管理公司监督办法、不良资产收购办法、不良资产处置信息披露办法等。鉴于省级政府对地方资产管理公司的情况更为了解，具有独特的信息优势和监管资源，地方资产管理公司的日常监管和风险处置应明确由省级政府承担，由省金融办归口管理。第三，在监管抓手上，应建立和完善信息披露制度。要求地方资产管理公司规范披露程序，明确内部管理职责，按照监管要求及时对外披露信息。主要内容包括法人治理情况、资产负债和审计情况，内部控制情况、风险集中度、关联交易及其风险敞口等信息。第四，完善日常监管措施和工具。监管机构应通过持续的非现场监管、不定期的现场检查和压力测试等方式，持续深入了解地方资产管理公司运营状况，判断其内部控制和风险管理是否符合法律规定和监管要求。

二是多措并举拓宽融资渠道。资金来源问题是当前地方资产管理公司开展业务面临的最大瓶颈，除资本金外，只能寻求银行贷款和发行企业债券，不能像四大资产管理公司一样在银行间市场直接融资。为此，建议多措并举拓宽地方资产管理公司融资渠道。第一，地方政府可以将出售经营性国有企业资产获得的资金注入地方资产管理公司。第二，可以增资扩股，积极吸引民间资本进入。第三，在设立适当的杠杆率监管指标的前提下，建议人民银行允许地方资产管理公司在银行间市场开户，允许其发行长期债券和中期票据，力求建立大额、长期、稳定、低成本的资金来源。

三是明确诉讼地位，便利不良资产处置。建议最高法院发布指导意见，明确省级地方资产管理公司与四大金融资产管理公司具有同等诉讼地位，同样适用最高法院已下发和未来下发的金融不良债权相关司法解释，切实解决地方资产管理公司在不良资产处置中面临的变更诉讼执行主体、债权继续计息、申请财产保全无须提供担保、债权转让公告具有通知债务人及诉讼时效中断效力等迫切事项。

四是加大财税支持力度。从企业性质和职责定位看，地方资产管理公司承担着一定的社会责任。建议财政部和地方财政部门在地方资产管理公司处置不良资产过程中形成的税收予以适当优惠，对处置不良资产和配套资金按一定比例给予财政贴息和专项奖补。同时根据业务特点，简化地方资产管理公司增值税计征程序。

3. 加强地方金融监管的措施

一是强化金融基础设施建设，借用科技力量提升非现场监管效率。地方金融组织数量庞大，在技术的包装下风险更加隐蔽。业内基本已经达成共识，传统监管方式难以应对新金融环境的变化，需要借用大数据、人工智能等科技力量来提升监管机构工作效率。我们认为以搭建地方金融监管平台为契机，搭建一体化的智能监管工程，加强用大数据分析结果为监管工作提供决策依据。搭建的系统承担多项功能，不仅能实现线上对地方金融机构日常审批工作，也能对其经营运行形成动态、穿透式合规监管，同时对地方金融个体和分业行情做统计分析和风险监测。长效机制下，通过对接更多本地数据及互联网公开数据，形成对法人机构的资金、资本异动监测、股权穿透、高管管理等。借用地方金融信息监管平台，可以提升对金融机构进行主动监管、行为监管的能力，推动监管模式由事后向事中、事前转变，有效解决信息不对称问题，缓解监管滞后性，提升监管穿透性，增强监管统一性。

二是完善法律保障，颁布地方金融监管条例。按照中央事权，强化属地风险处置责任，地方金融监管就客观存在职责不明确、机制不健全、监管力量不到位的问题。地方金融监管职能和监管对象还缺乏上位法和统一的制度安排，这可能导致监管职能分散、监管边界不清等问题，容易引发监管缺位。因此，我们认为应加强地方金融监管的法制建设，先推出适合本省的金融监管条例，从法律层面赋予地方政府金融监管和风险防控执法权。明确地方金融监管内容与规则，比如信息披露，数据标准等，明确防范化解金融风险的地方政府及部门职责，明确相关部门监管权限和手段，例如非法金融活动、违规金融机构处置等。

三是形成监管联动机制。虽然成立地方金融监管局后，有了一定的人员编制扩充，但面对众多地方金融组织，监管人手还是捉襟见肘，地方金融监管力量急需充实。地方上除了地方监管部门外，还有中央金融管理部门派出机构，但是由于后者主要执行指导和监督作用，在实际参与地方金融监管活动中，对地方金融监管活动帮忙有限。另外，地方上存在很多行业协会，如何调用他们在地方金融监管中的力量也值得思考。形成监管联动机制需要明确中央和地方在金融监管活动中承担的责任。如规定中央对全国重大风险事件承担监管责任，及其派出机构对地方政府的金融监管履职行为定期实施评估并开展后续问责；地方政府承担本辖区内金融监管和风险处置责任，并建立省级政府对省级金融监管部门，以及省级金融监管部门对下级政府的监管问责制度。调用行业自律和监管作用，地方行业协会可以承担现场检查、合规管理等功能，协助地方金融监管局。比如借鉴多地在网贷行业自查中的方式，先期由协会进行自律检查，后期由地方金融监管部门执行行政核查。这样，形成由中央统一制定监管规则，地方执行金融监管，各部门监管力量密切配合的体系。

四是协调好地方金融发展与监管的关系。地方金融监管局还加挂了地方金融工作局的牌子，由于"两块牌子一套人马"，且地方政府更重视金融业的发展，因此监管与发展之间的矛盾仍然有待处理，过多倾斜对金融产业支持会舍弃金融安全的需要。因此，应明确地方金融监管局的监管目标，宜从长远之计，通过有效监管推动地方金融机构长期持续发展。

五是培养复合型金融监管人才。人才是第一资源。长期以来，地方金融工作的主要职能是服务和发展，并没有监管职责，因此监管力量薄弱，专业能力和先进技术比较缺乏。在当前形式下，构建人才体系适应金融创新发展是防范金融风险的必要工作。地方金融亟须复合型监管人才。在人才培养上更应多吸收有监管经验的专业人才或者通过第三方机构培训、挂职交流等方式提高监管人员的业务能力。加强金融监管人员的资格管理，提高监管队伍的整体素质，达到提升防范和化解金融风险能力的目标。

附录　2018 年中国金融大事件

2018 年 1 月 1 日　中国证券监督管理委员会 2017 年第 5 次主席办公会议审议通过的《证券交易所管理办法》正式施行。

2018 年 1 月 5 日　为加强商业银行股权管理，规范商业银行股东行为，弥补监管短板，中国银监会印发《商业银行股权管理暂行办法》。

2018 年 1 月 5 日　中国人民银行发布了《关于进一步完善人民币跨境业务政策促进贸易投资便利化的通知》。

2018 年 1 月 6 日　为规范商业银行委托贷款业务，加强风险防范，更好地服务实体经济，银监会制定了《商业银行委托贷款管理办法》。

2018 年 1 月 9 日　中国保监会对人身险保单贴现业务试点管理办法征求意见，办法将保单贴现分为普通贴现和重疾贴现，办法拟于下发之日起施行，施行期限为 2 年。

2018 年 1 月 10 日　国务院发布在自贸区暂时调整有关行政法规的决定，提及允许设立外商独资经营的娱乐场所，在自由贸易试验区内提供服务，取消对外资银行营业性机构经营人民币业务的开业年限限制等。

2018 年 1 月 10 日　中国银监会、林业局、国土部印发推进林权抵押贷款有关工作的通知，旨在加大金融支持力度，推广绿色信贷，创新金融产品，积极推进林权抵押贷款工作。

2018 年 1 月 12 日　中国银监会印发了《关于开展投资管理型村镇银行和"多县一行"制村镇银行试点工作的通知》。

2018 年 1 月 12 日　中国人民银行发布了《关于改进个人银行账户分类管理有关事项的通知》。

2018 年 1 月 13 日　中国银监会印发《关于进一步深化整治银行业市场乱象的通知》。

2018 年 1 月 15 日　人社部、财政部联合印发《企业年金办法》，将于今年 2 月 1 日起施行。

2018 年 1 月 16 日　为强化商业银行衍生工具风险管理和计量能力，适应国际监管标准变化和衍生工具业务发展趋势，中国银监会发布《关于印发〈衍生工具交易对手违约风险资产计量规则〉的通知》。

2018年1月18日　金融行动特别工作组（FATF）第二届法官和检察官论坛在深圳召开，针对洗钱的调查与起诉、恐怖融资的调查与起诉、犯罪收益和工具的没收三个议题进行研讨。

2018年1月20日　中央人民银行营管部发文禁止辖内支付机构为虚拟货币交易提供服务，并采取有效措施防止支付通道用于虚拟货币交易。

2018年1月20日　中国银监会召开党委扩大会议，提出要牢固树立党管金融的思想，以政治建设统领银监会系统党的建设和银行业监管工作，重点查纠金融信贷中涉及银行业监管的失职失责问题。

2018年1月21日　中国证监会党委书记、主席刘士余主持召开党委会议，会议要求，证监会党委要自觉把监管资本市场的各项工作纳入法治轨道，提高依法全面从严监管水平，发挥好资本市场服务实体经济的功能，保护好广大投资者的合法权益。

2018年1月25日　为深入贯彻落实党的十九大关于"加快建设海洋强国""增强金融服务实体经济能力"和"十三五"规划"拓展蓝色经济空间""推进'一带一路'建设"的重大战略部署，统筹优化金融资源，改进和加强海洋经济发展金融服务，推动海洋经济向质量效益型转变，中国人民银行、海洋局、发展改革委、工业和信息化部、财政部、中国银监会、中国证监会、中国保监会八部委联合印发了《关于改进和加强海洋经济发展金融服务的指导意见》。

2018年1月25日至26日　中国银监会召开2018年全国银行业监督管理工作会议，深入学习贯彻党的十九大精神，总结回顾2017年工作，研究分析当前形势，安排部署2018年工作。

2018年1月30日　中国人民银行、中国银监会针对欧盟拟出台的中间母公司监管新规向欧洲议会、欧盟理事会及欧盟委员会递交了联合意见书。此意见书是对欧盟委员会2016年11月发表的《关于进一步增强欧盟银行业风险抵御能力的政策提议》所做的评论，特别针对《资本要求指令》（CRD）第21b条款。该条款要求在欧总资产超过一定标准的非欧盟金融集团在欧盟设立中间母公司（Intermediate Parent Undertaking, IPU）。

2018年2月1日　中国证监会系统2018年工作会议在北京召开，会议要求坚决打好防范化解资本市场重大风险攻坚战，加强股市、债市、期货市场风险监测和应对能力建设，坚决守住不发生系统性风险的底线。

2018年2月5日　中国人民银行发布了《关于加强绿色金融债券存续期监督管理有关事宜的通知》。

2018年2月6日　中国海洋局、农发行联合印发《关于农业政策性金融促进海洋经济发展的实施意见》。

2018年2月7日　全国外汇管理工作会议指出，2018年要提升跨境贸易投资自由化便利化水平；支持有能力、有条件的企业开展对外投资；深化重点领域改革，稳步推进资本项目可兑换和外汇市场发展；加强真实性合规性审核要求，严厉打击地下钱庄等外汇违法违规活动，维护外汇市场健康有序。

2018年2月7日　中国保监会召开2018年全国人身保险监管工作会议，要求以守住风险底线为根本前提。预防流动性风险，防范化解非正常给付与退保风险，落实人身保险从严从实监管，打好防范化解风险攻坚战。

2018年2月8日　根据《国务院办公厅关于进一步做好"放管服"改革涉及的规章、规范性文件清理工作的通知》要求，中国人民银行对2017年12月31日前发布的规章进行了全面清理，决定废止《外商投资企业外汇登记管理暂行办法》。

2018年2月8日　国家外汇管理局公布2017年第四季度及全年我国国际收支平衡表初步数。

2018年2月9日　中国银监会发布2017年第四季度主要监管指标数据。

2018年2月9日　国家外汇管理局公布2017年第四季度及全年金融机构直接投资数据。

2018年2月10日　中国证监会向各地证监局下发《关于开展2018年私募基金专项检查的通知》，正式启动新一年的行业检查与整治行动。

2018年2月11日　为满足养老资金理财需求，规范养老目标证券投资基金的运作，保护投资人的合法权益，中国证监会发布《养老目标证券投资基金指引（试行）》。

2018年2月12日　为了规范区域性股权市场信息报送工作，促进区域性股权市场稳定健康发展，中国证监会发布《区域性股权市场信息报送指引（试行）》，自2018年7月1日起施行。

2018年2月13日　中国保监会同外汇局发布《关于规范保险机构开展内保外贷业务有关事项的通知》，旨在规范保险机构开展内保外贷业务。

2018年2月13日　国家外汇管理局发布《关于完善远期结售汇业务有关外汇管理问题的通知》。

2018年2月15日　汇丰银行宣布，已成功完成首笔个人其他经常项目下跨境人民币汇入汇款。

2018年2月20日　国家发展改革委和国家开发银行已联合印发通知，部署进一步加强政银企合作扎实推进返乡创业。通知要求，进一步指导各地加强政银企合作、搭建贷款承接平台体系、推动贷款项目更好落地，深入推进开发性金融支持返乡创业有关工作，助力脱贫攻坚，加快乡村振兴。

2018年2月20日　中国保监会发布《保险经纪人监管规定》，旨在强化对保险经纪公司股东的审查，促进保险经纪专业化和规范化经营，保护保险消费者权益，规定将于5月1日起施行。

2018年2月22日　根据《国务院办公厅关于进一步做好"放管服"改革涉及的规章、规范性文件清理工作的通知》要求，中国人民银行对2017年12月31日前发布的规范性文件进行了清理，决定废止《关于对进口黄金及其制品加强管理的通知》。

2018年2月23日　保险统计管理规定上海实施细则出炉。上海保监局根据《保险统计管理规定》等有关规章，制定了《上海地区〈保险统计管理规定〉实施细则》。

2018年2月24日　中国银监会发布了《关于修改〈中国银监会外资银行行政许可事项实施办法〉的决定》。

2018年2月27日　为规范银行业金融机构发行资本补充债券的行为，切实提高银行业金融机构资本的损失吸收能力，加强宏观审慎管理，保护投资者利益，中国人民银行发布了《中国人民银行公告〔2018〕第3号（银行业金融机构发行资本补充债券）》。

2018年3月1日　为了贯彻落实《国务院关于促进创业投资持续健康发展的若干意见》要求，对专注于长期投资和价值投资的创业投资基金减持其持有的上市公司首次公开发行前的股份给予政策支持，中国证监会公布《上市公司创业投资基金股东减持股份的特别规定》，自2018年6月2日起施行。

2018年3月3日　中国证监会发布养老目标证券投资基金指引。

2018年3月6日　国家外汇管理局综合司关于印发《银行执行外汇管理规定情况考核内容及评分标准（2018年）》的通知。

2018年3月8日　中国证监会发布《关于修改〈中国证券监督管理委员会行政许可实施程序规定〉的决定》，自2018年4月23日起施行。

2018年3月9日　为落实《商业银行股权管理暂行办法》相关要求，中国银监会发布了《中国银监会办公厅关于做好〈商业银行股权管理暂行办法〉实施相关工作的通知》和《中国银监会办公厅关于规范商业银行股东报告事项的通知》两个配套文件。

2018年3月12日　为进一步支持商业银行拓宽资本补充渠道，提升银行体系稳健性，增强银行支持实体经济能力，中国银监会、中国人民银行、中国证监会、中国保监会和国家外汇局联合发布《关于进一步支持商业银行资本工具创新的意见》。

2018年3月14日　为规范证券期货投资者教育基地监管工作，充分发挥其功能，提高投资者教育服务水平，中国证监会公布了《证券期货投资者教育基地监管指引》，自公布之日起施行。

2018年3月16日　上海市发布贯彻《国务院办公厅关于加快发展商业养老保险的若干意见》的实施意见，鼓励商业养老保险机构积极开展相关创新和试点，包括在全国率先开展个人税收递延型商业养老保险试点。

2018年3月19日　中国银监会印发《中国银监会办公厅关于2018年推动银行业小微企业金融服务高质量发展的通知》。

2018年3月19日　中国银监会发布《中国银监会办公厅关于做好2018年"三农"

和扶贫金融服务工作的通知》。

2018年3月19日　商务部、财政部、税务总局、质检总局、统计局、外汇局联合发布《关于开展2018年外商投资企业年度投资经营信息联合报告的通知》。

2018年3月21日　中国银监会发布《银行业金融机构从业人员行为管理指引》。

2018年3月21日　中国人民银行发布《中国人民银行公告〔2018〕第7号（外商投资支付机构）》。

2018年3月23日　中国证监会公布《证券公司投资银行类业务内部控制指引》，自2018年7月1日起施行。

2018年3月23日　为规范人民币跨境支付系统（CIPS）业务行为，防范支付风险，明确对CIPS参与者的管理要求，保障CIPS运营机构和参与者合法权益，中国人民银行印发了《人民币跨境支付系统业务规则》。

2018年3月23日　国家外汇管理局发布《关于融资租赁业务外汇管理有关问题的通知》。

2018年3月24日　京东金融与近30家商业银行共同发起成立"商业银行零售信贷联盟"，联盟成员优先享受场景开放、技术共享，并优先加入基于区块链技术的反欺诈联盟。

2018年3月26日　中国农业银行驻圣保罗代表处日前正式开业，这是中国农业银行在南美设立的首家分支机构。

2018年3月27日　人民币跨境支付系统（CIPS）二期投产试运行，10家中外资银行同步试点上线。

2018年3月28日　中国证监会发布《证券期货市场诚信监督管理办法》，自2018年7月1日起施行。

2018年3月29日　中国互联网金融协会发布《互联网金融逾期债务催收自律公约（试行）》。

2018年3月29日　国家外汇管理局公布2017年第四季度及全年我国国际收支平衡表。

2018年3月30日　中央人民银行召开全国货币金银工作电视电话会议指出，将开展对各类虚拟货币的整顿清理，着力构建"五位一体"的反假货币工作机制，扎实推进央行数字货币研发。

2018年3月31日　中国证监会召开部际联席会议，组织清理整顿各类交易场所"回头看"后续工作，提出持续保持高压态势，严防交易场所乱象卷土重来。谨防交易场所假借政府信用，为非法集资、金融诈骗、非法证券期货等各类违法违规活动提供便利甚至背书增信，损害社会公众利益。

2018年4月3日　上海市金融办、人民银行上海分行、上海银监局联合发布《关于提升金融信贷服务水平优化营商环境的意见》。

2018年4月8日　中国银行保险监督管理委员会（简称中国银保监会）在北京揭牌，标志着新组建的中国银行保险监督管理委员会正式挂牌运行。

2018年4月10日　国务院办公厅印发《关于全面推进金融业综合统计工作的意见》，要求建立交叉性金融产品、系统重要性金融机构、金融控股公司等金融集团统计制度，及时发现风险传导节点和重大风险隐患，并编制金融业资产负债表，摸清金融业家底。

2018年4月10日　中国银保监会下发1号文，即《关于印发〈融资担保公司监督管理条例〉四项配套制度的通知》。

2018年4月12日　国家发展改革委、财政部、商务部等六部委印发《关于引导对外投融资基金健康发展的意见》，支持符合条件的对外投融资基金在境内外市场面向各类社会资本投资者募集资金，支持符合条件的各类所有制企业出资参与对外投融资基金，鼓励资金来源多元化。

2018年4月16日至17日　中国银保监会召开中小银行及保险公司公司治理培训座谈会，总结分析公司治理经验与问题，明确下一步工作目标和治理重点。

2018年4月19日　为规范公开发行证券的公司财务信息披露行为，保护投资者合法权益，中国证监会发布了《公开发行证券的公司信息披露编报规则第14号——非标准审计意见及其涉及事项的处理》（2018年修订）。

2018年4月20日　中国人民银行发布了《关于进一步明确人民币合格境内机构投资者境外证券投资管理有关事项的通知》。

2018年4月21日　证监会召开2018年机构监管工作培训会。

2018年4月23日　为配合《融资担保公司监督管理条例》实施，中国银行保险监督管理委员会会同发展改革委、工业和信息化部、财政部、农业农村部、人民银行、国家市场监督管理总局等融资性担保业务监管部际联席会议成员单位，联合印发了《关于印发〈融资担保公司监督管理条例〉四项配套制度的通知》，发布《融资担保业务经营许可证管理办法》《融资担保责任余额计量办法》《融资担保公司资产比例管理办法》和《银行业金融机构与融资担保公司业务合作指引》四项配套制度。

2018年4月24日　中国证监会发布了《公开发行证券的公司信息披露编报规则第19号——财务信息的更正及相关披露》（2018年修订）。

2018年4月25日　中国人民银行发布了《关于进一步加强征信信息安全管理的通知》。

2018年4月27日　为进一步扩大银行业对外开放，提升外资银行营商便利度，中国银行保险监督管理委员会进一步放宽外资银行市场准入。

2018年4月27日　为进一步扩大保险业对外开放，促进我国保险经纪行业发展，中国银行保险监督管理委员会进一步放开外资保险经纪公司经营范围。

2018年4月27日　中国人民银行、中国银保监会、中国证监会联合印发《关于加强非金融企业投资金融机构监管的指导意见》。

2018年4月27日　中国人民银行、中国银保监会、中国证监会、国家外汇管理局联合印发《关于规范金融机构资产管理业务的指导意见》。

2018年4月28日　中国证监会发布《外商投资证券公司管理办法》。

2018年5月1日　正式施行的个人税收递延型商业养老保险政策在个人缴费支出、投资收益积累、个人领取等环节享有税收优惠，积累环节投资收益暂不征税，直接增加个人收益。

2018年5月2日　中国银保监会正式批准工银安盛人寿发起筹建工银安盛资产管理有限公司。这也是我国提出加快保险业开放进程以来，获批的第一家合资保险资管公司。

2018年5月3日　中国人民银行收到了世界第一公司关于申请支付业务许可的来函，这意味着第一家外商投资支付机构已经迈出了进入中国市场的第一步。

2018年5月4日　为推动商业银行强化大额风险暴露管理，有效防控集中度风险，经公开征求意见，中国银保监会发布《商业银行大额风险暴露管理办法》。

2018年5月9日　中国银保监会发布《关于规范银行业金融机构跨省票据业务的通知》，对银行业金融机构跨省票据业务进行规范。

2018年5月9日　国家外汇管理局公布2018年第一季度金融机构直接投资数据。

2018年5月11日　中国银保监会发布2018年第一季度银行业主要监管指标数据。

2018年5月14日　中国银保监会召开深化整治银行业和保险业市场乱象工作推进会议。

2018年5月14日　中国证监会发布《关于在一定期限内适当限制特定严重失信人乘坐火车和民用航空器实施细则》，自2018年5月18日起施行。

2018年5月15日　中国银保监会召开深化整治银行业和保险业市场乱象工作推进会议，要求持续保持对违法违规行为严处罚、严问责的高压态势。

2018年5月16日　中国人民银行发布《关于进一步完善跨境资金流动管理支持金融市场开放有关事宜的通知》。

2018年5月18日　中国银保监会发布《个人税收递延型商业养老保险业务管理暂行办法》。

2018年5月21日　中国银保监会发布《银行业金融机构数据治理指引》。

2018年5月22日　人民银行、发展改革委、科技部等九部委共同编制印发《"十三五"现代金融体系规划》提出，积极稳妥防范处置近中期金融风险，清理整顿影子银行；提高直接融资特别是股权融资比重；优化货币政策目标体系，进一步突出价格稳定目标，增强货币政策透明度和可预期性；积极稳妥去杠杆；有序处置债券违约风险。

2018年5月25日　中国银保监会修订了2014年3月实施的《商业银行流动性风险管理办法（试行）》。

2018年5月30日　中国银保监会发布《商业银行银行账簿利率风险管理指引（修订）》。

2018年5月30日　中国证监会发布《关于进一步规范货币市场基金互联网销售、赎回相关服务的指导意见》，自2018年6月1日起施行。

2018年6月1日　中国银保监会发布《关于保险资金参与长租市场有关事项的通知》。

2018年6月1日　中国银保监会印发《银行业金融机构联合授信管理办法（试行）》，并部署开展试点工作。

2018年6月1日　中国银保监会发布2018年1—4月保险市场运行情况。

2018年6月2日　中国人民银行与中国证监会发布进一步规范货币市场基金在互联网销售和赎回的指导意见，提出强化持牌经营要求，对T+0赎回提现业务行限额管理。

2018年6月5日　发展改革委、中国人民银行等26个部门发布《关于加强和规范守信联合激励和失信联合惩戒对象名单管理工作的指导意见》，加大旅游领域严重失信行为惩戒力度，强调将失信当事人的失信记录作为金融机构对其融资授信的参考。

2018年6月6日　中国人民银行发布了关于修订《电子商业汇票系统管理办法》等四项制度的通知。

2018年6月6日　中国证监会发布《关于修改〈首次公开发行股票并上市管理办法〉的决定》和《关于修改〈首次公开发行股票并在创业板上市管理办法〉的决定》，并开始施行。

2018年6月6日　中国证监会发布《存托凭证发行与交易管理办法（试行）》。

2018年6月6日　中国证监会发布《保荐创新企业境内发行股票或存托凭证尽职调查工作实施规定》。

2018年6月6日　中国证监会发布《试点创新企业境内发行股票或存托凭证并上市监管工作实施办法》。

2018年6月6日　中国证监会制定《公开发行证券的公司信息披露编报规则第23号——试点红筹企业公开发行存托凭证招股说明书内容与格式指引》。

2018年6月6日　中国证监会发布《公开发行证券的公司信息披露内容与格式准则第40号——试点红筹企业公开发行存托凭证并上市申请文件》。

2018年6月6日　中国证监会设立科技创新咨询委员会，并发布《中国证监会科技创新咨询委员会工作规则（试行）》。

2018年6月6日　中国证监会发布《关于试点创新企业实施员工持股计划和期权激励的指引》。

2018年6月6日　中国证监会发布《关于试点创新企业整体变更前累计未弥补亏

损、研发费用资本化和政府补助列报等会计处理事项的指引》。

2018年6月8日　中国银保监会联合中国人民银行发布《关于完善商业银行存款偏离度管理有关事项的通知》。

2018年6月10日　国家外汇管理局发布《合格境外机构投资者境内证券投资外汇管理规定》。

2018年6月11日　中国人民银行、国家外汇管理局发布《关于人民币合格境外机构投资者境内证券投资管理有关问题的通知》。

2018年6月12日　中国银保监会发布《关于印发人身保险公司〈精算报告〉编报规则的通知》。

2018年6月12日　中国人民银行、国家外汇管理局发布《关于人民币合格境外机构投资者境内证券投资管理有关问题的通知》。

2018年6月13日　为进一步便利人民币跨境使用，促进跨境贸易和投资，中国人民银行发布《关于完善人民币购售业务管理有关问题的通知》。

2018年6月14日　中国证监会发布《创新企业境内发行股票或存托凭证上市后持续监管实施办法（试行）》。

2018年6月14日　为规范存托凭证存托协议的订立，明确存托协议各方当事人的权利和义务，保护投资者合法权益，中国证监会制定了《存托凭证存托协议内容与格式指引（试行）》。

2018年6月15日　中国证监会发布《关于修改〈证券发行与承销管理办法〉的决定》。

2018年6月15日　中国证监会发布了《关于商业银行担任存托凭证试点存托人有关事项规定》。

2018年6月20日　国家外汇管理局印发《贸易信贷统计调查制度》。

2018年6月21日　中国银保监会副主席陈文辉出席了在香港举行的第十三届亚洲保险监督官论坛（AFIR）年会。本次成员大会通过了中国银行保险监督管理委员会继续担任AFIR秘书处议题，迈出了AFIR设立常设秘书处的第一步，标志着AFIR机制化运行取得了实质性进展。

2018年6月22日　中国人民银行发布《中国区域金融运行报告（2018）》。

2018年6月26日　中国人民银行、中国银保监会、中国证监会、国家发展改革委、财政部联合印发《关于进一步深化小微企业金融服务的意见》。

2018年6月27日　中国证监会发布《证券期货经营机构及其工作人员廉洁从业规定》。

2018年6月27日　中国证监会发布了《关于加强证券公司在投资银行类业务中聘请第三方等廉洁从业风险防控的意见》。

2018年6月27日　中国证监会发布了《证券基金经营机构使用香港机构证券投资咨询服务暂行规定》，自2018年7月1日起施行。

2018 年 6 月 28 日　中国人民银行发布《关于进一步做好受益所有人身份识别工作有关问题的通知》。

2018 年 6 月 29 日　中国银保监会正式发布《金融资产投资公司管理办法（试行）》。

2018 年 6 月 29 日　国家外汇管理局公布 2018 年第一季度我国国际收支平衡表。

2018 年 6 月 30 日　即日起，包括微信、支付宝在内，支付机构受理的涉及银行账户网络支付业务全部通过网联平台处理，此举将切断第三方支付机构直连银行清算模式，解决困扰已久的备付金集中管理难题。

2018 年 7 月 1 日　《亚太贸易协定》第四轮降税 7 月 1 日起实施，中国将对进口自印度、韩国、斯里兰卡、孟加拉国和老挝 2 323 个税目的原产货物进行降税，涉及蔬菜、化工、钢铁制品等产品。

2018 年 7 月 2 日　中国银保监会印发《金融资产投资公司管理办法（试行）》。

2018 年 7 月 5 日　中国银保监会印发《个人税收递延型商业养老保险资金运用管理暂行办法》。

2018 年 7 月 6 日　中国证监会修改《中国证券监督管理委员会上市公司并购重组审核委员会工作规程》。

2018 年 7 月 7 日　中央深改委会议审议通过《完善促进消费体制机制实施方案（2018—2020 年）》，增强消费对促进经济发展的基础性作用。

2018 年 7 月 8 日　中国证监会就《证券登记结算管理办法》《上市公司股权激励管理办法》等相关规定的修改草案向社会公开征求意见。

2018 年 7 月 8 日　中国保险行业协会发布首个消费者保单统一查询通道，即可贯穿保险服务全链条的公益性网络平台——中国保险万事通。

2018 年 7 月 9 日　中国银保监会发布《保险机构独立董事管理办法》，要求除保险集团（控股）公司、保险公司作为保险机构出资额或持股 1/3 以上股东外，持有保险机构 1/3 以上出资额或股份的股东及其关联股东、一致行动人不得提名独立董事。

2018 年 7 月 10 日　国务院办公厅转发《关于扩大进口促进对外贸易平衡发展的意见》。

2018 年 7 月 13 日　中国证监会发布《〈中国证券监督管理委员会行政许可实施程序规定〉第十五条、第二十二条有关规定的适用意见——证券期货法律适用意见第 13 号》。

2018 年 7 月 14 日　中国财政部、税务总局发布通知，自 2018 年 1 月 1 日至 2020 年 12 月 31 日，将小型微利企业的年应纳税所得额上限由 50 万元提高至 100 万元。

2018 年 7 月 17 日　中国银保监会发布内地和香港偿付能力等效评估框架下再保风险因子方案。

2018 年 7 月 17 日　中国银保监会发布《个人税收递延型商业养老保险资金运用管理暂行办法》，对税延养老保险资金运用的投资范围和比例、投资能力、投资管理、风险管理等方面作出了明确规定。

2018 年 7 月 19 日　中国银保监会召开座谈会，要求银行业金融机构加快提升民营企业和小微企业融资服务能力，包括建立有效调动基层积极性的激励机制、降低融资成本、打通信息渠道、积极帮扶有发展前景的困难企业等。

2018 年 7 月 20 日　中国银保监会根据《关于规范金融机构资产管理业务的指导意见》相关要求，起草了《商业银行理财业务监督管理办法（征求意见稿）》，向社会公开征求意见。

2018 年 7 月 22 日　中国证监会就《证券期货经营机构私募资产管理业务管理办法（征求意见稿）》及《证券期货经营机构私募资产管理计划运作管理规定（征求意见稿）》公开征求意见。

2018 年 7 月 25 日　中国国际保险监督官协会（IAIS）在莫斯科召开执委会会议。

2018 年 7 月 27 日　中国证监会发布《关于修改〈关于改革完善并严格实施上市公司退市制度的若干意见〉的决定》，对 2014 年《关于改革完善并严格实施上市公司退市制度的若干意见》进行修改。

2018 年 7 月 28 日　《外商投资准入特别管理措施（负面清单）（2018 年版）》7 月 28 日起施行。

2018 年 7 月 30 日　国家外汇管理局发布《"一带一路"国家外汇管理政策概览》。

2018 年 7 月 30 日　国务院发布关于推进国有资本投资、运营公司改革试点的实施意见。

2018 年 7 月 31 日　国家外汇管理局更新发布《现行有效外汇管理主要法规目录》。

2018 年 8 月 1 日　中国信登近期连续向全国各信托公司印发了《关于启动信托受益权信息定期报送的通知》《关于发布受益权信息定期报送接口规范的通知》，正式启动并加快推进受益权信息定期报送工作。

2018 年 8 月 3 日　中国证监会就《公开募集证券投资基金信息披露管理办法》及相关配套规则公开征求意见。

2018 年 8 月 5 日　针对美方宣布拟将两千亿美元中国输美产品加征关税税率提高到 25%，中方宣布将对自美进口六百亿美元产品按四档税率加征关税。

2018 年 8 月 6 日　国家外汇管理局公布 2018 年第二季度及上半年我国国际收支平衡表初步数。

2018 年 8 月 8 日　中国银保监会发布《关于切实加强和改进保险服务的通知》。

2018 年 8 月 9 日　国家外汇管理局公布 2018 年第二季度金融机构直接投资数据。

2018 年 8 月 9 日　国务院关税税则委员会发布公告称，对原产于美国约 160 亿美元进口商品加征关税，自 8 月 23 日 12 时 01 分起实施加征关税。

2018 年 8 月 13 日　中国银保监会发布 2018 年第二季度银行业主要监管指标数据。

2018 年 8 月 14 日　央行发布《2017 年中国普惠金融指标分析报告》指出，要重点关注普惠金融发展中的风险防范等问题。

2018 年 8 月 15 日　中国证监会正式发布《关于修改〈证券登记结算管理办法〉的决定》《关于修改〈上市公司股权激励管理办法〉的决定》，进一步放开符合规定的外国人开立 A 股证券账户的权限。

2018 年 8 月 16 日　全国金融工会第五届全国委员会第一次全体会议 8 月 16—17 日在北京召开，对进一步做好新形势下的金融系统工会工作作出部署安排。

2018 年 8 月 17 日　证监会暂停大公国际证券评级业务一年。

2018 年 8 月 18 日　北京互联网金融协会发布《关于开展 P2P 网络借贷机构合规检查工作的通知》，同时下发《网络借贷信息中介机构合规检查问题清单》，要求督促网贷机构合规经营，加强风险管控，回归信息中介本质定位。

2018 年 8 月 23 日　中国银保监会发布《关于废止和修改部分规章的决定》，取消中资银行和金融资产管理公司外资持股比例限制，实施内外资一致的股权投资比例规则，持续推进外资投资便利化。

2018 年 8 月 24 日　中国证监会发布《外商投资期货公司管理办法》。

2018 年 8 月 30 日　中国证监会已批准上海期货交易所开展铜期权交易，合约正式挂牌交易时间为 2018 年 9 月 21 日。

2018 年 8 月 31 日　中国证监会就《上海证券交易所与伦敦证券交易所市场互联互通存托凭证业务监管规定（试行）》公开征求意见。

2018 年 8 月 31 日　中国证监会正式印发《监管科技总体建设方案》，标志着证监会完成了监管科技建设工作的顶层设计，并进入了全面实施阶段。

2018 年 9 月 6 日　中国证监会会同有关部门提出完善上市公司股份回购制度修法建议，就《中华人民共和国公司法修正案》草案公开征求意见。

2018 年 9 月 7 日　中国银保监会同河北、山西、内蒙古、黑龙江、福建、河南、湖南、广东、广西、四川、云南、陕西、甘肃、青海、新疆 15 个中西部和老少边穷且村镇银行规划尚未完全覆盖的省份开展首批"多县一行"制村镇银行试点。

2018 年 9 月 13 日　中共中央办公厅、国务院办公厅印发《关于加强国有企业资产负债约束的指导意见》。

2018 年 9 月 14 日　为进一步落实期货市场看穿式监管要求，指导期货市场相关主体做好客户交易终端的信息采集及接入认证工作，证监会正式发布《关于进一步加强期货经营机构客户交易终端信息采集有关事项的公告》。

2018 年 9 月 17 日　北向看穿机制（投资者识别码制度）正式实施。

2018 年 9 月 18 日　银保监会启动首批"多县一行"制村镇银行试点。

2018 年 9 月 19 日　国务院关税税则委员会宣布决定对原产于美国的约 600 亿美元

商品加征 10% 或 5% 的关税，自 9 月 24 日 12 时 01 分起实施。

2018 年 9 月 21 日　根据《境外交易者和境外经纪机构从事境内特定品种期货交易管理暂行办法》的有关规定，证监会确定郑州商品交易所的 PTA 期货为境内特定品种。

2018 年 9 月 24 日　中国证券投资基金业协会发文，要求收到报告的相关私募基金管理人在 10 月 31 日前提交自查报告。

2018 年 9 月 25 日　国务院新闻办公室发布《关于中美经贸摩擦的事实与中方立场》白皮书，旨在澄清中美经贸关系事实。

2018 年 9 月 27 日　发展改革委等多部委联合发布《关于发展数字经济稳定并扩大就业的指导意见》，提出进一步深化新三板改革，稳步扩大创新创业公司债试点规模，支持私募股权和创业投资基金投资数字经济领域，增强资本市场支持数字经济创新创业能力。

2018 年 9 月 28 日　中国银保监会首次发布普惠金融白皮书。

2018 年 9 月 28 日　国家外汇管理局公布 2018 年第二季度及上半年我国国际收支平衡表。

2018 年 9 月 28 日　中国证监会正式发布《证券公司和证券投资基金管理公司境外设立、收购、参股经营机构管理办法》，为依法有序推动证券基金经营机构走出去，切实加强证券基金经营机构对境外机构的管理打下基础。

2018 年 9 月 28 日　中国银保监会制定了《商业银行理财业务监督管理办法》作为《关于规范金融机构资产管理业务的指导意见》配套实施细则公布。

2018 年 9 月 29 日　中国证监会发布《证券期货业数据分类分级指引》《证券期货业机构内部企业服务总线实施规范》《期货市场客户开户数据接口》《证券发行人行为信息内容格式》四项金融行业标准。

2018 年 9 月 30 日　中国证监会修订并正式发布《上市公司治理准则》。

2018 年 10 月 1 日　上海金融办发布通知，要求上海市小额贷款公司、融资担保公司立即暂停与代理经租企业合作开展个人"租金贷"业务。

2018 年 10 月 8 日　中国证监会正式推出"小额快速"并购重组审核机制。

2018 年 10 月 12 日　中国证监会正式发布《关于上海证券交易所与伦敦证券交易所互联互通存托凭证业务的监管规定（试行）》，涉及境内上市公司在境外发行存托凭证（GDR）后的限制兑回期、境外基础证券发行人在境内发行存托凭证（CDR）后实施配股等。

2018 年 10 月 15 日　人民银行年内第四次降准 10 月 15 日起实施，降准所释放的部分资金用于偿还当日到期的 MLF。

2018 年 10 月 19 日　中国银保监会就《商业银行理财子公司管理办法（征求意见稿）》公开征求意见。

2018年10月22日　中国证监会发布了《证券期货经营机构私募资产管理业务管理办法》及《证券期货经营机构私募资产管理计划运作管理规定》作为《关于规范金融机构资产管理业务的指导意见》配套实施细则。

2018年10月23日　中国基金业协会发布即日起将对符合条件的私募基金和资产管理计划特别提供产品备案及重大事项变更的"绿色通道"服务。

2018年10月25日　中国银保监会主办国际养老金监督官组织（IOPS）年会在北京成功召开。此次年会主题为"完善养老金体系，应对老龄化挑战"。

2018年10月25日　中国银保监会发布《关于保险资产管理公司设立专项产品有关事项的通知》，允许保险资产管理公司设立专项产品，发挥保险资金长期稳健投资优势，参与化解上市公司股票质押流动性风险，为优质上市公司和民营企业提供长期融资支持，维护金融市场长期健康发展。

2018年10月26日　中国证监会批准上海期货交易所开展纸浆期货交易，合约正式挂牌交易时间为2018年11月26日。

2018年10月27日　中国证监会与日本金融厅签署促进两国证券市场合作的谅解备忘录，两国交易所、行业协会也签署了加强合作的谅解备忘录。

2018年10月29日　"国寿资产—凤凰系列产品"在中保保险资产登记交易系统完成登记手续，成为保险业首只落地的化解股票质押流动性风险专项产品。

2018年10月31日　中国证监会与新加坡金管局在上海召开第三届中新证券期货监管圆桌会，并就尽快签署中新跨境衍生品监管合作谅解备忘录达成一致。

2018年11月1日　中国结算发布关于修订《证券账户业务指南》的通知，明确在境内工作的外籍人员可以开立A股证券账户。

2018年11月2日　中国人民银行正式对外发布《移动金融基于声纹识别的安全应用技术规范》金融行业标准，这意味着声纹识别技术得到金融监管部门的认可。

2018年11月3日　中国证监会发布《关于完善上市公司股票停复牌制度的指导意见》，提出确立上市公司股票停复牌的基本原则，最大限度保障交易机会。

2018年11月5日　国家外汇管理局公布2018年第三季度及前三季度我国国际收支平衡表初步数。

2018年11月8日　中国人民银行召开全系统警示教育大会，要求健全金融监管体系，强化央行内部管理机制。

2018年11月9日　国家外汇管理局公布2018年第三季度金融机构直接投资数据。

2018年11月9日　中国证监会修订发布《发行监管问答——关于引导规范上市公司融资行为的监管要求》，明确使用募集资金补充流动资金和偿还债务的监管要求，并对再融资时间间隔的限制作出调整。

2018年11月9日　证监会、财政部、国资委联合发布《关于支持上市公司回购股份的意见》。

2018 年 11 月 11 日　粤港澳大湾区区块链联盟成立，首批成员单位共 54 家。

2018 年 11 月 13 日　中国与新加坡签署《自由贸易协定升级议定书》，对原中新自由贸易协定的原产地规则、海关程序与贸易便利化、贸易救济、服务贸易、投资、经济合作 6 个领域进行升级，还新增电子商务、竞争政策和环境 3 个领域。

2018 年 11 月 15 日　证监会发布"商誉减值"的会计监管风险提示，在实务操作中，公司在商誉初始确认环节，往往存在合并成本计量错误、未充分识别被购买方拥有但未在单独报表中确认的可辨认资产和负债等问题。

2018 年 11 月 16 日　证监会修订发布《公开发行证券的公司信息披露内容与格式准则第 26 号——上市公司重大资产重组（2018 年修订）》。

2018 年 11 月 19 日　中国银保监会发布 2018 年第三季度银行业主要监管指标数据。

2018 年 11 月 20 日　中国人民银行发布《中国绿色金融发展报告（2018）》，提出将深入研究绿色金融基础理论，不断完善绿色金融标准体系，研究储备更多绿色金融政策工具，推动中国绿色金融高质量、可持续发展。

2018 年 11 月 21 日　中国保险业对外开放相关政策目前已经完成意见征集，"取消外资保险公司设立前需开设 2 年代表处要求"的措施有望于年内落地。

2018 年 11 月 24 日　国务院印发《关于支持自由贸易试验区深化改革创新若干措施的通知》，允许自贸区创新推出与国际接轨的税收服务举措。

2018 年 11 月 26 日　中国银保监会加大对外开放力度，多项外资银行、保险机构市场准入申请获批。安联（中国）保险控股有限公司将成为我国首家外资保险控股公司。

2018 年 11 月 27 日　中国人民银行、中国银保监会对《系统重要性银行评估办法（征求意见稿）》公开征求意见。

2018 年 11 月 27 日　中国银保监会就长期医疗险费率调整细则征求意见。

2018 年 11 月 28 日　中国人民银行、中国银保监会、中国证监会联合发布《关于完善系统重要性金融机构监管的指导意见》。

2018 年 11 月 28 日　国家外汇管理局公布 2018 年 9 月末中国全口径外债数据。

2018 年 11 月 29 日　中国银保监会就修改外资银行管理条例实施细则征求意见。

2018 年 11 月 30 日　PTA 期货在郑州商品交易所正式引入境外交易者。

2018 年 11 月 30 日　国家外汇管理局公布 2018 年 6 月末我国对外证券投资资产分国家/地区数据。

2018 年 11 月 30 日　中国证监会发布《证券公司大集合资产管理业务适用〈关于规范金融机构资产管理业务的指导意见〉操作指引》。

2018 年 12 月 2 日　中国银保监会发布《商业银行理财子公司管理办法》。

2018 年 12 月 3 日　中国证券监督管理委员会（中国证监会）与香港证券及期货事

务监察委员会（香港证监会）共同宣布，双方正式签署《关于跨境受监管机构监管合作及交换信息谅解备忘录》。

2018年12月6日　国务院常务会议决定再将新一批23项改革举措向更大范围复制推广，推动政府股权基金投向种子期、初创期科技企业。

2018年12月11日　中国证监会与法国金融市场管理局签署了双边监管合作函，以加强双方证券期货监管机构及两国资本市场之间的务实合作。

2018年12月15日　中国证监会、香港证监会就进一步完善两地股票市场互联互通信息交换达成协议，双方将完善沪深港通投资者看穿机制，加强两地股票市场互联互通机制下的信息共享。

2018年12月16日　中国人民银行印发《金融机构互联网黄金业务管理暂行办法》，明确黄金资产管理产品仅限金融机构发起设立，是金融机构的表外业务。

2018年12月17日　中国银行保险监督管理委员会派出机构统一举行揭牌仪式。

2018年12月20日　中国人民银行决定创设定向中期借贷便利（TMLF），根据金融机构对小微企业、民营企业贷款增长情况，向其提供长期稳定资金来源。

2018年12月21日　中国证监会发布《证券基金经营机构信息技术管理办法》自2019年6月1日起实施。

2018年12月24日　中国证监会与开曼群岛金融管理局正式签署《证券期货监管合作谅解备忘录》，《备忘录》的签署有利于加强中国证监会与开曼群岛金融管理局在证券期货领域的信息交流与执法合作，标志着双方监管机构的合作进入了一个新的阶段。

2018年12月25日　国务院常务会议指出加大对民营经济和中小企业支持，对民间投资进入资源开发、交通、市政等领域，除另有规定外一律取消最低注册资本、股比结构等限制；完善普惠金融定向降准政策。

2018年12月26日　中国银保监会正式批准中国建设银行、中国银行设立理财子公司申请。

2018年12月29日　中国银保监会发布《关于规范银行业金融机构异地非持牌机构的指导意见》。

2018年12月30日　银保监会发布指导意见，明确规范银行业金融机构异地非持牌机构应当遵循"坚守定位、风险为本、分类施策、新老划断"的基本原则，过渡期为本意见发布之日起至2019年底。

参考文献

[1] 卜振兴. 资管新规的要点分析与影响前瞻 [J]. 南方金融, 2018 (6).

[2] 柏慧. 完善直接投资存量权益登记制度 [J]. 中国外汇, 2018 (8).

[3] 曹红辉, 赵学卿. 股市预警机制:基于投资者行为的分析 [J]. 经济学动态, 2010 (9).

[4] 曹伟, 言方荣, 鲍曙明. 人民币汇率变动、邻国效应与双边贸易——基于中国与"一带一路"沿线国家空间面板模型的实证研究 [J]. 金融研究, 2016 (9).

[5] 陈瑾玫, 徐振玲. 我国国际短期资本流动规模及其对宏观经济的影响研究 [J]. 经济学家, 2012 (10).

[6] 陈卫东, 王有鑫. 人民币贬值背景下中国跨境资本流动:渠道、规模、趋势及风险防范 [J]. 国际金融研究, 2016 (4).

[7] 成安华, 汪德嘉. 强监管形势下中小商业银行如何管理操作风险 [J]. 金融电子化, 2019 (1).

[8] 杜妍. 私募基金十大事件 [N]. 中国基金报, 2018 - 12 - 24 (12).

[9] 胡逸闻, 戴淑庚. 人民币资本账户开放的改革顺序研究——基于 TVP - VAR 模型的期限结构分析 [J]. 世界经济研究, 2015 (4).

[10] 何慧刚. 中国资本账户开放、利率市场化和汇率制度弹性化 [J]. 经济经纬, 2007 (4).

[11] 黄志刚, 郭桂霞. 资本账户开放与利率市场化次序对宏观经济稳定性的影响 [J]. 世界经济, 2016 (9).

[12] 交通银行课题组, 林至红. 商业银行资本工具创新问题探讨及应用策略研究 [J]. 金融会计, 2015 (5).

[13] 李华. 金融科技创新中保险消费者权益保护机制之完善 [J]. 南京社会科学, 2018 (11).

[14] 李扬. 失衡与再平衡 [J]. 国际金融研究, 2014 (3).

[15] 李兵, 任远. 人口结构是怎样影响经常账户不平衡的?——以第二次世界大战为工具变量的经验证据 [J]. 经济研究, 2015 (10).

[16] 李慧文. 中小企业在新三板挂牌对企业融资的重要意义 [J]. 中小企业管理与科技, 2017 (20).

[17] 李迅雷. 十九大后中国经济走势与资产配置策略 [J]. 新金融, 2017 (12).

[18] 李红霞. 新形势下地方政府性债务风险与防范 [J]. 地方财政研究, 2017 (6).

[19] 刘伟丽. 全球经济失衡与再平衡问题研究 [J]. 经济学动态, 2011 (4).

[20] 刘瑶, 张明. 全球经常账户失衡的调整:周期性驱动还是结构性驱动? [J]. 国际金融研究, 2018 (8).

[21] 刘秋平. 机构投资者能否发生稳定器作用——基于个股暴跌风险的实证检验 [J]. 现代财经, 2015 (3).

[22] 刘春航. 治理监管宽容的国际经验与启示 [J]. 金融监管研究, 2018 (12).

[23] 梁春丽. 金融科技为银行转型注入新动力 [J]. 金融科技时代, 2017 (9).

[24] 梁荣权. 资管新规下商业银行资管业务发展对策研究 [J]. 现代营销 (下旬刊), 2019 (2).

[25] 黎映桃, 王菲. 金融科技创新助力商业银行转型发展 [J]. 银行家, 2018 (11).

[26] 林峰, 邓可斌. "双重赤字" 联动的政府债务作用 [J]. 金融研究, 2018 (6).

[27] 吕劲松. 多层次资本市场体系建设 [J]. 中国金融, 2015 (8).

[28] 陆岷峰. 我国商业银行不良资产证券化模式研究 [J]. 农村金融研究, 2015 (9).

[29] 梅冬州, 龚六堂. 新兴市场经济国家的汇率制度选择 [J]. 经济研究, 2011 (11).

[30] 齐贵权. 深化境外投资领域 "放管服" 改革 [J]. 中国外汇, 2018 (8).

[31] 盛松成, 中国人民银行调查统计司课题组. 协调推进利率、汇率改革和资本账户开放 [J]. 金融市场研究, 2012 (2).

[32] 阮佳佳. 构建跨境融资领域 "两位一体" 的监管框架 [J]. 中国外汇, 2018 (12).

[33] 任仲文. 区块链——领导干部读本 [M]. 人民日报出版社, 2018 (8).

[34] 任泽平, 方思元. 从三个维度理解银行监管变革 [J]. 中国金融, 2018 (8).

[35] 任春生. 我国保险资金运用改革发展 40 年：回顾与展望 [J]. 保险研究, 2018 (12).

[36] 任惠. 中国资本外逃的规模测算和对策分析 [J]. 经济研究, 2001 (12).

[37] 宋林清. 地方债发行与房价上涨——基于中国 35 个大中城市的实证研究 [J]. 金融论坛, 2017 (22).

[38] 孙俊, 于津平. 资本账户开放路径与经济波动——基于动态随机一般均衡模型的福利分析 [J]. 金融研究, 2014 (5).

[39] 苏馨. 中国对 "一带一路" 沿线国家直接投资的风险研究 [J]. 吉林大学学报, 2017 (4).

[40] 申洪亮, 李本光. 中国影子银行监管问题研究 [J]. 经济研究导刊, 2018 (29).

[41] 温兴春, 龚六堂. 资本账户开放、外汇净资产与福利变动 [J]. 国际金融研究, 2019 (10).

[42] 吴星. 金融科技对银行及其监管机构的影响 [J]. 金融发展评论, 2018 (5).

[43] 王蕾, 冯倩楠. 利率市场化、国债期货价格发现与风险规避功能. 金融论坛, 2015 (20).

[44] 王向楠, 王超. 保险系统性风险及其监管：文献述评 [J]. 金融评论, 2018 (4).

[45] 王世华, 何帆. 中国的短期国际资本流动：现状、流动途径和影响因素 [J]. 世界经济, 2007 (7).

[46] 王家强, 韩丽颖, 吴新瑞, 盛琢. 中国资本账户开放的全球影响 [J]. 国际金融, 2014 (3).

[47] 王灵芝. 《资产负债管理监管规则》对保险资金运用的影响 [J]. 中国保险, 2018 (7).

[48] 万解秋, 孙文基. 开放经济下利率市场化的必要性与制度分析 [J]. 世界经济, 2004 (4).

[49] 温兴春, 龚六堂. 资本账户开放、外汇净资产与福利变动 [J]. 国际金融研究, 2019 (10).

[50] 网贷之家. 2018 年中国网络借贷行业年报 [EB/OL]. [2019 – 01 – 09]. https：//www.wdzj.com/news/yc/3693772.html.

[51] 谢婷婷, 李玉梅. 社会融资规模与融资结构对实体经济的影响——基于空间计量模型的实证研究 [J]. 西南民族大学学报 (人文社科版), 2017 (38).

[52] 夏宏. 我国银行业监管的博弈分析 [J]. 财会研究, 2018 (34).

[53] 熊芳, 黄宪. 中国资本账户开放次序的实证分析 [J]. 国际金融研究, 2008 (3).

[54] 肖立晟, 王博. 全球失衡与中国对外净资产：金融发展视角的分析 [J]. 世界经济, 2011 (2).

[55] 许争, 冯智清, 郭红玉. 资本监管新规下商业银行资本补充问题探析 [J]. 经济体制改革, 2015 (2).

[56] 许争,冯智清. 新监管标准下商业银行资本补充问题探析 [J]. 浙江金融,2014 (7).

[57] 余永定. 资本项目自由化:理论和实践 [J]. 金融市场研究,2014 (2).

[58] 殷醒民. 2018 年度中国信托业发展评析 [EB/OL]. [2019-03-13]. http://www.xtxh.net/xtxh/statistics/45162.htm.

[59] 朱超,余颖丰,易祯. 人口结构与经常账户:开放 DSGE 模拟与经验证据 [J]. 世界经济,2018 (9).

[60] 张卓元. 中国经济四十年市场化改革的回顾 [J]. 经济与管理研究,2018 (3).

[61] 张家源. 习近平金融思想及其在十九大报告中的新发展 [J]. 探索,2017 (6).

[62] 张经纬. 券商股年报综述:业绩触底利空出尽,政策转向释放红利 [J]. 安信证券,2019 (4).

[63] 张明. 中国面临的短期资本外流:现状、原因、风险与对策 [J]. 金融评论,2015 (3).

[64] 张坤. 金融发展与全球经济再平衡 [J]. 国际金融研究,2015 (2).

[65] 张勇. 热钱流入、外汇冲销与汇率干预——基于资本管制和央行资产负债表的 DSGE 分析 [J]. 经济研究,2015 (7).

[66] 张志前. 当前我国中小银行的困境及出路 [J]. 银行家,2019 (7).

[67] 中国人民银行:货币政策执行报告(2018 第 1—4 季度).

[68] 中国人民银行. 中国金融稳定报告. 2019.

[69] 中国互联网络信息中心. 第 43 次中国互联网络发展状况统计报告,中国互联网络信息中心网站 [EB/OL]. [2019-02-28]. http://www.cnnic.net.cn/hlwfzyj/hlwxzbg/.

[70] 中国期货业协会,中国证券监督管理委员会. 中国期货市场年鉴(2018 年) [M]. 北京:中国财政经济出版社,2019.

[71] 中国信托业协会. 2018 年信托业专题研究报告 [EB/OL]. http://www.xtxh.net/xtxh/reports/45793.htm.

[72] 中国信息通信研究院. 中国大数据与实体经济融合发展白皮书(2019 年) [EB/OL]. [2019-05]. http://www.caict.ac.cn/kxyj/qwfb/bps/201905/t20190506_199054.htm.

[73] 中国信息通信研究院. 中国金融科技生态白皮书(2019 年) [EB/OL]. [2019-07]. http://www.caict.ac.cn/kxyj/qwfb/bps/201907/t20190710_202782.htm.

[74] 中国信息通信研究院. 中国大数据发展调查报告(2018 年) [EB/OL]. [2018-04]. http://www.caict.ac.cn/kxyj/qwfb/ztbg/201804/t20180426_158558.htm.

[75] 中国信息通信研究院. 金融区块链研究报告 [EB/OL]. [2019-07-24]. http://www.caict.ac.cn/kxyj/qwfb/ztbg/201807/t20180724_180721.htm.

[76] 中国信息通信研究院. 大数据在金融领域的典型应用研究 [EB/OL]. [2019-03-22]. http://www.caict.ac.cn/kxyj/qwfb/ztbg/201804/t20180426_158545.htm.

[77] 中国信息通信研究院. 金融行业云计算调查报告(2018 年) [EB/OL]. [2019-03-22]. http://www.caict.ac.cn/kxyj/qwfb/ztbg/201804/t20180426_158542.htm.

[78] 中国信息通信研究院. 中小银行上云白皮书(2018 年) [EB/OL]. [2019-03-22]. http://www.caict.ac.cn/kxyj/qwfb/ztbg/201804/t20180426_158541.htm.

[79] 中国信息通信研究院. 中国公有云发展调查报告(2018 年) [EB/OL]. [2019-08-17]. http://www.caict.ac.cn/kxyj/qwfb/ztbg/201808/t20180817_182146.htm.

[80] 中国信息通信研究院. 中国混合云发展调查报告(2018 年) [EB/OL]. [2019-08-17]. http://

www. caict. ac. cn/kxyj/qwfb/ztbg/201808/t20180817_182145. htm.

［81］中国信息通信研究院. 2018—2019 金融科技安全分析报告［EB/OL］.［2019 - 10 - 22］. http：// www. caict. ac. cn/kxyj/qwfb/ztbg/201910/t20191022_267551. htm.

［82］中国证券业协会. 中国证券业发展报告（2019）［M］. 北京：中国财政经济出版社，2019.

［83］Chun Chang, Zheng Liu, Mark M. Spiegel. Capital controls and optimal Chinese monetary policy［J］. Journal of Monetary Economics，2015.

［84］The Bank for International Settlement：Annual Economic Report 2019.

［85］The International Monetary Funds：Global Financial Stability Report 2019.